T0165299

أساسيات
التعلّم الإلكتروني في العلوم

الدكتور
قسيم محمد الشناق
كلية العلوم التربوية-الجامعة الأردنية

الدكتور
حسن علي أحمد بني دومي
كلية العلوم التربوية-جامعة مؤتة

الطبعة الأولى
2008

دار وائل للنشر

رقم الايداع لدى دائرة المكتبة الوطنية : (2007/8/2634)
بني دومي ، حسن علي
أساسيات التعلم الالكتروني / حسن علي أحمد بني دومي، قسيم محمد الشناق.
- عمان ، دار وائل ، 2007 .
(394) ص
ر.إ. : (2007/8/2634)
الواصفات: التعلم الإلكتروني / الحواسيب / التعلم
* تم إعداد بيانات الفهرسة والتصنيف الأولية من قبل دائرة المكتبة الوطنية

****

رقم التصنيف العشري / ديوي : 371.334
ISBN 978-9957-11-724-5 (ردمك)

* أساسيات التعلم الإلكتروني في العلوم
* الدكتور قسيم الشناق - الدكتور حسن بني دومي
* الطبعــة الأولى 2008

* جميع الحقوق محفوظة للناشر

دار وائـــل للنشر والتوزيع
* الأردن - عمان - شارع الجمعية العلمية الملكية - مبنى الجامعة الاردنية الاستثماري رقم (2) الطابق الثاني الجبيهة)- هـاتف : 00962-6-5338410 - فاكس : 00962-6-5331661 - ص. ب (1615
* الأردن - عمـان - وسـط البلـد - مجمـع الفحيص التجـاري- هــاتف: 00962-6-4627627
www.darwael.com
E-Mail: Wael@Darwael.Com

جميع الحقوق محفوظة، لا يسمح بإعادة إصدار هذا الكتاب أو تخزينه في نطاق استعادة المعلومات أو نقله أو إستنساخه بأي شكل من الأشكال دون إذن خطي مسبق من الناشر.
All rights reserved. No Part of this book may be reproduced, or transmitted in any form or by any means, electronic or mechanical, including photocopying, recording or by any information

المحتويات

الفصل الثاني
طبيعة التعلم الإلكتروني في العلوم وفلسفته

الفصل الثالث
تقنيات التعلم الإلكتروني في تعلم العلوم

الفصل الرابع

استخدام الحاسوب في تعلم العلوم

استخدام الإنترنت في تعلم العلوم

الفصل السادس

الفصل السابع
تصميم محتوى وبرامج ومناهج التعلم الإلكتروني
في العلوم

الفصل الثامن
تقويم التعلم الإلكتروني في العلوم

الفصل التاسع
كفايات التعلم الإلكتروني لدى معلمي العلوم

مقدمـــة

يتسم هذا العصر بثورة تكنولوجية ومعلوماتية هائلة جداً أثرت في مختلف ميادين الحياة، وأكسبتها خاصية التطور السريع والمستمر مما عمّق المشكلات والتحديات التي تواجه العملية التربوية، ومن هذه المشكلات: التزايد الهائل في أعداد الطلبة، ومشكلة عدم مراعاة الفروق الفردية بينهم، ونقص المعلمين المدربين والمؤهلين علمياً وتربوياً، والانفجار المعرفي. وتعد مشكلة الانفجار المعرفي من أبرز هذه المشكلات؛ إذ جعلت الإنسان لا يتعمق في شيء، ولا يستطيع متابعة المعرفة الجديدة أو جمعها في كتاب مدرسي، أو استدعاءها عند الحاجة إليها، مما يحتّم على المؤسسات التربوية والتعليمية الاستعانة بالوسائل التكنولوجية الحديثة لمواجهة هذه التحديات والتخفيف من أثرها.

ويعد الحاسوب من أهم الوسائل التكنولوجية الحديثة في عمليتي التعليم والتعلم، حيث بدأ التحول من التعليم التقليدي الذي يقوم على تلقين المعلومات وحفظها، واعتبار المعلم محور العملية التعليمية، والمصدر الوحيد للمعرفة، إلى التعلم الإلكتروني الذي يقوم على التعلم الذاتي، ومراعاة الفروق الفردية بين الطلبة، وجعل الطالب محور العملية التعليمية.

وتعد مادة العلوم من أكثر المواد التي يمكن استخدام تقنيات التعلم الإلكتروني في تدريسها، فهي تساعد على تطوير طرق تدريس العلوم وأساليبه، وتحويل غرفة الصف إلى مختبر لمراعاة الفروق الفردية بين الطلبة. وقد تكون بديلاً للمختبرات في حالة التجارب التي يتعذر إجراؤها داخل المدرسة، أو التي تتطلب أجهزة أو مواد عالية التكلفة، وتسبب خطورة ما أثناء إجرائها؛ كما وتقوم بتبسيط الحقائق ومحاكاة الطبيعة، وخصوصاً في الحالات التي يتعذر مشاهدتها مباشرة، كذلك تساعد في تنمية القدرة على التحليل والتركيب وحل المشكلات، وتوفير التفاعل الشخصي بين الحاسوب والطالب، وتقديم التغذية الراجعة.

وبناء على الأهمية المعوّلة على التعلم الإلكتروني في تعليم العلوم، جاء هذا الكتاب بهدف إلقاء الضوء على معالمه من حيث مفهومه وتقنياته واستراتيجياته وكفاياته وتصميم برامجه، وقد تكوّن الكتاب من الفصول الآتية:

يتناول الفصل الأول طبيعة العلوم وأهداف تعلمها من حيث طبيعة العلم وأهدافه ومفهوم المعرفة العلمية وخصائصها وأنواعها وأهداف تعلم العلوم. ويتعرض الفصل الثاني لمفهوم التعلم الإلكتروني وخصائصه وأهدافه ومزاياه ومبرراته ومتطلبات تطبيقه ومعيقاته. أما الفصل الثالث فيناقش تقنيات التعلم الإلكتروني في العلوم. بينما يناقش الفصل الرابع أهداف ومزايا استخدام الحاسوب في تعلم العلوم، بالإضافة إلى أنواع برمجيات التعلم بمساعدة الحاسوب. ويعالج الفصل الخامس استخدام الإنترنت في تعلم العلوم. وناقش الفصل السادس استراتيجيات التعلم الإلكتروني في العلوم. وتطرق الفصل السابع لموضوعات التصميم التعليمي وتصميم برامج التعلم الإلكتروني. ووضح الفصل الثامن جوانب تقويم التعلم الإلكتروني في العلوم. وخصص الفصل التاسع لاستعراض كفايات التعلم الإلكتروني لدى معلمي العلوم. وتضمن الفصل العاشر التعلم الإلكتروني في الأردن. أما الفصل الحادي عشر فقد تناول البحوث التربوية في مجال التعلم الإلكتروني في العلوم.

المؤلفان

الفصل الأول

طبيعة العلوم وأهداف تعلمها

طبيعة العلوم وأهداف تعلمها

مقدمة:

بدأ تدريس العلوم كغيرها من المواد الدراسية، معتمداً على حفظ المعلومات وتذكرها بشكل أساسي، ويقدّر إنجاز التلاميذ بمقدار ما يحفظون من حقائق علمية ونظرية دون أن يكون لتوظيفها أي أثر في حياتهم، وقد يعود ذلك إلى المشكلات التي تواجه تدريس العلوم مثل نقص معلمي العلوم المدربين تدريباً كافياً ونقص المواد المخبرية. وقد أثر نقص المواد المخبرية على الطرق المستخدمة في التدريس فبدلاً من أن يقوم الطلبة بإجراء التجارب بأنفسهم من أجل اكتشاف الحقائق. صار الاهتمام إلى التجارب التوضيحية التي يقوم بها المعلم. ونظراً لما حدث للعالم من حولنا من تغيرات في مناهج وأساليب تدريس العلوم، فقد تنبهت بعض الدول العربية إلى خطورة الفجوة التي تتسع يوما بعد يوم في هذا الجانب. فبدأ الاهتمام من جديد في تدريس العلوم ليعيد إليه بعض الحياة. فقد رافق هذا الإتجاه إعادة النظر في المناهج الدراسية وتطورت هذه المناهج في كثير من الدول العربية لتواكب الاتجاهات السائدة في تدريس العلوم. (نشوان، 1989)

وبالرغم مما تقدم من تحول في تدريس العلوم في الدول العربية إلا أن كثيرا من الانتقادات ما زالت توجه إليه لقصوره عن تطوير قدرات المتعلمين العلمية بالقدر الذي تحتمه التغيرات في كثير من الدول الأخرى. ولهذا فإن البحث عن استراتيجية جديدة ومتطورة في تدريس العلوم أمر بالغ الأهمية (نشوان، 1989). لهذا جاء هذا الكتاب بعنوان أساسيات التعلم الإلكتروني في العلوم ليساعد المعلم العربي في تحسين تدريس العلوم ليواكب الدول المتقدمة في هذا المجال .

ولإلقاء مزيد من الضوء على الاتجاهات الحديثة في تعلم العلوم لا بد من التعرف على طبيعة العلوم، وأهدافها ومناهجها.

طبيعة العلم:

يؤكد الأدب العلمي أن لكل فرع من فروع المعرفة طبيعته الخاصة به تميّزه عن غيره من فروع المعارف الإنسانية الأخرى، وتشمل هذه الطبيعة البيئة التركيبية لهذا الفرع ومُيادينه، وأهدافه، ومراحل تطوره، والمسلمات التي يرتكز عليها وأساليب البحث والتفكير فيه، وغير ذلك مما يرى المختصون في دراسته أنه ضروري لفهم ذلك الفرع فهماً جيداً، وعليه نجد طبيعة العلوم تختلف عن طبيعة العلوم الإنسانية والاجتماعية الأخرى كاللغات والاجتماع والتربية وعلم النفس والفنون، في حين نجد عناصر مشتركة بين طبيعة كل من علوم الكيمياء والفيزياء والفلك والأرض والأحياء. وتدريس أي فرع من فروع المعرفة يجب أن يعكس طبيعة هذا الفرع وبنيته وطرقه وعملياته وإلا خرج الفرد المتعلم من دراسة هذا الفرع بصورة ناقصة ومشوهة، فتدريس الأحياء يجب أن يعكس طبيعة الأحياء، وتدريس الفيزياء يجب أن يعكس الفيزياء، وهكذا بالنسبة للعلوم الأخرى؛ لذلك يرى المختصون والباحثون في التربية العلمية وتدريس العلوم، إن فهم معلمي العلوم للعلم وبنيته ضروري جداً لكي ينعكس هذا الفهم في سلوكهم التعليمي (زيتون، 1986). فالتعرف إلى طبيعة العلم وخصائصه ومكوناته أمر مهم لمعلمي العلوم؛ لأن طبيعة المادة الدراسية ومكوناتها تؤثر في طرق التعليم والتعلم التي تستخدم في تربية النشئ التربية العلمية المتمشية مع حاجات الطلبة والمجتمع (نشوان، 1989).

يعرف جيمس كونانت (James Conant) العلم بأنه سلاسل متصلة من الحقائق والمفاهيم والأنساق المفاهيمية تطورت نتيجة للملاحظة والتجريب، والتي يجب أن تؤدي إلى مزيد من الملاحظة والتجريب، ويستفاد من هذا التعريف أن العلم يتكون أساسا من الحقائق والمفاهيم والتعميمات من جهة ومن الطريقة التي يتم بها الحصول على الحقائق والمفاهيم والتعميمات. أي أن العلم يتكون من المعرفة العلمية والطريقة التي يحصل بها الإنسان على هذه المعرفة، فالعلم مادة وطريقة. فمن أجل الوصول إلى المعرفة العلمية تستخدم الطريقة العملية (نشوان، 1989) .

أهداف العلم:

يهدف العلم إلى تحقيق الأهداف الآتية (زيتون، 1986):

1- الوصف والتفسير.

2- التنبؤ.

3- الضبط والتحكم.

* بنية العلم Structure of Science

تؤكد أدبيات التربية العلمية وتدريس العلوم أن لكل فرع من فروع المعرفة طبيعته الخاصة به تميزه عن غيره من فروع المعرفة الإنسانية الأخرى. وتشمل هذه الطبيعة البنية التركيبية لهذا الفرع (العلم) وطرقه، وعملياته وأساليب البحث والتفكير به، وأخلاقياته. وباختصار، تشمل طبيعة العلم (إجرائيا) النقاط الآتية :

1- نواتج العلم.

2- طرق العلم.

3- عمليات (مهارات) العلم.

4- الاتجاهات العلمية.

5- أخلاقيات العلم.

ويرى الخليلي وحيدر ويونس (1996) أن العلم يتضمن مكونات ثلاثة رئيسية هي:

* الأول: المعرفة العلمية (النتائج) Products

يتضمن الحقائق والمفاهيم والقوانين والنظريات التي تم التوصل إليها في نهاية العلم.

* الثاني: العمليات Processes

يتضمن الطرق والأساليب والوسائل التي يتبعها العلماء في التوصل إلى نتائج العلم.

* الثالث: الأخلاقيات Ethics

يتضمن مجموعة المعايير والضوابط التي تحكم المنشط العلمي، وكذلك مجموعة الخصائص التي يجب أن يتصف بها العلماء.

ويرى خطايبة (2005) أن بنية العلم تتكون من نواتج العلم والاتجاهات والميول العلمية وعمليات العلم.

وفيما يلي عرض لكل مكون من مكونات العلم:

المكون الأول: نواتج العلم (المعرفة العلمية) Products of Science (Scientific Knowloge)

المعرفة العلمية أو الجانب المعرفي للعلم، هي نتاج التفكير والبحث العلمي، يتوصل إليها الباحثون عن طريق الملاحظة والاستقصاء والبحث التجريبي. وتتصف بالقدرة على تفسير الظواهر الكونية أو الحيوية، وكذلك التنبؤ بما سيحدث وضبط الظواهر والتحكم بها (زيتون،1986).

خصائص المعرفة العلمية

يلخص عمر الشيخ خصائص المعرفة العلمية كما ورد في (زيتون،1986) بما يأتي:

1- المعرفة العلمية هي خبرة حسية إدراكية (خبرة تجريبية)، أي أنها تبدأ بالملاحظة العلمية الواعية المنظمة والمضبوطة وتنتهي بالحقائق المنظمة.

2- المعرفة العلمية رغم تعدد أنواعها وأشكالها تنتج من خلال الاستقصاء والاستفسار العلمي.

3- المعرفة العلمية معرفة ديناميكية متجددة ومتطورة.

4- المعرفة العلمية تلتحم التحاماً قوياً بالطريقة العلمية، أي هناك التحام قوي بين المحتوى والطريقة.

5- المفاهيم العلمية هي التي تكسب المعرفة العلمية مرونتها وتسمح لها بالتنظيم.

أنواع المعرفة العلمية

تتضمن المعرفة العلمية: الحقائق والمفاهيم والتعميمات والنظريات، وفيما يلي توضيح لمكونات المعرفة العلمية (الخليلي وحيدر، ويونس، 1996) :

أولاً: الحقائق العلمية Science Facts

تعرف الحقيقة العلمية بأنها نتاج علمي مجزّأ (الأكسجين يساعد على الاشتعال) وخاص لا يتضمن التعميم (النحاس فلز جيد التوصيل للحرارة)، وغير قابلة للنقاش والجدل، إلا أنها قابلة للتعديل في ضوء الأدلة والبراهين العلمية الجديدة، ويمكن تكرار ملاحظتها أو قياسها، وبالتالي التأكد من صحتها عن طريق الملاحظة أو القياس أو التجريب العلمي (زيتون، 1994).

ويعرفها الخليلي وآخرون (1996) بأنها: عبارات مثبتة موضوعياً عن أشياء لها وجود حقيقي، أو أحداث وقعت فعلاً. ويتم التوصل إليها بالملاحظة المباشرة (باستخدام وسائل الحس) أو الملاحظة غير المباشرة (باستخدام وسائل مساعدة للحواس للتغلب على قصور هذه الحواس).

يتوقف صدق الحقيقة على صدق الملاحظة نفسها، ويتحدد صدق الملاحظة في ضوء:

- إمكانية تكرار الملاحظة.

- وجود أكثر من ملاحظ.

- استخدام أدوات موثوق فيها لتدعيم الملاحظة ولضمان الدقة والموضوعية.

وفيما يلي عرض لبعض الأمثلة على الحقائق العلمية:

أ – يزداد طول قضيب من النحاس بارتفاع درجة حرارته.

ب – قلب الانسان مكون من أربع حجرات .

ج-الخشب موصل ردئ للحرارة .

الحقيقة العلمية ثابتة لا تتغير ما دامت ظروف الملاحظة التي قادت إليها لم تتغير، وتمثل الحقيقة العلمية الوحدة الأساسية التي تقود إلى بناء المفاهيم والتعميمات العلمية.

ثانياً: المفاهيم العلمية Science Concepts

توجد وجهات نظر كثيرة حول معنى المفهوم رغم أنها تدور حول نفس الأفكار والمعاني نفسها، فعرّف المفهوم بأنه مجموعة أو صنف من الأشياء أو الحوادث أو الرموز الخاصة التي تجمع معاً على أساس خصائصها المشتركة، والتي تميزها عن غيرها من المجموعات والاصناف الأخرى. كما عرفه البعض بأنه عبارة عن كلمة أو عبارة تستعمل لوصف مجموعة من الأشياء أو الأفكار المترابطة، كما أشار البعض بأن المفهوم هو اختصار لمجموعة من الأحداث أو الأشياء أو الظواهر التي توجد بينها عناصر مشتركة (خطايبة، 2005).

ويعرف زيتون (1994) المفهوم بأنه ما يتكون لدى الفرد من معنى وفهم يرتبط بكلمة (مصطلح) أو عبارة أو عملية معينة.

ويُنظر للمفهوم العلمي من زاويتين (الخليلي وآخرون، 1996) :

1 ـ المفهوم العلمي من حيث كونه عملية *Process* هو: عملية عقلية يتم عن طريقها تجريد مجموعة من الصفات أو الملاحظات أو الحقائق المشتركة لشيء أو حدث أو عملية أو لمجموعة من الأشياء أو الأحداث أو العمليات.

2 ـ المفهوم العلمي من حيث كونه ناتجاً *Product* للعملية العقلية السابق ذكرها، هو الاسم أو المصطلح أو الرمز الذي يُعطى لمجموعة الصفات أو الخصائص المشتركة.

وفيما يلي عرض لبعض الأمثلة على المفاهيم العلمية :

- أسماء: الضوء، الهضم، سرعة التفاعل.

- مصطلحات: الكروموسوم، الإلكترون، الكوانتم.

- رموز: Na، D.N.A.

كل مفهوم له مدلول أو تعريف معين يرتبط به، ويطلق عليه أحياناً اسم مفهوم المفهوم، وتتضح سلامة المدلول في إمكانية استبدال المفهوم به دون أي تغيير في السياق المستخدم فيه المدلول .

*** تصنيف المفاهيم:**

يمكن النظر إلى المفاهيم من عدة زوايا (الخليلي وآخرون، 1996) :

الأولى: من حيث طريقة إدراك هذه المفاهيم:

أ – مفاهيم محسوسة أو قائمة على الملاحظة: وهي المفاهيم التي يمكن إدراك مدلولها عن طريق الملاحظة باستخدام الحواس أو أدوات مساعدة للحواس.

أمثلة:

- المفهوم: الحرارة / المدلول: الإحساس بالبرودة أو السخونة.

- المفهوم: الحامض/المدلول: المادة التي محلولها في الماء يحمّر ورقة عباد الشمس الزرقاء.

ب– مفاهيم شكلية أو مجردة أو غير قائمة على الملاحظة: وهي المفاهيم التي لا يمكن إدراك مدلولاتها عن طريق الملاحظة، بل يتطلب إدراكها القيام بعمليات عقلية وتصورات ذهنية معينة.

أمثلة:

- الذرّة: هي أصغر وحدة من العنصر والتي يمكن أن توجد منفردة، أو مرتبطة مع غيرها، وتحمل صفات ذلك العنصر.

- الـ DNA: المادة التي تخزن المعلومات الوراثية للكائن الحي.

الثانية: من حيث مستوياتها:

أ – مفاهيم أولية: وهي مفاهيم غير مشتقة من مفاهيم أخرى.

مثل: الزمن، والكتلة، والفراغ.

ب – مفاهيم مشتقة: وهي مفاهيم يمكن اشتقاقها من مفاهيم أخرى.

مثل: المسافة = السرعة X الزمن

$$الكثافة = \frac{الكتلة}{الحجم}$$

الثالثة: من حيث درجة تعقيدها:

أ – مفاهيم بسيطة: وهي المفاهيم التي تتضمن مدلولاتها عدداً قليلاً من الكلمات.
أمثلة: الخلية: وحدة بناء الكائن الحي.
الأيون: ذرة أو مجموعة ذرية مشحونة.
ب – مفاهيم معقدة: هي المفاهيم التي تتضمن مدلولاتها عدداً أكثر من الكلمات.
مثال: الذرة: نظام متكامل من جسيمات تحمل شحنات سالبة تدور في مستويات طاقة حول النواة التي تتمركز فيها كتلة الذرة، وبها نوعان من الجسيمات؛ أحدها يحمل شحنة موجبة والآخر غير مشحون، وعدد الشحنات الموجبة يساوي عدد الشحنات السالبة.
* درجة تعقيد المفهوم تختلف من صف دراسي إلى آخر وفقاً لمستوى النمو اللغوي لتلاميذ الصف.
الرابعة: من حيث درجة تعلمها:

أ – مفاهيم سهلة التعلم: هي المفاهيم التي يستخدم في تعريفها كلمات مألوفة للمتعلمين، أو هي المفاهيم التي سبق للمتعلم أن درس متطلبات تعلمها.

ب – مفاهيم صعبة التعلم: هي المفاهيم التي يستخدم في تعريفها كلمات غير مألوفة للمتعلمين، أو هي المفاهيم التي لم يسبق للمتعلم دراسة متطلبات تعلمها.

مثال: مفهوم الذرة (السابق عرضه): إن كان المتعلم قد سبق له دراسة الشحنات ومستويات الطاقة، والكتلة صار المفهوم سهل التعلم والعكس صحيح.

خصائص المفاهيم العلمية:

1 – المفهوم الواحد قد يُعرّف (يُوضع له مدلول) من زوايا مختلفة:

مثال: المفهوم: درجة الحرارة لجسم ما.

- مدلول (أ): قراءة الترمومتر.

- مدلول (ب): حالة الجسم الدالة على انتقال الحرارة منه أو إليه إذا لامس جسماً آخر.

يُلاحظ أن هناك فروقاً بين المدلولين من حيث طريقة إدراك المفهوم ودرجة التعقيد ومدى سهولة التعلم.

2 – المفاهيم هي تلخيص وناتج لخبرة الإنسان بالأشياء أو الظواهر، وتساعد على التعامل مع كثير من الحقائق:

مثال: من خبرة الإنسان الحسية بالأشياء وجد أن: الكلب يلد ويرضع صغاره، وأن القطة تلد وترضع صغارها، وأن الأرنب يلد ويرضع صغاره.   - توصل لمفهوم: الحيوانات الثديية.

3 – المفاهيم قد تنتج من التفكير المجرد (أي لا تقتصر على الخبرة الحسية فقط)، وقد يكون هذا التفكير المجرد ناتجاً عن الخبرة المباشرة.

مثال: تعرّف الإنسان على الطيف الخطي لبخار عنصر الصوديوم، والطيف الخطي لعنصر الحديد، ومنها توصل إلى أن الإلكترونات تدور حول النواة في مستويات لكل مستوى طاقة محددة.

- توصل لمفهوم: مستويات الطاقة.

4 – المفاهيم قد تنتج من علاقة الحقائق ببعضها، وقد تنتج مفاهيم أكبر من علاقة المفاهيم ببعضها (وهنا يطلق عليه الإطار المفهومي).

أمثلة:

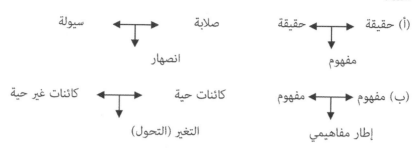

(أ) حقيقة ⟷ حقيقة صلابة ⟷ سيولة

مفهوم انصهار

(ب) مفهوم ⟷ مفهوم كائنات حية ⟷ كائنات غير حية

إطار مفاهيمي التغير (التحول)

5 – مدلولات المفاهيم ليست صوراً فوتوغرافية للواقع ولكنها تمثل تصورنا نحن لهذا الواقع. مثل مفهوم " بنية الذرة ".

6 – ليست كل مدلولات المفاهيم لها وجود حقيقي، فقد يبتكر العالم مفهوماً جديداً لعبور الفجوة بين الواقع ورؤيتنا لهذا الواقع.

أمثلة: مفهوم " الفجوات الموجبة " في أشباه الموصلات.

7 – ليست مدلولات المفاهيم صادقة أو غير صادقة، ولكنها قد تكون كافية أو غير كافية للقيام بوظائفها.

مثال: مفهوم الذرة عند " دالتن " كان كافياً لتفسير الظواهر التي كانت معروفة في وقته، ولا نقول أنه كان غير صادق.

8 – مدلولات المفاهيم قابلة للمراجعة والتعديل نتيجة لنمو المعرفة العلمية وتطور أدواتها.

9 – لمدلولات المفاهيم أهمية كبرى في العلم منها:

أ – تحقيق التواصل بين المشتغلين بالعلم ودراسته.

ب – تختزل الكم الهائل من الحقائق.

ج – تصف وتفسر وتتنبأ بالأحداث والظواهر.

د – تسهم في بناء التعميمات والمبادئ والقوانين والنظريات.

ثالثاً: التعميمات (المبادئ) العلمية Scientific Generalizations

يُعّرف التعميم العلمي بأنه جملة صحيحة علمياً له صفة الشمول وإمكانية التطبيق على مجتمع الأشياء أو الاحداث أو الظواهر التي ترتبط بها هذه التعميمات (المبادئ) العلمية. وتتصف التعميمات العلمية بالخصائص الآتية (زيتون، 1994) :

1- عبارة لفظية صحيحة علمياً تتضمن الحقيقة العلمية، وهذا يعني ان التعميم (المبدأ) العلمي صحيح علمياً لكنه ليس حقيقة علمية (مجزأة وخاصة) بشيء أو حادث ما.

2- المبدأ العلمي له تطبيق واسع، بمعنى أنه يوضح علاقة لها صفة الشمول والتعميم على مجتمع الأشياء أو الظواهر التي يتضمنها المبدأ العلمي.

3- التعميم العلمي ليس مفهوماً أو تعريفاً من التعريفات، ولو أنه يتضمن مفهوماً علمياً واحداً أو أكثر.

والتعميم في العلوم كعملية *Process* عقلية: تمر بثلاث مراحل (الخليلي وآخرون، 1996):

(أ) ملاحظة الأشياء أو الأحداث أو الظواهر.

(ب) التوصل إلى العلاقات التي تربط بين الأشياء أو الأحداث أو الظواهر التي تمت ملاحظتها.

(ج) صياغة العلاقات في صورة جُمل.

وقد يكون التعميم علاقة تربط بين عدد من المفاهيم مثل:

- الفلزات موصلة جيدة للحرارة.
- الفلزات قابلة للطرق والسحب.

ومن خلال التعميمات العلمية يمكن ربط المفاهيم المتناثرة لتشكل معنى علمياً واضحاً ومحدداً. ويمكن تدريس التعميمات العلمية باتباع التفكير الاستقرائي أو التفكير الاستنباطي، فالتفكير الاستقرائي ينتقل من الجزء إلى الكل. أما في التفكير الاستنباطي فيتم الانتقال من الكل إلى الجزء حسب المثال التالي (خطايبة، 2005):

(الكل) ↑	الفلزات قابلة للطرق والسحب	↓ (الكل)
استقراء	الحديد قابل للطرق والسحب	استنباط
(الجزء)	النحاس قابل للطرق والسحب	(الجزء)
	الالمنيوم قابل للطرق والسحب	

رابعاً: القواعد العلمية:

سلسلة مرتبطة من المفاهيم تصف الظاهرة أو الحدث وصفاً كمياً وكيفياً مثل: قاعدة أرخميدس، وقاعدة باسكال (خطايبة، 2005) .

خامساً: القوانين العلمية : Scientific Laws

هي سلسلة مرتبطة من المفاهيم العلمية تصف الظاهرة أو الحدث وصفاً كمياً على صيغة علاقة رياضية مثل قانون أوم وقانون بويل وقانون نيوتن في الحركة وقانون الكثافة(خطايبة، 2005) .

ويتميز القانون العلمي بأنه (زيتون ، 1994) :

1- عبارة لفظية صحيحة علمياً تتضمن التعميم .

2- عبارة أو علاقة بين مفهومين أو أكثر (متغيرين أو أكثر) يمكن التعبير عنها بصورة رمزية.

3- يتصف بالثبات النسبي.

4- عبارة أو علاقة يمكن صياغتها والتعبير عنها بصورة كمية (رقمية).

سادساً: النظرية العلمية   Scientific Theory

النظرية العلمية بناء متكامل من كل ما سبق بمعنى أن النظرية تتضمن (الخليلي وآخرون، 1996) :

(أ) الحقائق العلمية المتعلقة بالظاهرة موضوع النظرية.

(ب) المفاهيم العلمية المتعلقة بالظاهرة موضوع النظرية.

(ج) التعميمات وهي مجموعة القوانين والمبادئ والفروض التي تسهم في التفسير والتنبؤ بالظاهرة موضوع النظرية.

* أحياناً تقابل العالم ظواهر تُحدث فجوة بين الواقع وتصوره أو تخيله لهذا الواقع، ولكي يعبر هذه الفجوة يلجأ لبناء نماذج Models هي عبارة عن تصور العالم لهذا الواقع.

مثال: نموذج بوهر للذرة، ونموذج نظرية الحركة للغازات " كرات البلياردو" وهذه النماذج تتضمن مجموعة من الافتراضات ومجموعة من الفروض .

مثال لنظرية علمية ومكوناتها: النظرية الموجية في الضوء لهيجنز .

- حقائق: يحيد الضوء عن السير في خطوط مستقيمة إذا مر من فتحات ضيقة.

- مفاهيم: الموجة – طول الموجة – التردد – الحيود – التداخل.

- قوانين: سرعة الضوء = طول موجة الضوء X تردد موجة الضوء.

- فروض: ينتشر الضوء على هيئة موجات مركزها مصدر الضوء نفسه.

٭ ليس هناك نظرية صادقة وأخرى غير صادقة، بل هناك نظرية كافية لشرح الظواهر وأخرى غير كافية لذلك.

٭ تزداد درجة الثقة في النظرية بزيادة قدرتها على شرح أكبر عدد ممكن من الظواهر ذات العلاقة.

المكون الثاني: مهارات عمليات العلم Science Proces Skills

مهارات عمليات العلم (مهارات التفكير العلمي) هي الأنشطة أو الأعمال التي يقوم بها العلماء أثناء التوصل إلى نتائج العلم من جهة، وأثناء الحكم والتحقق من صدق هذه النتائج من جهة أخرى. وقد تؤدي ممارسة هذه العمليات إلى إثارة الاهتمامات العلمية لدى الممارسين لهذه العمليات مما يدفعهم إلى مزيد من البحث والاكتشاف (الخليلي وآخرون، 1996) .

وتتضمن مهارات عمليات العلم/مهارات التفكير العلمي قدرات عقلية ومهارات متعددة منها (زيتون، 1986؛ رواشدة وآخرون، 2001 ؛ الخليلي وآخرون، 1996):

أولاً: الملاحظة Observing

تعرف الملاحظة بأنها انتباه مقصود منظم ومضبوط للظواهر أو الأحداث بهدف اكتشاف أسبابها وقوانينها.

وهي عملية تحتاج إلى التدرب عليها وتستلزم من الفرد استخدام حواسه المختلفة أو الاستعانة بأدوات وأجهزة علمية، ولكي تؤدي الملاحظة هدفها في البحث والاستقصاء العلمي يجب أن تكون منظمة، مضبوطة، موضوعية، دقيقة وشاملة لعدد من الحالات تحت ظروف مختلفة والتسجيل الفوري لما يتم ملاحظته فوراً وعقب الملاحظة مباشرة .

ويتوقف صدق الملاحظة على صدق الملاحظ، ولذلك ينبغي أن تُخضع نتائجها للتقويم السليم، كما تتوقف على صدق الأدوات المستخدمة، ومن هنا تبرز أهمية التوصيف الدقيق للأدوات المستخدمة في الملاحظة ومدى دقتها وذلك لبيان حدود الملاحظة.

* تتضمن الملاحظة العلمية مجموعة من السلوكيات أهمها:

1 – التمييز بين الفروق في الخصائص الفيزيائية للأشياء أو الظواهر بالملاحظة المباشرة.

2 – استخدام أدوات لمساعدة الحواس في إجراء الملاحظة.

3 – تكرار الملاحظة من أجل الدقة .

4 – استخدام القياس لزيادة دقة الملاحظة – كلما كان ذلك ممكناً.

5 – ترتيب الأحداث أو المشاهدات وفقاً لترتيب حدوثها.

6 – التمييز بين الثوابت والمتغيرات.

ثانياً: التصنيف Classifying

وهي عملية تتضمن قيام الطلبة بتجميع الأشياء أو المواد المشتركة بخاصة أو أكثر في مجموعات، كتصنيف الأشياء وفق اللون أو الحجم أو الوزن أو الطول أو الكثافة.. الخ. وهذه العملية تتطلب من الطالب تحديد الملامح التي تتصف بها الأشياء ووضعها في صفة أو خاصية مشتركة. وتتضمن هذه العملية العلمية عمليات عقلية وعلمية أخرى مثل مهارة تحديد أوجه الشبه والاختلاف بين الأشياء ومهارة التمييز.

يتضمن التصنيف مجموعة من السلوكيات أهمها:

1 – الإلمام بمدى التماثل والتباين في خصائص الأشياء أو الظواهر المزمع تصنيفها.

2 – التوصل إلى الخواص العامة المشتركة بين الأشياء.

3 – تصنيف الأشياء طبقاً لهذه الخواص.

4 – تقسيم الأشياء طبقاً لأكثر من خاصية.

5 – التحقق من صدق التصنيف بإجراء ملاحظات جديدة.

ومن أمثلة مهارة التصنيف في العلوم ما يلي:

(أ) تقسيم الحيوانات طبقاً لعدد الخلايا إلى حيوانات وحيدة الخلية وأخرى عديدة الخلايا.

(ب) تقسيم الحيوانات طبقاً لبيئة معيشتها: إلى حيوانات برية، وأخرى مائية، وثالثة برمائية، وهكذا ..

(ج) تقسيم العناصر طبقاً لخصائصها الكهربية إلى عناصر موصلة وشبه موصلة وعازلة.

(د) تقسيم المواد طبقاً لحالتها الفيزيائية: إلى مواد صلبة وسائلة وغازية.

ثالثاً: الاستنباط   Deducting

وهي عملية عقلية يتم فيها الانتقال من العام إلى الخاص، ومن الكليات الى الجزئيات، أو من المقدمات المنطقية إلى نتائج معينة، كأن يتوصل الطالب من قاعدة عامة أو تعميم معروف (المعادن تتمدد بالحرارة) الى نتائج جزئية خاصة غير معروفة لديه (النحاس يتمدد بالحرارة).

رابعاً: الاستقراء   Inducting

وهي عملية عقلية معاكسة لعملية الاستنباط يتم فيها الانتقال من الخاص إلى العام، أو من الجزء إلى الكل أو من الأمثلة إلى القاعدة. كأن يتوصل المتعلم من ملاحظاته أن الحديد يتمدد بالحرارة والنحاس يتمدد بالحرارة والرصاص والالمنيوم كذلك الى قاعدة عامة أو تعميم أن المعادن تتمدد بالحرارة .

خامساً: الاستدلال Inferring

وهي عملية عقلية تهدف إلى التوصل إلى تفسير ظاهرة معينة أو موقف معين يقوم الفرد بملاحظته بمقارنته مع ما لديه من معلومات ومبادئ عامة سابقة.

ويمكن تعريف الاستدلال على أنه عملية عقلية تهدف إلى التعرف على خصائص شيء مجهول من دراسة خصائص شيء معلوم.

مثال: تم الاستدلال من الحفريات المختلفة (معلوم) على خصائص العصور الجيولوجية السابقة (مجهول).

قد يؤدي الاستدلال القائم على الملاحظة إلى الحاجة إلى إجراء ملاحظات أخرى، قد تؤدي بدورها إلى تعديل الاستدلال الأصلي.

* ملاحظة ← استدلال ← ملاحظات جديدة ← تعديل الاستدلال الأصلي

مثال: ملاحظة العناصر المشعّة ودراسة خصائص الإشعاعات الصادرة عنها (معلوم) أدت إلى القول بأن النواة مركبة وتحتوي جسيمات ألفا وجسيمات بيتا (مجهول) . وبإجراء مزيد من الملاحظات تم تعديل هذا الاستدلال إلى أن هذه الجسيمات لا توجد في النواة في صورة منفردة ولكنها تنشأ أثناء التحولات التي تحدث للجسيمات النووية.

* ينبغي التمييز بين الملاحظة والاستدلال، والمثال التالي يوضح الفرق:

(أ) إذا غُمست ورقة عباد شمس حمراء في المحلول (A) فإنها تحمر.

(ب) المحلول (A) حامض.

العبارة (أ) ملاحظة، والعبارة (ب) استدلال مبني عليها.

الاستدلال العلمي يتضمن مجموعة من السلوكيات أهمها:

1 - إجراء الملاحظات.

2 - التوصل إلى الخصائص الظاهرة.

3 - الاجتهاد في التوصل إلى الخصائص غير الظاهرة.

4 - الربط بين الخصائص الظاهرة وغير الظاهرة.

5 - التوصل إلى استدلال مبني على الملاحظة.

6 - اختبار مدى صدق الاستدلال.

7 - إجراء مجموعة جديدة من الملاحظات.

8 - تأكيد الاستدلال السابق أو تعديله في ضوء الملاحظات الجديدة.

سادساً : التنبؤ ***Predicting***

وهي عملية تتضمن قدرة الطالب على استخدام خبراته التعليمية السابقة أو ملاحظاته للتنبؤ بما سيحدث في المستقبل.

وتعّرف أيضاً بأنها عملية تهدف إلى التعرف على النتيجة المتوقعة إذا ما توافرت شروط معينة. وهو يختلف جذرياً عن التخمين حيث يعتمد التنبؤ العلمي على قوانين ومبادئ ونظريات علمية موثوق فيها.

مثال:

(أ) التخمين: أنا أتوقع أن يكون الجو بارداً اليوم.

(ب) التنبؤ العلمي: التنبؤ بخصائص الجيل الأول والثاني لنبات ناتج من تزاوج نباتين ذي خصائص معينة وذلك باستخدام قوانين مندل للوراثة.

إذا جاء التخمين صحيحاً مرة فهذا لا يعني أننا في كل مرة نخمن تخميناً صحيحاً، بينما التنبؤ العلمي يكون صحيحاً في كل مرة بفرض توفر نفس الظروف واستخدام القانون نفسه في التنبؤ.

ومن أمثلة التنبؤ قدرة الطالب على تفسير تمدد أسلاك الكهرباء في فصل الصيف وارتخائها بحيث تقترب من سطح الأرض إذا لم تكن عالية.

يعتمد ثبات التنبؤ على صدق القوانين والمبادئ والنظريات التي استُخدمت في التوصل إليه. وقد يتطلب التنبؤ العلمي استخدام التجريب لتأييد التنبؤ أو رفضه.

التنبؤ العلمي يتضمن مجموعة من السلوكيات أهمها:

1 - إجراء مجموعة من الملاحظات.

2 - تمييز الثوابت والمتغيرات التي تؤثر في الظاهرة.

3 - التعرف على القانون أو المبدأ أو النظرية التي يمكن أن تخضع لها المتغيرات.

4 - استخدام القانون أو المبدأ أو النظرية في التنبؤ.

5 - التحقق من صدق التنبؤ واستخدام القياس الكمي - إذا كان ممكناً - لبيان دقة هذا التنبؤ.

سابعاً: القياس ***Measuring***

وتهدف هذه العملية الى تدريب الطلبة على استخدام أدوات ووسائل القياس المختلفة بدقة في دراسة العلوم وتدريسها. وتشمل مهارات القياس المختلفة كقياس الاطوال والاوزان والحجوم والكثافات. ومن أمثلة أدوات القياس المتر ومشتقاته وموازين الحرارة والضغط والكثافة .

وتتضمن عملية القياس مهارات يدوية كاستخدام الأجهزة والأدوات العلمية وأدوات التشريح وتناول المواد الكيميائية ومعالجتها، أو إجراء بعض التجارب والقياسات الإلكترونية باستخدام الحاسوب.

القياس الكمي يتضمن مجموعة من السلوكيات أهمها:

1 – إجراء مجموعة من الملاحظات.

2 – تحديد الخاصية أو الخصائص موضوع القياس وتعريفها.

3 – استخدام وحدات اختيارية لمقارنة الأشياء المتعلقة بالظاهرة على أساسها .

4 – تقنين هذه الوحدات.

5 – استخدام أجهزة قياس موثوق فيها.

ثامناً: التواصل Communicating

وتتضمن هذه العملية قدرة الطالب على توصيل ونقل أفكاره العلمية أو معلوماته أو نتائج دراساته واستدلالاته العلمية إلى الآخرين، وذلك من خلال ترجمتها شفوياً أو كتابياً إلى جداول إحصائية أو رسومات بيانية أو لوحات علمية أو برامج حاسوبية. كما تتضمن هذه العملية تدريب الطلبة على مهارات التحدث والتعبير العلمي والعرض والتقديم بدقة ووضوح، وكذلك حسن الاستماع والاصغاء والمناقشة مع الآخرين. وكذلك مهارات القراءة العلمية الواعية والناقدة ومهارة كتابة التقرير العلمي أو التجارب العلمية.

تاسعاً: التفسير Interpreting

تفسير الأحداث والملاحظات ييسر الفهم، ويختلف التفسير العلمي عن التفسير غير العلمي، فالتفسير العلمي يعني إرجاع الظاهرة أو الحدث إلى أسبابها الحقيقية، أي ربط السبب بالنتيجة من خلال قانون أو مبدأ أو نظرية علمية. أما التفسير غير العلمي فيُرجع الظاهرة إلى قوى خفية أو أسباب غيبية.

التفسير العلمي له مردود نفسي إيجابي، فمعرفة الأسباب الحقيقية تمنع الخوف من المجهول وتعطي الفرد مزيداً من الثقة بالنفس لإمكانية التحكم في الظاهرة. فمعرفة الأسباب الحقيقية للكوليرا مكّن من تحديد أسباب انتشارها وأساليب علاجها والوقاية منها.

التفسير العلمي يتضمن مجموعة من السلوكيات أهمها:

1 – تحديد النتائج المتصلة بموضوع الظاهرة المراد تفسيرها.

2 – معالجة النتائج لتوضيح العلاقات بينها.

3 – تحديد القانون أو النظرية التي ترتبط بموضوع الظاهرة.

4 - صياغة عدد من العبارات تفسر الظاهرة باستخدام القانون أو النظرية والتي تربط بين النتيجة وسببها.

5 - اختبار صدق التفسير.

عاشراً : ضبط المتغيرات Controlling Variables :

ويقصد بها عملية عقلية تمكن الطالب من إبعاد أثر العوامل (المتغيرات) الأخرى عدا العامل التجريبي، بحيث يتمكن من الربط بين المتغير التجريبي (المستقل) وبين المتغير التابع,

وعليه، تتضمن مهارة (ضبط المتغيرات) قدرة الطالب على تثبيت أو عزل المتغيرات التي قد تؤثر في ظاهرة ما عدا متغير واحد منها هو المتغير التجريبي. فإذا أراد الطالب أن يدرس أثر متغير (سرعة الهواء) على معدل تبخر السوائل فعليه أن يثبت أو يعزل المتغيرات الأخرى التي تؤثر على التبخر مثل نوع السائل، كثافته، درجة الحرارة، الرطوبة وسعة سطح الإناء الموجود فيه السائل .

الحادي عشر: فرض الفروض واختبار الفرضيات

Hypothesising and Testing Hypotheses

الفرضية هي حل مؤقت لمشكلة ما، أو إجابات محتملة لأسئلة الدراسة أو المشكلة المبحوثة، وتصاغ الفرضية إما على هيئة فرضيات بحثية أو فرضيات إحصائية. هذا ويشترط في صياغة الفرضية أن تحدد علاقة بين متغيرين، وأن تكون قابلة للاختبار أو المعالجة الإحصائية. أما اختبار الفرضيات فيتضمن الوصول إلى حل المشكلة أو الإجابة عن أسئلة الدراسة المطروحة، وذلك بتطبيق المعالجات الإحصائية المناسبة، ويترتب على اختبار الفرضيات إما قبولها أو رفضها.

أمثلة:

(أ) من فروض نظرية الحركة للغازات، أن جزيئات الغاز في حركة مستمرة وقوى الجذب فيها ضعيفة. يمكن اختبار صدق هذا الفرض عن طريق سرعة انتشار الغاز بطريقة مباشرة عن طريق ملاحظة سلوك الغازات.

(ب) عندما شاهد نيوتن التفاحة تسقط على الأرض صاغ فرضاً مؤداه: أن للأرض قوة تجذب بها الأجسام الأخرى، وقياساً على ذلك تم اختبار صدق الفرض أن للقمر قوة يجذب بها الأجسام الأخرى.

عملية فرض الفروض العلمية تضمن مجموعة من السلوكيات أهمها:

1 – تحديد الأسئلة المراد الإجابة عنها لعبور الفجوة بين ما هو معلوم وما هو مجهول.

2 – فصل الأسئلة التي يمكن إجابتها فلسفياً من تلك الأسئلة التي يمكن إجابتها عن طريق الخبرة.

3 – تقسيم الأسئلة العريضة إلى أجزاء.

4 – صياغة إجابة محتملة لكل سؤال بحيث تكون قابلة للاختبار، عن طريق التجريب، أو عن طريق القياس.

5 – التمييز بين الفروض التي يمكن اختبارها وصفياً، والتي يمكن اختبارها كمياً.

الثاني عشر : التجريب Experimenting

التجربة: موقف اصطناعي يلجأ إليه العالم لجمع بيانات ومعلومات عن ظاهرة، أو للتأكد من صدق معلومة سبق التوصل إليها أو لاختبار صدق فرض، أو التوصل إلى حقائق وقوانين جديدة، أو التحقق من صدقها.

في التجريب قد يلجأ العالم إلى تثبيت بعض المتغيرات، وتغيير البعض الآخر بالزيادة أو النقصان، أو الاستبعاد، أو الإضافة، وذلك بهدف دراسة العلاقات السببية، أي العلاقة بين أثر متغير معين في متغير آخر. والتجريب يتضمن كل عمليات العلم السابق شرحها.

عملية التجريب تضمن مجموعة من السلوكيات أهمها:

1 – التعرف على بعض المشكلات المتضمنة في عدد من الملاحظات.

2 – تحديد المتغيرات ذات العلاقة بعدد من الملاحظات.

3 – صياغة عدد من الفروض المطلوب اختبارها.

4 – تصميم التجربة العملية (خطوات العمل).

5 – اختيار الأدوات والمواد والأجهزة اللازمة لتحقيق ما سبق.

6 – التحكم في المتغيرات التي ينبغي تثبيتها أثناء التجربة.

7 – الممارسة العملية وتنفيذ خطة العمل.

8 – التعرف على مصادر الخطأ في التجربة.

9 – وصف لمحددات التجربة بما فيها الأجهزة والأدوات والمواد المستخدمة.

10 – كتابة تقرير مفصل عن التجربة يفيد مستقبلاً من يود تكرار التجربة.

طبيعة العلم وانعكاسها في أوجه تعلم العلوم

بعد استعراض بنية العلم يمكن القول إن أوجه تعلم العلوم تتضمن (السيد ، 2007):

أولاً: الجانب المعرفي:

ويضم هذا الجانب قسمين رئيسين، الأول: المعرفة، والثاني: توظيف المعرفة العلمية، بمعنى آخر يتضمن الجانب المعرفي: المعرفة والمهارات المعرفية:

(أ) **المعرفة:** تشمل تعلم الحقائق والمفاهيم والقوانين والمبادئ والنظريات.

(ب) **المهارات المعرفية:** وتشمل الملاحظة والتصنيف والتفسير والقياس والتجريب والتنبؤ والاستقراء والاستنباط.

هذا التصنيف يفرض على معلم العلوم ضرورة التأكيد في تدريسه – قولاً وفعلاً – على أن المعرفة العلمية ليست غاية في حد ذاتها، ولكنها وسيلة لتحقيق غايات أخرى وهي توظيف هذه المعرفة لخدمة المتعلم وحل مشكلاته.

ثانياً: الجانب النفسحركي:

* يتطلب هذا الجانب تناسقاً بين أعضاء الحس وأعضاء الحركة، فالعالم أثناء دراسته للظواهر الطبيعية المختلفة والمواد، يعتمد بداية على حواسه، وإذا أراد أن يدقق أكثر فقد يستخدم أدوات مساعدة للحواس مثل المجهر والتلسكوب .. الخ.

وقد تتطلب الدراسة إجراء بعض التجارب أو القيام بتشريح شيء وهذا يتطلب بدوره إتقان بعض المهارات مثل التشريح والتجريب.

مما سبق يعني أن على معلم العلوم أن يعي أهمية تعلم وتمكن المتعلم من عمليات العلم أثناء تعلمه للعلوم حتى يمكنه أن يستمتع بتعلم العلوم من جهة، وأن يُعلّم نفسه بنفسه من جهة أخرى.

ثالثاً: الجانب الوجداني:

يقابل هذا الجانب من أوجه تعلم العلوم جانب أخلاقيات العلم أو ضوابط بنية العلم، ويمثل هذا الجانب موجهات لسلوك الفرد، ويتضمن:

(أ) الاهتمامات العلمية: أي الإقبال على دراسة العلوم أو الإحجام عنها.

(ب) الاتجاهات العلمية: أي الموقف الذي يتخذه المتعلم من قضية علمية ما -ويُشترط في هذه القضية أن تكون جدلية – هذا الموقف قد يكون إيجابياً أو سلبياً.

مثال: العلاج بأعشاب تُليت عليها بعض الكلمات السحرية قد يأتي بنتائج طيبة يؤيدها الدليل العلمي بأن هذه الأعشاب قد ساهمت في العلاج وليست الكلمات السحرية، من هنا يجب على المعلم أن يدرب تلاميذه كي يتخذوا مواقف علمية من مثل هذه القضايا التي يكون لها جانب علمي وآخر غير علمي.

(ج) القيم العلمية: هي المعايير التي يتم بها الحكم جيد أو رديء، حسن أو قبيح، مقبول أو مرفوض، وفي <u>تعليم العلوم نستخدم:</u>

- موضوعي مقابل غير موضوعي: أي انتزاع الذات من الموقف والحكم في ضوء معايير مقبولة.

- عقلاني مقابل غير عقلاني: بمعنى الحكم على موقف ما في ضوء ما يقبله العقل.

- علمي مقابل غير علمي: بمعنى الحكم على موقف ما في ضوء نظريات وتفسيرات علمية.

- التريث في إصدار الأحكام مقابل التسرع في إصدارها، وهذا يتطلب جمع معلومات وبيانات حول الموقف والتأكد من صدقها ثم الحكم عليها.

ويتمثل دور المعلم في تنمية هذا الجانب بوصفه قدوة في سلوكه لتلاميذه، وينبغي أن يتسم هذا السلوك بالعلمية والموضوعية.

<u>الاهتمامات</u> فردية، <u>والاتجاهات</u> جماعية إلى حد ما، بينما <u>القيم</u> الاجتماعية يشترك فيها المجموع. والاهتمامات أقل ثباتاً من سواها بمعنى أنها متغيرة.

رابعاً: أوجه التقدير:

يُقصد به بيان دور العلم والعلماء في خدمة ورفاهية الإنسانية، ويمكن للمعلم أن ينمي هذا الجانب من خلال عرضه لتاريخ العلم والعلماء وإنجازاتهم.

يجب أن يُقدم دور العلم والعلماء في إطار يوضح عظمة الخالق في خلقه فالله هو خالق الكون، وهو خالق العقل الذي توصل إلى العلم . أي أن العلم الحالي ليس علم الإنسان ولكنه علم الله الذي وهبه للإنسان من خلال العقل الذي أبدعه.

أهداف تدريس العلوم

هناك مستويات مختلفة لأهداف تدريس العلوم منها:

1) الأهداف التربوية العامة General Educational Goals.

2) الأهداف التعليمية Instructional Objectives.

أولا: الأهداف التربوية العامة في تدريس العلوم

- بعيدة المدى نسبياً.

- ترتكز على حاجات المتعلم وتؤكد على تنمية شخصيته من الجوانب المعرفية والوجدانية والنفس حركية.

- تتصف بالعمومية والتجريد ولا تعبر عن سلوك محدد يمكن ملاحظته.

تجمع معظم الاتجاهات الحديثة في تدريس العلوم على الأهداف الآتية في تدريس العلوم (نشوان، 1989):

1- تطوير قدرة الطلبة على اكتشاف الحقائق العلمية وتكوين المفاهيم والمبادئ العلمية بأنفسهم.

2- إكساب المتعلم الحقائق والمبادئ العلمية المناسبة لبيئته لكي يستطيع فهم ما يحدث من حوله من ظواهر طبيعية وأحداث بيئية.

3- استخدام ما يتعلمه الطلبة في حل المشكلات التي تواجههم؛ أي تطوير قدرة الطلبة على تطبيق ما يتعلموه في حياتهم العملية.

4- تطوير مهارات التفكير العلمي لدى المتعلمين.

5- تطوير مهارات المتعلمين العملية.

6- تطوير اتجاهات المتعلمين العلمية الإيجابية.

ويجمع التربويون على جملة من الأهداف الأساسية التي ينبغي على معلمي العلوم تحقيقها لدى الطلبة وتتضمن هذه الأهداف مجالات المعرفة العقلية والعملية والتفكير العلمي والاتجاهات والميول العلمية والمهارات وهذه الأهداف هي (سماره، 2005):

1- مساعدة الطلبة على اكتساب المعرفة العلمية.

2- تنمية قدرات الطلبة على التفكير العلمي وطرائق حل المشكلات.

3- مساعدة الطلبة على اكتساب المهارات العملية المناسبة.

4- تنمية اتجاهات وميول علمية لدى الطلبة.

ثانيا: الأهداف التعليمية أو السلوكية:

تعرف الأهداف السلوكية بأنها تلك العبارات التي تكتب للتلاميذ لتصف بدقة ما يمكنهم القيام به خلال الحصة الدراسية أو بعد الانتهاء منها مباشرة. أي العبارات التي تصف الأداءات التي نرغب من المتعلمين أن يكونوا قادرين على القيام بها قبل الحكم عليهم بالكفاءة في تلك الكفاءات.

وتُعرّف أيضا بأنها ذلك التغير المتوقع حدوثه في شخصية المتعلم بعد مروره بخبرة تعليمية مقصودة بحيث ينعكس هذا التغيير على سلوك المتعلم ويمكن ملاحظته ثم قياسه وتقويمه خلال عملية التعلم.

ويُعرّف الهدف السلوكي أنه "عبارة تكتب لتصف سلوك المتعلم الذي ينشأ من خلال تدريسه لموضوع ما، ويمكن ملاحظة هذا السلوك وقياسه (قطامي، 2005، ص49).

أهمية الأهداف السلوكية:

1- تساعد على تحقيق أهداف المنهج .

2- تساعد على تحديد موضوعات وخبرات المنهج الدراسي .

3- تساعد على اختيار الوسائل والمواد التعليمية .

4- تساعد على اختيار أنشطة وأساليب التدريس المناسبة .

5- تساعد على مراعاة المدة الزمنية لكل درس.

6- تساعد على اختيار وسائل التقويم وأدواته.

7- تسهم في حصول الطالب على تعلم أفضل.

مكونات الأهداف السلوكية:

لصياغة الأهداف السلوكية صياغة سليمة فإنها لابد أن تتضمن العناصر التالية:

أن: المصدرية وتكون في بداية صياغة الهدف السلوكي.

فعل نشاط: فعل مضارع يعبر عن أداء عملي يمكن ملاحظته وقياسه.

المتعلم: ويقصد به الطالب أو التلميذ أو الدارس.

المحتوى التعليمي: ويحتوي الجزء الخاص من الموضوع المراد معالجته من خلال الموقف التعليمي .

ويمكن إضافة العناصر التالية:

شروط الأداء أو ظروف الأداء: وهي الشروط التي يجب من خلالها ملاحظة السلوك أو الأداء للمتعلم مثل باستخدام، بعد إجراء النشاط ... .

معيار الأداء أو مستوى الأداء: ويشير إلى نسبة أو مقياس أو زمن من متطلبات التعلم المرغوب، أو المعيار الذي يكون في ضوئه الأداء مقبولاً، مثل: بدقة ، بنسبة .. ، بطلاقة ، دون خطأ ، ...

ويمكن اختصار أو تلخيص صياغة الهدف السلوكي بالعبارة التالية:

أن + فعل مضارع + المتعلم + المحتوى التعليمي + شروط الأداء + المعيار

مثال: أن + يرسم + الطالب + مسار الشعاع الضوئي + بعد انعكاسه على مرآة مستوية + بدقة

أسس كتابة الأهداف السلوكية الإجرائية:

1- أن ترتبط بالأهداف الرئيسية.

2- أن تكون مناسبة من حيث الصعوبة .

3- أن تصف المحتوى والعملية العقلية الداخلة فيه .

4- أن تمثل السلوك الواقعي المطلوب من المتعلم .

5- أن تراعي حاجات المتعلمين .

6- أن ترتبط بخبرة المتعلم .

7- أن تكون متنوعة وشامله لجميع جوانب الخبرة.

8- أن تكون ممكنة التحقيق.

9- أن تصاغ بعبارات سلوكية.

10-أن تكون إجرائية.

11- أن تكون بسيطة غير مركبة (تحتوي على فكرة أو معلومة واحدة فقط) .

12- أن تكون سهلة واضحة العبارة.

13- أن تكون مرتبة منطقياً ومتوافقة مع تسلسل الدرس.

14- أن توضح الظروف التي يقع فيها السلوك.

شروط صياغة الأهداف السلوكية :

يجب أن تصاغ الأهداف السلوكية بشكل محدد وواضح وقابل للقياس ومن القواعد والشروط الأساسية لتحقيق ذلك ما يلي (ربيعة، بدون تاريخ) :

1. أن تصف عبارة الهدف أداء المتعلم أو سلوكه الذي يستدل منه على تحقق الهدف وهي بذلك تصف الفعل الذي يقوم به المتعلم أو الذي أصبح قادراً على القيام به نتيجة لحدوث التعلم ولا تصف نشاط المعلم أو أفعاله أو غرضه.

2. أن تبدأ عبارة الهدف بفعل (مبني للمعلوم) يصف السلوك الذي يفترض في الطالب أن يظهره عندما يتعامل مع المحتوى.

3. أن تصف عبارة الهدف سلوكاً قابلاً للملاحظة، أو أنه على درجة من التحديد بحيث يسهل الاستدلال عليه بسلوك قابل للملاحظة.

4. أن تكون الأهداف بسيطة (غير مركبة) أي أن كل عبارة للهدف تتعلق بعملية واحدة وسلوكاً واحداً فقط.

5. أن يعبر عن الهدف بمستوى مناسب من العمومية.

6. أن تكون الأهداف واقعية وملائمة للزمن المتاح للتدريس والقدرات وخصائص الطلاب.

7. أن تكون عبارة الهدف محددة وواضحة ودقيقة.

8. أن تكون الأهداف شاملة لجميع جوانب النمو.

9. يمكن تحقيقها في فترة قصيرة.

إن أصعب جزء في عملية كتابة الأهداف السلوكية هو اختيار الأفعال لكونها تعبر وبشكل واضح عما نرغب من المتعلم أن يكون قادراً على فعله من محتوى الموضوع، مثل: يرسم، يوضح، يميز، يقارن، يختار، يسمي، يصف، يلخص، يصنف. وهذه الأفعال تعبر عن أعمال يمكن ملاحظتها ومثل هذه الأفعال هي المستخدمة عند صياغة الأهداف السلوكية. أما الأفعال التي لا يفضل استخدامها عند صياغة الأهداف السلوكية فهي: يستوعب، يدرك، يفهم، يعرف، يقدر، يتعلم، يتذوق، يعي ويعود السبب في ذلك إلى أنها صعبة القياس والملاحظة.

بعض الأفعال التي لا تصلح لصياغة أهداف سلوكية:

أفعال تحمل أكثر من تفسير ولا يمكن ملاحظتها أو قياسها	التوضيح
يعرف	أي مستوى من المعرفة ؟ وماذا يعرف ؟
يفهم	عملية داخلية لا يمكن ملاحظتها أو قياسها إلا بمظاهرها الخارجية
يعني	عملية داخلية لا يمكن ملاحظتها أو قياسها إلا بمظاهرها الخارجية
يدرك	عملية داخلية لا يمكن ملاحظتها أو قياسها إلا بمظاهرها الخارجية والإدراك يختلف من فرد إلى أخر .
يتذوق	عملية داخلية لا يمكن ملاحظتها أو قياسها إلا بمظاهرها الخارجية
يستمتع	عملية داخلية لا يمكن ملاحظتها أو قياسها إلا بمظاهرها الخارجية
يعتقد	عملية داخلية لا يمكن ملاحظتها أو قياسها إلا بمظاهرها الخارجية
يؤمن	عملية داخلية لا يمكن ملاحظتها أو قياسها إلا بمظاهرها الخارجية
يوضح	يوضح بالرسم أو الشرح أو التجربة (أكثر من معنى)
يبين	يوضح بالرسم أو الشرح أو التجربة (أكثر من معنى)

مجالات الأهداف السلوكية:

1- المجال المعرفي.   2- المجال الوجداني.   3- المجال المهاري.

أولا: الأهداف المعرفية:

تركز على ما يقوم به العقل من تذكر أو عمليات ذهنية وتتعلق بالمعلومات والأفكار.

مستويات الأهداف المعرفية:

1- **المعرفة (التذكر):** ويقصد بها تذكر واسترجاع الحقائق والمعلومات التي سبق تعلمها ويتم استدعاؤها من الذاكرة. (يعرّف، يسمي، يعدد، ينسب، يختار، يعين، يصف.. يحدد..).

أمثلة:

- أن يعدد الطالب أجزاء الزهرة.

- أن يعرّف الطالب العنصر.

- أن يذكر الطالب نص قانون نيوتن.

2- **الفهم أو التطبيق:** القدرة على الإدراك والاستيعاب ويظهر ذلك بترجمة المادة من صورة إلى أخرى والتفسير إما بالشرح أو الإيجاز وبالتنبؤ بالإيجاز والآثار. (يميّز، يشرح، يفسر، يعلل، يستخلص، يتوقع، يكمل، يوضح، يستدل، يترجم ..).

أمثلة:

- أن يحول الطالب العلاقة بين الكتلة والحجم والكثافة إلى علاقة رياضية.

- أن يشرح الطالب قانون مندل الأول في الوراثة .

3- **التطبيق:** وهو القدرة على استخدام ما تم تعلمه في مواقف جديدة، وهذا يتضمن تطبيق الأساليب والطرق والمفاهيم والأسس والقوانين والنظريات. (يجرب، يستخدم، يعدل، يعالج، يطبق، يرتب، يخطط ..).

امثلة:

- أن يرسم الطالب الجهاز الدوري في الإنسان.

- أن يحل الطالب مسألة باستخدام قاعدة ارخميدس.

4- **التحليل:** التفكيك والتجزئة إلى العناصر والمكونات، ويتضمن ذلك تحديد وتعريف الأجزاء وتحليل العلاقات بين الأجزاء وتمييز الأسس المنظمة. (يصنف، يستنبط، يستخرج، يفكك، يقسم ..).

مثال: أن يقارن الطالب بين الخلية النباتية والخلية الحيوانية.

5- **التركيب:** وهو القدرة على تجميع الأجزاء والعناصر لتكوين كل جديد متكامل، وهذا يتضمن إنتاج اتصال جديد والتخطيط لعملية أو لتجربة. (يركب، يحول، يشكل، يصمم، يعيد ترتيب، يؤلف، يلخص ، ينتج ..).

أمثلة:

-أن يكتب الطالب تقريراً علمياً عن نتائج تجربة ما.

-أن يقترح الطالب خطة للقضاء على البعوض في بيئته.

6- **التقويم:** القدرة على إصدار أحكام كمية أو كيفية حول قيمة الأفكار أو الأعمال في ضوء معايير محددة (يوازن، يضمن ، يقابل ، يثبت ، يبرهن، يتحقق، يدعم، يحكم، يدافع على، ينقد .....).

أمثلة:

-أن يعطي الطالب رأيه في أنواع الأطعمة التي يتناولها من حيث أهميتها للجسم.

-أن ينقد الطالب نظرية دارون.

-أن يدافع الطالب عن رأيه في زواج الأقارب.

ثانيا: الأهداف الوجدانية (الانفعالية):

وتركز على ما يتعلق بالنفس والوجدان من قيم وميول ومشاعر واتجاهات، وتقسم إلى المستويات الآتية :

1- **الاستقبال (التقبل):** اهتمام الطالب وانتباهه وتركيزه ووعيه للمثيرات. (يسأل، يبدي، يختار، يصف، يصغي، يتابع، يشارك، يستمتع بـ).

مثال: أن يبدي الطالب اهتماماً بالعمل الجماعي في المختبر.

2- **الاستجابة (الإجابة):** رغبة الطالب في المشاركة الإيجابية والفاعلية والاهتمام في اتخاذ موقف معين تجاه موضوع أو ظاهرة (يسعى ، يتطوع ، يتدرب ، يقرر ، يمتثل ، يعاون ، يوصي ..) .

مثال: أن يتطوع الطالب للمشاركة في حملة حماية البيئة.

3- **التقييم (الاعتزاز، التثمين):** إعطاء قيمة لظاهرة أو سلوك معين فيتقبل الطالب ذلك ثم يفضله ثم يلتزم به (يبادر، يمارس ، يساهم ، يعزز، يؤيد ، يقدر، يدعو، يفرق..).

مثال: أن يقدر الطالب دور العلماء المسلمين في تطور العلوم .

4- **التنظيم(التنظيم القيمي):** قدرة الطالب على تنظيم أفكاره وقناعاته وقيمه وربطها مع بعضها للوصول إلى مبدأ جديد يتصف بالاتساق الداخلي. (ينظم، يعمم، يلخص، يجهز، يربط، يوحد، يوازن بين، يحافظ، يدعم.).

مثال: أن ينظم الطالب نشاطه لتحقيق نتائج جيدة للتجربة في المختبر.

5- **التمييز (تشكيل الذات):** إيجاد نظام معين يمكن من خلاله تمييز الطالب وتوقع تصرفه ويكون أسلوب حياة بالنسبة له. (يستخدم، يضبط، يبرز، يهذب، ينكر، يعتز، يتبنى، يعدل.).

مثال: أن يؤمن الطالب بأهمية التدريب العملي في الارتقاء والتعلّم.

ثالثا: الأهداف المهارية (الحركية):

وتركز على المهارات الحركية مثل الكتابة والرسم والتحدث والمهارات المعملية والتربية البدنية، بحيث تترجم هذه المهارات إلى سلوك يقوم به الطالب، وهذه المهارات تتطلب التناسق العضلي والعصبي والنفسي. وتصنف كما يلي:

1- **الإدراك الحسي (الملاحظة):** الشعور باستقبال الظاهرة وملاحظتها والحديث عنها، أو الوعي الحسي المرتبط بمدى استعمال الطالب لأعضائه للقيام بوظائفها التي تقوده إلى أداء حركي. (يربط ، يحضر ، يكتشف ، يعد ، يوضح عملياً ، يقطع، يختار ، يحدد ..)

مثال: أن يوضح الطالب عملياً تركيب الماء.

أن يربط الطالب بين عدة مقاومات.

2- **التهيئة:** الاستعداد النفسي والعضوي لأداء نشاط أو سلوك بعينه. (يتأهب، يميل، يتطوع، يلقي، يظهر، يبدي، يرغب ..)

مثال: أن يتطوع الطالب بإعداد وسيلة تعليمية توضح تركيب القلب .

3- **الاستجابة الموجهة (الممارسة):** يبدأ الطالب بتعلم المهارة بواسطة التقليد أو المحاولة والخطأ أو المحاكاة (بداية ممارسة الطالب للمهارة الحركية بصورة فعلية). (يقلد، يحاكي، يعبر، يمسك، يحاول ، يؤدي، يجمع)

مثال: أن يعبر الطالب عن فهمه لموضوع الدورة الدموية من خلال موقف تمثيلي.

4- **الآلية الميكانيكية (التعود):** تعود الطالب على الأداء الحركي، أي تصبح الاستجابة المتعلمة عادة حيث يمكنه تأدية الحركات بثقة وجرأة وببراعة. (يوصل دائرة، يشغل جهاز، يمارس، يجري تجربه، يرسم، يقيس، يتبع، يقود، يرسم ...).

مثال: أن يجري الطالب تجربة التحليل الكهربائي للماء.

5- **التكييف أو التعديل:** تغيير وتعديل المهارات بما يتلاءم مع المواقف الجديدة مما يظهر التناسق للمهارات (تحويل عمل حركي إلى حل مشكلة توجهه لأول مرة) (يعدل، يحور، يبدل، يحول، يتحكم، يغير، يستخدم، ينوع ..).

مثال: أن يستخدم الطالب المجهر في حياته اليومية.

6- **الإبداع أو الأصالة:** يبتكر الطالب مهارات حركية جديدة لمواجهة مشكلة محددة ، أو أن يقدم قدرات عالية تجعله في قمة الأداء المهاري . (يصمم، يطوّر، يبتكر، يبدع، ينتج، يجيد، يبني)

مثال: أن يصمم الطالب خطة عملية للزراعة المجهرية.

الثقافة العلمية:

كان الشائع في المعايير التربوية أن الشخص المثقف، هو الشخص المتمكن من الأساسيات في القـراءة والكتابة والحساب. ولكن هذه النظرية قاصرة جداً لتقدم تعليماً يساعد صغارنا على البقاء في عالم معقد بعجائبه التقانية ومشكلاته السياسية والاجتماعية والاقتصادية المعقدة. إن قادة وصانعي السياسـة يجـب أن يعرفوا أكثر، وأن يملكوا وجهات نظر عالمية مختلفة، والسؤال المهم هو، ما الذي يعرفه الشخص المثقف علمياً؟ وماذا يستطيع أن يفعل في المجتمع الحديث؟ (خطايبة، 2005).

مفهوم الثقافة العلمية:

هناك الكثير من التعريفات للثقافة العلمية، ومن هذه التعريفات ما نشره المجلـس الوطنـي للبحـث National Research Council (NRC) في الولايات المتحدة الأمريكية (خطايبة، 2005):

- تعني الثقافة العلمية بأنها المقدرة على وصف الظواهر الطبيعية وشرحها والتنبؤ بها.

- تعرف بأنها المقدرة على قراءة وفهم مقالات العلوم في الصحافة الشعبية والانخـراط في المحادثات الاجتماعية حول صحة الاستنتاجات.

- تعني الثقافة العلمية أن الشخص يستطيع تحديد المسائل العملية الكامنـة وراء القـراءات المحلية والوطنية والتعبير عن المواقف التي يجري الإطلاع عليها علمياً وثقافياً. وينبغي عـلى المواطن المثقف أن يكون قادراً على تقويم نوعية المعلومات العلميـة عـلى أسـاس مصادرها والطرائق المستخدمة في توليدها.

ويرى فرانسيكو (Feancisco, 2004) أن الثقافة العلميـة ليست القـراءة والكتابـة، وليست تعلـم مـادة العلوم، ولكنها تعني أكثر من ذلك، فهي تعني القـدرة عـلى استيعاب مـا يقـرأ الفـرد ويُكتـب في العلـوم، وتوظيف هذه المعرفة في المجتمع، والقدرة على إيصالها للآخرين (المعايطة، 2005).

وتعرف الثقافة العلمية بأنها إمداد المواطن بقدر من المعارف والمهارات والاتجاهـات التي تتصل بالمشكلات والقضايا العلمية ومهارات التفكير العلمـي اللازمـة لإعـداد الفـرد

للحياة اليومية التي تواجهه في بيئته ومجتمعه، والتركيز على نواتج العلم وعملياته وإدراك العلاقات المتبادلة بين العلم والتكنولوجيا والمجتمع، واكتساب المعرفة العلمية من مصادرها المختلفة (المومني،2002).

وتُعرّف شيابيتا وآخرون (Chiappetta, et al,1991) الثقافة العلمية على أنها مجموعة المعارف والاتجاهات والمهارات التي يمتلكها الفرد في العلوم ويستطيع توظيفها في حياته اليومية، ولها مكونات أربعة أساسية وهي: العلم كجسم للمعرفة، العلم طريق للتفكير، العلم طريق للبحث والاستقصاء. التفاعل بين العلم والتكنولوجيا والمجتمع (المومني، 2002).

وتعرف الثقافة العلمية إجرائيا بأنها تزويد الأفراد بمعلومات وظيفية مرتبطة بالعلم وتطبيقاته، واتجاهات إيجابية نحو العلم كنعمة، وسلبية نحوه كنقمة، وتفكير علمي في حل قضايا العلم ومشكلاته، وتفكير ابتكاري نحو تقبل الجديد والمستحدثات في مجال الاكتشافات والاختراعات العلمية، ومهارات يدوية وعقلية واجتماعية، ومهارات اتصال في مجال العلم وتطبيقاته، وميول واهتمامات علمية في مجال العلم، وتقدير جهود الدولة في المجالات العلمية وجهود العلماء، واتباع السلوك البيئي السليم، كل ذلك في إطار قيمي واخلاقي يتمشى مع الإطار القيمي للمجتمع (الشيباني، بدون تاريخ).

أهداف الثقافة العلمية:

بذلت المنظمات والجمعيات العلمية جهوداً كبيرة في سبيل إصلاح وتطوير العلوم ووضع أهداف الثقافة العلمية وتدريس العلوم. ومن هذه الجهود مشروع المؤسسة الوطنية للعلوم (National (NSF Science Foundation، ومشروع الغاية والتتابع والتنظيم للجمعية الوطنية لمدرسي العلوم National Science Teacher Association (NSTA)، ومشروع (2061) للجمعية الأمريكية لتقدم العلوم American Association for the Advancement of Science (AAAS)، ومشروع المعايير الوطنية لتعليم العلوم (National Science Education Standards) المقدم إلى لجنة المجلس الوطني للبحث (NRC) National Research Council (خطايبة، 2005، المعايطة، 2005؛ زيتون،2000). وفيما يلي تفصيل لبعض هذه المشاريع:

أولاً: بناء مشروع المؤسسة الوطنية للعلوم (NSF):

قامت هذه المؤسسة بعدة دراسات حول تعليم العلوم وتوصلت مجموعات البحث العاملة في هذا المشروع إلى عدة نتائج عامة عن وضع تعليم العلوم، ساهمت بقدر كبير في القاعدة المعرفية التي بنيت على أساسها جهود الإصلاح مؤخراً. وهذه النتائج هي:

1- يلقى تعليم العلوم في كل المستويات أهمية متدنية عند مقارنته مع آداب اللغة والرياضيات والدراسات الاجتماعية. وبشكل عام لا تدعم أنظمة المدارس برامج العلوم بشكل فعّال.

2- تهيمن الكتب المدرسية على تدريس العلوم وتعلمها، وتحدّ مما يمكن إنجازه.

3- تشدّد برامج العلوم في المدارس بشكل عام على تحضير الطلاب للمرحلة الدراسية المقبلة أو لمرحلة الدراسة في الجامعة.

4- يصبح المعلمون هم المنهاج إلى درجة أنهم يقرّرون ماذا سيُعلم أو يدرّس. لذلك يقرر المعلمون كثيراً من أهداف تعليم العلوم. وغالباً ما تكون غير متطابقة مع الأهداف الوطنية ومع ما هو مفيد في تعليم العلوم .

وقادت هذه النتائج العامة الباحثين ومدرسي العلوم للادعاء أن برامج العلوم الموجودة لم تخدم أغلبية الطلبة بشكل جيد، وساعدت على وضع هدف جديد للثقافة العلمية للثمانينات من القرن العشرين. وكان لهذا الهدف أربعة نواتج مهمة هي (خطايبة، 2005):

1- تعزز العلوم التطور الشخصي لكل متعلم: أي ينبغي أن تساعد الثقافة العلمية المتعلمين على استخدام العلوم لتحسين حياتهم، ولتعلم كيفية التعامل مع عالم متزايد الثقافة. وقد ركز هذا الناتج على تعزيز فضول المتعلم وحاجاته وتخيله وثقته بنفسه وقدرته على المثابرة وصناعة القرار والتعامل مع المتغيرات وممارسة أخلاقيات العلم.

2- يفهم المتعلمون العلاقات المتداخلة بين العلم والتقانة والمجتمع: أي يجب أن يحضّر منهاج العلوم الطلاب للعمل كمواطنين مطلعين وللتعامل بشكل مسؤول مع المسائل الإجتماعية والتقانية المتعلقة بالعلوم.

3- تطور العلوم مهارات عمليات العلم لكل متعلم: أي ينبغي على منهاج العلوم أن يزود جميع الطلبة بفرص لاكتساب المعرفة الأكاديمية والمهارات التي يحتاجونها لحل

المشكلات الشخصية والاستمرار في التعلم مدى الحياة. وركّز هذا الناتج على ما يحتاجه الأطفال ليصبحوا مثقفين، وأكد كذلك على أن المنهاج يشمل المعرفة والمفاهيم والمبادئ والأفكار العلمية والقيم وأخلاقيات العلم والتفكير الناقد والتفكير الإبداعي ومهارات حل المشكلات.

4- تساعد العلوم على توسيع الوعي المهني لكل متعلم: أي يجب أن تعطي الثقافة العلمية جميع الطلاب وعياً بطبيعة وأهداف العلوم والتقانة والمهن المتعلقة بهما.

ثانيا: مشروع المعايير الوطنية لتعليم العلوم المقدم من لجنة المجلس الوطني للبحث (NRC) حول تعليم العلوم وتقويمها:

قامت هذه اللجنة بتنسيق المعايير الوطنية لتعلم العلوم من الروضة إلى الصف الثاني عشر، وتقوم هذه المعايير على أهداف لإعداد الطلبة القادرين على استخدام المعلومات العلمية والعمليات المناسبة في اتخاذ القرارات الشخصية، والإحساس بالمواقف الناتجة عن فهم العالم، وزيادة الإنتاجية الاقتصادية، والقدرة على الحوار والمناقشة حول الاهتمامات التقانية والعلمية (NRC, 1996).

ثالثا: المشروع (2061) للجمعية الأمريكية لتقدم العلوم:

قُدم هذا المشروع كمبادرة لتحسين العلوم، وأوصى بعدة مبادئ لتحقيق تدريس فعّال في العلوم، ويقترح كل مبدأ بعض العناصر التي يجب توفرها في الأهداف الجديدة لتدريس العلوم، وتتناول هذه الأهداف مجموعة من الأفكار أهمها (AAAS, 1990؛ المعايطة، 2005):

1- يجب على الطلاب أن يتعلموا مفاهيم العلوم وليس قوائم بموضوعاتها.

2- أن تكون إستراتيجيات التدريس مناسبة تشجع الطالب على الاستكشاف والتقصي.

3- يجب أن تتكامل العلوم مع موضوعات أخرى مثل : الرياضيات والإنسانيات.

4- أن ترتبط مناهج العلوم بالقضايا الاجتماعية كلما كان ذلك ممكنا.

5- يجب أن تكون أهداف تعلم العلوم أكثر عمومية دون الاعتماد على مقرر محدد في العلوم.

6- يجب أن تكون العلوم التي تدرس في المدارس قائمة على معايير تربوية مبنية بشكل واضح.

صفات الشخص المثقف علمياً:

إن الشخص المثقف علمياً هو الشخص الذي يملك مقدرة على استخدام المواقف العلمية الأساسية والعمليات ومهارات التفكير السليم لفهم المفاهيم اللازمة للوصول إلى استنتاجات منطقية واستخدام الأفكار العلمية وفق طرق ذات معنى (NRC, 1996).

ويمكن تعريف المثقف علميا بأنه الفرد القادر على استيعاب المعرفة العلمية التي تعرض عليه، وقدرته على توظيف هذه المعارف لفهم الواقع الذي يعيش فيه، ويستخدمها لحل المشاكل اليومية التي تواجهه .

حددت كوليت وشيابيتا (Collette & Chiappetta,1984) المشار إليها في (نصير، 1996) ثماني صفات للشخص المثقف علمياً وهي:

1- معرفة الحقائق والمفاهيم والنظريات العلمية والقدرة على تطبيقها.

2- فهم طبيعة العلم.

3- امتلاك اتجاهات إيجابية نحو العلم والتكنولوجيا.

4- تقدير قيمة العلم والتكنولوجيا للمجتمع.

5- القدرة على استخدام عمليات العلم في حل المشكلات واتخاذ القرارات.

6- القدرة على اتخاذ القرارات الصائبة تجاه الموضوعات العلمية المتعلقة بالمجتمع.

7- القدرة على توظيف مهارات العلم.

8- فهم البيئة نتيجة تعلم العلوم.

كما حدد الأدب التربوي في تدريس العلوم والتربية العلمية صفات الشخص المتنور أو المثقف علمياً بالصفات الآتية (خطايبة، 2005):

1- فهم طبيعة العلم وجوانبه وأبعاده والقدرة على قراءة العلم وفهمه.

2- فهم طبيعة الرياضيات والعمليات والمهارات الرياضية الأساسية والقدرة على حل المشكلات اليومية واستخدام الرياضيات في فهم العلاقات العلمية.

3- فهم طبيعة التكنولوجيا وعلاقتها بالعلم وتأثيراتها على المجتمع والقدرة على توظيفها واستخدامها في حياته.

4- لديه الاستعداد والقدرة على تعرف مصادر التعلم وأن يكون قادراً على التعلم الذاتي والتعلم المستمر.

5- تتوافر لديه العادات والعمليات العقلية التي تتمشى مع التفكير العلمي وتساعده على الاشتراك في أنشطة المجتمع، والإسهام في حل مشكلاته.

وقدمت هام (Hamm) المشار إليها في (المعايطة، 2005) مجموعة من الصفات للفرد المثقف علميا تتمثل في الآتي:

1- فهم المفاهيم الضرورية والمبادئ في العلوم.

2- إدراك الفرد للطرق العلمية والرياضية والتكنولوجيا.

3- امتلاك الفرد القدرة على التفكير العلمي بطرقه المختلفة.

4- استخدام المعرفة العلمية وطرق التفكير في أثناء التفاعل مع المجتمع.

وقد وصف شووالتر (Showalter,1974) المشار إليه في (خطايبة، 2005) المثقف علمياً بأنه:

1- يفهم طبيعة العلم.

2- يطبق بدقة المفاهيم والقواعد والقوانين والنظريات العلمية المناسبة في التفاعل مع من حوله.

3- يستخدم العمليات العلمية في حل المشكلات واتخاذ القرارات ويتقدم في فهمه للكون.

4- يتفاعل مع المظاهر المختلفة للكون بطريقة تتفق وقيم العلم وحقائقه.

5- يفهم ويتذوق المظاهر المشتركة للعلم والتكنولوجيا وتداخلهما مع المظاهر المجتمعية الأخرى.

6- يمتلك مهارات عدة متطورة ذات علاقة بالعلم والتكنولوجيا.

وقد أورد الخطايبة (2005) وجهات نظر عدد من الباحثين حول مظاهر الثقافة العلمية يمكن تلخيصها بالآتي:

1- العلم كمعرفة.

2- العلم كطريقة في البحث والتقصي.

3- العلم كطريقة في التفكير.

4- التطبيقات التكنولوجية للعلم.

5- التفاعل المتبادل بين العلم والتكنولوجيا والمجتمع.

6- الاتجاهات العلمية.

وسائط نشر الثقافة العلمية:

يمكن نشر الثقافة العلمية من خلال الوسائط الآتية (الصفطي، 2007):

أ-   الوسائط المباشرة:

-    التعليم التقني.

-    مؤسسات السياحة العلمية.

-    جمعيات وهيئات التثقيف العلمي.

ب-   الوسائط غير المباشرة:

-    الوسائط المطبوعة (صحف، مجلات، كتب، موسوعات).

-    الوسائط المسموعة (المذياع، شرائط الكاسيت).

-    الوسائط المسموعة والمرئية (التلفاز).

-    الوسائط الإلكترونية (الإنترنت، بنوك المعلومات والمعرفة، نوادي العلوم الإلكترونية).

الفصل الثاني

طبيعة التعلم الإلكتروني في العلوم وفلسفته

مقدمة

شهد العقد الماضي توسعاً كبيراً في تطبيقات الحاسوب التعليمي، ولا يزال استخدام الحاسوب في مجال التربية والتعليم في بداياته التي تزداد يوماً بعد يوم، بل أخذ أشكالاً عدة، فمن الحاسوب في التعليم إلى استخدام الإنترنت في التعليم، وأخيراً ظهر مفهوم التعلم الإلكتروني الذي يعتمد على التقنية لتقديم المحتوى التعليمي للمتعلم بطريقة جيدة وفعالة. كما أن هناك خصائص ومزايا لهذا النوع من التعليم، وتبرز أهم المزايا والفوائد في اختصار الوقت والجهد والكلفة إضافة إلى إمكانية الحاسوب في تحسين المستوى العام للتحصيل الدراسي، ومساعدة المعلم والطالب في توفير بيئة تعليمية جّذابة، تتخطى حدود المكان والزمان (الموسى، 2002، أ).

مفهوم التعلم الإلكتروني:

يدور جدل علمي قد لا ينتهي حول مسألة تحديد مصطلح شامل لمفهوم "التعلم الإلكتروني"، ويغلب على معظم الاجتهادات في هذا المجال تركيز كل فريق على زاوية التخصص والاهتمام، فالمتخصصون في النواحي الفنية التقنية يهتمون بالأجهزة والبرامج، بينما يهتم التربويون بالآثار التعليمية والعلاقات التربوية. ويركز علماء الاجتماع وعلماء النفس على تأثير هذه التقنيات في بيئة التعليم، ومدى ارتباطها (سلباً وإيجاباً) ببناء وتكوين مجتمع المدرسة، ومدركات الفرد المتعلم، كما تهتم قطاعات الأعمال بالعائد المتوقع من هذا النشاط سواء كنشاط تجاري ضمن فروع التجارة الإلكترونية أو كأسلوب جديد لتدريب وتعليم الموظفين لإكسابهم مهارات جديدة بأقل تكلفة ممكنة (الشهري، 2002).

يعرّف التعلم الإلكتروني بأنه شكل من أشكال التعلم والتعليم الذي يركز على الحاسوب كوسيلة لنقل المعلومات، وتتمثل الفكرة في إعداد برامج يمكن أن تساعد المستخدم في الحصول على المعرفة من خلال تقديم الحقائق الضرورية حول مشكلة محددة. وفي هذه الحالة فإن النظام يمكن أن يكون موضوعاً على جهاز الحاسوب (وهذا ما يسمى بالتدريب المبني على الحاسوب) أو يمكن الوصول إليه عن طريق الإنترنت ويسمى (التدريب المستند إلى الشبكة). فالتعلم الإلكتروني يقدم طرقاً متنوعة لتقديم المعلومات، فمثلاً يستطيع الطلاب

قراءة النصوص، وفحص الصور، والاستماع إلى التوضيحات، بل وحتى التفاعل مع النظام. إن هذا التدريب المدمج (Combined training) يؤدي إلى تحسن في الاحتفاظ بالمعلومات، فقد بينت بعض الدراسات بأن الأفراد يتذكرون 10% مما يقرأونه، 20% مما يرونه أو يسمعونه، 40% مما يرونه ويسمعونه. ومن خلال التعلم الإلكتروني يتذكر الطلاب وصولاً إلى 70% من المعلومات وذلك يعود إلى حقيقة أنهم يشاهدون ويسمعون ويتفاعلون مع البرنامج (Guckel &Ziemer, 2002).

وتعرف الغراب (2003) التعلم الإلكتروني بأنه"التعلم باستخدام الحواسيب وبرمجياتها المختلفة سواء على شبكات مغلقة أو شبكات مشتركة أو شبكة الإنترنت.

ويعرّفه الخان (Khan, 2003) في كتابه استراتيجيات التعلم الإلكتروني بأنه طريقة إبداعية لتقديم بيئة تفاعلية متمركزة حول المتعلمين، ومصممة من قبل بشكل جيد وميسرة لأي فرد، في أي مكان وأي زمان، وذلك باستعمال خصائص الانترنت والتقنيات الرقمية بالتماشي مع مبادئ التصميم التعليمي المناسبة لبيئة التعلم المفتوحة والمرنة والموزعة (الموسوي، 2003).

ويعرفه سالم (2004) بأنه" منظومة تعليمية لتقديم البرامج التعليمية أو التدريبية للمتعلمين أو المتدربين في أي وقت وفي أي مكان باستخدام تقنيات المعلومات والاتصالات التفاعلية مثل (الإنترنت، الانترانت، الإذاعة، القنوات المحلية أو الفضائية للتلفاز، الأقراص الممغنطة، التلفون، البريد الإلكتروني،أجهزة الحاسوب، المؤتمرات عن بعد،...) لتوفير بيئة تعليمية تعلمية تفاعلية متعددة المصادر بطريقة متزامنة في الفصل الدراسي أو غير متزامنة عن بعد دون الالتزام بمكان محدد اعتمادا على التعلم الذاتي والتفاعل بين المتعلم والمعلم" (ص289).

ويعرّف التعلم الإلكتروني بأنه التعلم بوساطة الإنترنت أو الشبكات أو جهاز حاسوب منفصل. وتتضمن تطبيقات التعلم الإلكتروني أنماط متعددة مثل التعلم المبني على الموقع الإلكتروني (الويب)، والتعلم المبني على الحاسوب، والصفوف الافتراضية والتعاون الرقمي. ويقدم المحتوى من خلال الإنترنت والشبكات الداخلية والخارجية والأشرطة

السمعية أو البصرية والتلفزيون المربوط بالستلايت والأقراص المضغوطة CDs (العتيببي، 2003).

ويعرفه بوسمان (Bosman, 2002) بأنه التعلم الذي يقدم إلكترونيا من خلال الإنترنت أو الشبكة الداخلية (الإنترانيت) أو عن طريق الوسائط المتعددة مثل الأقراص المدمجة أو أقراص الفيديو الرقمية (DVD). ومع ازدياد قدرة الأفراد على الاستفادة من مستويات أعلى من العرض الموجي أصبح التعلم الإلكتروني مرتبطا وعلى نحو متزايد بالإنترنت، وعلى الرغم من استخدام أشكال أخرى مماثلة للتعلم مثل التعلم على الخط الإلكتروني المباشر (online learning) والتعلم المستند إلى الشبكات، فإن التعلم الإلكتروني يظل المصطلح الأوسع انتشارا والأكثر فهما لهذا النوع من التعلم.

وتم تعريفه من خلال مجموعة NCSA للتعلم الإلكتروني بأنه اكتساب واستخدام المعرفة المتفرقة والمتوفرة بشكل رئيسي عن طريق الوسائل الإلكترونية، وأن هذا النوع من التعلم يعتمد حديثا على الشبكات والحواسيب، ولكنه يمكن أن يتطور إلى أنظمة تحتوي قنوات متنوعة (مثل اللاسلكي والأقمار الصناعية) وتقنيات (مثل الهواتف النقالة). وأن التعلم الإلكتروني يمكن أن يكون متزامنا أوغير متزامن، ويمكن توزيعه جغرافيا بأوقات مختلفة ومحددة Wentling,Waight, Gallaher, Fleur, Wang, &Kanfer, 2000).

ويعرف التعلم الإلكتروني بأنه مصطلح واسع يشمل نطاقا واسعا من المواد التعليمية التي يمكن تقديمها في أقراص مدمجة أو من خلال الشبكة المحلية (LAN) أو الإنترنت. وهو يتضمن التدريب المبني على الحاسوب، والتدريب المبني على الشبكة (web)، ونظم دعم الأداء الإلكتروني، والتعلم عن بعد، والتعلم الشبكي المباشر (online learning)، والدروس الخصوصية الإلكترونية (Kurtus, 2004).

كما يمكن تعريفه بأنه أي تعلم يستخدم الشبكة المحلية (LAN)أو الواسعة (WAN) أو الإنترنت من أجل التفاعل أو تقديم وتسهيل التعلم، ويتضمن التعلم عن بعد، والتدريب المبني على الحاسوب، والتدريب المبني على الشبكة (الإنترنت)، وقد يكون متزامنا أو غير متزامن، بوجود المعلم أو بواسطة الحاسوب أو بكلتيهما (E-Learning System and Technology, 2002) .

ويرى أوردان وويجن (Urdan &Weggen) أن التعلم الإلكتروني يشمل مجموعة واسعة من التطبيقات والعمليات تتضمن التعلم المعتمد على الحاسوب، والتعلم المعتمد على الإنترنت والتعاون الرقمي والصف الافتراضي. فالتعلم الإلكتروني هو توصيل المحتوى من خلال كل الوسائل الإلكترونية منها الإنترانت والإنترنت والاكسترانت والأقمار الصناعية والراديو وأشرطة الفيديو والتلفزيون التفاعلي والأقراص المدمجة (,Wentling et al., 2000).

ويشير مصطلح التعلم الإلكتروني إلى إيصال التعلم الرسمي وغير الرسمي والنشاطات والعمليات التدريبية بواسطة استخدام كافة الوسائل الإلكترونية مثل الإنترنت والإنترانيت والاكسترانت وأقراص الفيديو الرقمية DVD وأشرطة الفيديو والتلفزيون TV والتلفون الخلوي (E-Learning Basics, 2002).

وبذلك فإن التعلم الإلكتروني ليس مجرد الجلوس إلى الكمبيوتر وقراءة شاشات المعلومات بـل التعلم الإلكتروني الحقيقي يشتمل على الجمع ما بين العديد من الأساليب المختلفة للتعلم، وما التكنولوجيا سواء واحدة منها. وتشتمل بعض النطاقات التي يمكن إدخالها ضمن برامج للتعلم الإلكتروني على الآتي (Worcester, 2003):

1. إدارة التدريب، ويمكن تحقيقها عادة من خلال استخدام نظام إدارة التعلم (LMS) المستند إلى الإنترنت أو الإنترانت.

2. تقديم التدريب، ويقوم نظام إدارة التعلم أيضاً بتقديم التدريب للمتعلم، مثل تقديم المساقات أو الوثائق من خلال الحاسوب، والسماح للمشاركين بالالتحاق بالتدريب الصفي، وجدولة المناقشات الصفية المباشرة.

3. التدريب المستند إلى الكمبيوتر (CBT) وتتباين نوعية هذا التدريب بصورة كبيرة ما بين المعلومات المباشرة التي يتم تقديمها للمتعلم من خلال سلسلة من الشاشات، والتعلم النظامي الذي يشتمل على طرح الأسئلة والمحاكاة ومقاطع الفيديو.

4. منابر المناقشة الإلكترونية، وهي توفر للمتعلمين القدرة على اقتسام المعلومات والمعرفة بشكل فعال، ويمكن أن تكون هذه المنابر داخلية (تقتصر على الأفراد الذين يعملون في مؤسسة معينة) أو خارجية (مفتوحة للجميع من خلال الإنترنت)، وتعمل

منابر المناقشة من خلال الأفراد الذين يطرحون الأسئلة في منبر معين، ومن بعد ذلك يقوم أفراد آخرون بالرد عليها خلال فترة معينة من الزمن.

5. المناقشة أو الدراسة الحية (المباشرة)، وتقدم جلسات هذه المناقشات فرصة للأفراد للدردشة والتفاعل فيما بينهم بصورة فعلية مباشرة من خلال الإنترنت أو الإنترانت.

6. الإرشاد المهني، يمكن استخدام الإرشاد المهني في تقديم دعم فردي للمتعلم، ويمكن توفير هذا الإرشاد من خلال استخدام المناقشة أو حتى من خلال الهاتف.

وقد يفهم من التعلم الإلكتروني (السلطي، 2003):

- تقارب واندماج الإنترنت مع التعلم.

- استخدام تقنية الشبكات لإنشاء ورعاية وتوصيل وتيسير التعلم في أي وقت وإلى أي مكان.

- توصيل محتوى تعليمي متخصص وشامل في وقت قياسي وسريع مساعدا بذلك على تطوير مجتمعات المعرفة، ومن ثم ربط المتعلمين والمتدربين بالخبراء.

- قوة تنافسية للأشخاص والمنظمات تسمح لهم بالبقاء في المقدمة في معمعة الاقتصاد العالمي السريع التغير.

ويشير التعلم الإلكتروني إلى نطاق واسع من التطبيقات والعمليات التي تصمم بهدف تقديم التعلم من خلال الوسائل الإلكترونية، وعادة ما يعني ذلك استخدام الشبكة العالمية، وعلاوة على ذلك فإنه يشمل الأقراص المدمجة أو مؤتمرات الفيديو من خلال الأقمار الصناعية . ويتجاوز تعريف التعلم الإلكتروني تعريفات مثل التعلم الشبكي المباشر(Online learning) , التدريب المستند إلى الشبكة web, التدريب المستند إلى الحاسوب، ولكنه يتضمن هذه التعريفات. ومن أجل فهم التعلم الإلكتروني من المناسب دراسة استخدم المصطلح تاريخيا والذي يمكن أن يقسم إلى مستويات ثلاثة هي (Grove, 2003):

المستوى الأول: التعلم من خلال الإنترنت (Internet enabled Instruction):

وتركز تعريفات هذا المستوى على التأثير الهائل لتكنولوجيا الشبكات (الإنترنت والإنترانت)، وغالبا ما يساء فهم هذا التعريف ليصبح التعلم الإلكتروني مقتصرا على التعلم على الخط الإلكتروني المباشر أو التدريب المستند إلى الشبكة وفي الواقع فإن هذين

النوعين ما هما إلا فرعان أساسيان من التعلم الإلكتروني وأن النظر إلى التعلم على الخط الإلكتروني المباشر على أنه تعلم إلكتروني يبدو فكرة يسهل فهمها بالنسبة لغير المختصين، وهي غالبا ما تستخدم في إظهار الحماس حيال التكنولوجيا التعليمية الجديدة التي تقدم فرص تعلم ثرية غير متوفرة لملايين الناس من خلال استخدام الإنترنت في البيت والمدرسة والعمل تجمع ما بين القديم والجديد، ولكن مشكلة مثل هذا التعريف الضيق هي انه يركز على التعلم الإلكتروني على انه تعلم على الخط المباشر كنقيض للتعلم التقليدي الذي يتجسد في الغرفة الصفية.

وعندما ينظر إلى التعلم الإلكتروني على أنه " التعلم المعتمد على الإنترنت" – وهذه نظرة أوسع – فسوف يتضمن عناصر مهمة مثل: التحاق الطالب من خلال الشبكة، إدارة الصف والمتابعة، الاتصال عن طريق البريد الإلكتروني بين المتعلم والمعلم، البحث من خلال الإنترنت عن التعلم الاستكشافي، التعاون الرقمي، الصفوف الافتراضية، واستخدام مختبرات الحاسوب في دعم الصف. إن جميع أدوات التعلم الإلكتروني هذه تعمل فعليا على تعزيز التعلم الصفي التقليدي ولا يقصد منها أن تحل محل الاتصال البشري المباشر في الصف، فهذه الخصائص تقتصد في التكلفة والوقت فضلا عن الراحة والاتصال الذي يحمل طابعا شخصيا أعلى. إن التقبل السريع للتعلم الإلكتروني في الشركات الإدارية والمدارس والدوائر الحكومية يستند إلى حقيقة أن هذه الأدوات الجديدة تدعم وبشكل قوي التعليم والتدريب التقليدي.

وفيما يلي بعض الأمثلة المختلفة لتعريفات التعلم الإلكتروني على هذا المستوى:

- يشير التعلم الإلكتروني إلى التدريب المستند إلى الشبكة – في أي مكان وأي زمان وحسب السرعة الذاتية -ويقدم من خلال الإنترنت للمتعلمين الذين يمتلكون الأدوات اللازمة لاستخدامها.

- التعلم الإلكتروني: هو التقاء التعلم والإنترنت.

- التعلم الإلكتروني: هو المحتوى والطرق التعليمية التي تقدم من خلال الحاسوب (سواء من خلال الأقراص المدمجة أو الإنترنت أو الإنترانيت) .

- التعلم الإلكتروني: هـو اسـتخدام تكنولوجيا الشـبكات في تصميم وتقديم واختيـار وإدارة وتوسـيع التعلم.

- التعلم الإلكتروني: هو التعلم المستند إلى الإنترنت ويمكن أن تشتمل عنـاصره عـلى تقديم المحتوى التعليمي في صيغ متعددة.

المستوى الثاني: التعلم المستند إلى التكنولوجيا (Technology- based Instruction):

وهو نظرة أوسع ترى أن الـتعلم الإلكتروني يشتمل عـلى المنهجيـة بالإضـافة إلى التكنولوجيـا، فهـو يشتمل على قضايا منهجية مثل التصميم التعليمي وأفضل الممارسـات التعليمية مثل الـتعلم المـتمازج (blended learning)، التعلم ذو الطابع الشخصي، التعلم التعاوني وفضلا عن ذلك فإنه أكثر مـن تكنولوجيا الإنترنت . فهو يشتمل على مجموعة من التقنيات، وما زالت هذه التقنيات تخضع لإعادة تعريف وتغـير متواصلين من خلال الثورة الرقمية. وقد ورثت التكنولوجيا التعليمية الحالية جميع الممارسات الجيدة التي ظهرت في المراحل المبكرة من الوسائط المتعددة والتدريب المستند إلى الحاسوب والتعلم عن بعد.

ويشتمل التعلم المستند إلى التكنولوجيا على:

- أدوات التعاون الجديدة على الخط الإلكتروني المبـاشر Online learning والتي تـدعم الـتعلم الجماعـي والإشراف على الطلاب وخاصة الصفوف الافتراضية.

- التعلم المتمازج والذي يجمع ما بين الإنترنت والصفوف والمناهج التقليدية.

- التطور في التصميم التعليمي مثل الوسائط المتعددة التفاعلية والتعلم ذو الطابع الشخصي والمحاكاة.

- التقنيات الإلكترونية السابقة مثل أشرطة الصوت والصورة والمؤتمرات المرئية، حيـث لا يـزال ينظر إليها على أنها أدوات أساسية.

تتمثل النقطة الأساسية لهذه النظرة في أنها تعترف بتواصل أدوات الإنترنت الحالية مع الجيل السابق للتكنولوجيا التعليمية، وأن المرحلة الحالية للثورة التعليمية تتمحور حول تحسين طرق التصميم التعليمـي بهدف بلوغ غايات معينة.

وفيما يلي بعض تعريفات التعلم الإلكتروني في هذا المستوى:

- التعلم الإلكتروني هو مصطلح عام يشير إلى جميع أشكال التعلم المدعومة إلكترونيا والتي تشتمل على مجموعة من أدوات التعليم والتعلم التي تستخدم الوسائط الإلكترونية مثل الهاتف، المؤتمرات المرئية، والبث عن طريق الأقمار الصناعية، وفي الأعوام الأخيرة اقتصر هذا المصطلح على المساقات التي تقدم عن طريق شبكة الويب أو الخط الإلكتروني المباشر، وتستخدم البريد الإلكتروني، والمؤتمرات المرئية، ومجموعات المناقشة، وغرف الدردشة، والألواح البيضاء الإلكترونية على الإنترنت.

- التعلم الإلكتروني مصطلح يغطي مجموعة واسعة من التطبيقات والعمليات مثل: التعلم المستند إلى الشبكة، والتعلم المستند إلى الحاسوب، والصفوف الافتراضية، والتعاون الرقمي. وهو يشتمل على تقديم المحتوى من خلال الإنترنت أو الإنترانيت/ الاكسترانت، والشبكة المحلية LAN، وشبكة المنطقة الواسعة WAN، وأشرطة الصوت والصورة، والأقمار الاصطناعية، والتلفزيون التفاعلي، والأقراص المدمجة.

- يعرف التعلم الإلكتروني على أنه استخدام تكنولوجيا الوسائط المتعددة الجديدة والإنترنت في تحسين نوعية التعلم من خلال تسهيل الوصول إلى المصادر والخدمات وكذلك تبادل الاتصال والتعاون عن بعد.

- يشير التعلم الإلكتروني إلى تقديم التعلم من خلال الاستعانة بالتكنولوجيا التفاعلية الإلكترونية سواء كان ذلك عن طريق الخط الإلكتروني المباشر أو المغلق.

- التعلم الإلكتروني طريقة مبتكرة لتقديم بيئات تعلم تفاعلية مصممة بشكل جيد ويتمحور حول المتعلم وتستخدم الوسائط الإلكترونية لجميع الأفراد في أي مكان وزمان من خلال الاستعانة بالإنترنت والتكنولوجيا الرقمية بما ينسجم مع مبادئ التصميم التعليمي.

يلاحظ أن هذه التعريفات تركز على استخدام التكنولوجيا التعليمية الحديثة مدمجة مع الجيل السابق من أدوات التعلم الإلكترونية والانفتاح على الثورة الرقمية المتواصلة، فعلى سبيل المثال، التلفزيون التفاعلي هو اجتماع تكنولوجيا الإنترنت مع البث التلفزيوني.

المستوى الثالث: أدوات التعلم في الاقتصاد المعرفي:

هذا المستوى من التعريف يهتم بالثقافة وليس مجرد التكنولوجيا الجديدة . لقد كان ظهور الإنترنت في التسعينيات أشبه بظهور الراديو في العشرينيات والتلفزيون في الخمسينيات. وأثبتت الإنترنت بأنها تكنولوجيا محورية في التحرك نحو الاقتصاد العالمي، وتنامى هذا الاستخدام التكنولوجي بسرعة لا سابقه لها من 14مليون مستخدم عام 1995 إلى 606 مليون مستخدم عام 2003.

وبينما كانت مصادر الاقتصاد المادي هي الفحم، والنفط والفولاذ فإن مصادر الاقتصاد الجديد المستند إلى المعرفة هي القوة الذهنية (العقلية) والقدرة على اكتساب وتقديم ومعالجة المعلومات بصورة فعالة. فهؤلاء الذين يمتلكون معرفة وتدريبا جيدين هم الذين سيكونون قادرين على البقاء والاستمرار وتحقيق النجاح في الاقتصاد العالمي المستند إلى المعرفة.

لقد أصبح اقتصادنا يستند إلى المعرفة، وفي هذا السياق يلعب التعلم دورا أساسيا في تحقيق الانتقال الناجح من العصر الصناعي إلى عصر المعلومات.

ومرة أخرى فإن النقطة الرئيسية هنا أن التعلم الإلكتروني لا يتمحور حول التكنولوجيا فحسب، وإنما حول الديناميكيات والعلاقات الاجتماعية والتغير الثقافي أيضا. وفيما يلي بعض تعريفات التعلم الإلكتروني على هذا المستوى:

- يشير التعلم الإلكتروني إلى الممارسات الأفضل للتعلم في الاقتصاد الجديد بحيث يغطي ذلك استخدام الشبكات وأجهزة الحاسوب مثل تقديم التعليم في أي مكان وزمان، والطابع الشخصي-للتعلم وأهداف التعلم والتعلم من خلال الإنترنت.

- التعلم الإلكتروني يصف الطريقة التي يتم فيها توظيف المعلومات وتكنولوجيا الاتصالات الجديدة في إعادة ابتكار التعليم والتعلم في عالم رقمي، وبإيجاز فإنه التعلم من خلال الإنترنت، وهذا نطاق واسع مثير من الفرص للتربويين والمتعلمين على حد سواء فيما يتعلق باستخدام المهارات والأدوات الجديدة لتحقيق الازدهار في مجتمع المعلومات.

مما سبق يمكن أن نعرف التعلم الإلكتروني بأنه نظام تعليمي يقوم على التفاعل بين المتعلم والمعلم والمحتوى التعليمي والوسائل الإلكترونية بحيث يتعلم الطلبة ذاتيا وبإشراف ومساعدة المعلم من خلال الوسائط الإلكترونية المختلفة مثل: الحاسوب، الإنترنت، الأقراص المدمجة، الهاتف النقال، التلفزيون، أشرطة الفيديو، ...الخ بأسلوب متزامن أو غير متزامن سواء كانت عن بعد أم في القاعة الدراسية.

ويتضح من هذا التعريف بأن التعلم الإلكتروني يتصف بما يلي.

1- التعلم الإلكتروني منظومة مخطط لها ومصممة بشكل جيد وفق منحى النظم.

2- يعتمد على استخدام وسائط إلكترونية تفاعلية منها البرمجيات الحاسوبية والإنترنت والفيديو التفاعلي ومؤثرات الفيديو.

3- التعلم الإلكتروني يدعم مبدأ التعلم الذاتي و التعلم المستمر مدى الحياة.

4- التعلم الإلكتروني ليس بديلا للمعلم بل يعزز دوره كمشرف و موجه منظم.

5- التعلم الإلكتروني قد يكون داخل جدران الفصل الدراسي بوجود المعلم أو عن بعد باستخدام الوسائط الإلكترونية.

6- التعلم الإلكتروني قد يتم بطريقة متزامنة أو غير متزامنة.

أنواع التعلم الإلكتروني (سالم، 2004، الموسى والمبارك، 2005):

1- التعلم الإلكتروني المتزامن(Synchronous E-Learning):

وهو التعلم الذي يحتاج إلى ضرورة وجود المتعلمين والمعلم في نفس الوقت حتى تتوافر عملية التفاعل المباشر بينهم، كأن يتبادل الاثنان الحوار من خلال المحادثة Chatting أو تلقي الدروس من خلال الفصول الافتراضية.

ويعرف أيضا بأنه تعلم إلكتروني يجتمع فيه المعلم مع المتعلمون في آن واحد ليتم بينهم اتصال متزامن بالنص أو الصوت أو الفيديو.

ومن إيجابيات هذا النوع من التعلم أن الطالب يستطيع الحصول من المعلم على التغذية الراجعة المباشرة في الوقت نفسه.

2- التعلم الإلكتروني غير المتزامن (Synchronous E-Learning):

ويتمثل هذا النوع في عدم ضرورة وجود المعلم و المتعلم في نفس وقت التعلم. فالمتعلم يستطيع التفاعل مع المحتوى التعليمي، والتفاعل من خلال البريد الإلكتروني كأن يرسل رسالة إلى المعلم يستفسر فيها عن شيء ما ثم يجيب عليه المعلم في وقت لاحق.

وهذا التعلم غير المباشر الذي لا يحتاج إلى وجود المتعلمين والمعلم في الوقت نفسه أو في المكان نفسه. ويتم من خلال تقنيات التعلم الإلكتروني مثل البريد الإلكتروني وأشرطة الفيديو والمنتديات.

ويعرف أيضا بأنه اتصال بين المعلم والمتعلم، والتعلم غير المتزامن يمكّن المعلم من وضع مصادر مع خطة تدريس وتقويم على الموقع التعليمي ثم يدخل الطالب للموقع في أي وقت ويتبع إرشادات المعلم في إتمام التعلم دون أن يكون هنالك اتصال متزامن مع المعلم.

ومن إيجابيات هذا النوع من التعلم أن المتعلم يتعلم حسب الوقت المناسب له وفي المكان المناسب. وكذلك يستطيع المتعلم إعادة دراسة المادة والرجوع إليها إلكترونيا كلما احتاج إلى ذلك.

3- التعلم المتمازج أو المدمج (Blended Learning):

هو التعلم الذي يستخدم فيه وسائل اتصال متصلة معا لتعلم مادة معينة وقد تتضمن هذه الوسائل مزيجا من الإلقاء المباشر في قاعة المحاضرات والتواصل عبر الإنترنت والتعلم الذاتي.

فلسفة التعلم الإلكتروني:

تقوم فلسفة التعلم الإلكتروني على أنه مفهوم حديث يتميز بالكثير من المميزات التي تجعله يفوق النظام التقليدي في التعليم والتعلم فهو يساعد في التغلب على مشاكل الأعداد الكبيرة من المتعلمين في قاعات الدرس، ويلبي الطلب المتزايد على التعليم، ويوسع فرص القبول في مختلف مراحل التعليم (خاصة التعليم العالي)، كما أنه يسهل مهمة التدريب

والتأهيل والتعلم المستمر والتعلم الذاتي والتعلم التعاوني دون ارتباط بالزمان والمكان والعمر الزمني. وتقوم فلسفة التعلم الإلكتروني على عدة مبادئ من أهمها (غنايم، 2006):

1- التعلم المستمر والتعلم الذاتي الذي يعتمد على قدرات الأفراد واستعداداتهم.

2- المرونة في توفير فرص التعلم للمتعلمين ونقل المعرفة إليهم وتفاعلهم معها بصرف النظر عن الزمان والمكان.

3- الفروق الفردية بين المتعلمين من خلال الفرص المتاحة وحق الفرد في التعلم مدى الحياة وفق ظروفه وإمكاناته.

4- ديمقراطية التعليم وتكافؤ الفرص بين المتعلمين دون تفرقة بسبب الظروف الاجتماعية والاقتصادية وغيرها.

5- التعلم التشاركي أو التعاوني الذي يسمح بتبادل الخبرات بين المتعلمين وتداول المعلومات بحيث يستفيد كل المشاركين من بعضهم البعض.

أهداف التعلم الإلكتروني في العلوم :

يهدف التعلم الإلكتروني إلى تحقيق الأهداف التالية (سالم، 2004؛ التودري، 2004؛ الراشد، 2003):

1. إمكانية تعويض النقص في الكوادر الأكاديمية والتدريبية في بعض القطاعات التعليمية عن طريق الصفوف الافتراضية.

2. المساعدة على نشر التقنية في المجتمع وإعطاء مفهوم أوسع للتعليم المستمر.

3. تقديم الخدمات المساندة في العملية التعليمية مثل: التسجيل المبكر وإدارة الصفوف الدراسية وبناء الجداول الدراسية وتوزيعها على المعلمين وأنظمة الاختبارات والتقييم وتوجيه الطالب من خلال بوابات الإنترنت.

4. إيجاد الحوافز وتشجيع التواصل بين منظومة العملية التعليمية كالتواصل بين البيت والمدرسة وبين المدرسة والبيئة المحيطة.

5. إعداد جيل من المعلمين والطلاب قادر على التعامل مع التقنية ومهارات العصر والتطورات الهائلة التي يشهدها العالم.

6. توفير بيئة تعليمية تفاعلية غنية ومتعددة المصادر تخدم العملية التعليمية بكافة محاورها.

7. تعزيز العلاقة بين أولياء الأمور والمدرسة وبين المدرسة والبيئة الخارجية.

8. تطوير دور المعلم والمتعلم في العملية التعليمية حتى يواكب التطورات العلمية والتكنولوجية المستمرة والمتلاحقة.

9. دعم عملية التفاعل بين الطلاب والمعلمين والمختصين من خلال تبادل الخبرات التربوية والآراء والمناقشات والحوارات الهادفة بالاستعانة بقنوات الاتصال المختلفة كالبريد الإلكتروني وغرف الصف الافتراضية.

ويضيف غنايم (2006) الأهداف الآتية للتعلم الإلكتروني:

1- تغير المفهوم التقليدي للتعليم لمواكبة التطور العلمي والثورة المعرفية.

2- زيادة فاعلية كل من المعلم والمتعلم.

3- التغلب على مشاكل الأعداد الكثيرة في الفصول الدراسية.

4- تعويض النقص في بعض الكوادر العلمية المؤهلة.

5- توسيع نطاق العملية التربوية بمراعاة الفروق الفردية بين المتعلمين.

6- دعم عملية التنمية المهنية للمعلمين والقيادات الإدارية.

7- الاستفادة من مصادر المعارف المتاحة على شبكة الإنترنت.

8- استخدام خدمات البريد الإلكتروني على مستوى العالم.

9- تدعيم مهارات التعليم الذاتي وتشجيع التعليم المستمر.

خصائص التعلم الإلكتروني:

يتسم التعلم الإلكتروني بسمات عديدة منها (عبد المنعم، 2003).

1. تعليم أعداد كبيرة من الطلاب دون قيود الزمان أو المكان.

2. تعليم أعداد كبيرة من الطلاب في وقت قصير.

3. إمكانية تبادل الحوار والنقاش.

4. تشجيع التعلم الذاتي.

5. التقييم الفوري والسريع والتعرف على النتائج وتصحيح الأخطاء.

6. مشاركة أولياء أمور الطلبة.

7. مراعاة الفروق الفردية لكل متعلم.

8. تعدد مصادر المعرفة.

10. استخدام الفصول التخيلية (الافتراضية).

11. سهولة وسرعة تحديث المحتوى والمعلومات.

مبررات ومسوغات التعلم الإلكتروني

إن من مبررات التعلم الإلكتروني الحاجة إلى تعليم مستمر ومرن والحاجة إلى التواصل والانفتاح على الآخرين، وإن هناك توجه في جعل التعلم غير مرتبط بالمكان والزمان وجعل التعلم مدى الحياة ومبني على الحاجة الحالية وذاتي وقادر على المنافسة (الفليح، 2004). ومن العوامل التي تشجع هذا النوع من التعلم ما يلي (المحيسن، 2002):

1. زيادة أعداد المتعلمين بشكل كبير لا تستطيع المدارس المعتادة استيعابهم جميعاً.

2. مناسبة هذا النوع من التعليم للكبار الذين ارتبطوا بوظائف وأعمال وطبيعة أعمالهم لا تمكنهم من الحضور المباشر لصفوف الدراسة.

ويرى العريفي (2003) أن من دوافع الاهتمام بالتعلم الإلكتروني ما يلي:

1- زيادة الطلب على الجامعات وعدم قدرتها على الاستيعاب.

2- زيادة الطلب على التعليم والتدريب والتعلم مدى الحياة.

3- زيادة الطلب على العمالة المعرفية في المجتمع المعرفي.

4- الحاجة إلى خفض تكاليف التدريب.

5- زيادة الوعي بأهمية التعلم الإلكتروني والمميزات التي يقدمها.

ومن مبررات التعلم الإلكتروني ما ذكره غلوم (2003) على النحو التالي:

1. توفر هذا النوع من التعلم في كل زمان ومكان.
2. مساعدة المتعلم على التعلم والاعتماد على النفس.
3. إتاحة مزيد من الفرص والاختيارات لتعليم كبار السن.
4. رفع عائد الاستثمار مما يقلل كلفة التعليم.
5. استسقاء المعلومات من مصادرها مباشرة.

6. استخدام الوسائط المتعددة في شرح النصوص العلمية.

7. كسر الحواجز النفسية بين المعلم والمتعلم.

ويذكر الموسى والمبارك (2005) أن من مسوغات التعلم الإلكتروني ما يأتي:

1- إمكانية الاتصال والوصول إلى المناهج في أي وقت.

4- مراعاة الفروق الفردية بسبب تحقيق الذاتية في الاستقدام.

5- تعدد مصادر المعرفة بسبب الاتصال بالمواقع المختلفة على الإنترنت.

6- التمكن من تدريب وتعليم العملين وتأهيلهم دون الحاجة إلى ترك أعماهم إضافة إلى تعليم ربات البيوت مما يؤدي إلى رفع نسبة المتعلمين والقضاء على الأمية.

7- سرعة تطوير المناهج وتغييرها والبرامج على الإنترنت بما يواكب خطط الوزارة ومتطلبات العصر ـ دون تكاليف إضافة باهظة.

مزايا وفوائد التعلم الإلكتروني في العلوم :

يعد التعلم الإلكتروني من أهم أساليب التعلم الحديثة، فهو يساعد في حل مشكلة الانفجار المعرفي والطلب المتزايد على التعليم (العبادي، 2002). كما يساعد في حل مشكلة ازدحام قاعات المحاضرات إذا ما استخدم بطريقة التعليم عن بعد، وتوسيع فرص القبول في التعليم، والتمكن من تدريب وتعليم العاملين وتأهيلهم دون ترك أعمالهم وتعليم ربات البيوت؛ مما يسهم في رفع نسبة المتعلمين والقضاء على الأمية (المبيريك، 2002). فالتعلم الإلكتروني يزيد من فعالية التعلم إلى درجة كبيرة ويقلل من الوقت اللازم للتدريب، ويقلل تكلفة التدريب (Guckel &Ziemer, 2002). ويوفر بيئة تعلم تفاعلية، ويسمح للطالب بالدراسة في الوقت والمكان الذي يفضله (عضابي، 2004). ويراعي الاحتياجات الفردية في التعلم، ويسمح بالتعلم في أي وقت وأي مكان، ويزيد الدافعية والقدرة على الاحتفاظ بالمعلومات، ويسهل عملية إدارة التعلم للمجموعات الكبيرة من الطلبة، ويمتاز بسهولة تحديث المادة المستمر ومتعة التعلم (شتات، 2004).

وللتعلم الإلكتروني فوائد عديدة منها (Al-Karam &Al-Ali, 2001):

1. الوصول الواسع والسهل للمعلومات، حيث يمكن لأي إنسان (المعلم أو الطالب أو الباحث أو المهني، ...الخ) أن يصل إلى أي موضوع يريده في أي وقت وأي مكان.

والشكل (1) يوضح ذلك .

شكل (1) : صورة شخص يتعلم في مكان العمل

2. إمكانية التدريب في الوقت المناسب.

3. توفير برامج المحاكاة والصور المتحركة وفعاليات وتمارين تفاعلية وتطبيقات عملية.

4. يتيح عمل مقابلات ومناقشات حية (مباشرة) على الشبكة.

5. يسهل عمل الورش ومجموعات المناقشة.

6. إمكانية الاتصال مع المتعلمين الآخرين والمعلمين والخبراء.

7. وجود أدوات لتقييم الأفراد أو المجموعات.

8. توفير معلومات حديثة وتنسجم مع احتياجات المتعلمين.

ومن فوائد التعلم الإلكتروني أيضاً القدرة على تلبية احتياجات المتعلمين الفردية، بحيث يتعلم الأفراد حسب سرعتهم الذاتية، وتوفير تكلفة التدريب (الإقامة والسفر والكتب) وتحسين الاحتفاظ بالمعلومات، والوصول إلى المعلومات في الوقت المناسب، وسرعة تحديث المعلومات في الشبكة، وتوحيد المحتوى والمعلومات لجميع المستخدمين، وتحسين التعاون والتفاعلية بين الطلاب، ويقلل من شعور الطالب بالإحراج أمام زملائه عند ارتكابه خطأ ما. (Codone, 2001; hanbrecht, 2001).

ويرى الموسى (2002 ، أ) المزايا والفوائد الآتية للتعلم الإلكتروني:

1. تجاوز قيود المكان والزمان في العملية التعليمية، فالطالب لديه إمكانية الوصول الفوري للمعلومة دون الحاجة للتواجد في مكان وزمان معين.

2. إتاحة الفرصة للمتعلمين للتفاعل الفوري إلكترونيا فيما بينهم من جهة وبينهم وبين المعلم من جهة أخرى من خلال وسائل البريد الإلكتروني ومجالس النقاش وغرف المحادثة وغيرها.

3. رفع شعور وإحساس الطلاب بالمساواة في توزيع الفرص في العملية التعليمية؛ فالطالب يستطيع الإدلاء برأيه في أي وقت ودون حرج من خلال الوسائل الإلكترونية، خلافاً لقاعات الدرس التقليدية التي تحرمه من هذه الميزة، إما لسبب سوء تنظيم المقاعد، أو لضعف صوت الطالب نفسه، أو الخجل أو غيرها من الأسباب.

4. سهولة الوصول إلى المعلم حتى خارج أوقات العمل الرسمية.

5. تقليل الأعباء الإدارية بالنسبة للمعلم.

6. استخدام أساليب متنوعة ومختلفة أكثر دقة وعدالة في تقييم أداء المتعلمين.

7. مراعاة الفروق الفردية بين المتعلمين وتمكينهم من التعلم بالأسلوب الذي يتناسب مع قدراتهم وحسب سرعتهم الذاتية.

وللتعلم الإلكتروني فوائد ومزايا عديدة في مجال تعلم وتعليم العلوم منها (عبد الجواد وآخرون، 2003):

1- يساعد المعلمين على إيجاد أفكار جديدة لشرح دروس الفيزياء وتبسيط مبادئ الفيزياء الصعبة أو المعقدة مما يسهل عملية استيعابها على الطالب.

2- يساعد المعلمين على إيجاد وسيلة جديدة لتدريس الفيزياء، وهي وسيلة التعلم الإلكتروني التي تساعد الطلبة على التعلم بطريقة مغايرة للدراسة في الصفوف التقليدية إذ إن استخدام الأمثلة التصويرية ونماذج المحاكاة المتوفرة في النظام تعزز مهارة حل المشكلات عند الطلبة وتساعد على تسهيل تذكر المعلومات الفيزيائية المجردة التي تم استذكارها أو تعزيزها باستخدام هذه الأمثلة.

3- يساعد المعلمين على مراعاة الفروق الفردية وصعوبات التعلم الموجودة لدى بعض الطلبة.

4- يساعد المعلمين على عرض تجارب فيزيائية قد يصعب أو يستحيل إجراؤها في مختبر المدرسة كرسم مسار قنبلة تنطلق من مدفع بسرعة أولية معينة وتكون زاوية ما مع الأفق.

5- يمكن تجديد المحتوى الموجود على الإنترنت في أي وقت وفقاً للتغيرات التي قد تطرأ على مادة الفيزياء محلياً أو عالمياً.

ومن فوائد التعلم الإلكتروني أيضا في مجال العلوم مساعدة الطلاب على تقريب المفاهيم الفيزيائية المجردة والمعادلات الفيزيائية إلى أذهانهم عن طريق تمثيلها بواسطة رسوم وأشكال مسطحة أو ثلاثية الأبعاد، بالإضافة إلى تمثيل الظواهر الطبيعية كالبراكين والزلازل وحركة النجوم.

ويضيف الفليح (2004) الفوائد والمزايا التالية للتعلم الإلكتروني: إعداد جيل من المعلمين والطلاب قادر على التعامل مع التقنية ومهارات العصر، والمساعدة على نشر التقنية في المجتمع، وتعزيز المشاركة للطلاب الخجولين أو المترددين في المشاركة، وتوفير بيئة تعليمية غنية ومتعددة المصادر.

ويشير حسن (2003) إلى الفوائد الآتية للتعلم الإلكتروني:

1. يبعد الرتابة والملل، ويحقق التعلم في جو أقرب إلى المتعة .

2. يحقق الأهداف في أقصر وقت وأقل جهد .

3. يوفر مصادر ثرية للمعلومات يمكن الوصول إليها في وقت قصير.

4. يمكن بواسطته إعادة ترتيب الأدوار بين المعلم والمتعلم، بحيث يجعل المتعلم أكثر اعتمادا على نفسه، بما يوفره من أساسيات البحث والدراسة .

5. يحفِّز كل من المعلم والمتعلم لاكتساب المزيد من المهارات التي تمكنه من مواكبة المستجدات في مجال التقنية .

وللتعلم الإلكتروني فوائد عديدة تعود على المتعلم أو المتدرب منها (Race الموثق في الغراب، 2003):

1. يتعلم ما يريد أن يتعلمه في الوقت الذي يختاره وبالسرعة التي تناسبه.

2. يتعلم ويخطئ في جو من الخصوصية.

3. يمكنه تخطي بعض المراحل التي يراها سهلة أو غير مناسبة.

4. يمكنه الإعادة والاستزادة بالقدر الذي يحتاجه.

5. يجعل كماً هائلاً من المعلومات في متناول اليد.

أما الفوائد التي تعود على المنظمة فهي: تقليل مصروفات السفر والانتقال بالنسبة للمتدربين، وتقليل أوقات الغياب عن العمل، وتنمية مهارات استخدام التكنولوجيا الحديثة، وتحقيق ذاتية التدريب وتعلم المهارات المطلوبة، وتدريب عدد أكبر من العاملين، وسرعة نشر الأخبار والتعليمات والثقافة الجديدة (الغراب، 2003).

سلبيات التعلم الإلكتروني وعيوبه:

بالرغم من المزايا العديدة للتعلم الإلكتروني إلا أن هناك بعض السلبيات والعيوب المصاحبة لتطبيقه كما أشار بعض الباحثين (الشهري، 2002؛ العريفي، 2003، الفرا، 2003؛ سالم، 2004) منها:

1. التعلم الإلكتروني يحتاج إلى جهد مكثف لتدريب وتأهيل المعلمين والطلاب بشكل خاص استعداداً لهذه التجربة في ظروف تنتشر فيها الأمية التقنية في المجتمع.

2. ارتباط التعلم الإلكتروني بعوامل تقنية أخرى، مثل كفاءة شبكات الاتصالات، وتوافر الأجهزة والبرامج ومدى القدرة على إنتاج المحتوى بشكل محترف.

3. قد يسبب القلق عند المتعلم ؛ لوجود خلل في تصميم البرنامج.

4. التعلم الإلكتروني قد لا يساعد الطالب على القيام بممارسة الأنشطة غير الأكاديمية مثل الأنشطة الاجتماعية والرياضية وغيرها.

5. ارتفاع تكلفة التعلم الإلكتروني وخاصة في المراحل الأولى من تطبيقه، مثل تجهيز البنية التحتية والأجهزة وتصميم البرمجيات والاتصالات والصيانة المستمرة لذلك. وأيضاً

مدى قدرة أهل الطلاب على تحمل تكاليف المتطلبات الفنية من أجهزة وتطبيقات ضرورية للدخول في هذه التجربة.

6. كثرة توظيف التقنية في المنزل والمدرسة والحياة اليومية ربما يؤدي إلى ملل المتعلم من هذه الوسائط وعدم الجدية في التعامل معها.

7. ظهور كثير من الشركات التجارية هدفها الربح فقط والتي تقوم بالإشراف على تأهيل المعلمين وإعدادهم وهي في الحقيقة غير مؤهلة علمياً لذلك.

8. إضعاف دور المدرسة كنظام اجتماعي يؤدي دوراً مهماً في التنشئة الاجتماعية.

9. التعلم الإلكتروني قد لا يساعد الطالب على القيام بممارسة الأنشطة غير الأكاديمية مثل الأنشطة الاجتماعية والرياضية وغيرها (وزارة التربية والتعليم، 2005)

10. قد يسبب القلق عند المتعلم لوجود خلل في تصميم البرامج.

11. قد يكون التركيز الأكبر للتعلم الإلكتروني على الجانب المعرفي أكثر من الجانب المهاري والجانب الوجداني.

12. لا يركز التعلم الإلكتروني على كل الحواس بل على حاستي السمع والبصر فقط دون بقية الحواس.

13. يصعب ممارسة الطلبة لأنشطة اجتماعية وثقافية ورياضية في التعلم الإلكتروني.

مكونات نظام التعلم الإلكتروني

هناك أكثر من نموذج يمكن تطبيقه فمثلاً نموذج منصور غلوم (2003) يتكون من:

1. المحتوى العلمي للمادة.

2. الخدمات التعليمية الإلكترونية.

3. نظام إدارة التعلم.

4. التطوير والمتابعة.

والشكل (2) يبين هذا النموذج:

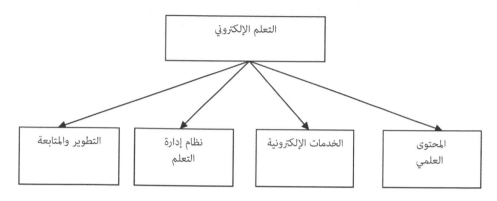

شكل (2) : نموذج غلوم للتعلم الإلكتروني

1. المحتوى العلمي: ويشتمل على عروض إلكترونية للدروس مع أنشطة مساعدة وبأسلوب أكثر فاعلية، وعلى دمج وسائط متعددة كالمحاكاة والعروض المباشرة مثلاً وغيرها. ولا يوضع هذا المحتوى بصورة تجعل الطالب يقرأ من شاشة الحاسوب ، وإنما يشتمل على ارتباطات تشعيبية ووسائل متنوعة، وتكامل رأسي في الموضوع وأفقي مع الموضوعات التعليمية الأخرى. كما يراعى في المحتوى العلمي الأنشطة الصفية واللاصفية.
2. الخدمات التعلمية: وذلك بغرض تعزيز التفاعل والتعاون ما بين المتعلم والمعلم والمتعلم ومتعلم آخر أو أي شخص آخر عن طريق E-mail أو مناقشة إلكترونية E-Discussion أو غيرها. كما تشتمل الخدمات على مكتبة إلكترونية وكل ما يلزم الطالب في المجال التعليمي إلكترونيا.
3. إدارة التعلم: يعد دور الإدارة مهماً للغاية في التعلم الإلكتروني ؛ كونه يراقب أداء كل من المعلم والمتعلم، كذلك في عمليات التقويم، والتدريب للمعلمين. كما أن الإدارة مسؤولة عن تقديم الخدمات الطلابية الضرورية كافة لإنجاح العملية التعليمية واستمراريتها دون أن يؤدي ذلك إلى تسرب الطلبة من البرنامج التعليمي.

4. التطوير والمتابعة: وتشمل متابعة عملية تطوير وتحديث الوسائل والأدوات المستخدمة ومتابعة عملية استمرارية البرامج التعليمية بنجاح، وتطوير في الخدمات المقدمة للطالب ، بالإضافة إلى عملية التدريب والإعداد للمعلمين ، وأية أمور أخرى متعلقة بالبرامج التعليمية.

جوانب الاختلاف بين التعلم الإلكتروني والتعلم التقليدي:

ويمكن تلخيص جوانب الاختلاف بين التعلم الإلكتروني والتعلم التقليدي في الجدول (1) (وزارة التربية والتعليم، 2005):

جدول (1) : جوانب الاختلاف بين التعلم الإلكتروني والتعلم التقليدي

الرقم	التعلم الإلكتروني	التعلم التقليدي
.1	يساعد الطالب أن يكون هو محور العملية التعليمية أو هو العنصر الأكثر نشاطاً.	المعلم هو أساس عملية التعلم أو العنصر الأكثر نشاطاً.
.2	عدم الالتزام بمكان أو زمان محدد (التعلم قد يكون متزامنا أو غير متزامن).	الطالب يتعلم في الوقت نفسه و المكان نفسه في غرفة الصف الدراسي ، أي تعليم مباشر (متزامنا فقط).
.3	التعلم الإلكتروني هو تعلم مفتوح للجميع ويمكن أن يكون متكاملاً مع العمل.	هناك محددات أكثر على الطالب ، من حيث الحضور والانتظام في الدروس طيلة أيام الأسبوع، ومن حيث عمر المتعلم (تقارب في أعمار الطلاب).
.4	يكون المحتوى في أكثر من هيئة، فمثلاً قد يكون مقرراً إلكترونياً - كتاباً إلكترونياً - كتاباً مرئياً، وأكثر إثارة ودافعية للطالب.	المحتوى العلمي يقدم على هيئة كتاب مطبوع.
.5	حرية تواصل الطالب مع المعلم أكثر، خاصة باستخدام وسائل مختلفة مثل البريد الإلكتروني وغرف المحادثة وغيرها	التواصل بين الطالب والمعلم محدد فقد يكون بوقت الحصة الدراسية والساعات المكتبية على الأكثر.
.6	دور المعلم هو المساعدة وتقديم الاستشارة أي أنه مرشد وموجه وناصح.	للمعلم دور يتمثل في أنه ناقل وملقن للمعلومات.

.7	قد يتعامل الطالب مع زملاء في أماكن مختلفة من العالم ومع أناس كثر.	التعامل مع زملاء في الفصل أو المدرسة أو الحي الذي يسكن فيه.
.8	الخدمات الطلابية تقدم إلكترونيا وعن بعد.	الخدمات الطلابية تقدم بوجود الطالب (طريقة بشرية).
.9	سهولة تحديث المواد التعليمية المقدمة إلكترونيا بما هو جديد.	المواد التعليمية تبقى ثابتة بدون تغيير أو تطوير لسنوات طويلة.
.10	مراعاة الفروق الفردية بين الطلاب فهو يقوم على تقديم التعلم وفقاً لمبدأ تفريد التعليم.	التعلم يقدم للصف كاملاً وبطريقة شرح واحدة وهذا يقلل من مراعاة الفروق الفردية.

ويمكن إيجاز جوانب الاختلاف بين التعلم الإلكتروني والتعلم التقليدي في الجدول الآتي (العريفي ، 2003):

جدول (2) : جوانب الاختلاف بين التعلم الإلكتروني والتعلم التقليدي

جوانب الاختلاف	التعلم الإلكتروني	التعليم التقليدي
المعلم	موجه ومرشد	مصدر للمعلومات
الطالب	فاعل ونشط	متلقي
زملاء الصف	من أي مكان	من حي واحد
وقت الدراسة	في أي وقت	محدد
مكان الدراسة	في أي مكان	محدد
المدرسون	النظام/ من أي مكان	المدرس/في مكان محدد
المحتوى	مقرر حاسوبي / كتاب إلكتروني	كتاب مطبوع
المتابعة	إلكترونية	بشرية
العدد	غير محدد	محدد

ويختلف التعلم الإلكتروني عن التعلم التقليدي في أسلوب التعلم ومدى التفاعلية و إمكانية التحديث والإتاحة والاعتمادية وتصميم التعلم ونظام التعليم، وهذا ما يتضح في الجدول (3) (غنايم، 2006):

جدول (3) : مقارنة بين التعلم الإلكتروني والتعلم التقليدي

وجه المقارنة	التعلم الإلكتروني	التعلم التقليدي
أسلوب التعلم المستخدم	يوظف المستحدثات التكنولوجية، حيث يعتمد على العروض الإلكترونية متعددة الوسائط، وأسلوب المناقشات وصفحات الويب.	يعتمد على الكتاب فلا يستخدم أي من الوسائل والأساليب التكنولوجية إلا في بعض الأحيان.
مدى التفاعلية	يقوم على التفاعلية.	لا يعتمد على التفاعل.
إمكانية التحديث	يمكن تحديثه بكل سهولة، وغير مكلف عند النشر على الويب كالطرق التقليدية، حيث انه يمكن أن يتم بعد النشر.	عملية التحديث هنا غير متاحة لأنه عند طبع الكتاب لا يمكن جمعه والتعديل فيه مرة أخرى بعد النشر.
الإتاحة	متاح في أي وقت، لذا يتمتع بالمرونة في أي مكان.	له وقت محدد في الجدول، وأماكن مصممة، كما أن فرص التعليم فيه مقتصرة على الموجود في منطقة التعليم.
الاعتمادية	يعتمد على التعلم الذاتي، حيث يتعلم المتعلم وفقا لقدراته واهتماماته، وحسب سرعته والوقت الذي يناسبه، والمكان الذي يلائمه.	يعتمد على المعلم، لذا فهو غير متاح في أي وقت، ولا يمكن التعامل معه إلا في الفصل الدراسي فقط.
تصميم التعلم	يتم تصميم العملية التعليمية بناء على خبرات تعليمية يمكن اكتسابها من خلال التعليم.	يتم تصميم العملية التعليمية من خلال وضع هيكل محدد مسبقاً على نظام واحد يناسب الجميع.
نظام التعليم	يتم في نظام مفتوح مرن وموزع، حيث يسمح للمتعلم بالتعلم وفقا لسرعته وفي مكانه، والتوزيع يعني أن كل من المعلم والمتعلم والمحتوى في أماكن مختلفة.	يحدث في نظام مغلق حيث يجب التحديد للمكان والزمان، أي الإجابة على أين؟ ومتى؟

متطلبات تطبيق التعلم الإلكتروني:

توجد متطلبات عديدة ينبغي توافرها حتى نحصل على التعلم الإلكتروني منها (الشهري، 2002):

1. إشراك القطاع الخاص في بناء أسس التدريب والتعلم الإلكتروني.

2. توظيف عناصر التقنية التي نحتاجها لخفض كلفة التعلم الإلكتروني وترسيخ الخبرات المحلية.

3. توفير الإمكانات المادية والفنية والبشرية المدربة.

4. استعراض وتبني خطط الدول التي سبقتنا في التعلم الإلكتروني للاستفادة من تجاربهم في هـذا المجال.

ولتطبيق التعلم الإلكتروني لابد من توفر المتطلبات التالية (الفليح، 2004):

1. بناء رؤية وخطة للتعلم الإلكتروني وفق فلسفة المنهج والإمكانات.

2. تجهيزات البنية التحتية من حاسبات وبرمجيات وشبكات اتصال مثل الإنترنت والشبكة المحليـة (LAN).

3. تطوير العنصر البشري من حيث تأهيل المشرفين والمديرين والمعلمين والطلاب والفريـق التنفيـذي في المدرسة.

4. تطوير محتوى رقمي تفاعلي وفق معايير التعلم الإلكتروني.

5. تطوير بوابة تعليمية تفاعلية على الإنترنت معيارية تحتوي على: نظم إدارة تعليمية، ونظـم إدارة مدرسية، ومحتوى رقمي تفاعلي متماشيا مع المحتوى الوطني، ونظم تـأليف وتصـميم الوحـدات التعليمية، ونظم اختبارات وقياس ونظم دعم.

ومن متطلبات التعلم الإلكتروني أيضا ضرورة اتخاذ القرار على مستوى القيادة العليا مصحوبا بخطـة واضحة ومتكاملة، ووجوب الإدراك والاقتناع من قبل كافة الأطراف، بالإضافة إلى تـوفير التمويـل اللازم والبنية التحتية والمناهج الإلكترونية والتجريب المستمر (شتات، 2004).

معوقات تطبيق التعلم الإلكتروني:

لكل عمل من الأعمال التي يقوم بها الإنسان في هذه الحياة وجهان، وجه حسن و وجه سيّئ، وهو ما ينطبق أيضا على التعلم الإلكتروني، فعملية التعلم الإلكتروني تعتمد على الإنترنت ولكي نفهم بشكل افضل طبيعة ومعوقات التعلم الإلكتروني يجب أن نبدأ بفهم شبكة الإنترنت من حيث إنها تقنية وأداة اتصال.

لا بد من الإشارة هنا إلى أن شبكة الإنترنت خلافا لغيرها من أدوات الاتصال الموجودة تعد نظاماً مفتوحاً بهذه الخاصية يمكن للإنترنت استيعاب أية معلومات تتوفر لها ويمكن لأي شخص امتلاك موقع عليها وتغذيته بما يرغب من معلومات، وهو ما يعني أن كثيراً من المعلومات غير الدقيقة يمكن أن تتواجد بها جنبا إلى جنب مع المعلومات الموثقة. ولكونها نظاماً مفتوحاً فإن شبكة الإنترنت لا تعرض المعلومات المفيدة فقط ، ولكنها تقدم الكثير من الخدمات: منها الصالح مثل البحوث العلمية، ومنها الطالح مثل المواقع الإباحية.

على الرغم من حماس المربين للتعلم الإلكتروني ومزاياه العديدة، فإن هذا النوع من التعلم كغيره من طرق التعليم الأخرى يواجه بعض المعوّقات عند تنفيذه، ومن هذه المعوّقات قلة عدد المعلمين الذين يجيدون مهارات التعلم الإلكتروني (المحيسن، 2002) ومشكلة متابعة إعداد وتدريب المعلمين ومشاكل التقنية مثل: حدوث خلل مفاجئ أثناء عرض الدرس؛ كتوقف جهاز الحاسوب أو أجهزة العرض أو انقطاع الاتصال الشبكي (سمرين، 2003). وهناك أيضاً عوائق اقتصادية تتمثل في ضعف البنية التحتية للتعلم الإلكتروني، وانخفاض مستوى دخل الفرد، والذي قد لا يمكّن الفرد من شراء جهاز الحاسوب الخاص به كي يتمكن من الاستفادة من فرص التعلم الإلكتروني (الحجي، 2002) ومن المعوّقات أيضاً عدم وضوح أنظمة وطرق وأساليب التعلم الإلكتروني، ونقص الدعم والتعاون المقدم من أجل طبيعة التعليم الفعّالة، وإمكانية اختراق المحتوى والامتحانات. وعدم وعي أفراد المجتمع بهذا النوع من التعليم والوقوف السلبي منه، والحاجة المستمرة لتدريب ودعم المعلمين والإداريين في كافة المستويات، والحاجة إلى تدريب المتعلمين على كيفية التعلم باستخدام الإنترنت. (الموسى، 2002) وعدم الاعتراف بشهادات التعلم الإلكتروني.

ومن المعوقات التي تواجه المعلم في تطبيق التعلم الإلكتروني بطء الوصول إلى المعلومات من شبكة الإنترنت، والخلل المفاجئ في الشبكة الداخلية أو الأجهزة، وعدم استجابة الطلاب بشكل مناسب مع التعلم الإلكتروني وتفاعلهم معه، وانصراف الطلاب للبحث في مواقع غير مناسبة في الإنترنت، وضعف المحتوى في البرمجيات الجاهزة، وصعوبة التعامل مع متعلمين غير مدربين على التعلم الذاتي، والجهد والتكلفة المادية، وصعوبة الحصول على أجهزة حاسوب لدى بعض الطلاب (الفرا، 2003؛ المبيريك، 2002).

وأظهرت نتائج دراسة العتيبي (2006) وجود العديد من معوقات التعلم الإلكتروني، وأن أكثر المعوقات الخاصة بالمعلم هي افتقار المعلم إلى آليات التعلم الإلكتروني، وكثرة الأعباء المطلوبة من المعلم، وقلة الحوافز، كما تبين أن أكثر المعوقات الخاصة بالمنهاج هي كثافة المقررات الدراسية، وعدم توافق المنهاج مع التطور السريع في البرامج، أما بالنسبة للمعوقات الفنية فقد كانت عدم جاهزية البنية التحتية المعلوماتية. أما بالنسبة للمعوقات الإدارية فكانت كثرة عدد الطلبة في الصف الواحد، وقلة عدد أجهزة الحاسوب في المدرسة، أما بالنسبة للمعوقات التنظيمية فكانت عدم توافر المكان المناسب و النقص في الكوادر البشرية.

ويرى سالم (2004) أن هناك مجموعة من معوقات تطبيق التعلم الإلكتروني منها: ضعف البنية التحتية في غالبية الدول النامية وصعوبة الاتصال بالإنترنت ورسومه المرتفعة، وعدم إلمام المعلمين بمهارات استخدام التقنيات الحديثة في الحاسوب والتصفح في الإنترنت، وعدم اقتناع أعضاء هيئة التدريس باستخدام الوسائط الإلكترونية الحديثة في التدريس، وعدم اعتراف الجهات الرسمية في بعض الدول بالشهادات التي تمنحها الجامعات الإلكترونية.

وبحث كل من بير وميك (Bare & Meek, 1998) أهم المعوقات التي تواجه المعلمين في استخدام الإنترنت، وبينت النتائج أن أهم المعوقات تتمثل في الآتي: قلة الدعم الفني وقلة الوقت المخصص للاستفادة من خدمات الإنترنت بصوره مكثفه، قلة تنظيم دورات

متخصصة للمعلمين حول استخدامات الإنترنت في التعلم و قلة توفير الحماية الضرورية للطلبة مـن المـواد غير المناسبة والضارة التي يمكن الوصول إليها عبر الإنترنت.

وذكر الريفي (2006) أن معوقات تطبيق التعلم الإلكتروني في الجامعة الإسلامية بغزة تتمثل في: قلـة توفر مختبرات الحاسوب الخاصة بـالتعلم الإلكتروني سواء أكانت لاستخدام الطـلاب أم أعضـاء الهيئـة التدريسية، ووجود مشاكل تتعلق في توفر المهارات اللازمة لتصميم المساقات ونشرها على شبكة الإنترنت وعدم اعتراف وزارات التعليم العالي بالبرامج التي تقوم على أساس استخدام التعلم الإلكتروني وعدم وضع سياسات خاصة بالتعلم الإلكتروني، وعدم وجود مكافآت مناسبة للأساتذة الـذين يستخدمون التكنولوجيا في دعم مساقاتهم، وضعف القدرة على اختيار البرامج التي يستخدم فيها الـتعلم الإلكتروني، وعـدم إيمـان بعض الأساتذة بجدوى استخدام التعلم الإلكتروني.

ومن أهم العقبات التي تواجه التعلم الإلكتروني ما يلي (الهيتي، 2006):

1- وفرة المعلومات على الشبكة العالمية:

حيث تمتاز شبكة المعلومات العالمية الإنترنت بوفرة الكثير من المعلومـات الصـحيحة والدقيقـة من جهة، والمضللة الخاطئة من جهة أخرى والتي مـن شـأنها إيـذاء وإلحـاق الضـرر بالأمانـة الأكاديميـة والتأثير سلبا على نوعية المعرفة التي يحصل عليها الطلاب، وعليه فإن الطلاب والمؤسسات التعليميـة التـي تعتمد على التعلم الإلكتروني سوف تكون عرضـة لكـل مـا يجـود بـه النظام المفتوح الـذي تمثلـه شبكة الإنترنت... سواء أكان صالحا أم طالحا، مفيدا أم معيبا، كـما يجـب علـى الطـلاب عنـد اسـتخدام الإنترنـت لأغراض البحث والتعليم أن يعوا بأن ليس كل ما ينشر على الإنترنت ليس صحيحا بنسبة 100% رغـم أن الصحيح قد يشكل الجزء الأكبر ولذلك يتعين على الطلاب والمدرسين علـى حـد سـواء تطـوير قـدراتهم مـن حيث إمعان النظر في أية معلومة يحصلون عليها عبر شبكة الإنترنت لتبين صحتها ودقتها.

2- الافتقار إلى ثقافة التدريس الإلكتروني:

3- عدم الأمانة العلمية: إن شبكة الإنترنت مكتظـة بـالبحوث والأوراق الجـاهزة "للنسـخ واللصق" وهي بأعداد لا حدود لها وتشكّل نسبة كبيرة من المواد المنشـورة علـى الشـبكة بأسرها، وعلى هذا الأساس يستطيع الطلاب الغش وانتحال بحوثهم من الإنترنت بحيث

تبدو سليمة من الناحية الأكاديمية تماما كأي بحث يتم إعداده بكل أمانة؛ إذ العقبة هنا المعلومات والبحوث واسعة الانتشار على الإنترنت والتي يمكن أن توفر للطلاب ملاذا سهلا بدلا من بذل الجهد واكتساب المعرفة وهذا التوجه كمفهوم يمكن أن يدمر الأكاديمية في أية مؤسسة تعليمية، الأمر الذي يتطلب ابتكار صيغ وأساليب جديدة في التعامل مع الطلاب في بحوثهم وتقاريرهم.

4- الاختراق المعلوماتي.

كيف يمكن التغلب على هذه العقبات ؟

1- ترشيد التكلفة التقنية.

2- السياسة الصارمة إزاء الأمانة العلمية.

3- تدريب المدرسين على نمط التعلم الإلكتروني.

دور المعلم في التعلم الإلكتروني:

التعلم الإلكتروني لا يعني إلغاء دور المعلم، بل يصبح دوره أكثر أهمية وأكثر صعوبة، فهو شخص مبدع ذو كفاءة عالية يدير العملية التعليمية باقتدار، ويعمل على تحقيق طموحات التقدم والتقنية عند الطلبة. لقد أصبحت مهنة المعلم مزيجاً من مهام القائد ومدير المشروع البحثي والناقد والموجه (الفرا، 2003)، وفي ظل التعلم الإلكتروني سيتغير دور المعلم من ملقن للمعلومات إلى مرشد وميسر لعملية التعلم، حيث يقوم الطلبة بالبحث عن المعلومات والوصول إلى النتائج بأنفسهم، ويكون دور المعلم توجيه المتعلم عن طريق الحوار الذي يتم بينهما في أثناء عملية التعليم، ولكن يبقى للمعلم دور لا غنى عنه؛ فدوره في مثل هذه المواقف يصبح توجيهياً وإرشادياً وتسهيلاً للعناصر الفعّالة في التعلم، إضافة إلى الإشراف على عملية جمع المعلومات التي يقوم بها الطلبة وتصنيفها وتحليلها (الحياري، 2004). ويقوم المعلم بإعداد المادة العلمية وبرمجتها واختيار الأساليب لعرضها ومتابعة المتعلم أثناء عملية التعلم (شحاتة، 2003). كما أصبح دور المعلم في ظل التعلم الإلكتروني يتمحور حول الأتي (الباز، 2001؛ البلوي، 2001):

1- تخطيط العملية التعليمية وتصميمها وإعدادها، علاوة على كونه مشرفا ومديرا وموجها ومرشدا ومقيّما لها.

2- إتاحة الفرص للطالب بالمشاركة في العملية التعليمية والاعتماد على الذات في التعلم والتركيز على إكسابه مهارات البحث الذاتي والتواصل والاتصال واستخدام الحاسوب والإنترنت، واتخاذ القرارات التربوية المتعلقة بتعلمه.

3- إتاحة الفرصة للطالب للتعرف على الوسائل الإلكترونية وكيفية استخدامها في التعلم.

4- دمج الطالب بنشاطات تربوية منهجية ولا منهجية متنوعة تؤدي إلى بلورة مواهبه، وتفجُّر طاقاته وتنمي قدراته وتعمل على تكامل شخصيته ككل.

ويرتبط دور المعلم في عصر الإنترنت والتعلم الإلكتروني بأربعة مجالات واسعة هي (البلوي، 2001): 1- تصميم التعليم 2- توظيف تقنيات التعلم الإلكتروني. 3- تشجيع تفاعل الطالب. 4- تطوير التعلم الذاتي للطالب.

ويرى براون وهينشيد (Brown &Hensheid الموثق في البلوي، 2001) أن دور المعلم الذي يستخدم التقنيات في التعليم يتلخص في المهام التالية:

أ- دور الشارح باستخدام الوسائل التقنية. وفيها يعرض المعلم للطالب المحاضرة مستعينا بالحاسوب والإنترنت والوسائل التقنية السمعية والبصرية لإغنائها ولتوضيح ما جاء فيها من نقاط غامضة، ثم يكلف بعد ذلك باستخدام هذه التكنولوجيات كمصادر للبحث والقيام بالمشاريع المكتبية. وهنا على المعلم في نظام التعلم الإلكتروني أن يهيئ الطالب لاستخدام هذه الوسائل، ويشرح له كيفية استخدامها في الدراسة، ويوضح له بعض النقاط الغامضة، ويجيب عن تساؤلاته واستفساراته.

ب-دور المشجع على التفاعل في العملية التعليمية التعلمية. وفيها يساعد المعلم الطالب على استخدام الوسائل الإلكترونية والتفاعل معها عن طريق تشجيعه على طرح الأسئلة والاستفسار عن نقاط تتعلق بتعلمه، وكيفية استخدام الحاسوب للحصول على المعرفة المتنوعة، وتشجيعه على الاتصال بغيره من الطلبة والمعلمين الذين يستخدمون الحاسوب عن طريق البريد الإلكتروني وشبكة الإنترنت.

ج- دور المشجع على توليد المعرفة والإبداع. وفيها يشجع المعلم الطالب على استخدام الوسائل الإلكترونية من تلقاء ذاته وعلى ابتكار وإنشاء البرامج التعليمية اللازمة لتعلمه

كصفحة الويب، والقيام بالكتابة والأبحاث مع الطلبة الآخرين وإجراء المناقشات عـن طريق البريد الإلكتروني.

ويمكن للمعلم أن يقوم بالأدوار الآتية في استخدام تكنولوجيا المعلومات والاتصالات كأداة للتعلم (إدارة المناهج والكتب المدرسية، 2003).

- **دور المعلم في تطوير أنشطة لجمع المعلومات وتفسيرها وتقييمها:**

   1. يتأكد من أن الطلبة يستطيعون تخزين البرمجية وتحميلها على جهاز الحاسوب.

   2. يقوم بالعصف الذهني للكلمات المفتاحية التي تساعد في البحث على الإنترنت.

- **دور المعلم فيما يخص أنشطة التقصي والبحث عن المعلومات في شبكة الإنترنت:**

   1. التأكد من أن الطلبة يستطيعون الدخول إلى الإنترنت.

   2. التأكد من أن الطلبة يستطيعون طباعة عنوان الموقع والدخول إليه.

   3. العمل مع الطلبة لمعرفة المعايير لتقويم مصداقية المواقع وتحديدها.

   4. المناقشة مع الطلبة وتلخيص خطوات تحديد جودة الموقع وملاءمته.

   5. المراجعة مع الطلبة حول طرق توثيق المراجع والمصادر وخطورة انتحال المعلومات.

   6. وضع إرشادات للبحث في الإنترنت والتدريب على السيطرة على المواقع غير المناسبة.

   7. إظهار كيفية استخدام أمر "المفضلات" للاحتفاظ بالمواقع المفيدة.

- **دور المعلم في أنشطة الوسائط المتعددة:**

   1. التأكد من أن الطلبة يستطيعون استخدام المعدات مـن أجهزة الحاسوب وملحقاتها (مثل الطابعات والماسحات الضوئية، الكاميرات الرقمية) والمسجلات الصوتية، وأجهزة الفيديو المرئية، وأجهزة التلفزيون والفيديو، والإنترنت والبريد الإلكتروني.

   2. إيجاد معايير لتحديد مواقع الإنترنت والرجوع إليها.

   3. إيجاد أعراف وأنماط سلوكية للاتصال الإلكتروني.

- **دور المعلم في استخدام البرمجيات:**

   1. التأكد من فاعلية البرمجيات في مساعدة الطلبة على تحقيق نتاجات التعلم.

   2. مراجعة خطوات استخدام البرمجيات في الصف.

3. مراقبة كيفية استخدام الطلبة للبرمجيات وإعادة التعليم عند الحاجة.

4. تقييم عمل الطلبة.

5. الانضباط الذاتي في الدراسة والمواعيد والتنفيذ والمواصفات المعيارية للنتائج التي يجري تحصيلها.

6. القدرة على إدارة الوقت ووضع الجداول الدراسية القابلة للتعلم.

ولكي يصبح دور المعلم مهماً في توجيه طلابه الوجهة الصحيحة للاستفادة القصوى من التكنولوجيا على المعلم أن يقوم بما يلي (الفرا، 2003).

1. أن يعمل على تحويل غرفة الصف الخاصة به من مكان يتم فيه انتقال المعلومات بشكل ثابت وفي اتجاه واحد من المعلم إلى المتعلم إلى بيئة تعلم تمتاز بالديناميكية وتتمحور حول الطالب.

2. أن يطور فهماً عملياً حول صفات واحتياجات الطلاب المتعلمين.

3. أن يتبع مهارات تدريسية تأخذ بعين الاعتبار الاحتياجات والتوقعات المتنوعة والمتباينة للمتعلمين.

4. أن يعمل بكفاءة كمرشد وموجه حَذِق للمحتوى التعليمي.

5. أن يطور فهماً عملياً لتكنولوجيا التعليم مع استمرار تركيزه على الدور التعليمي الشخصي له.

فالمعلم يعد الركيزة الأساسية للتعلم الإلكتروني، ومن الأنشطة التي يساهم بها المعلم في التعلم الإلكتروني ما يلي (عبد المنعم، 2003):

1. تقديم المعلومات الفورية لعدد كبير ومتنوع من الطلاب.

2. متابعة أداء الطالب وتقويمه.

3. استخدام البريد الإلكتروني.

4. استخدام غرف المحادثة.

5. توفير مواقع متعددة على الإنترنت.

6. الاتصال مع المدارس.

ويمكن للمعلم أن يقوم بالأدوار الآتية في التعلم الإلكتروني:

1. متابعة أعمال الطلبة من حيث استخدام الإنترنت والبريد الإلكتروني وتنفيذ الأنشطة التعليمية.
2. تحديد مواقع الإنترنت المتعلقة بموضوع الدرس.
3. توضيح آلية البحث في الإنترنت وتحديد محركات البحث.
4. تدريب الطلاب على إنشاء البريد الإلكتروني.
5. متابعة الطلاب وملاحظة أدائهم.
6. توزيع المهام على الطلاب.
7. تعريف الطلبة بكيفية الوصول إلى المعلومات عبر الإنترنت.

ولا شك أن دور المعلم سيبقى مهما لا غنى عنه وسيصبح أكثر أهمية وأكثر صعوبة في المستقبل، فالتعلم الإلكتروني لا يعني تصفح الإنترنت بطريقة مفتوحة، ولكن بطريقة محددة وبتوجيه لاستخدام المعلومات الإلكترونية، وهذا يعد من أهم أدوار المعلم (الفرا، 2003).

فالتعلم الإلكتروني يتطلب تأهيل المعلم وتدريبه وتمكينه من اكتساب المهارات اللازمة وهي (الحياري، 2004؛ المبيريك، 2002).

1. استخدام الحاسوب بشكل فعّال، من خلال دورات مختلفة مثل ICDL.
2. استخدام الإنترنت بشكل فعّال، من خلال دورات مختلفة مثل Intel، World Links.
3. القدرة على التدريب واستخدام تقنيات التعليم الحديث.

ومن مهارات التعلم الإلكتروني التي يحتاج إليها المعلم ما ذكره (سعادة وسرطاوي، 2003) على النحو الآتي:

1. استخدام برامج الحاسوب المتنوعة بشكل فردي أو جماعي مع التلاميذ داخل حجرة الصف.
2. استخدام البريد الإلكتروني في إرسال واستقبال الرسائل.
3. المشاركة في المؤتمرات والندوات الخاصة بالحاسوب.

4. التعامل مع أقراص الليزر الممغنطة مثل الأقراص المدمجة CD-Rom وقرص الفيديو الرقيمي DVD وقرص الفيديو العادي Video disc.

5. عمل ما يسمى بصفحة Home Page للتلاميذ والمعلمين.

6. الحديث داخل غرفة المحادثة من خلال الإنترنت.

7. استخدام الماسح الضوئي Scanner.

8. استخدام جهاز عرض البيانات من الحاسوب Data show.

9. إعداد درس فيديو لعرض مادة تعليمية باستخدام الحاسوب.

10. القدرة على تحديد برامج الحاسوب المناسبة والمفيدة للطلاب.

11. تنزيل البرامج المختلفة ونقلها بواسطة الإنترنت.

وتصنيف إدارة المناهج والكتب المدرسية (2003) المهارات التالية التي يحتاجها المعلم لتطبيق التعلم الإلكتروني:

1. تشغيل وإغلاق الحاسوب.

2. استخدام لوحة المفاتيح والفأرة.

3. الكتابة باستخدام لوحة المفاتيح.

4. عمل وثيقة وتخزينها واسترجاعها.

5. عمل الملفات وتنظيمها وإدارتها.

6. فتح البرمجيات واستخدامها وإغلاقها.

7. طباعة الوثائق.

8. استخدام ملحقات الحواسيب المألوفة مثل الطابعات والماسح الضوئي والكاميرات الرقمية وأجهزة العرض الرقمية.

أما الصفات الواجب توفرها لدى المعلمين الإلكترونيين فهي كما يلي (حمدان، 2001):

1- متصلون إلكترونيون ذكيون، ويعني ذلك امتلاك المعلمين معارف ومهارات خاصة بالوسائط المتعددة بما في ذلك تشغيل واستعمال الحاسوب وأجهزته وملحقاته وبرمجياته المتنوعة وأساليب الإدارة والتعليم بها.

2- باحثون سلوكيون: أي دراسة حاجات وأهداف تعلم التلاميذ عن بعد، ووضع الخطط والبرامج لتحقيق ذلك.

3- مستشارون وخبراء تربويون يمتلكون المعارف والخبرات والمهارات التي يمكن بها إغناء وتوجيه دراسات وتحصيل الطلبة.

4- مرشدون غير مباشرين.

5- مقومون فوريون، يقومون بتحديد كفاية تحصيل الطلاب للمعارف والمهارات المطلوبة والصعوبات التي يواجهونها خلال ذلك والاستجابة الفورية لتصحيح أو إغناء هذا التعلم.

6- متعاونون عن بعد.

دور المتعلم في التعلم الإلكتروني:

من المتوقع أن يصبح للطالب دور فعال في عملية التعلم. فبدلاً من أن يكون متلقياً سلبياً للمعلومة سيكتشف الطالب بنفسه المعلومات، وسيصل إلى المفاهيم التي أراد مصمم البيئة التعليمية والمنهاج الإلكتروني أن يوصلها إليه، وبطريقة تستحثه ليس للاستيعاب الكامل للمضمون العلمي الموجود في المادة التعليمية فقط، وإنما على الاستزادة من المعلومات العلمية في المجال المطلوب أيضاً، من خلال الاطلاع على مصادر أخرى، كالإنترانت والإنترنت وقواعد المعلومات والبيانات أينما توفرت (الحياري، 2004).

ويمكن للمتعلم أن يقوم بالأدوار الآتية في التعلم الإلكتروني:

1. التعلم الذاتي بالسرعة التي تناسب قدراته.

2. تبادل الخبرات مع طلاب آخرين.

3. متابعة واجباته وحلها.

4. تنفيذ مشروعات وأبحاث تخدم مواد الدراسة والاستفادة من المواقع الإلكترونية المتعددة باعتبارها مراجع علمية.

5. استخدام الإنترنت والبحث عن المعلومات المتعلقة بموضوع الدرس ضمن المواقع المحددة من قبل المعلم.

6. المشاركة في الحوار والنقاش عند عرض المعلم للمادة.

7. المشاركة في الحوار والنقاش من خلال غرف المحادثة والبريد الإلكتروني ومؤتمرات الفيديو.

8. التفاعل مع المعلومات سمعياً وبصرياً.

ومن أدوار المتعلم في التعلم الإلكتروني ما يلي (إدارة المناهج، الكتب المدرسة، 2003):

1. جمع المعلومات وتقويمها وتفسيرها.

2. التقصي والبحث عن المعلومات.

3. استخدام البرمجيات التعليمية.

4. تسجيل العروض وتنظيمها وتقديمها باستخدام النصوص والرسومات متعددة الوسائط.

5. البحث عن المواقع الإلكترونية باستخدام عناوين معينة ومتصفح المواقع ومحركات البحث.

6. التواصل والتفاعل والتعاون مع زملاء الصف، وطلاب من مناطق وبلدان مختلفة.

7. استخدام برمجيات للتعلم المستقل وحسب سرعة الشخص المتعلم.

وأثناء انهماك الطلبة في هذه الأنشطة فإنهم يحتاجون إلى مهارات التفكير الناقدة المتخصصة التالية:

1. تقييم المواقع الإلكترونية للتميز بين المعلومات ووجهات النظر الملائمة وغير الملائمة.

2. تقييم المواقع الإلكترونية لتحديد مصداقية المصادر.

ويتطلب التعلم الإلكتروني توفر الخصائص الآتية في المتعلم (المبيريك، 2002)

1. مهارة التعلم الذاتي.

2. معرفة استخدام الحاسوب بما في ذلك الإنترنت والبريد الإلكتروني.

أما المهارات الواجب توفرها لدى المتعلم الإلكتروني فهي (حمدان، 2001):

1. مهارات استخدام الحاسوب والإنترنت.

2. التحفز الذاتي للدراسة والتعلم.

3. القدرة على الدراسة المستقلة.

4. الالتزام بالمواعيد والتعيينات ومسؤوليات التعلم المختلفة.

5. الانضباط الذاتي في الدراسة والمواعيد والتنفيذ والمواصفات المعيارية للنتائج التي يجري تحصيلها.

6. القدرة على إدارة الوقت ووضع الجداول الدراسية القابلة للتعلم.

7. القدرة على العمل وبذل الجهد المطلوب للتعلم الإلكتروني.

وعلى متعلّم التعلم الإلكتروني الناجح الاتصاف بما يأتي (الكلية الإلكترونية للجودة الشاملة، 2006):

1- يمتلك مهارات تواصل كتابية جيدة:

يعتمد التعلم الإلكتروني إلى حد بعيد على التواصل المكتوب، ولذلك من المهم أن يتمكن المتعلمون من التعبير عن أنفسهم بطلاقة. هناك متعلّمون لديهم قدرات كتابية محدودة، وهو ما يستدعي ضرورة حل هذه المسألة أولاً أو في سياق الدراسة المباشرة. وهناك متعلّمون يحتاجون إلى مناهج مكثفة باللغة الإنجليزية لتقوية مهاراتهم التواصلية قبل أن يسمح لهم بالتسجيل في المواد المتعلقة ببرنامجهم الدراسي.

2- يتمتع بحافز داخلي وانضباط ذاتي:

يجب أن تترافق حرية التعلم الإلكتروني ومرونته بالانضباط، لأن التعلم الإلكتروني يحتاج إلى التزام وانضباط حقيقيين لماشاة تدفق العملية التعليمية.

3- يشارك:

سواء أكنت تعمل وحدك أم تعمل في إطار مجموعة اطرح أفكارك ورؤيتك وتعليقاتك عن الموضوع الذي تدرسه، واقرأ ما يكتبه زملاؤك. ليس المدرس هو المصدر الوحيد للمعلومات في دراستك فحسب، وإنّما يمكنك أيضاً أن تكسب معلومات مهمة، والعكس صحيح.

4- يكون ميالاً للتعبير عن نفسه حين تبرز أية مشكلة:

إنّ كثيراً من آليات التغذية الراجعة المتوفرة في قاعات الدراسة التقليدية والتي يستخدمها المدرسون عادةً لمعرفة المشاكل التي يواجهها المتعلمون كعدم الفهم والإحباط والملل والغياب تغيب عن القاعات الإلكترونية، فإذا كنت تواجه مشكلةً من أي نوع عليك أن تنقلها فوراً إلى المدرس، وإلا لن يعلم المدرس أبداً بمشكلتك.

5- يكون مستعداً لتكريس ما بين 6 و12 ساعة أسبوعياً لكل مادة:

إن التعلم الإلكتروني ليس بالضرورة أسهل من التعليم التقليدي، والحقيقة أن كثيراً من المتعلمين يقولون: إن التعلم الإلكتروني يستدعي وقتاً والتزاماً أكبر، إذ عليك أن تنجز وظائف أكاديمية منتظمة، وعليك أن تكرّس على الأقل ساعتي دراسة أسبوعياً لكل مادة، فإذا لم يكن لديك الوقت الكافي للدراسة فستحبط تماماً.

6- يضع أهدافاً مرحلية وأهدافاً نهائية، والالتزام بها:

ليكن لديك روزنامة، تظهر عدد أسابيع الفصل الدراسي، وتبيّن عليها مقدار العمل الذي تحتاجه كل أسبوع، أشر إلى الأيام التي تتوقع أن تقدم فيها امتحانات أو مشروعاً أو أوراقاً، أو تتصل بالمدرسين. لا تؤجل عملك، ذكّر نفسك دائماً أن العمل مع نهاية المادة أكثر منه مع بدايتها.

7- ينظّم أهدافه في برنامج دراسي:

حدد أوقات الدراسة التي تكون فيها صافي الذهن، والتزم بهذه الأوقات كل أسبوع، اعتبر أن أوقات الدراسة هي " أوقات محجوزة "، وإذا عجزت عن الالتزام بكثير من هذه الأوقات أعد النظر في برنامجك.

8- يتجنب الانقطاعات:

تجنب الانقطاعات والتشتت أثناء حضورك في القاعة الإلكترونية أو مشاهدة برنامج فيديو أو DVD، أو الإصغاء إلى كاسيت أو القراءة أو العمل على الكمبيوتر، أي: أثناء الدراسة.

9- يدخل إلى مادته أربع مرات أو خمساً على الأقل في الأسبوع:

عندما تدخل الإنترنت ستكون متشوقاً إلى رؤية من علّق على كتابتك وقراءة ردود زملائك ومدرسك، وسيكون لديك الفضول لرؤية الكتابات الجديدة التي يمكن أن تعلق عليها أو رؤية ما أوكل لك المدرس من مهمّات. إن مرّت أيام كثيرة دون أن تدخل إلى موقع مادتك ستجد أنك تأخرت كثيراً، ومن الصعب عليك جداً اللحاق بالركب، أضف إلى ذلك أن انقطاعك الطويل قد يفوّت عليك قراءة بعض الإعلانات المهمّة.

10- يمتلك الحد الأدنى من المهارات التقنية لمتابعة البرنامج:

يحتاج متعلّم التعلم الإلكتروني إلى امتلاك حد أدنى من المهارات كاستخدام الإنترنت وتقليب صفحاته وتحميل الملفات وإرسال المرفقات بالبريد الإلكتروني واستخدام برنامج MS أوفيس.

11- يتعامل بعقل منفتح لدى مشاركة تجارب الحياة والعمل والتعليم كجزء من عملية التعلم:

يتطلب التعلم الإلكتروني من المتعلم أن يشارك في مختلف الأنشطة، ويعتمد على تجاربه الماضية. وغالباً ما يمكن للتعلم الإلكتروني أن يزيل العوائق التي تعيق بعض الأفراد عن التعبير عن أنفسهم، وأن يعطيك بعض الوقت، كي تفكر بالمعلومات قبل أن تجيب.

12- يأخذ وقته قبل أن يرد على مدرسه في القاعة الافتراضية:

إن المساهمة الغنية وعالية الجودة في القاعة الافتراضية جزء أساسي من العملية التعليمية. ويتم إعطاء الوقت في العملية من أجل الدراسة المتأنية للردود، كما يتم تشجيع اختبار الأفكار وصراعها، فأنت لن تكون دائماً على حق، وبالتالي ينبغي أن تكون مستعداً لقبول التحدي.

13- أن يشعر أنّ التعليم العالي الجودة ممكن دون قاعات الدراسة التقليدية:

إذا كان لديك شعور بأنه لا بد من قاعة تقليدية للتعليم، فقد تكون أكثر راحةً في غرفة الصف التقليدية. والتعلم الإلكتروني لا يناسب كل الناس، فالمتعلم الذي يصبو إلى قاعة تقليدية في حرم جامعة تقليدية لن يكون سعيداً في الدراسة على الإنترنت. وفي حين أن مستوى **التفاعل الاجتماعي يمكن أن يكون عالياً جداً في القاعات الافتراضية نظراً إلى انهيار عدد من الحواجز في الصيغة الإلكترونية إلا أنه لن يكون** على مستوى الحضور في المدرج الجامعي الحقيقي.

دور أولياء الأمور في التعلم الإلكتروني:

يتميز التعلم الإلكتروني عن التعلم التقليدي حيث إنه يحقق مجموعة من الأنشطة لأهل المتعلم منها (عبد المنعم، 2003):

1. متابعة الفصل الافتراضي (الإلكتروني) من خلال أجهزة الحاسوب من أي مكان.

2. مشاهدة ملاحظات المعلم.

3. استخدام غرف الحوار مع المعلم.

4. مشاهدة التقارير المدرسية.

5. مراجعة المحتوى التعليمي.

ويمكن لأولياء الأمور أن يقوموا بالأدوار التالية في التعلم الإلكتروني (شركة المجموعة المتكاملة للتكنولوجي، 2004):

1. الإطلاع على علامات أبنائهم الطلبة.

2. المشاركة في الحوار.

3. الإطلاع على مختلف مواد المنهاج وتدوين الملاحظات.

4. متابعة ملاحظات المعلمين حول أداء أبنائهم.

5. متابعة لوحة الإعلانات المدرسية والتواصل مع المعلمين من خلال البريد الإلكتروني.

دور الطاقم الفني Trephination Role in e-Learning:

يعد دور الفني مهماً في التعلم الإلكتروني، فهو الشخص الذي يساعد المتعلم على التغلب على بعض الأمور الفنية وعلى عملية التعامل مع المشاكل ذات العلاقة بالأجهزة المستخدمة، فمثلاً قد يكون متخصصاً في الحاسوب وفي إدارة شبكات الإنترنت بالإضافة إلى المعرفة في برامج الحاسوب، لذا فإن دوره الفني مكمّل ومتمّم لدور المعلم، خاصة وأن المعلم قد لا تتوافر لديه تلك المهارات الفنية.

دور الإدارة Administration Role in e-Learning:

إن لنظام الإدارة أهمية عالية، فالإدارة مسؤولة عن وضع أسس عملية التعلّم، وعن عملية القبول والتسجيل، ومتابعة الطالب، وإدارة القرارات والواجبات، وإدارة الاختبارات وضبط الجودة لجوانب العملية التعليمية كافة ، إضافة إلى توفير الخدمات الضرورية جميعها للمتعلم ومحاولة إزالة أية معيقات أو صعوبات محتملة.

أبعاد التعلم الإلكتروني

تسهم عوامل عديدة في توليد بيئة تعلم نافعة على الخط الإلكتروني، وتترابط العديد من هذه العوامل فيما بينها بشكل منتظم، بل ويعتمد الواحد منها على الآخر. وبعد التأمل في

العوامل التي يتوجب أخذها بعين الاعتبار عند إقامة بيئات فعّالة للتعلم الإلكتروني قام الخان بتطوير إطار أساسي للتعلم الإلكتروني أو التعلم المستند إلى الشبكة. وقد بدأت بذور هذا الإطار بالسؤال القائل: ما الذي يتطلبه الأمر من أجل توفير بيئات تعلم أكثر انتشارا وأكثر مرونة وفاعلية لجميع المتعلمين في العالم؟ ويشتمل هذا الإطار على ثمانية أبعاد:المؤسسي والتربوي والتكنولوجي (التقني) وتصميم الواجهة والتقويم والإدارة ودعم المصادر والأخلاقي (انظر الشكل 3)، حيث يشتمل كل بعد على أبعاد فرعية تغطي جوانب محددة في بيئة التعلم الإلكتروني.هذه الأبعاد الثمانية هي كالآتي(Khan, 2002):

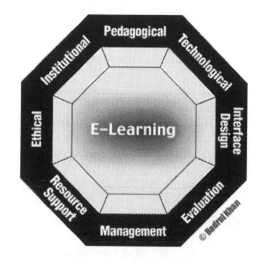

شكل (3): أبعاد التعلم الإلكتروني

- **البعد المؤسسي** (Institutional): ويعنى بقضايا الشؤون الإدارية (مثل التنظيم والتغير ومنح الشهادات والميزانية وعوائد الاستثمار وخدمات تكنولوجيا المعلومات والتطوير التعليمي وخدمات الوسائل والتسويق، ...الخ) والشؤون الأكاديمية (مثل دعم الهيئة التدرسية والشؤون التعليمية وضغط العمل وحجم الصفوف والرواتب ووحقوق الملكية الفكرية) وخدمات الطلاب (مثل خدمات ما قبل الالتحاق والمعلومات الخاصة بالمساقات والبرامج والتوجيه والإرشاد والمساعدات المالية والتسجيل ودفع الأقساط، ودعم المكتبات وشبكات الدعم الاجتماعي،... الخ).

- **البعد التربوي أو التعليمي (Pedagogical):** ويشير إلى التعليم والتعلم، ويهتم هذا البعد بقضايا تتعلــق بالأهــداف/الغايات والمحتــوى وطريقــة التصــميم والتنظــيم والطــرق والإســتراتيجيات والوسائل وبيئات التـعلم الإلكتروني. وهناك طـرق واستراتيجيات مختلفة للـتعلم الإلكتروني تشـتمل علـى التقـديم والتوضيح والممارسة والتدريب والدروس الخصوصية والألعاب وسرد الحكايات والمحاكاة ولعب الأدوار والمناقشة والتفاعل والنمذجة والتعاون، ... الخ.

- **البعد التكنولوجي (Technological):** وهو يـتفحص قضـايا البنيـة التحتيـة التكنولوجيـة لبيئـات التعلّم. ويشتمل هذا على تخطيط البنية التحتية والمعدات الصلبة والبرمجيات.

- **تصميم الواجهة (Interface):** ويشير إلى المظهر الكلي لبرامج الـتعلم الإلكتروني. ويتضمن هـذا البعد تصميم الموقع وصفحاته وتصميم المحتوى والتصفح واختبار إمكانية الاستخدام.

- **بعد تقييم التعلم الإلكتروني (Evaluation):** ويشمل على تقييم المتعلمين وبيئة التعليم والتعلم.

- **بعد إدارة التعلم الإلكتروني: (Management):** ويشير إلى صيانة بيئة التعلم وتوزيع المعلومات.

- **بعد دعم المصادر(Resource Support):** وهو يتفحص الـتعلم الإلكتروني المبـاشر (مثل دعـم الإرشاد والدعم التقني وخـدمات الإرشـاد المهنـي،...) والمصـادر المطلوبـة لتعزيـز بيئة الـتعلم الفاعلة.

- **البعد الأخلاقي (Ethical):** ويشير إلى التنوع الاجتماعي والثقافي والتحيز والتنوع الجغرافي وتنوع المتعلمين ونظم التصرف والقضايا القانونية (مثل السياسة التنظيمية وحقوق الطبع والسرقات الأدبية).

الفصل الثالث

تقنيات التعلم الإلكتروني

في العلوم

مقدمة

يمكن البدء في التعلم الإلكتروني بحاسوب واحد أو مجموعة حواسيب على شبكة تحتوي على البرامج المطلوبة، كما يمكن أن يبدأ بحاسوب ومودم (Modem) متصل بالإنترنت بالإضافة إلى خط الهاتف، ثم التوسع بعد ذلك حتى يشمل شبكة متكاملة داخلية تربط جميع العاملين ببعض، ثم ربط هذه الشبكة بالإنترنت بحيث يمكن للعاملين التعامل داخلياً وخارجياً والتعلم والتشاور وحل المشكلات عبر الشبكات. وهناك العديد من الوسائط التي تستخدم في التعلم الإلكتروني منها أسطوانات الليزر المدمجة CDs والوسائط المتعددة من خلال الحاسوب وغيرها من البرمجيات المختلفة، وكذلك البريد الإلكتروني واستخدام المواقع التعليمية المختلفة على الإنترنت (الغراب، 2003).

ومن خلال مراجعة الأدب التربوي من مثل (الفرا، 2003؛ الخطيب، 2003) والتعريفات السابقة للتعلم الإلكتروني نجد أن تطبيق التعلم الإلكتروني يتطلب توافر واستخدام العديد من الأدوات والوسائل الإلكترونية منها:

- أجهزة الحاسوب.
- شبكة الإنترنت والإنترانت والاكسترانت.
- الشبكة الداخلية للمدرسة (LAN) والشكبة الواسعة (WAN).
- الأقراص المدمجة.
- الكتاب الإلكتروني.
- المقرر الإلكتروني
- المكتبة الإلكترونية.
- المعامل الإلكترونية.
- الأجهزة السمعية والبصرية الإلكترونية بأنواعها.
- التلفزيون التفاعلي.
- الوسائط المتعددة.
- أقراص الفيديو الرقمية (DVD).
- الهاتف المتنقل

وفيما يلي توضيح بسيط لهذه الوسائل الإلكترونية:

الحاسوب (Computer) :

هو عبارة عن جهاز إلكتروني مصنوع من مكونات منفصلة يتم ربطها ثم توجيهها باستخدام أوامر خاصة لمعالجة وإدارة المعلومات بطريقة ما، وذلك بتنفيذ ثلاث عمليات أساسية هـي: استقبال البيانات المدخلة ومعالجة البيانات إلى معلومات (إجراء الحسابات والمقارنات ومعالجة المدخلات)، واظهار المعلومات المخرجة (الحصول على النتائج) (الزعبي وآخرون، 2005) .

الإنترنت (Internet):

جاءت كلمة إنترنت Internet اختصاراً لكلمتين International Network أي الشبكة العالمية (الموسى، 2002، ب؛ بصبوص، 2004)، فالإنترنت شبكة ضخمة من أجهزة الحاسوب المرتبطة بعضها ببعض والمنتشرة حول العالم (القاضي والقاضي واللحام وسالم ومجدلاوي، 2000)، وتعرّف الإنترنت أيضاً بأنها شبكة عالمية تربط الحواسيب والشبكات الصغيرة ببعضها عبر العالم، وذلك من خلال خطوط نقل مختلفة كالخطوط الهاتفية أو الأقمار الصناعية أو الألياف الضوئية وغيرها من تقنيات الاتصال، بهدف تأمين الخدمات الحديثة بشكل مبسط وجذاب لجميع أفراد المجتمع في شتى أنحاء العالم (عمري، 2000)، فالإنترنت شبكة موسعة حول العالم تضم ما يلي (الهرش وغزاوي ويامين، 2003):

1. مجموعة كبيرة من أجهزة الحاسوب المنتشرة في أرجاء العالم، وأدوات الربط بينها، مثل الخـادم server وأسلاك الكابل Cables، والمودم Modem.

2. مجموعة كبيرة من المعلومات والبرامج المختلفة والمتنوعة في جميع التخصصات.

3. مجموعة كبيرة من المشتركين والمستخدمين.

شبكة المنطقة المحلية (LAN) Local Area Network:

هي شبكة تغطي مساحة جغرافية صغيرة لا تزيد عن بضعة كيلو مترات مثل الحرم الجامعي أو مجموعة من المدارس أو مؤسسة ما أو مباني متجاورة من بعضها بعضاً. وهـذه الشبكات تستعمل بشكل كبير لتوصيل الحواسيب الشخصية في مكاتب المباني للمشاركة

في الموارد مثل الطابعات وتبادل المعلومات (حمدان، 2001؛ بصبوص، 2004؛ سلامة وأبو ريا، 2002)، وتعد هذه الشبكة من أبسط أنواع الشبكات، وقد تحتوي على جهازين أو ثلاثة متصلة مع بعضها بعضاً. وقد تكون كبيرة تحتوي على عشرات أو مئات الأجهزة المتصلة مع بعضها ضمن بناية أو مجموعة مباني متجاورة. والجهاز المتصل بهذه الشبكة بإمكانه الوصول لأي معلومة متواجدة على أي جهاز آخر كالبرامج والملفات، كما تشارك الأجهزة المتصلة عليها مثل أجهزة الفاكس والطابعات والمودم. ولهذه الشبكة فوائد عديدة منها (بصبوص، 2004):

1. دعم الأعمال المكتبية مثل معالجة البيانات والجداول الإلكترونية وإدخال البيانات.
2. توفير الوقت والجهد لسهولة تداول البيانات والمعلومات.
3. توفير تكاليف الأجهزة الملحقة، حيث يمكن لأكثر من شخص استخدام طابعة واحدة.

شبكة المنطقة الواسعة (WAN):

هي شبكة تغطي منطقة جغرافية واسعة تصل إلى دولة أو مجموعة من الدول المجاورة وهي أكبر من الشبكة المحلية (LAN)، حيث أنه في بعض الأحوال قد تتكون من ربط عدة شبكات محلية معاً (سلامة وأبو ريا، 2002؛ بصبوص، 2004).

الإنترانت (Interanet):

هي شبكة محلية داخلية خاصة بشركة أو مؤسسة ما، تربط بين مستخدميها والعاملين باستخدام تقنيات الإنترنت، فهي مبنية على أساس البروتوكولات TCP / IP المستخدمة في شبكة الإنترنت، كما أنها كثيرة الشبه بها من الناحية البنيوية، إلا أنها شبكة خاصة ضمن حدود مكانية محددة (الملحم وخير بك، 2000؛ قندلجي، 2003؛ بصبوص، 2004).

الاكسترانت (Extranet):

هي شبكة خارجية تقوم على أسس ومفاهيم الإنترانت، ولكن بدلاً من ربط المستخدمين الداخلين فإن شبكات الإكسترانت تربط زبائن المؤسسة والممولين وشركاء الأعمال الخارجين (الملحم وخير بك، 2000) فهي مجموعة من الشبكات الداخلية

(Internet) التي تربط المستخدمين بمؤسسات خارجية لأغراض محددة. مثال ذلك فإن إحدى الشركات العالمية (شركة فورد لتجارة السيارات تمتلك شبكات خارجية من هذا النوع، تربط أكثر من (15) ألف وكيل للبيع موزعين في مختلف مناطق العالم، تقدم خدمات متنوعة من خلالها (قندلجي، 2003).

المؤتمرات المرئية Video Conferencing:

يتم في هذه التقنية استخدام كاميرات رقمية صغيرة توضع على أجهزة الحاسوب أو بجانبها، لتقوم بتصوير ونقل الصور الحية والصوت لعرضها بشكل متزامن في مكان أخر(محمد ومحمود ويونس وسويدان والجزاز، 2004)

و يرى الكيلاني (2001) أن صفوف المؤتمرات المرئية شبيهة بالتعليم الذي يجري داخل حجرة الدرس العادية، باستثناء أن الطلبة إما موجودون في أماكن متفرقة، أو بعيدون عن مدرّسيهم، حيث يرتبطون في كلتا الحالتين مع بعضهم بعضاً بوساطة شبكة اتصالات حاسوب عالية القدرة، كل موقع في هذه الشبكة يستطيع طلبته أن يروا، وأن يسمعوا معلم مادتهم الدراسية، وأن يوجهوا الأسئلة إليه والتفاعل معه.

وتستخدم المؤتمرات المرئية في تسهيل توصيل التعليم عن بعد، وتحسين حلقات الاتصال بين مؤسسات التعليم، وكذلك في تعزيز التعاون بين الطلبة أنفسهم أو بين المدرسين أو بين الطلبة والمدرسين معاً، مما يساعد على إيجاد تعاون فعّال في كافة ميادين العلم والمعرفة، كما يمكن من خلال هذه المؤتمرات تبادل المحاضرات والندوات وأفلام الفيديو والمناقشات والمباحثات بين الجامعات والمؤسسات التعليمية، ولكن التعليم من خلال هذه التكنولوجيا يحتاج إلى إعداد مسبق، ووقت أطول مما يحتاجه الإعداد للصف التقليدي؛ حيث يلزم إعداد المادة العلمية والملحوظات والوسائط اللازمة مقدماً، كما يتطلب التدريس إبداعاً من المحاضر الذي يقع على كاهله تنويع سرعة الاستحواذ على انتباه الطلبة واهتماماتهم (الكيلاني، 2001).

و تتمثل فوائد مؤتمرات الفيديو التعليمية في الأتي (محمد وآخرون، 2004):

1- سرعة عقد الاجتماعات التعليمية بين أعضاء هيئة التدريس والإدارة التعليمية.

2- توفير الوقت اللازم لنقل المعلومات والتعرف على الأفكار والآراء ومناقشتها.

3- انخفاض تكاليفها مقارنة بحضور الخبراء والمختصين إلى أماكن الاجتماعات والمؤتمرات العلمية.

الصف الافتراضي Virtual Classroom:

يعرف الصف الإلكتروني بأنه مجموعة من الأنشطة التي تشبه أنشطة الصف التقليدي يقوم بها معلم ومتعلمين تفصل بينهم جواجز مكانيه، ولكنهم يعملون معا في الوقت نفسه بغض النظر عن مكان تواجدهم، حيث يتفاعل المتعلم والمعلم مع بعضهم البعض عن طريق الحوار عبر الانترنت، ويقومون بطباعة رسائل يستطيع جميع الأفراد المتصلين بالشبكة رؤيتها (سالم، 2004).

ويُعرّف أيضا بأنه عبارة عن غرفة إلكترونية تشتمل على اتصالات لصفوف أو أماكن خاصة يوجد فيها الطلبة، ويرتبطون مع بعضهم بعضا، ومع المحاضر أو المعلم، بواسطة وصلات وأسلاك أو موجات قصيرة عالية التردد ترتبط بالقمر الصناعي الخاص بالمنطقة أو شبكة الإنترنت (الكيلاني، 2001)، فالصف الافتراضي صف بكل المكونات والعناصر المتعارف عليها، ففيه معلم وطلاب ومادة تعليمية ووسائل إيضاح وامتحانات وتقييم وتكلفة مالية وقواعد وقوانين تحكم العملية التعليمية، فقط لا يوجد فيه مكان واقعي، فهو عبارة عن موقع على الشبكة الدولية الإنترنت أو الشبكة المحلية الإنترانت ويحتوي على صفحات من المعلومات وتوجد على تلك الصفحات العناصر التعليمية التي سبق ذكرها. وترتبط جميعها من خلال الشبكة، ويرتبط أيضاً من خلال الشبكة بجميع المواقع الأخرى والتي تحتوي بطبيعة الحال على فصول أخرى تخيلية أو فصول أخرى حقيقية مرتبطة بالشبكة بها عدد محدود من الطلاب في مكان واحد في مدرسة واحدة (عبدالمنعم، 2003).

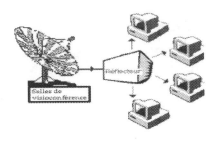

شكل (4) : طريقة انتقال المعلومات في الصفوف الافتراضية باستخدام الأقمار الصناعية

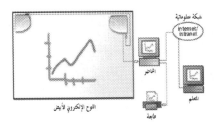

شكل (5): طريقة انتقال المعلومات في الصفوف الافتراضية باستخدام الشبكات

ويتميز الصف الافتراضي بميزات عديدة منها (عبدالمنعم، 2003):

1. توفير اقتصادي.

2. توفير العدد والأنواع الهائلة من مصادر المعلومات.

3. توليد القدرة على البحث لدى الطلاب.

4. القدرة على التركيز مع المعلم، حيث لا يشعر الطالب بوجود الطلاب الآخرين إلا إذا أراد ذلك.

5. الحرية الكاملة في اختيار الوقت والمادة التعليمية والمعلم، مما يتيح للطالب القدرة على استيعاب أكبر.

6. استخدام الحوار.

ويتطلب الصف الافتراضي أن يكون للطالب القدرة على استخدام الحاسوب وأن يكون المعلم على قدر كبير من المعرفة بالتعامل مع الفصول الافتراضية وكيفية التعامل مع الطلاب من خلالها، ويتطلب كذلك توفر شبكة الإنترنت أو شبكة معلومات محلية الإنترانت، وتوفر محتوى تعليمي مناسب للنشر على المواقع باللغة التي يستوعبها الطلاب ووجود نظام إدارة ومتابعة لنظام الصفوف الافتراضية (الكيلاني، 2001).

الفيديو التفاعلي (Video Interactive):

وهو دمج الحاسوب والفيديو في تقنية سميت بالفيديو التفاعلي وأشارت الدراسات الميدانية إلى أن التفاعل بين المتعلم والبرنامج التعليمي في الفيديو التفاعلي لا يحسن فقط أداء المتعلم بل ويساعده على الاحتفاظ بالمعلومات لفترة طويلة (الباز، 2001).

وللفيديو التفاعلي فوائد ومزايا عديدة منها (الباز، 2001):

1. يتطلب استجابة من المتعلم سواء عن طريق لمس لوحة المفاتيح أو الشاشة أو بعض الأجزاء الأخرى للنظام، لذا فهو يعمل على جذب انتباه المتعلم.

2. قدرة الفيديو المتفاعل على التشعب اعتمادا على استجابة المتعلم حيث بالإمكان الانتقال من فصل إلى آخر في برامج الفيديو.

3. الفيديو المتفاعل مريح ومتنوع ويشمل أشكالا من الوسائل التعليمية فهو يعرض النصوص المزودة بالصوت والصورة والرسومات والصور الثابتة والمتحركة بالإضافة إلى أنه سهل العمل والتحكم والتشغيل.

وتضيف الجودر (2002) الإيجابيات التالية للفيديو التفاعلي:

1. يراعي الفروق الفردية للمتعلم من حيث مستوى المعلومات والسرعة في عرضها.

2. بعض البرامج تهيئ للفرد حرية الاختيار بما يتناسب مع ميوله ورغباته من بين قائمة المحتويات التي يتضمنها البرنامج.

3. يشتمل نظام الفيديو التفاعلي على عدة وسائل تعليمية منها النصوص المصحوبة بالصوت والصور الثابتة والمتحركة، وهذه تثير كل حواس الفرد السمعية والبصرية.

الأقراص المدمجة أو الضوئية (CD-ROM):

هي أقراص تماثل في الشكل والحجم قرص الصوت المضغوط لكنها تحتوي على بيانات حاسوبية (كانداو ودوهرتي ويوست وكوني، 2002). تستخدم أشعة الليزر في قراءة المعلومات وتصل سعتها إلى 650 ميجابايت؛ ولذلك فهي تستخدم لتخزين برامج الوسائط المتعددة (صوت وصورة ونص وحركة وفيديو)، خفيفة الوزن وذات موثوقية عالية، لا يمكن التسجيل عليها أو نسخها إلا باستخدام مشغل خاص، ولا يمكن التسجيل مرة أخرى على الأقراص المدمجة (الزعبي والشرايعة وقطيشات والفارس والزعبي، 2002). فالأقراص المدمجة وسائط رقمية تقدم وسيلة جيدة لتوصيل المعلومات والأفكار، وتستخدم في مجالات كثيرة ومتنوعة من الحياة العملية؛ وذلك لأن لها قدرة هائلة على تخزين البيانات وإعادة تشغيلها بطريقة عالية الجودة (الكيلاني، 2001؛ محمد واخررن، 2004).

ويلخص الكيلاني (2001) فوائد الأقراص المدمجة على النحو التالي:

1. قدرتها على تخزين كميات كبيرة من النصوص والمعلومات وإمكانية إضافة عناصر رقمية أخرى مثل الصوت والصور المتحركة ولقطات الفيديو.

2. سهولة التعامل مع المادة العلمية المسجلة على الأقراص المدمجة حيث يختار الدارسون طريقة الوصول التي تلائمهم، ويربطون بين الواجبات الفرعية التي تؤدي إلى إنجاز وتحقيق الأهداف المنشودة.

3. خلافاً لأشرطة الفيديو التي سرعان ما تتلف في جهاز الفيديو فإن الأقراص المدمجة تظل صالحة للاستعمال، حتى ولو تلطخت ببصمات الأصابع أو سقطت على الأرض، أو تعرضت لشتى أنواع سوء الاستعمال.

أقراص الفيديو الرقمية (DVD):

هي وسيط تخزين يتميز بسعة ونطاق أكبر من القرص المدمج، ويمكن استخدامه للوسائط المتعددة وتخزين البيانات، كما يتميز بسعة تخزينية يمكنها استيعاب فيلم كامل

تصل مدته إلى 133 دقيقة بصورة عالية الجودة، بالإضافة إلى الصوت (كانداو وآخرون،2002). فأقراص الفيديو الرقمية تستخدم تقنية الأقراص المدمجة إلا أنها ذات سعة هائلة تقاس بالجيجابايت، وتستخدم لتخزين الأفلام بجودة عالية جدا، وتحل الآن محل أشرطة الفيديو (الزعبي وآخرون، 2002).

المكتبة الإلكترونية (e-library):

تعرّف المكتبة الإلكترونية بأنها" تلك المكتبة التي توفر مجموعة منظمة من المصادر في شكلها الإلكتروني سواء أكانت مخزنة على الأقراص المدمجة أو الأقراص المرنة أو الصلبة، مع إتاحتها للمستفيد إمكانية الوصول إلى هذه المصادر وإلى غيرها من خلال شبكات المعلومات" (يوسف، 2000). ويعرّفها الفار (2002) بأنها المكتبة التي تركز في عملها على تكنولوجيا المعلومات والاتصالات لتحويل بيانات المكتبة المختلفة وأسلوب العمل بها وتداول الكتب والدوريات والمجلات إلى أسلوب تقني يعتمد على التقنيات الحديثة وفي مقدمتها شبكة الإنترنت وخدماتها بغرض تطوير البحث العلمي، وتيسير التجوال بين المراجع أينما كانت أماكن تواجدها. ومن فوائد المكتبة الإلكترونية ما يلي(الفار، 2002):

1. ساعدت على نشر المعلومات والمراجع العلمية عبر العالم ليستفيد منها الباحثون والطلاب والعامة.
2. سهلت مهارات تصنيف وفهرسة المراجع العلمية.
3. خفّضت تكاليف الحصول على المعلومات والمراجع العلمية.
4. اقتصدت في الوقت للحصول على المعلومات والمراجع العلمية.

الوسائط المتعددة (Multimedia):

هي عبارة عن برامج تجمع بين مجموعة من الوسائط كالصوت والصورة والحركة والنص والرسم والفيديو بجودة عالية تعمل جميعها تحت تحكم الحاسوب في وقت واحد (الموسى، 2002، ب). ويعرّفها تراينر (traynor) بالأدوات المستخدمة في تقنيات عرض الصوت والصورة والنص والأفلام وغيرها من الأساليب المستخدمة في العملية التعليمية (طهبوب والعواوده والشريف وحنيحن، 2001).

المقرر الإلكتروني (E-Course):

يعرّف المقرر الإلكتروني بأنه أي مقرر يستخدم في تصميم أنشطة ومواد تعليمية تعتمد على الحاسوب، ولكي يتلاءم مع المدرسة الإلكترونية يجب نشره عبر الإنترنت. كما أن صفحات المقرر الإلكتروني تتسم بمواصفات صفحة الويب. ويمكن الحصول عليه من خلال تحميله من موقع النشر على الإنترنت إلى الكمبيوتر أو شرائه على صورة قرص، أو استقباله من الناشر عبر البريد الإلكتروني (التودري،2004).

ويعرف أيضا بأنه "مقرر يستخدم في تصميمه أنشطة ومواد تعليمية تعتمد على الحاسوب وهو محتوى غنيّ بمكونات الوسائط المتعددة التفاعلية في صورة برمجيات معتمدة أو غير معتمدة على شبكة محلية أو شبكة الإنترنت".(سالم،2004).

أنواع المقررات الإلكترونية:

هناك عدة أنواع من المقررات الإلكترونية منها (الجرف المشار إليه في سالم،2004):

1. مقررات تحل محل الفصل التقليدي ومقررات مساندة للفصل التقليدي (تستخدم جنباً إلى جنب مع الفصل التقليدي).

2. مقررات إلكترونية على الإنترنت ومقررات إلكترونية غير معتمدة على الإنترنت.

مكونات المقرر الإلكتروني:

يتكون المقرر الإلكتروني المعتمد على الإنترنت من مجموعة من الأدوات التي تمكن الطالب أو الدارس من التواصل مع أستاذ المقرر ومع زملائه الطلاب ومن الإطلاع والمشاركة في المعلومات الخاصة بالمقرر. ومن أهم هذه الأدوات ما يلي (سالم،2004).

(1) الصفحة الرئيسية للمقرر: وتشبه غلاف الكتاب، وهي نقطة الانطلاق إلى بقية أجزاء المقرر وبها مجموعة من الأزرار التي تشير إلى محتويات المقرر وأدواته (مثل قائمة محتويات الكتاب)، ويمكن الضغط عليها لتصفّح المقرر أو أجزاء المقرر.

(2) أدوات المقرر: وتستخدم للتواصل بين الأستاذ والطلاب كأفراد وكمجموعة أو الطلاب مع بعضهم بعضاً.

(3) التقويم الدراسي: وهو تقويم شهري على هيئة مربعات يبين الشهر واليوم والتاريخ، ويمكن استخدامه لتحديد مواعيد الاختبارات والتسجيل والاجتماعات ومواعيد تسليم الواجبات.

(4) معلومات عن أعضاء هيئة التدريس المستخدمين للمقرر. وهنا يضع المعلم الساعات المكتبية وعناوين البريد الإلكتروني ونبذة مختصرة عن كل معلم أو إداري أو محاضر أو أستاذ زائر ذي علاقة بالمقرر.

(5) لوحة الإعلانات: وفيها يضع الأستاذ لوحة مكتوبة للطلاب تتعلق بالمقرر،حيث يخبر الطلاب بمواعيد المحاضرات والاختبارات والإجازات والتقويم الجامعي.

(6) لوحة النقاش: وهنا يقوم المعلم أو الطلاب بكتابة عنوان الموضوع وكتابة فقرة مثلاً، ويعلقها للطلاب. حيث يظهر اسم كاتب الموضوع وعنوانه الإلكتروني وتاريخ الكتابة. ويستطيع الطلاب والمعلم رؤية ما كتبه الآخرون والتعليق عليه ويمكن رؤية عدد الطلاب الذين سجلوا ردود فعلهم على كل موضوع. ويمكن إرفاق أي ملف مع الموضوع.

(7) غرفة الحوار(المحادثة) وهنا يستطيع أحد الطلاب أو مجموعة من الطلاب المسجلين في المقرر من التواصل مع بعضهم بعضا في وقت محدد.

(8) معلومات خاصة بالمقرر: وهنا يحدد الأستاذ الموضوعات التي سيدرسها الطلاب في المقرر، والمتطلبات السابقة للمقرر وطريقة التقويم التي سيتبعها الأستاذ والمواد التعليمية الخاصة بالمقرر.

(9) محتوى المقرر: وهنا يضع المعلم المادة العلمية التي تشكل محتوى المقرر، ويحدد تسلسل الموضوعات التي سيدرسها الطلاب ويتكون محتوى المقرر من مادة علمية مكتوبة يصاحبها مفردات متعددة الوسائط. ويمكن أن تكون المادة العلمية على شكل قراءات وواجبات ومحاضرات وتعليمات وقائمة بالمصطلحات ومذكرات وغير ذلك.

(10) قائمة المراجع الإلكترونية: (الوحدات الخارجية والمصادر). تتكون من قائمة بمواقع الإنترنت ذات الصلة بالمقرر مع تعليق مصاحب لكل موقع، ويمكن أن يساهم كل من الأستاذ والطلاب في إعداد القائمة.

(11) صندوق الواجبات: حيث يرفق الطلاب واجباتهم أو يطلعون على الاختبارات والاستبانات الخاصة بالمقرر.

(12) الاختبارات: وهنا يقوم المعلم بإعداد الاختبارات الأسبوعية والفصلية

(13) سجل الدرجات: وفيه يطلع الطلاب على نتائجهم ودرجاتهم، ويرون طريقة توزيع الدرجات على كل وحدة في المقرر، وعلى استخدام الطلاب لكل أداة إلكترونية من أدوات المقرر.

(14) السجل الإحصائي للمقرر: ويقدم إحصائيات عن تكرار استخدام الطلاب لكل مكون من مكونات المقرر، ويستطيع المعلم أن يطلع على الصفحات التي زارها الطلاب بكثرة والوحدات التي يستخدمونها، وأوقات استخدام الطلاب للموقع.

(15) مركز البريد الإلكتروني: وهنا يستطيع الطالب أن يرسل رسائل خاصة أو ملفاً أو أي مرفقات مع الرسالة إلى الأستاذ أو أحد الزملاء أو لمجموعة من الزملاء.

(16) الملفات المشتركة: حيث يستطيع الطالب تحميل الوثائق والصور وأوراق العمل وصفحات HTML من الإنترنت أو تحميلها ووضعها على الإنترنت. ويمكن أن تحمل الوثائق التي أعدها الأستاذ أو أحد الطلاب وقراءتها ومراجعتها وإعادة إنشائها.

(17) صفحة المذكرات: وهنا يستطيع الطالب أن يسجل ملاحظاته أو أفكاره.

(18) الصفحات الشخصية للطالب والمعلم، وهنا يمكن أن يكون للمعلم ولكل طالب مسجل في المقرر صفحة شخصية يضع فيها صورته وما يشاء من المعلومات عن نفسه، ويستطيع المعلم والطلاب الآخرون الإطلاع على الصفحات الشخصية لبعضهم بعضاً.

(19) الدليل الإرشادي الإلكتروني: يحتوي المقرر الإلكتروني على دليل إرشادي يقدم إجابات عن استفسارات المستخدم، ويعطي وصفاً مفصلاً لجميع مكونات المقرر الإلكتروني، كما يحتوي على دليل إلكتروني يوضح للمعلم طريقة استخدام المقرر التعليمي خطوة بخطوة.

(20) لوحة التحكم: حيث تحتوي على جميع أدوات التحرير اللازمة لتحديد التفاصيل الدقيقة التي يتكون منها المقرر، وباستخدام لوحة التحكم يستطيع المعلم أن يقوم بما يلي:

- تعليق الإعلانات، وإضافة النصوص وإرفاق الوثائق وإنشاء المجلدات.

- تسجيل الطلاب الذين يستخدمون الموقع، وتوزيع الطلاب على مجموعات وفق المشاريع التي سيقومون بها.

- وضع وإدارة الاختبارات والإطلاع على الاختبارات وتحرير درجات الطلاب الموجودة في سجل الدرجات ومتابعة الإحصائيات الخاصة بالمقرر.

الكتاب الإلكتروني E-Book:

يعد الكتاب الإلكتروني إحدى وسائل التقنية الحديثة التي أحدثت تطورا واضحا في عالم القراءة والنشر، وظهر نتيجة للثورة المعلوماتية التي نشهدها في عصرنا الحالي من خلال استخدام أجهزة الحاسوب. والكتاب الإلكتروني يحوي في طياته الصفحات الإلكترونية المتعددة التي يطلق عليها بالنص، كما يتضمن بعض الرسوم والصور الثابتة والمتحركة ويحمل في ثناياه أيضا الأصوات والمؤثرات الصوتية. وسمي بالكتاب الإلكتروني لانه يختزن محتوياته على أقراص الفيديو المدمجة التي تدار بواسطة أجهزة الحاسوب لتتم متابعتها على شاشة العرض (الشرهان، 2002).

ويعرف الكتاب الإلكتروني بأنه مادة قراءة تستطيع أن تراها على حاسوب المكتب أو الحاسوب المحمول أو أي جهاز قراءة محمول (الشريف، 2001)، وهو اختصار مئات وآلاف الأوراق التي تظهر بشكل الكتاب التقليدي في قرص مدمج CD الذي تتخطى سعته ثلاثين مجلداً تحمل أكثر من 214 مليون كلمة أو 350 ألف صفحة. ويمتاز الكتاب الإلكتروني بتوفير الحيّز أو المكان بحيث لن يكون هناك حاجة لتخصيص مكان للمكتبة، ويمكن الاستعاضة عنها بعلبة صغيرة تحتوي على الأقراص توضع على المكتب. كما يمتاز بسهولة البحث عن الكلمة والموضوع وسهولة التصفح ويمكن الوصول إليه عن طريق شبكة الإنترنت التي تتوفر في أجهزة الحاسوب المدرسية. كما يمكن إضافة صور واضحة نقية، وكذلك إدخال تعديلات وخلفيات ونغمات صوتية (الفرا، 2003).

ويعرفه الفار (2002) بأنه أسلوب جديد لعرض المعلومات بما يتضمنها من نصوص ورسومات وأشكال وصور وحركة ومؤثرات صوتية ولقطات فيلمية على هيئة كتاب متكامل يتم نسخة على الأقراص المدمجة. ويتم إعداد الكتاب الإلكتروني باستخدام لغة برمجة النص الفائق التداخل html حيث تتوافر من خلالها خاصية وصلات الترابط links بين الأجزاء المختلفة لصفحات الكتاب، ومن ثم يمكن الانتقال إلى أجزاء متفرقة من الكتاب بمجرد النقر بالفأرة على إحدى وصلات الترابط.

ويعرّف الكتاب الإلكتروني بأنه "كتاب محمّل بلغة العصر، كتاب يفتح كأي كتاب ولكن ليس مطبوعاً على ورق، يتم فتحه بطريقة مبسطة فتظهر على الشاشة محتويات كل جزء من الكتاب على جانب الشاشة، وما على القارئ إلا أن يطلب ما يريد أن يراه من موضوعات مهما بلغ حجم الكتاب، فأهم ما يميز الكتاب الإلكتروني هو صغر حجمه وسعته التي قد تصل إلى سعة الموسوعات ويمكن البحث عن أي كلمة أو موضوع أو صفحة في ثوان معدودة، كما أنه بسيط التصميم للغاية، ويمكن للقارئ أن يقلب صفحاته صفحة صفحة (عبد الوهاب، 2001).

ويعرفه التودري (2004) بأنه "كتاب تم نشره بصورة إلكترونية، وتتمتع صفحاته بمواصفات صفحات الويب، ويمكن الحصول عليه بتحميله من موقع الناشر على الإنترنت إلى الكمبيوتر أو شرائه على هيئة اسطوانات من الأسواق".

ويعد الكتاب الإلكتروني مصدراً من مصادر المعلومات الإلكترونية التي يمكن استثمارها في تنفيذ مناهج ومقررات التعلم الإلكتروني (العلي، 2005)

ويختلف الكتاب الإلكتروني عن الكتاب التقليدي بأن الكتاب الإلكتروني لن يتم كتابته على الورق بل سيتم نسخه على قرص، ولن يوضع على رفوف المكتبات بل سيتم وضعة بخزائن بالمكتبات، ولن يتم تصفحه باستخدام الأيدي بل سيتم تصفحه باستخدام الحاسوب، ولن يقتصر على النصوص والرسومات والصور بل سيحتوي إلى جانب ذلك على الصور المتحركة والمؤثرات الصوتية ولقطات فيديو، ولن يثقل كاهل الطلاب بحمله إلى الجامعة أو المدرسة بل سيتم حفظه بحافظة صغيرة تحمل باليد (الفار،2002).

ويوجد العديد من المزايا يتمتع بها الكتاب الإلكتروني منها (الشريف،2001؛ التودري، 2004):

1. التكلفة المنخفضة: بسبب عدم حاجة الكتاب الإلكتروني للطباعة أو التخزين أو الشحن فإن تكلفته أقل بكثير من الكتاب التقليدي.
2. اختصارُ الوقت : فالمستخدم لا يحتاج إلى أن يبحث عن كتاب معين في المكتبات، ولا يحتاج إلى مراسلة باحث معين كي يحصُلَ على بحث أو رسالة دكتوراه، بينما يمكن أن يتمَّ كلُّ ذلك في دقائق عبر الشبكة عن طريق زيارة موقعٍ يوزِّعُ الكتب الإلكترونية أو عن طريق زيارة موقعِ باحثٍ معينٍ على الشبكة.
3. سهولةُ البحث عن معلومات محدّدة: يمكّن الكتاب الإلكتروني من البحث في النص عن أي كلمة تشاء.
4. التفاعلية Interactivity: من خلال الوصلات التشعبية Hyperlinks يمكن أن يتم توصيل القارئ في إثناء قراءته بمعلومات إضافية (مواقع على الشبكة أو توضيحات لكلمات معينة أو أصوات، حيث يضغط القارئ على كلمة معينة لينتقل إلى موادَّ إضافية.
5. توفيرُ الحيّز المكانيّ.
6. إمكانيةُ التزويد بأجزاءٍ من الكِتاب أو بيعِها حسبَ احتياجِ القارئ، وهذا متعذّرٌ في الكتب الورقية؛ لأنك إما أن تشتري الكتاب الورقي كله أو تدَعَهُ كلَّه.
7. سهولةُ تعديلِ المادّةِ المنشورةِ إلكترونياً وتنقيحِها، وسهولة حصول القارئ على التعديلات والإضافات.
8. النشرُ الذاتي: حيث يتيحُ النشر الإلكتروني للباحثين والمؤلفين نشر إنتاجهم مباشرة من مواقعهم على شبكة الإنترنت دون الحاجة إلى مطابعَ أو ناشرينَ أو موزعين.
9. الحفاظُ على البيئة: فالنشر الإلكترونيّ يقلل من استخدام الورق، وهذا يعنى الحفاظَ على الأشجار التي تُقطع عادة وتحوّلُ إلى أوراق فتقلّ بقطعها نسبة الأكسجين في كوكبنا.

10. الإتاحية: النسخة الإلكترونية دائما متوفرة، والجميع يحصلون على نسخ منها، فلا تنفذ طبعتها كما يحدث في الكتب التقليدية.

11. يحتوي على وسائط متعددة مثل الرسوم المتحركة والصور ولقطات الفيديو والمؤتمرات الصوتية المتنوعة، وخلفية صفحات جذابة وغيرها من المميزات الأخرى.

12. سهولة عرضه على الطلاب في قاعات الدراسة باستخدام جهاز عرض البيانات من الحاسوب (Data Show).

ولكي يحقق الكتاب الإلكتروني الأهداف المرجوة يجب أن تتوفر فيه الخصائص التالية (الفرا، 2003):

1. دقة المحتوى وسلامته العلمية.
2. استخدامه لأنشطة تعليمية مناسبة.
3. التسلسل والتتابع المنطقي للدروس.
4. أن يراعي تحقيق أهداف معينة.
5. الاستخدام المناسب للألوان والأصوات.
6. إمكانية طبع أي جزء منه.
7. أن يوفر تغذية راجعة للطالب.
8. أن يتيح للطالب إمكانية العودة لمراجعة أي جزء.

الهاتف المتنقل:

شكل (6): صورة شخص يتعلم من خلال الهاتف المتنقل

التكنولوجيا المتنقلة:

شكل (7) : نماذج متنوعة لأجهزة التكنولوجيا المتنقلة

شكل (8): جهاز حاسوب ذو لوحة مفاتيح افتراضية (وهمية)

التعلم المتنقل (النقال) (M-Learning)

مقدمة:

أدى التطور الكبير في تقانات الاتصالات والمعلومات وانتشار المعرفة الإلكترونية بين طلاب المدارس والجامعات إلى ظهور أشكال جديدة من نظم التعليم، ففي العقد الماضي ظهرت أدوات التعليم والتدريب المعتمدة على الحاسوب بشكل رئيسي وأساليب التفاعل المختلفة مع الحاسوب مستفيدة من الأقراص المضغوطة والشبكات المحلية. خلال القرن الحالي توضح مفهوم التعلم الإلكتروني وتميزت أدواته باستعمال الإنترنت. أما هذه الأيام فيلوح في الأفق القريب إمكانيات استثمار تقانات الاتصالات اللاسلكية عامة والمتنقلة خاصة ليظهر مفهوم جديد هو أنظمة التعلم النقالة Mobile Learning Systems . ويعد التعلم المتنقل شكلاً جديداً من أشكال نظم التعلم عن بعد Distance Learning والذي عرّفه انفصال المحاضر عن الطلاب مكانياً وزمانياً، تاريخياً بدأ هذا التعلم من أكثر من مئة عام وأخذ شكل المراسلات الورقية، ثم ظهر التعلم الإلكتروني Electronic Learning موفّراً للتعلم عن بعد طرائق جديدة تعتمد على الحواسيب وتقانات الشبكات الحاسوبية. يمثل الشكل (9) تنوع أشكال التعلم وعلاقاتها مع بعضها البعض (حمامي، 2006):

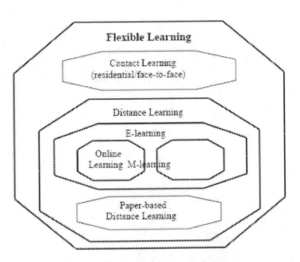

شكل (9) : أشكال التعلم وعلاقاتها مع بعضها البعض

مفهوم التعلم المتنقل :

توفر تقانات الشبكات اللاسلكية والمتنقلة فرص تعليم مهمة للناس الـذين لا تـتوفر في منـاطقهم البنيـة التحتية اللازمة لتحقيق فرص التعلم الإلكتروني مثل المناطق الريفية أو للناس المتنقلين دائماً بسبب نمـط عملهم والراغبين في التعلم. لذلك يجب أن يتضمن تعريفنا للتعلم المتنقل **القدرة على التعلم في أي مكان وخلال أي وقت دون الحاجة لاتصال دائم بالشبكات اللاسلكية مع وجود تكامل بين تقانات كافة أنـواع الشبكات اللاسلكية والسلكية.** ويمكن تحقيق ذلك باستخدام الأجهزة المتنقلة والمحمولة مثل الهواتـف الخلوية Cell Phones والمساعدات الرقمية PDA والهواتف الذكية Smart Phones والحواسب المحمولة Portable Computers على أن تكون كلها مجهزة بتقانات الاتصال المختلفـة اللاسـلكية والسـلكية عـلى حـد سواء مما يؤمن سهولة تبادل المعلومات بين الطلاب فيما بينهم من جهة وبين الطلاب والمحاضر مـن جهة أخرى (حمامي، 2006) .

فالتعلم المتنقل (التعلم بواسطة الموبايل) هـو المصطلح الـذي يطلـق عـلى أيـة عمليـة تعلـم أو تـدريب بواسطة الأجهزة المتنقلة مثل كمبيوتر الجيب والتلفونات الجوالة وكمبيوترات اليد. وطلبة الـتعلم المتنقل يستخدمون أسلوب "الوقت المناسب، ولي أنا فقط (www.en.wikipedia.org/wiki/m-learning) .

ويقصد بالتعلم المتنقل استخدام التكنولوجيا المتنقلة لتوصيل مـواد الـتعلم الإلكترونيـة إلى الطـلاب في أي مكان وفي أي زمان (علي، 2006)

مبررات استخدام التكنولوجيا المتنقلة والموبايل في التعلم (علي، 2006) :

1-سرعة توصيل مواد التعلم.

2-التلقي الفوري لآخر التحديثات.

3-الطلاب يمتلكون مسبقا أجهزة متنقلة.

4-تقديم أنماط متنوعة من التعلم.

5-تمكين الطلاب أن يتعلموا في أي مكان وفي أي وقت.

6-التعلم متمحور حول المتعلم بصورة أكبر.

مزايا التعلم المتنقل:

يمتاز التعلم المتنقل بمزايا عديدة منها (الأمل، 2007) :

1- من الممكن استخدامه في كل وقت وكل مكان .

2- تتمتع غالبية الأجهزة الرقمية المتنقلة بانخفاض في الكلفة الشرائية بالمقارنة مع الحواسيب المكتبية desktop PCs.

3- أخف وزنا وأصغر حجما من الحواسيب المكتبية desktop PCs .

4- يضمن استخدام هذه التقنيات مشاركة أكبر للطلاب في التعلم المتنقل عبر الأجهزة التي يستخدمونها في حياتهم اليومية.

5- إن التعلم المتنقل يعد مثالا للتعلم الحياتي الذي يستمد فيه المتعلم خبراته العلمية والعملية من خلال الممارسة اليومية.

6- إن الكثير من الدراسات والأبحاث تقرر بأن التكنولوجيا المتنقلة تعطي فرصا جديدة للتعلم التقليدي في الفصول الدراسية وكذلك في نمط التعلم مدى الحياة خارج هذه الفصول الدراسية.

7- التعلم المتنقل يثري التعلم بمساحة واسعة من القدرة والمرونة حيث يتمكن المتعلم من متابعة تعلمه وقت وجوده على رأس العمل بما يوفره من فورية وسرعة وصول "just-in – time" .

8- يحقق التعلم المتنقل مفهوم التعلم الفردي حيث يتم التعلم في كل زمان وكل مكان حسب الاختيار والحاجة الشخصية للمتعلم.

9- يساعد استخدام التعلم المتنقل في إضفاء المزيد من الأنشطة إلى الدروس التقليدية مما يحقق الحيوية والجذب للمادة العلمية وبيئة التعلم.

10- تساعد تقنيات التعلم المتنقل على حل بعض المشكلات التي يتعرض لها الطلاب غير القادرين على الاندماج في التعليم التقليدي كما أنها تكسر الحاجز النفسي ـ تجاه عملية التعلم وتجعلها أكثر جاذبية.

11- يساهم التعلم المتنقل في محو الأمية المعرفية في الحساب وتعلم اللغة.

12- يستطيع المتعلمون في التعلم المتنقل الاستفادة من مهاراتهم السابقة في القراءة والكتابة عن طريق التعامل بالرسائل عبر شكل نصي مكتوب .

13- إن الألفة التي يشعر بها المتعلم تجاه جهازه المتنقل الشخصي والذي يرافقه دوما تساعد في التغلب على الرهبة تجاه استخدام التقنية ، كما أنها تساعدنا في محو الأمية الحديثة وهي أمية التعامل مع التكنولوجيا.

14- لوحظ أن المتعلمين الذين مارسوا عملية التعلم من خلال تقنيات التعلم المتنقل كانوا أكثر تركيزا في تحقيق أهداف التعلم والبقاء لفترات أطول للقيام بأنشطة التعلم نتيجة تحقيق المتعة والفائدة فيها .

ويضيف (Clark, cited by Shepherd ,2001) أن التقنيات المتنقلة تمتلك من المميزات الفريدة ما لم يتوافر في الأنواع الأخرى من الحواسيب المكتبية PCs حيث أنها تتمتع بخصائص صوتية عالية تمكن المستخدم من الحديث والاستماع بوضوح عال حيث يتمكن الشخص من التفاعل التزامني المباشر مع أي طرف بكلفة مالية زهيدة نسبيا.

وقد تحدث بيرجر (Berger, 2001) عن قائمة من المعطيات التي تثري بها تقنيات التعلم المتنقل عمليتي التعلم والتعليم (الأمل، 2007) :

1- سفهوم أعمق لما يعرف بـ (أي زمان وأي مكان)، "anywhere, anytime" .

2- الحرية في التعلم داخل وخارج أسوار المؤسسات التعليمية والفصول الدراسية.

3- تحقيق المشاركة والتعاون المتجاوز للتباعد الجغرافي والجسماني بين الطلاب بعضهم البعض.

4- التواصل السريع مع شبكة المعلومات الدولية.

5- التحول من المفهوم القائم على (أي زمان وأي مكان) في النقطة (1) إلى مفهوم التعلم في كل وقت وفي كل مكان وهذا تحقيق أشمل لحيوية التعليم وفق احتياجات الفرد المتعلم Shift from "anywhere, anytime" to "everywhere, everytime".

6- التحكم في الاستجابات الشعورية للمتعلم وتنظيم تدفق المعلومات.

ماذا يمكن أن نحقق باستخدام التعلم المتنقل M-Learning

من الممكن أن نبدأ عن تطبيقات التعلم المتنقل M-Learning البسيطة فيما يتعلق منها بتكامل الحلقة التعليمية المؤلفة من الطالب والمدرسة والعائلة، حيث تشكل صلة وصل مباشرة بين هذه الأطراف. حيث من الممكن للأهل أن يتسلموا متابعة دورية لنتائج أبنائهم وتطورهم مستواهم الدراسي، أو بعض التنبيهات الطارئة حول تغيب أو تأخر أبنائهم عن حضور الدروس. هذا التواصل المباشر مع المدرسة له أهمية بالغة عند العائلة خاصة إذا ما كان كلا الأبوين عاملين، الأمر الذي يعطي فرصة لتدارك أي فشل دراسي أو مسلكي لهؤلاء الأبناء. كما يستفيد طلاب المرحلة الجامعية -خاصة لمن يقطنون بعيداً عن جامعاتهم أو لطلبة التعليم غير المرتبط بدوام منتظم- من إمكانية استقبال الإعلانات أو المقررات الإدارية المستعجلة كإلغاء موعد امتحان معين أو اعتذار عن حصة ما أو تقديم موعد تسليم المشاريع الطلابية، وهذه كلها أمور يعاني منها طلاب الجامعات. لكن في الحقيقة هناك تطبيقات أخرى عديدة مهمة وهي التي تستخدم تقانات نقل البيانات عبر الشبكات اللاسلكية. مثل (حمامي، 2006) :

- بث المحاضرات والمناقشات مباشرة إلى الطلاب وإنشاء مكتبة خاصة بها.

شكل (10): صورة تبين بث المحاضرات إلى الطلبة من خلال الهاتف المتنقل

- إنشاء مكتبة صغيرة من مقاطع الفيديو الخاصة بمجال معين .

- استعراض واجبات وعمل الطلاب .

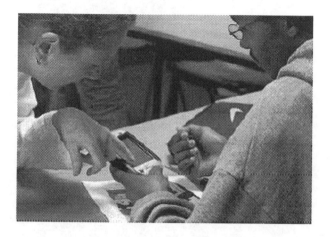

شكل (11): صورة تبين استعراض واجبات الطلبة عبر الهاتف المتنقل

الأجهزة المستخدمة في التعلم المتنقل

يمكن استخدام الأجهزة التالية في عملية التفاعل مع التعلم المتنقل (حمامي، 2006) :

- **الحواسب المحمولة Notebook Computers**

تتمتع هذه الأجهزة بميزتين، فالأولى لها أداء الحواسب الشخصية PCs ومن جهة ثانية هـي محمولـة وعندها إمكانيات التواصل اللاسلكي. المشكلة الأساسية هنا أن أسعارها دائماً مرتفعة.

شكل (12): صورة تبين استخدام الحاسوب المحمول في التعلم

- حواسيب Tablet PCs

وهو من أحدث الأجهزة المتنقلة التي تمتلك مواصفات مقاربة للحواسيب الشخصية، بعضها لا يملك لوحة مفاتيح وتستعيض عنه بنظم التعرف على الكتابة وتعتبر غالية السعر نوعاً ما.

شكل (13): نماذج من حواسيب Tablet PCs

- **الأجهزة المساعدة الرقمية** Personal Digital Assistants

وهي أجهزة صغيرة الحجم تحقق وظائف متعددة باعتمادها نظم تشغيل ذات خصائص مشابهة لـنظم تشغيل الحواسيب المكتبية مثل Palm OS وMicrosoft Pocket PC .

شكل (14): صورة تبين استخدام الأجهزة المساعدة الرقمية في التعلم

- **الهواتف الخلوية** Cellular Phones

رغم سعرها المتدني وضعف إمكانياتها إلا أنها قادرة على القيام بالخدمات الصوتية وإرسال الرسائل القصيرة العادية وفي بعض الأنواع رسائل الوسائط المتعددة.

- **الهواتف الذكية** Smart Phones

مزيج من الهواتف الخلوية والمساعدات الرقمية بدأت تأخذ دورها في أسواق الأجهزة المحمولة بشكل منافس خاصة مع الخدمات التي تقدمها من استعراض الإنترنت ودعم لـبرامج متنوعة خاصة بها مما يجعلها تأخذ دوراً هاماً في التعلم المتنقل .

شكل (15): صورة تبين استخدام الهواتف الذكية في التعلم

- أجهزة التصويت الإلكتروني

تستخدم هذه الأجهزة في عمليات الإجابة على الأسئلة لاسلكيا ضمن حيز مشترك للإجابة عن استفسارات المدرس وإعطاء النتائج على الشاشة:

شكل (16): استخدام جهاز التصويت الإلكتروني في التعلم

توجد بعض الأجهزة الأخرى التي يمكن استخدامها مثل أقلام مسح الضوئي ووسائط التخزين عبر USB ومشغلات الفيديوهات الرقمية والنظارات الرقمية التي تعرض معلومات من حاسب منفصل لاسلكياً والشكل (17) يوضح ذلك .

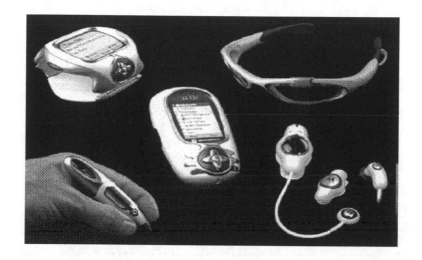

شكل (17): نماذج من الأجهزة المستخدمة في التعلم المتنقل مثل: القلم الضوئي والنظارات الرقمية

مبادئ التصميم في التعلم المتنقل (علي، 2006) :

1- تقسيم المادة التعليمية إلى أجزاء صغيرة.

2- تقديم المعلومات بصورة بصرية ونصية.

3- استعمال رسالة غنية بالمعلومات.

4- استخدام خرائط المفاهيم والمعلومات.

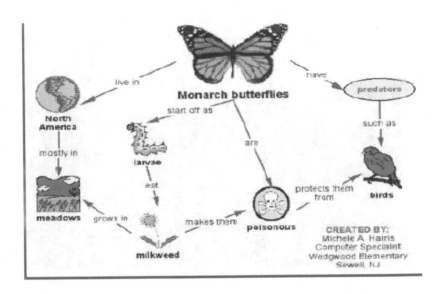

شكل (18): رسالة غنية بالمعلومات

حدود أجهزة التعلم المتنقلة (علي، 2006) :

1- صغر حجم الشاشة

2- إدخال المعلومات

3- التصفح

4- الواجهة

تحديات التعلم المتنقل (علي، 2006) :

شكل (19): تحويل المعلومات في المواد المطبوعة الى معلومات رقمية تناسب

الأجهزة المتنقلة

تطوير مواد تعلم جديدة لإيصالها عبر التكنولوجيا المتنقلة.

تهيئة الثقافة المؤسسية استعدادا لتقديم التعلم المتنقل.

سلبيات التعلم بواسطة الموبايل:

1- شاشاتها صغيرة .

2- التصفح في الأجهزة المتنقلة صعب، فهي مزودة بلوحة مفاتيح خاصة بالهاتف أو عن طريق اللمس(كما في أجهزة حاسوب اليد)، فالمستخدمون قد يمضون وقتاً طويلاً للبحث عن الصفحة أكثر من قراءتها، ولكن نستطيع أن نتخيّل طرقاً أخرى للتصفح مثل الأوامر الصوتية.

3- الذاكرة المتوافرة على الهاتف المتنقل صغيرة نسبيا، ومن الممكن استخدام ذاكرة إضافية في بعض الأجهزة وهذا يقلل من بعض التحفظات.

فالأجهزة المتنقلة بصغر حجمها واتصالها اللاسلكي يجعلها متوفرة في أي مكان وأي زمان، فالأجهزة المتنقلة فتحت المجال لسيناريوهات مختلفة. فعلى سبيل المثال أصبح بالإمكان حضور المحاضرات من أي مكان.

مشاكل تقنية وحلول:

يبين الجدول التالي بعضاً من المشاكل والحلول التي يمكن أن تعترض فعاليات التعلم المتنقل (حمامي، 2006):

جدول (4) : مشاكل التعلم المتنقل والحلول المقترحة

المشكلة	الحلول المقترحة
صغر حجم شاشات العرض الخاصة بأجهزة المساعدات الرقمية والهواتف الخلوية تعيق من عمليات إظهار المعلومات .	• استخدام تقنية الإسقاط الضوئي التي بدأت تنتشر مع معظم الأجهزة المحمولة لعرض هذه المعلومات في الهواء . • استخدام التقنيات اللاسلكية لنقل ملفات الوسائط المتعددة إلى الحاسب أو أجهزة التلفزة.

صعوبة إدخال المعلومات إلى المساعدات الرقمية خاصة مع صغر حجم لوحات المفاتيح .	استعمال تقانة لوحة المفاتيح الافتراضية Virtual Keyboard .
صغر سعة الذواكر الداخلية .	الاستعانة ببطاقات الذاكرة التي تصل سعاتها إلى 4GHz مما يوفر إمكانية تخزين الملفات المختلفة بصورة مريحة
ضرورة شحن الأجهزة المنتظمة بشكل دوري .	استعمال تقانات حديثة في التغذية مثل methanol fuel cell من Toshiba والتي تسمح لعمل يعادل 60 ضعف من مدة عمل بطاريات lithium ion المعروفة. وهي غير قابلة للشحن وإنما يمكن استبدالها بسهولة.
حتى الآن لا يمكن استثمار برمجيات الحواسيب الشخصية نفسها على الأجهزة المحمولة .	اعتماد نظام تشغيل عام للأجهزة المتنقلة مثل Motion eXperience Interface (MXI) من شركة RADIX .
ما تزال هناك صعوبة في نقل ملفات الفيديو عبر الشبكات الخلوية .	الانتقال لاستخدام الجيل الثالث من الاتصالات اللاسلكية .
ما زالت أسعار الأجهزة مرتفعة بحيث لا يمكن لكل شرائح الناس من اقتنائها .	حل هذه المشكلة قادم بشكل طبيعي مع الازدياد التدريجي في عدد مستخدمي الأجهزة المتنقلة الأمر الذي يدفع بظهور شركات جديدة وحصول منافسة بينها لحساب المواطن.

الفصل الرابع

استخدام الحاسوب في تعلم العلوم

مقدمة:

يتسم هذا العصر بثورة تكنولوجية ومعلوماتية هائلة جداً أثرت في مختلف ميادين الحياة، وأكسبتها خاصية التطور السريع والمستمر؛ مما عمق المشكلات والتحديات التي تواجه العملية التربوية، ومن هذه المشكلات: التزايد الهائل في أعداد الطلبة، وعدم مراعاة الفروق الفردية بين الطلبة، ونقص المعلمين المدربين والمؤهلين علمياً وتربوياً، والانفجار المعرفي. وتعد مشكلة الانفجار المعرفي من أبرز هذه المشكلات، حيث جعلت الإنسان لا يتعمق في شيء، ولا يستطيع متابعة المعرفة الجديدة أو جمعها في كتاب مدرسي أو استدعائها عند الحاجة إليها، مما يحتم على المؤسسات التربوية والتعليمية الاستعانة بالوسائل التكنولوجية الحديثة لمواجهة هذه التحديات والتخفيف من أثرها.

ويعد الحاسوب من أهم الوسائل التكنولوجية الحديثة في عمليتي التعليم والتعلم، فهو يجمع بين مزايا كثير من التقنيات التعليمية، إذ يوفر الحركة والصورة والموسيقى والألوان والتفاعل مع المتعلم (Caffarell,1987)، فالمميزات التي يتمتع بها الحاسوب من سرعة ودقة وتنويع المعلومات المعروضة والمرونة في الاستخدام والتحكم في ظروف العرض تجعله أفضل بكثير من أجهزة عرض المعلومات المختلفة من كتب ووسائل سمعية بصرية (الفار،2002) والميزة الواضحة التي تميز الحاسوب عن الوسائل الأخرى هي قدرته على التفاعل والحوار مع الطالب (المغيرة، 1993)

ويشجع الحاسوب الطلاب على اكتساب مهارات التفكير، حيث يوفر لهم بيئة مرنه إذ يستطيع التلاميذ أن يختاروا الإجابة التي يتوقعون أنها صحيحة بحرية، وأن يجربوا الأفكار الجديدة دون خوف من تأنيب على ارتكاب أي خطأ. ويوفر التعلم عن طريق الحاسوب هذه البيئة المرنة عن طريق الأسلوب التفاعلي الذي يقدمه لعملية التعليم والتعلم، فهو يعطي التلاميذ تغذية راجعة مباشرة لاستجاباتهم في كل خطوة في التسلسل التعليمي الذي يسيرون عليه، فإذا استجاب التلميذ إجابة صحيحة فإن الحاسوب يقوم بشكل مباشر بتقديم التغذية الراجعة، ثم يقدم التعزيز المناسب مباشرة ويوجه التلميذ إلى خطوة ملائمة في التسلسل التعليمي (عبدالله، 1985).

أما فيما يتعلق بتدريس العلوم فإن الحاسوب يقدم من خلال برامج المحاكاة عروضاً أقوى للمادة العلمية، ويعطي قدرة على التفاعل بطريقة طبيعية مع الأشياء، وهو يثري العملية التعليمية بطريقة تفتقر إليها الغرف الصفية العادية أو المختبرات، كما يمكّن الحاسوب من إجراء التجارب التي يصعب تطبيقها في المختبرات المدرسية؛ إما بسبب خطورتها أو تكلفتها أو الحاجة إلى وقت طويل للحصول على النتائج (Leonard, 1992 الموثق في يونس، 2003). كما يساعد المعلمين على عرض تجارب قد يصعب إجراؤها في مختبر المدرسة بسبب عدم توفر بعض الأدوات أو عدم توفر المناخ المناسب لإجراء التجربة (عبد الجواد وظاظا والدويكات والخطيب والأشقر، 2003).

وتعد مادة العلوم من أكثر المواد التي يمكن استخدام التقنية الحديثة المحوسبة في تدريسها، فهذه التقنية تساعد في تطوير طرق تدريس العلوم وأساليبه، وتحويل غرفة الصف إلى مختبر لمراعاة الفروق الفردية بين الطلبة. وقد تكون بديلاً للمختبرات في حالة التجارب التي يتعذر إجراؤها داخل المدرسة أو التي تتطلب أجهزة أو مواد عالية التكلفة، وتسبب خطورة ما أثناء إجرائها، كما وتقوم بتبسيط الحقائق ومحاكاة الطبيعة، وخصوصاً في الحالات التي يتعذر مشاهدتها مباشرة، كذلك تساعد على تنمية القدرة على التحليل والتركيب وحل المشكلات، وتوفر التفاعل الشخصي بين الحاسوب والطالب، وتقديم التغذية الراجعة.

التعلم القائم على الحاسوب (Computer Based Learning):

يعد التعلم المستند إلى الحاسوب أحد الأشكال الرئيسية للتعلم الإلكتروني، ويعرّف بأنه استخدام وتوظيف الحاسوب المتعدد الوسائط بغرض إحداث التعلم وتحقيق الأهداف التعليمية المنشودة، أو تسهيل إدارته. ويتضمن التعلم القائم على الحاسوب مجالين أساسيين (محمد وآخرون، 2004):

الأول: التعلم بمساعدة الحاسوب Computer Assisted Learning وفيه يتعامل المتعلم مباشرة بغرض التعلم.

الثاني: التعليم المدار بالحاسوب Computer Managed Instruction وفيه يقوم الحاسوب بتخزين واسترجاع المعلومات بغرض المعاونة في الإدارة التعليمية.

أولاً: التعلم بمساعدة الحاسوب:

هو استخدام برمجيات الحاسوب التعليمية كإحدى الوسائل الأساسية المساعدة في عملية التعليم و التعلم عوضا عن أو بالإضافة إلى الطريقة التقليدية (المحاضرة والكتاب المدرسي) وتتميز هذه البرمجيات بالتفاعل مع المتعلم، مما يميز استخدام الحاسوب في التعليم عن الوسائل التكنولوجية الأخرى (المناعي، 1995). ويرى الباز (2001) أن التعلم بمساعدة الحاسوب بإمكانه تقديم دروس تعليمية مفردة إلى الطلبة مباشرة، وإحداث التفاعل بين هؤلاء الطلبة والبرامج التعليمية التي يقدمها الحاسوب، فالتعلم بمساعدة الحاسوب نمط من أنماط التعليم يستخدم البرامج التي تعرف بالبرمجيات التعليمية والتي تهدف إلى تقديم المادة بصورة شائعة تقود المتعلم خطوة خطوة نحو إتقان التعلم، ويمكن استعمال هذا النوع داخل الصف من طرف المعلم بوصفه أداة تعزيز أو خارج الصف بوصفه أداة للتعلم الذاتي (الموسى، 2002، ب).

أنماط برمجيات التعلم بمساعدة الحاسوب:

يوجد عدّة أنماط للبرمجيات المستخدمة في التعلم بمساعدة الحاسوب، وقد تشمل البرمجية التعليمية على أكثر من نمط حتى تكون برمجية تعليمية متكاملة، ويعتمد ذلك على الهدف من البرمجية ونوع المادة العلمية وطبيعة المتعلم. فمثلا برمجية نمط التعليم الخصوصي قد تحتوي على نمط التدريب والممارسة وذلك بعد عرض أو شرح المادة العلمية التي من أجلها صممت هذه البرمجية (المناعي، 1995). وفيما يلي أهم أنماط برمجيات التعلم بمساعدة الحاسوب:

1. برامج التدريب والممارسة (Drill & Practice):

يهدف هذا النوع من البرمجيات إلى إعطاء فرصة للمتعلمين للتدرب على إتقان مهارات سبق تعلمها. وفي هذا النوع من البرمجيات يقدم الحاسوب عدداً من التدريبات أو التمرينات أو المسائل حول موضع معين سبقت دراسته من قبل بطريقة ما. ويكون دور الطالب إدخال الإجابة المناسبة، حيث يقوم الحاسوب بتعزيز الإجابة الصحيحة أو تصحيح الإجابة الخاطئة، فالهدف في هذا النوع من البرمجيات هو إتقان المهارات والتدرب على تطبيقها بسرعة ودقة (الموسى، 2002، ب). ويستخدم هذا النوع من البرامج في تعليم

الموضوعات التي تحتاج إلى قدر كبير من التدريب والممارسة والتكرار مثل: إجراء العمليات الحسابية أو تعليم كتابة الكلمات ومعانيها أو حفظ الأسماء والتواريخ. وتستخدم غالباً لتثبيت معلومات سبق تعلمها بطرق أخرى (أبو جابر والبداينة، 1989).ومن فوائد ومزايا هذا النوع من البرامج ما يلي (عيادات، 2004):

1- يثير الحماس والرغبة لدى الطالب.

2- يعطي الطالب الفرص الكافية للتدريب دون مراقبة.

3- يزود الطالب بنتيجة أدائه أولاً بأول.

2. برامج التعليم الخصوصي (Tutorial Programs):

وتسمى البرامج التعليمية البحتة أو برامج الشرح والإيضاح. ويستخدم في هذه البرامج أسلوب التعليم المبرمج حيث يتم إنتاج مادة تعليمية محوسبة للطالب يستطيع تعلمها ذاتياً من دون مساعدة أو وجود المعلم، إذ يتم تصميم هذه البرامج بطريقة يسهل على الطالب تتبعها من حيث عرض عنوان الدرس، وتقديم الأهداف ثم عرض المادة التعليمية على شكل وحدات صغيرة يسهل تعلمها، ويعطي الأمثلة التوضيحية والتطبيقية للمادة المعروضة، ويتبع كل وحدة أسئلة ويقوم الحاسوب بدور المعلم، إذ يقارن إجابة الطالب مع الإجابة المخزنة فيه، ويعطي تغذية راجعة فورية للطالب، ويمكن من خلال هذه البرامج تعلم المصطلحات والمفاهيم والمهارات. ويسير الطالب في الدرس حسب قدرته وسرعته الذاتية، ويمكن استخدام هذا النوع من البرامج لمختلف المراحل التعليمية (النجار وآخرون، 2002؛ أبو لوم، 2003).

ومن مميزات هذه البرامج ما يلي (الموسى، 2002، ب):

1. تعد مفيدة جداً في تعليم الحقائق والقوانين والنظريات وتطبيقاتها.

2. تسمح للمتعلم بالانتقال والتقدم في البرنامج حسب قدراته الذاتية ومتطلباته التعليمية.

3. يعتمد هذا النوع من البرامج على أسلوب التغذية الراجعة.

4. يعمل هذا النوع من البرامج على استغلال إمكانيات الحاسوب من مؤثرات صوتية وألوان ورسوم متحركة؛ لجذب انتباه الطالب وضمان المتابعة في دراسته للبرنامج.

3. برامج المحاكاة (Simulation Programs):

وهي البرامج التي تعرض مواقف شبيهة بمواقف حياتيه توفر للمتعلم فرص التدريب الحقيقي دون التعرض للخطر المادي أو البشري أو حتى التكلفة والأعباء المالية الباهظة التي من الممكن أن يتعرض لها المتعلم أو المتدرب فيما لو قام بهذا التدريب على أرض الواقع مثل برامج تعليم الطيران (الحيلة، 2000؛ أبو لوم، 2003 ؛ يونس، 2003).، فبرامج المحاكاة تقدم للمتعلم نماذج وأنشطة وتدريبات تطبيقية قريبة من الواقع (الهرش وغزاوي ويامين، 2003) وتستخدم برامج المحاكاة بالحاسوب لدراسة الظواهر الطبيعية أو التجارب التي يصعب تحقيقها عمليا في المختبر إما لخطورتها أو استحالتها كرسم مسار قنبلة تنطلق من مدفع بسرعة أولية معينة وتكوّن زاوية ما مع الأفق، أو محاكاة انفجار المفاعل الذري تشيرنوبل، أو لارتفاع تكلفة تنفيذها كبعض التفاعلات الكيميائية وعمليات الاحتراق الداخلي أو لطول المدة اللازمة لمعرفة النتيجة كدراسة عملية نمو النباتات، واستعراض المعارك الحربية أو التغيرات البيئية والجيولوجية. ولهذا النمط من البرمجيات فوائد كثيرة من حيث إثارة اهتمام الطلاب وتجنب الكثير من المخاطر والتأثيرات الصحية، كما أنه يشجع عنصر البحث وتمثيل الأدوار لدى الطلاب (الفار، 2002؛ سعادة والسرطاوي، 2003؛ محمد وآخرون، 2004).

ومن مميزات هذه البرامج ما يلي (الموسى، 2002، ب):

1. تسمح للطالب بارتكاب أخطاء لا تكون نتائجها سيئة وخطيرة.
2. تسمح للطالب بممارسة شيء من الحرية في عملية التعلم.
3. يمكن من خلالها دراسة العمليات والإجراءات التي يصعب دراستها بالطرق التقليدية.
4. تتيح الفرصة لتطبيق بعض المهارات التي تعلمها في مواقف ربما لا تتوافر للمتعلم الفرصة لتطبيقها في بيئة حقيقية.

5. تقدم مواقف تعليمية غير تقليدية بالنسبة للمتعلم، وذلك بشكل يثير تفكيره عن طريق استخدام إمكانيات الحاسوب المتقدمة والتي لا تتمتع بها الوسائط الأخرى.

6. يتيح الفرصة للمتعلم أن يتدرب دون مخاطرة أو تكاليف عالية، بالإضافة إلى التغلب على البعد المكاني والزماني والحجم (المناعي، 1995).

4. برامج الألعاب التعليمية (Instructional Games Programs):

تعد برامج الألعاب التعليمية أكثر البرامج التفاعلية شيوعاً وتشويقاً، فقد احتوى العديد منها على أجزاء للعب والمتعة حيث يقوم الحاسوب عن طريق البرنامج بتشويق الطلاب، ودفعهم إلى التعلم باللعب. فتكون هناك لعبة مسلية تتضمن في سياقها مفهوماً محدداً أو مهارة معينة. حيث هناك ألعاب لتعلم الأرقام والأشكال الهندسية والعمليات الحسابية وأخرى لتعليم عناصر الجدول الدوري وأسماء الحيوانات ... الخ (الفار، 2002).

فهذه البرامج تهدف إلى إيجاد مناخ تعليمي يمزج فيه التحصيل العلمي مع التسلية، بغرض توليد الإثارة والتشويق التي تحبب الأطفال إلى التعلم. ويتم من خلالها تعليم الطلبة بعض المهارات والمعلومات، حيث تُعرّف المتعلم على نتيجته فوراً، وتتحدى قدراته للوصول إلى مستويات أعلى من إتقان المهارات والمعلومات. وتساهم في تعليم الطلبة بعض الاتجاهات الإيجابية والقيم مثل: الصبر وقوة الملاحظة والحجة والمنطق وربط النتائج بمسبباتها (مندورة ورحاب، 1989؛ الهمشري، 1993؛ سعاد والسرطاوي، 2003). وتعتمد هذه البرامج على مبدأ المنافسة لإثارة دافعية المتعلم، ومن مزايا هذه البرامج إثارتها للمتعلم بشكل يدفعه للمشاركة الفعالة في الدرس وحفز طاقاته من أجل مواصلة العمل مع البرنامج ومساعدة الطالب على التغلب على الملل أو الرتابه التي قد تصيبه من جراء دراسة بعض الموضوعات غير المحببة أو المجردة بالنسبة له (الموسى، 2002، ب). ويمتاز أيضا بعناصر التسلية والتشويق والإثارة وزيادة الدافعية لدى المتعلم (يونس، 2003). ويضيف الفار (2002) المزايا التالية لهذا النمط من البرامج التعليمية:

1. يقوم المتعلم بالمشاركة الإيجابية والفاعلة في الحصول على الخبرة.

2. يصاحب التعليم عن طريق الألعاب عملية استمتاع باكتساب الخبرة.

3. يسيطر هذا النشاط على مشاعر المتعلم وأحاسيسه، ويؤدي إلى زيادة الاهتمام والتركيز على النشاط الذي يمارسه.

4. يساعد هذا النمط في كثير من الأحيان على إتاحة فرصة التعلم للأشخاص الذين لا تجدي معهم الطرق التقليدية في التعليم، لحاجتهم إلى مزيد من الإثارة والمشاركة لكي يتم التعلم.

5. يمارس المتعلم العديد من العمليات العقلية أثناء اللعب كالفهم والتحليل والتركيب وإصدار الأحكام، كما يكتسب بعض العادات الفكرية المحببة كحل المشكلات والمرونة والمبادرة والتخيل.

5. برامج حل المشكلات (Problems Solving):

وتستخدم هذه البرامج في تنمية مهارة حل المشكلات واستخدامها في مواقف تعليمية أخرى. وهناك نوعان من هذه البرامج، ففي النوع الأول يقوم الطالب بتحديد المشكلة بصورة منطقية ثم كتابة برنامج بلغة معينة من لغات الحاسوب لحل تلك المشكلة، ووظيفة الحاسوب هنا هي إجراء المعالجات والحسابات المتعلقة بالمشكلة وتزويدنا بالحل الصحيح.

أما في النوع الثاني فيقوم أشخاص آخرون (المبرمجون) بكتابة بعض خطوات حل المشكلة، ويترك للطالب معالجة واحد أو أكثر من المتغيرات، ومن هنا يجد الطالب نفسه مضطراً لاسترجاع وتطبيق مفاهيم تعلمها سابقاً ثم يوظفها لحل هذه المشكلة (الموسى، 2002، ب؛ الطيطي، 1991 ؛ الجرايدة، 2003؛ مرعي والحيلة 1998).

ومن مميزات برامج حل المشكلات ما يلي (الموسى، 2002، ب):

1. في هذه البرامج يتم التعامل مع المستويات العليا في مجال الأهداف المعرفية.

2. في هذه البرامج تتعدى العلاقة بين الحاسوب والطالب مجرد التعامل السطحي إلى التعامل مع العقل والتفكير الناقد.

3. تعزيز مهارة الإبداع والتفوق لدى المتعلمين والقدرة على بناء برامج في الحاسوب.

ويؤكد عيادات (2004) على المزايا التالية لبرامج حل المشكلات:

1- تزيد الثقة في النفس خاصة عند حل المشكلة.

2- تؤدي إلى الاعتماد على النفس.

3- تحسن من القدرة على التحليل ومهارات صنع القرار.

4- زيادة القدرة على التعامل مع التغيرات.

مزايا التعلم بمساعدة الحاسوب:

يتمتع التعلم بمساعدة الحاسوب بمزايا عديدة منها (سلامة، 2000):

1. يساعد الحاسوب في التغلب على الفروق الفردية.

2. يتيح الفرص للمتعلم بالتعلم حسب سرعته الذاتية.

3. يزود المتعلم بتغذية راجعة فورية.

4. يزيد من ثقة المتعلم بنفسه، وينمي مفهوماً إيجابياً للذات.

5. يحقق الحاسوب التفاعل مع المتعلم.

6. يساعد على اختفاء عنصر الخوف والخجل من نفس المتعلم.

7. يمكن الحاسوب المتعلم من التقويم الذاتي وإتقان التعلم.

وللحاسوب مزايا وفوائد عديدة منها (الفار 2002؛ سعادة وسرطاوي،2003؛ يونس،2003):

1- له قدرة كبيرة على تخزين المعلومات واسترجاعها عند الحاجة.

2-يوفر فرصاً للتفاعل مع المتعلم ويزوده بالتغذية الراجعة.

3-يوفر الألوان والموسيقى والصور المتحركة مما يجعل عملية التعلم أكثر متعة.

4-يقوم بتعزيز التعلم الذاتي لدى المتعلم.

5-يوفر دافعية عالية للطلاب بما يحتويه من برمجيات مختلفة ومتنوعة تتناسب والفروق الفردية بين الطلاب.

6-يسهل على الطالب اختيار ما يريد تعلمه في الزمان والمكان المناسبين.

7-يحقق التعليم الاتقاني وتفريد التعليم.

وأورد عدد من الباحثين (حمدي، 1989؛ سرطاوي، 2001) المميزات الآتية للتعلم بمساعدة الحاسوب:

1. عدم إظهار الحاسوب للملل أو الضجر نتيجة لتكرار عرض الموضوع.

2. الحاسوب لا يغضب مهما أخطأ الطالب وأخفق في فهم الدرس.

3. شعور الطالب بالحرية والارتياح أثناء تعامله مع الحاسوب، وذلك لعلمه أن الحاسوب لـن يحاسبه ولن يصدر أحكاماً ضده.

وذكر الحيلة (2000) المميزات الآتية للتعلم بمساعدة الحاسوب:

1. يُمكن التلاميذ الضعاف من تصحيح أخطائهم دون الشعور بالخجل من زملائهم.

2. يوفر الألوان والموسيقا والصور المتحركة مما يجعل عملية التعلم أكثر متعة.

3. يمكن التلاميذ الضعاف من استعمال البرنامج التعليمي مرات ومرات دون ملل.

إرشادات للتعليم بمساعدة الحاسوب في غرفة الصف:

قبل بدء الطلبة في استخدام البرنامج التعليمي المحوسب على المعلم إرشادهم لما يأتي (البـاز، 2001؛ عيادات، 2004):

1. توضيح الأهداف التعليمية المراد تحقيقها من البرنامج.

2. إخبار الطلبة بالمدة الزمنية المتاحة للتعلم بالحاسوب.

3. تزويد الطلبة بأهم المفاهيم والميزات التي يلزم التركيز عليها والحصول عليها أثناء التعلم.

4. شرح الخطوات التي على الطالب اتباعها لإنجاز تعلم البرنامج.

5. توضيح كيفية تقويم الطالب لتحصيله.

6. تحديد الأنشطة التي سيقوم بها الطالب بعد انتهائه من البرنامج.

7. يُسلم كل طالب النسخة المناسبة للبرنامج ويتم إعلامه عن الجهاز الذي سيستخدمه.

التعليم المدار بالحاسوب Computer Managed Instruction (CMI):

استخدم الحاسوب في مجال الإدارة لما تميز به مـن إمكانية تخـزين الكـم الهائـل مـن المعلومات لسعته الكبيرة. وكذلك إمكانية استرجاع ومعالجة هـذه البيانـات بسرعة عاليـة وبدقـة (محمـد وآخـرون، 2004).

ويختص التعليم المدار بالحاسوب بمساعدة المعلم وإدارة المدرسة في تنظيم وإدارة العملية التعليمية وذلك باستخدام برامج حاسوبية متخصصة مثل: معالج النصوص (Word Processing) وقواعد البيانات (Data Bases) والجداول الإلكترونية (Spread Sheets) (سلامة وأبو ريا، 2002) وتقسم تطبيقات الحاسوب في إدارة العملية التعليمية إلى نوعين هما (السرطاوي، 2001):

1. تطبيقات إدارية على مستوى المدرسة مثل: حفظ ملفات الطلبة وعمليات قبولهم وتسجيلهم وإصدار شهادات النجاح والتخرج وعمل الإحصائيات وإصدار التقارير وكذلك عمل ملفات الموظفين وجداول الدروس الأسبوعية وتوزيع الطلبة والمعلمين عليها، بالإضافة إلى الأنظمة الإدارية الأخرى التي تحتاجها المدرسة مثل نظام المستودعات والنظام المالي ونظام المشتريات وتيسير المراسلات.

2. تطبيقات إدارية على مستوى الصف مثل: إعداد الاختبارات والامتحانات وتحليل نتائجها، وإعداد التقارير وأنشطة الواجبات المنزلية والتخطيط للدروس والمحاضرات وحفظ المعلومات الخاصة بالطلبة والكتب والحصص.

الفصل الخامس

استخدام الإنترنت في تعلم العلوم

مقدمة

شهد هذا العصر الكثير من الإنجازات العلمية وتنوعها في كافة ميادين الحياة، ولكن من أهم هذه الإنجازات ما أطلق عليه شبكة المعلومات (الإنترنت)، تلك الشبكة التي جعلت عالمنا قرية صغيرة لا تعترف بحدود الزمان والمكان، فقربت المسافات وأصبح العالم الواسع الممتد، بفضل الإنترنت وغيرها من شبكات المعلومات قرية صغيرة. (الحلفاوي،2006)

وتعود بداية الإنترنت إلى نهاية الستينات من القرن العشرين، وعلى وجه التحديد إلى عام 1969 في الولايات المتحدة الأمريكية، حينما قامت وزارة الدفاع الأمريكية بإنشاء شبكة تحتوي على عدد من الممرات لتنقل عبرها المعلومات بين المواقع الحكومية والعسكرية خوفا من التعرض لهجوم نووي يؤدي إلى فقد المعلومات.

وقامت شركة BBN بتصميم حاسوب للتحكم في أجزاء الشبكة، وتم تركيب أول جهاز حاسوب من هذا النوع في جامعة كاليفورنيا، وأطلقت جامعة كاليفورنيا على هذا المشروع اسم "أربانيت" Arpanet .

وتطورت الشبكة بحيث لم يعد عملها متمركزاً في جهاز واحد، بل أصبح كل جهاز حاسوب مسؤولاً عن اتصالاته. وتم إلغاء المركزية في التحكم في الشبكة، وأصبح لكل الأجهزة وضع متساو في الشبكة، وتم التوسع في هذه الشبكة بحيث تضمنت كماً هائلاً من الشبكات المترابطة وأطلق عليها اسم الإنترنت عام 1988 . وانتقلت الخدمات التي تقدمها شبكة الإنترنت نقلة كبيرة في عام 1993 عندما تأسست الشبكة العنكبوتية World Wind Web (WWW) التي أتاحت للمستخدم استخدام الصورة والصوت والأفلام والكتابة في الوقت نفسه (استيتية وسرحان، 2007) .

مفهوم التعلم المعتمد على الإنترنت (Web-Based Learning):

ويسمى بالتعلم المبني على الشبكة ويشير إلى المناهج المتاحة على الإنترانت والإنترنت والإكسترانت، مع توفر روابط متصلة بموارد المعرفة خارج المنهج مثل المراجع وخدمات البريد الإلكتروني، والمناقشات ونظام الاتصال الإلكتروني (الغامدي، 2004). فالتعلم المعتمد على الإنترنت نسخة مطورة من التعلم المعتمد على الحاسوب، حيث يعتمد

النموذجان على استخدام تقنيات الوسائط المتعددة من استخدام للفيديو ودمج للصوت والصورة ووجود نوع من التفاعل مع المادة التعليمية. وما يميز هذا النوع من التعلم هو إمكانية استخدامه في أي وقت وأي مكان بوجود المدرس أو عدمه، ويمتاز أيضاً بسهولة تعديل المادة التعليمية والإضافة إليها دون الحاجة إلى عمل نسخ أخرى من القرص المدمج كما هو الحال في التعلم المعتمد على الحاسوب (الخليفة، 2002).

مبررات استخدام الإنترنت في تعلم وتعليم العلوم :

توجد عدة أسباب لاستخدام الإنترنت في التعلم منها (الموسى، 2002، ب؛ خليف، 2000؛ محمد وآخرون، 2004).

1. قدرة الإنترنت في الحصول على المعلومات من مختلف أنحاء العالم.

2. تساعد الإنترنت على الاتصال بالعالم بأسرع وقت وبأقل تكلفة.

3. تساعد الإنترنت على توفير أكثر من طريقة في التدريس.

4. تساعد الإنترنت على التعلم التعاوني الجماعي. فنظراً لكثرة المعلومات المتوفرة عبر الإنترنت فإنه يصعب على الطالب البحث في كل القوائم، لذا يمكن استخدام طريقة العمل الجماعي بين الطلاب، حيث يقوم كل طالب بالبحث في قائمة معينة ثم يجتمع الطلاب لمناقشة ما تم التوصل إليه.

مزايا وإيجابيات استخدام الإنترنت في تعلم العلوم :

توجد مزايا عديدة للتعلم باستخدام الإنترنت منها (الغامدي، 2004):

1. حرية اختيار الجامعة المناسبة بصرف النظر عن موقعها على الكرة الأرضية.

2. الحصول على كافة المحاضرات والمادة العلمية التي يُعدها القائمون على التدريس أولاً بأول عن طريق الإنترنت.

3. المشاركة في حلقات النقاش الإلكترونية، وذلك بالإطلاع اليومي على المراسلات المفتوحة التي يكتبها كل من الطلاب والمدرسون والمساهمة في تلك الحلقات بإرسال التعليقات والآراء.

4. توفر جامعات وكليات الإنترنت المكتبات الإلكترونية التي تحتفظ بالكتب والمراجع في أشكال إلكترونية تجعل محتويات هذه المكتبات في متناول يدي الدارس، وترجع أهمية هذه المكتبات إلى أن اقتناء نسخ من محتوياتها لا يحتاج إلى جهد أو وقت.

5. تعزيز العمل الجماعي بين الدارسين في توفير المعلومات والاستفادة من جهد الطلاب الآخرين.

6. يتيح نظام المنهج عبر الشبكة الوقت الكافي للطالب قبل أن يفصح عن الجواب الذي يكون فيه عمق أكثر فيما لو كانت وجهاً لوجه في الفصول التقليدية، حيث يجب على الطالب أن يفكر ويحلل ويصوغ الجواب في لحظات معدودة، وقد تفوته فرص المشاركة في المناقشات، مما يؤدي إلى تدني مستواه الدراسي في نظر مدرسيه وزملائه.

7. إن التعلم عبر الإنترنت يساهم في معرفة الذات وخلق التفكير الاستنباطي لدى الطالب، ذلك أن التعليم عبر الشبكة يعتمد على قدرات الطالب الفردية في تعليم ذاته وبالتالي دفعه إلى الإبداع في استنباط الحقائق.

ويرى الموسى (2000) أن استخدام الإنترنت في التعليم يحقق الكثير من الإيجابيات منها:

1. المرونة في الزمان والمكان.

2. إمكانية الوصول إلى عدد كبير من الجمهور والمتابعين في مختلف أنحاء العالم.

3. سرعة تطوير البرامج مقارنة بأنظمة الفيديو والأقراص المدمجة.

4. سهولة تطوير محتوى المناهج الموجودة عبر الإنترنت.

5. قلة التكلفة المادية مقارنة باستخدام الأقمار الصناعية ومحطات التلفزيون والراديو.

6. تغير نظم وطرق التدريس التقليدية، وذلك بإيجاد فصل بلا حائط مليئ بالحيوية والنشاط.

7. إعطاء التعليم صبغة العالمية والخروج من الإطار المحلي.

8. سرعة الحصول على المعلومات.

9. الحصول على آراء العلماء والمفكرين والباحثين المتخصصين في مختلف المجالات في أي قضية علمية.

10. تطوير وظيفة المعلم في الفصل الدراسي ليصبح بمثابة الموجه والمرشد وليس الملقي والملقن.

11. مساعدة الطلاب على تكوين علاقات عالمية.

12. تطوير مهارات الطلاب على استخدام الحاسوب.

13. عدم التقيد بالساعات الدراسية حيث يمكن وضع المادة العلمية عبر الإنترنت ويستطيع الطلاب الحصول عليها في أي مكان أو زمان.

ومن مزايا الإنترنت أيضاً انخفاض التكلفة والحصول غير المشروط والانفتاح على المعلومات وسهولة البحث ودعم الإنترنت لكافة اللغات الدارجة في العالم، بالإضافة إلى أن الجميع سواسية أمام الإنترنت، فأي شخص يستطيع أن يقرأ أي شيء على الإنترنت أو أن يتصفح أي شيء على صفحات الإنترنت دونما تمييز، وأي شخص يستطيع أن يضع موقعاً على الإنترنت دونما تمييز (زهران وزهران، 2002).

استخدامات الإنترنت في تعلم العلوم :

تعد الإنترنت من التقنيات المهمة التي يمكن استخدامها في تعلم العلوم، لما لها من مزايا وخدمات عديدة في التعليم. وفيما يلي أهم الخدمات التي تقدمها الإنترنت وتطبيقاتها في مجال التعليم.

1. البريد الإلكتروني (Electronic Mail):

البريد الإلكتروني هو تبادل الرسائل والوثائق باستخدام الحاسوب، ويعد البريد الإلكتروني أفضل بديل عصري للرسائل البريدية الورقية ولأجهزة الفاكس. ويعتبر تدريب الطلاب على استخدام البريد الإلكتروني الخطوة الأولى في استخدام الإنترنت في التعلم الإلكتروني (الموسى، 2000).

ويمكن تعريفه على أنه إرسال واستقبال الرسائل الإلكترونية عن طريق شبكة الإنترنت، فبدلاً من استخدام البريد العادي أصبح من الممكن بفضل شبكة الإنترنت كتابة

الرسائل باستخدام الحاسوب وإرسالها مباشرة إلى الشخص المطلوب دون عناء (أبو عباس، 1999).

ومن أهم مميزات البريد الإلكتروني عن البريد العادي ما يلي (أبو عباس، 1999؛ السيد، 2000؛ السعادة والسرطاوي، 2003 ؛ الجودر، 2002).

1. سرعة وصول الرسائل من أي مكان في العالم وخلال لحظات قليلة.

2. تكلفة أقل من البريد العادي أو الفاكس.

3. يوفر البريد الإلكتروني أماناً أكثر من البريد العادي، إذ إن الرسالة التي ترسل بواسطته سوف تصل المرسل إليه حتى لو لم يكن في مكتبه أو في بيته، أو حتى لو لم يكن يجلس وراء جهاز الحاسوب، بينما في البريد العادي قد تضيع الرسالة أو لا يستلمها المرسل إليه بسبب ما، كأن يكون قد غيّر عنوانه.

4. قدرة مستخدم البريد الإلكتروني الوصول إلى ملفات وبيانات ومواقع على الإنترنت، لا يمكنه الوصول إليها واستخدامها عن طريق البريد العادي بسهولة.

5. إمكانية إرسال عدة رسائل إلى جهات مختلفة في الوقت نفسه.

أما تطبيقات البريد الإلكتروني في التعليم فهي عديدة منها (الموسى، 2000؛ خليف، 2001، سعادة وسرطاوي، 2003؛ محمد وآخرون، 2004؛ الجودر، 2002):

1. استخدامه وسيطاً بين المعلم والطالب لإرسال الرسائل لجميع الطلاب، وإرسال جميع الأوراق المطلوبة في المواد وإرسال الواجبات المنزلية والرد على الاستفسارات.

2. استخدامه وسيطاً لتسليم الواجب البيتي حيث يقوم المعلم بتصحيح الإجابة، ثم إرسالها مرة أخرى للطالب، وفي هذا توفير للورق والوقت والجهد، حيث يمكن تسليم الواجب البيتي في الليل أو في النهار دون الحاجة لمقابلة المعلم.

3. استخدامه وسيطاً للاتصال بين أعضاء هيئة التدريس والمدرسة أو الشؤون الإدارية.

4. استخدامه وسيلة للاتصال بالمختصين من مختلف دول العالم والاستفادة من خبراتهم وأبحاثهم في شتى المجالات.

5. مساعدته للطلاب على الاتصال بالمتخصصين في أي مكان بأقل تكلفة ووقت وجهد للاستفادة مـنهم في تحرير الرسائل أو في الدراسات الخاصة أو في الاستشارات.

6. استخدامه وسيطاً للاتصال بين المدارس والجامعات.

ويضيف الفرا (2003) الاستخدامات التالية للبريد الإلكتروني في المجالات التربوية والتعليمية:

1. مخاطبات الإدارة المدرسية مع المنطقة التعليمية والوزارة، وأيضاً بين المدارس في الدولة الواحـدة أو حتى في الدول الأخرى لتبادل الآراء حول المشكلات التربوية والعلمية بما يسـرع في عمليـة التواصـل الفعال بين المدرسة والمؤسسات الخدمية.

2. التواصل الفعال مع أولياء الأمور الذين لا يتمكنون من الحضور للمدرسة، ويمكن الاتصال بهم عـن طريق البريد الإلكتروني.

3. تبادل الرسائل مع المؤسسات العلمية مثل الجامعات المحلية والعالمية.

4. إرسال جداول الأعمال والمحاضر لكافة أعضاء المجالس المدرسية خلال لحظات ثم تلقـي الـردود والاقتراحات.

5. التواصل بين الطلبة والمعلمين.

6. إرسال نتائج الاختبارات الدورية لولي الأمر بشكل دوري عبر البريد الإلكتروني.

7. يستخدم أثناء الحصص في جمع المعلومات.

وهناك قواعد سلوكية ينبغي على مستخدمي البريد الإلكتروني الالتزام بها. ومن هذه القواعـد مـا يـلي (سعادة والسرطاوي، 2003):

1. قراءة البريد الوارد بشكل منتظم، إذ لا يجوز تراكم الرسائل الواردة لفترة طويلة.

2. كتابة عنوان الرسالة في الجزء المخصص لذلك لتعريف المرسل إليه بموضوعها، مما يتيح لـه تحديـد الرسائل ذات الأولية.

3. التعريف بالنفس بشكل واضح لمن ترسل له رسالة لأول مرة من حيث كتابة الاسم والعنوان وأيـة معلومات شخصية أخرى مناسبة.

4. مراعاة اختيار الألفاظ والعبارات بما يدل على احترام المرسل إليه، ومراعاة مشاعره حتى يكـون الـرد مناسباً لمضمون الرسالة.

5. استخدام لغة سليمة خالية من الأخطاء الإملائية والنحوية.

6. مراعاة الإيجاز والوضوح حتى لا تتعرض الرسائل للإهمال وعدم الرد.

2. القوائم البريدية (Mailing Lists):

وهي تتكون من عناوين بريدية تحتوي في العادة على عنوان بريدي واحد يقوم بتحويل جميع الرسائل المرسلة إليه إلى كل عنوان في القائمة. ورغم أن هناك بعض القوائم تعمل كمجموعات مناقشة، فإن بعضها الآخر يستعمل في المقام الأول كوسيلة لتوزيع المعلومات فتوظيف هذه الخدمة في التعليم يساعد على دعم العملية التربوية (الموسى، 2000).

وللقوائم البريدية تطبيقات عديدة في التعليم منها (الموسى، 2000؛ سعادة وسرطاوي، 2003؛ الجودر، 2002):

1. عمل قائمة بأسماء الطلاب في الشعبة الواحدة كوسيط للحوار بينهم، ومن خلال استخدام هذه الخدمة يمكن جمع جميع الطلبة المسجلين في مادة ما تحت هذه المجموعة لتبادل الآراء ووجهات النظر.

2. يمكن للمدرس إرسال الواجبات البيتية ومتطلبات المادة عبر القائمة البريدية، وهذا سيساعد على إزالة بعض عقبات الاتصال بين المعلم وطلابه وخاصة الطالبات.

3. تأسيس قوائم خاصة بالمعلمين على مستوى الدولة أو العالم العربي حسب الاهتمام (علوم طبيعية وعلوم شرعية ورياضيات، ...) وذلك لتبادل وجهات النظر فيما يخدم العملية التعليمية.

4. تأسيس قوائم خاصة بالمديرين ورؤساء الأقسام في مدارس ووزارات التربية والتعليم لتبادل وجهات النظر في تطوير العملية التربوية.

3. مجموعات الأخبار (News Groups)

وتسمى أيضاً بالمنتديات Forums أو لوحات الإعلان Bulletin Board ويمكن القول أنها كل الأماكن التي يجتمع فيها الناس لتبادل الآراء والأفكار أو تعليق الإعلانات العامة أو البحث عن المساعدة (الموسى، 2002؛ سعادة وسرطاوي، 2003).

ويعرّفها أبو عباس (1999، ص105) بأنها" عبارة عن خدمة تقدمها الإنترنت لمستخدميها، عن طريق عقد مناقشات بين مجموعة من المستخدمين حول موضوع معين مثل:

علم الفلسفة، وذلك بإرسال مقالات حول ذلك الموضوع تبين آراء المناقشين في الموضوع المطروح، وتتم عملية المناقشة وذلك بأن يقوم أحد المستخدمين بإيداع أو إرسال مقالة، حول موضوع معين إلى مجموعة أخبار معينة، يقرأ هذه المقالة مجموعة من المستخدمين المهتمين (المشتركين) بهذه المجموعة. ويقوم أحدهم أو أكثر بالرد على هذه المقالة بأخرى، وذلك بإرسالها إلى نفس المجموعة وهكذا. فهناك عشرات الألوف من مجموعات الأخبار، تضم كل مجموعة العديد من المناقشين، من الأمثلة على مجموعات الأخبار bionet، التي تناقش موضوع الأحياء".

ومن أهم مجالات استخدام مجموعات الأخبار في التعليم ما يلي (الموسى، 2000؛ سعادة وسرطاوي، 2003):

1. تسجيل المعلمين والطلاب في مجموعات الأخبار العالمية المتخصصة للاستفادة من المتخصصين كل حسب تخصصه.

2. وضع منتديات عامة لطلاب التعليم لتبادل وجهات النظر ومناقشة سبل التعاون فيما بينهم بما يحقق تطورهم.

3. أجراء اتصال بين طلاب فصل ما مع مجموعة متخصصة على المستوى العالمي للإفادة منهم في الوقت نفسه.

4. إمكانية التحاور بين جميع طلاب مدارس وجامعات وكليات الدولة المسجلين لمادة معينة فيما بينهم لتبادل الخبرات العلمية.

5. اشتراك الطلبة في منابر حوارية لتبادل الآراء حول موضوع محدد مطروح للنقاش وتبادل الخبرات حوله.

شكل (20) : أحد المنتديات العلمية في العلوم

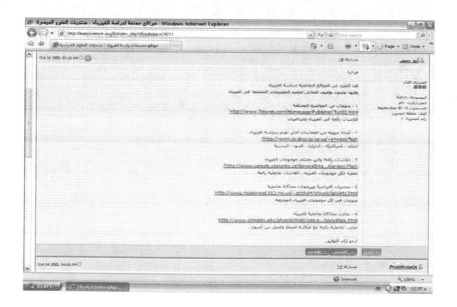

شكل (21) : أحد منتديات العلوم الخاصة بالفيزياء

4. المحادثة أوالمخاطبة (Internet Relay Chat):

المحادثة على الإنترنت: نظام يُمكّن مستخدميه من الحديث مع المستخدمين الآخرين في وقت حقيقي. ويعرّف أيضاً بأنه برنامج يشكل محطة خيالية في الإنترنت تجمع المستخدمين من أنحاء العالم للتحدث كتابةً وصوتاً، كما أنه بالإمكان أن ترى الصورة عن طريق استخدام كاميرا فيديو رقمية (الموسى، 2000).

أما أبو عباس (1999) يرى أن المخاطبة باستخدام الإنترنت عبارة عن نظام يتيح إمكانية التحدث إلى الآخرين باستخدام الكلمات المكتوبة، بحيث يقوم الشخص بإرسال رسالة قصيرة إلى شخص آخر، بوساطة لوحة المفاتيح، ويكون المستخدم الآخر في الطرف الآخر يجلس خلف جهازه، بانتظار وصول هذه الرسالة، والذي يقوم بدوره بالرد عليها مباشرة.

إذاً في نظام التخاطب يجب أن يكون مجموعة الأشخاص المتخاطبين يجلسون خلف أجهزتهم في الوقت نفسه، على العكس من نظام البريد الإلكتروني، حيث أن الرسالة تخزن في صندوق المرسل إليه، بانتظار أن يقوم بفتحها وقراءتها. وبذلك فإن نظام المخاطبة يقدم خاصية الوقت الحقيقي، بحيث يرسل أحد المتخاطبين رسالة، بينما يقوم باقي المتخاطبين بقراءتها مباشرة ويمكنهم الرد عليها فوراً.

وتتمثل أهم مميزات خدمة التخاطب عبر الإنترنت في الآتي (سعادة وسرطاوي، 2003):

1. إمكانية الوصول إلى جميع الأشخاص في جميع أنحاء العالم في وقت واحد.
2. إمكانية استخدامها كنظام مؤتمرات قليلة التكاليف.
3. أنها إحدى مصادر المعلومات على المستوى العالمي.

ومن أهم استخدامات برامج المحادثة (المخاطبة) في التعليم ما يلي (الموسى، 2002، ب):

1. استخدام نظام المحادثة كوسيلة لعقد الاجتماعات باستخدام الصوت والصورة بين أفراد المادة الواحدة مهما تباعدت المسافات بينهم في العالم.
2. نقل الدورات والمؤتمرات والمحاضرات الخاصة بالتعليم من المختصين إلى المستفيدين دون الحاجة للسفر لحضورها مما يوفر الوقت والجهد والتكلفة المادية.

3. استخدام هذه الخدمة في التعليم عن بعد، مما يساهم في حل أزمة القبول؛ إذ إن استخدام هذه الخدمة بنقل المحاضرات من القاعات الدراسية لجميع الطلاب يمكنهم من الاستماع إلى المحاضرة وهم في منازلهم وبتكلفة زهيدة.

4. يمكن استخدام هذه الخدمة لاستضافة عالم أو أستاذ من أي مكان في العالم لإلقاء محاضرة على طلاب الجامعة بنفس الوقت وبتكلفة زهيدة.

5. إمكانية عقد الاجتماعات بين المديرين والمشرفين لتبادل وجهات النظر فيما يحقق تطوير العملية التربوية، وذلك دون الاضطرار للسفر إلى مكان الاجتماع.

6. عقد الدورات العلمية عبر الإنترنت، وبمعنى آخر يمكن للطالب أو المعلم أو أي فرد متابعة هذه الدورة وهو في منزله، ثم يمكن أن يحصل على شهادة في نهاية الدورة.

7. عقد اجتماعات باستخدام الفيديو، حيث يستطيع الطلاب عقد اجتماعات مع زملائهم من مختلف أنحاء العالم لمناقشة موضوعات معينة أو فكرة جديدة في الميدان.

8. عرض بعض التجارب العلمية مثل العمليات الطبية، وكذلك التجارب العلمية المكلفة.

5. الاتصال عن بعد (Telnet):

هو عبارة عن خدمة تقدمها الإنترنت، تسمح للمستخدم الدخول والاتصال بجهاز حاسوب موجود في مكان ما على شبكة الإنترنت، وعندما تتم عملية الاتصال، فإن كل ما يطبعه المستخدم بواسطة لوحة المفاتيح في جهازه القريب، سوف يمرر إلى الجهاز المتصل به، وإن كل ما يظهر من نتائج في الجهاز البعيد سوف يظهر على شاشة المستخدم القريب، وكأن لوحة مفاتيح المستخدم وشاشته متصلة بالجهاز البعيد.فمثلاً لو كان طالب أردني يدرس في إحدى الجامعات الأمريكية، وكان لديه حساب (Account) في أحد أنظمة الحاسوب في تلك الجامعة، وبعد انتهاء الفصل الدراسي ذهب إلى زيارة أهله في الأردن. فإن نظام الاتصال عن بعد يتيح لهذا الطالب وهو في الأردن الدخول إلى حسابه في جامعته الكائنة في أمريكا إذا كان نظام شبكة الإنترنت في جامعته يسمح لمن لديهم حسابات الدخول إليها عن بعد، وفي هذه الحالة يستطيع الاتصال بالجهاز الموجود في جامعته بأمريكا، وكأنه موجود هناك شخصياً (أبو عباس، 1999).

ومن استخدامات خدمة الاتصال عن بعد في التعليم ما يلي (الفرا، 2003):

1. دخول الإداريين كل من موقعه للتعرف على بعض الملفات الإدارية للمعلمين بالمدرسة والإطلاع على التقارير من مكانه الخاص.

2. تمكن ولي أمر الطالب من الحصول على نتائج ابنه في المدرسة من خلال دخوله موقع المدرسة والتعرف على النتائج بكل بساطة من أي مكان في العالم.

3. يمكن للطالب المتغيب أن يتعرف على الواجبات المدرسة إذا اتصل عبر الإنترنت بموقع المدرسة.

4. يمكن لجميع المعلمين الإطلاع على كافة التعاميم دون الحاجة لطباعة الأوراق وتكديسها.

5. تواصل مجلس الآباء مع المدارس من خلال الاتصال بموقع المدرسة، وتسجيل الملاحظات وإرسالها للمدرسة عبر الشبكة بشكل دائم ومستمر.

6. نقل الملفات:

تعتبر خدمة نقل الملفات بين الحواسيب المختلفة عن طريق ما يعرف File Transfer Protocol من الخدمات الأساسية في التعلم الإلكتروني. وقد تشمل هذه الملفات التي يمكن نقلها على نصوص أو صور أو لقطات فيديو أو برامج يمكن تنفيذها على الحواسيب التي يوزع معظمها على الشبكة (الفرا، 2003). ومن استخدامات خدمة نقل الملفات في التعليم ما يلي (الفرا، 2003):

1. الاستغناء عن السجلات اليدوية والاحتفاظ بالملفات الإلكترونية في الأقراص المدمجة مما يوفر وقتاً للبحث عن المعلومات المتعلقة بالطالب.

2. الاحتفاظ بملفات الهيئات الإدارية والتدريسية في ملفات خاصة إلكترونية وتنظيمها تنظيما دقيقاً.

3. تبادل المعلومات العلمية بواسطة الملفات الإلكترونية بين المدارس وإدارات التعليم فيما يتعلق بالإمكانات والأنشطة المدرسية المختلفة.

4. الاحتفاظ بتقارير المعلمين على هيئة ملفات إلكترونية.

وفي خدمة نقل الملفات يمكن الاحتفاظ بكلمة السر الخاصة بكل ملف بحيث لا يتم التعرف على المعلومات الموجودة إلاّ بكلمة السر المحددة.

كيف تساعد الطلاب على التعلم من الإنترنت؟

إن الإنترنت هي الطريق الإلكتروني السريع للوصول إلى أكبر شكل متنوع من المعلومات والبيانات والاتصالات التي تم الوصول إليها على مستوى البشرية. إن اللعب على الإنترنت هو أمر سهل، أما التعلم من الإنترنت فهو ليس بالسهولة نفسها، وتساعدك الاقتراحات التالية على توجيه طلابك ومساعدتهم على الاستمتاع والتعلم جيداً من الإنترنت (باكارد وريس، 2003).

1. البدء بمواد بسيطة من الإنترنت، على سبيل المثال، يمكنك تحميل معلومات محددة من الإنترنت إلى أجهزة الحاسوب الخاصة بالطلاب في المدرسة أو إلى شبكة محلية ومنها إلى مجموعة الأجهزة. ويمكنك بعد ذلك أن تعطي الطلاب تدريبات بسيطة على كيفية البحث عن شيء ما في الملف.

2. اجعل الطلاب يساعدون بعضهم بعضاً. إن التعلم من الإنترنت يفضل أن لا يكون نشاطاً فردياً، فمن المفيد أن يشترك كل طالبين أو ثلاثة في العمل على جهاز واحد عند الاتصال بالإنترنت حتى يتبادلوا الحوار والمناقشات والملاحظات معاً.

3. ساعدْ الطلاب على استخدام آليات البحث. هناك الكثير من آليات البحث المجانية على الإنترنت، بعضها يكون أسرع من غيرها، وبعضها يكون أنجح وأشهر من غيرها في التعامل مع مجالات معينة من المعلومات، امنح طلابك تدريبات تساعدهم على اكتشاف آليات البحث التي تناسبهم في دراستهم.

4. امنحْ طلابك تدريبات تساعدهم على تطوير مهاراتهم في اختيار كلمات البحث التي يستخدمونها في أدوات البحث. ثم وضح للطلاب أن اختيار كلمة بحث ذات نطاق واسع يؤدي إلى الحصول على نتيجة بحث مليئة بالمصادر؛ مما يجعل الأمر مملاً على الطلاب من حيث فتح كل هذه المصادر والإطلاع عليها للوصول إلى المعلومات التي يريدونها. ثم قم بتدريب الطلاب على استخدام عدة كلمات بحث حتى يصلوا إلى عدد معقول من المصادر التي تقدمها آلية البحث كنتيجة.

5. وضحْ للطلاب أن البحث عن المعلومات هو مجرد خطوة أولى تجاه التعلم من هذه المعلومات.

6. اجعلْ الطلاب يدخلون إلى الإنترنت في أوقات مختلفة من اليوم بحيث يتعرفون على الأوقات التي يكون فيها الإنترنت أبطأ في تحميل الصفحات، كذلك اجعلهم يلاحظون الفرق بين سرعة تحميل النصوص وبين سرعة تحميل الصور. ساعدهم على اتخاذ القرار بشأن الانتظار لمدة طويلة حتى يتم تحميل صفحة بها معلومات متعلقة إلى حد كبير بما يبحثون عنه أو الانتقال والبحث عن صفحة أخرى أسرع من حيث التحميل.

7. عَلِّمْ طلابك كيف يحتفظون بالمصادر الجيدة التي يجيدونها على الإنترنت. إن استخدام قائمة التفضيلات يعتبر من أفضل الطرق الفعالة للرجوع بسهولة مرة أخرى للمواقع التي يجدها الطالب متعلقة بالمعلومات التي يريدها. قم بتدريب الطلاب على الدخول إلى المواقع التي تقدم لهم معلومات قيمة ومفيدة، كذلك قم بتدريبيهم على كيفية إزالة المواقع غير المفيدة لهم أو التي حلت محلها مواقع أخرى من قائمة التفضيلات.

8. قم بتدريب الطلاب على تسجيل ما يجدونه أو ما يحصلون عليه من معلومات أثناء البحث.

9. ساعد طلابك على تنمية مهاراتهم النقدية. تتنوع المعلومات التي توجد على الإنترنت إلى حد كبير من حيث مصداقيتها وصحتها. وفي هذه الحالة يكون من الصعب على الشخص التحقق فيما إذا كانت المعلومات المعروضة أمامه صحيحة أو غير صحيحة من مجرد النظر إلى الشاشة. قم بتنبيه الطلاب إلى أن المعلومات الموجودة على الإنترنت قد تكون غير موثوقة أو لم يتم مراجعتها، ولم تخضع إلى عمليات مراقبة الجودة المتعلقة بالمواد المطبوعة التي يتم نشرها كما هو الحال في الصحف والمقالات.

10. امنح الطلاب مهام معينة يقومون بتنفيذها باستخدام الإنترنت.

11. وضحْ لطلابك أن مهارات البحث على الإنترنت مهمة بقدر أهمية المعلومات التي يحصلون عليها من الإنترنت، ومن أهم المهارات التي يمكن أن يتعلمها الطلاب من استخدام الإنترنت هي البحث الفعال واتخاذ القرار بشأن جودة ومصداقية

المعلومات التي يجدونها. ومن المفيد أن يقوم المدرس بتصميم تدريبات يتعرف من خلالها على مدى إتقان التلاميذ لهذه المهارات.

12. ذكّرْ الطلاب بأهمية الموازنة بين اللعب على الإنترنت والتعلم من الإنترنت. من الطبيعي أن يبحث التلاميذ في جهات متنوعة وأن يتتبعوا موضوعات مختلفة حتى ولو أدى بهم البحث إلى نتائج لا تتعلق بالمعلومات التي يبحثون عنها، ولكن مع ذلك. يجب أن تنبه الطلاب إلى تقنين البحث فيما لا يعنيهم، وأن تدربهم على الاستفادة من تلك الموضوعات المختلفة وتوظيفها بحيث تخدم أغراض البحث التي تعنيهم.

13. استخدم الإنترنت للبحث عن شيء بنفسك. قم بذلك قبل أن تحدد للطلاب مهام البحث والاستطلاع باستخدام الإنترنت. حدد لنفسك ساعة محددة أو ربما نصف ساعة أو حتى أقل. اختر موضوعاً تبحث فيه وقارن بين كفاءة آليات البحث المختلفة في تناول هذا الموضوع. تعرف على كيفية التعامل مع 4593 موقعاً عن موضوع البحث وكيفية تحسين طرقك في البحث حتى تتقلص هذه المواقع أو المصادر إلى خمسة عشر موقعا فقط.

جوانب القصور في استعمال الإنترنت في التعلم:

أوضح برنفيلد (Berenfeld,1996) أن التوسع السريع في استخدام أنظمة المعلومات كشبكة الإنترنت قد يؤدي إلى ظهور شيء من الخوف والقصور في استعمال شبكة الإنترنت في غرفة الصف كما يلي:

1. النقص في التنظيم المنطقي للمعلومات. فالمعلومات المتوفرة في الإنترنت تختلف عن أية معلومات مطبوعة أو مكتوبة، وإذا أراد المتعلم الحصول على معلومات في موضوع ما قد تكون هذه المعلومات محيرة؛ لأن الشبكة منتشرة في جميع أنحاء العالم وغير مرتبة منطقياً ومبعثرة.

2. قضاء المتعلمين وقتاً طويلاً في البحث عبر الإنترنت عن مواضيع شتى؛ مما يؤدي إلى عدم تركيزهم على الموضوع الأصلي.

3. من خلال البحث في الشبكة قد يصل المتعلم إلى معلومات لا تتفق ومعتقداته الدينية أو القومية وتتعارض مع عاداته وتقاليده.

4. عدم وجود جهات قانونية محددة تحكم المعلومات على الشبكة؛ مما يؤدي إلى تعرض المعلومات والمواقع للاختراق والضياع.

5. اختلاط المعلومات على صفحات الشبكة من دعائية وثقافية واقتصادية وتعليمية وبالتالي إمكانية عدم التركيز على الأهداف الخاصة بالمتعلم وضياعها.

وينصح موركوفسكي المشار إليه في الدجاني وهبة (2001) بعدم التسرع في استخدام الإنترنت في غرفة الصف وذلك للأسباب التالية:

1. الوصول إلى المعلومات عبر الإنترنت قد يكون صعباً جداً على الرغم من وجود العديد من محركات البحث، حيث إن هذه المحركات لها نقاط ضعفها.

2. عدم استثمار الوقت بالشكل المثالي، فبسبب الاستخدام المتزايد للإنترنت فإن الطلبة في المختبرات والصفوف قد يصلون إلى الموقع الذي يريدونه ببطء شديد.

3. مشكلة الفيروسات التي تنتقل بسرعة عند إنزال برنامج من الإنترنت أو عبر البريد الإلكتروني.

4. مشكلة الميزانيات اللازمة لتطوير الأجهزة وتدريب المعلمين وتطوير المنهاج، مما يجعل إدخال الإنترنت إلى المدرسة أمراً مكلفاً.

معوقات استخدام الإنترنت في التعلم :

ومن معيقات استخدام الإنترنت في التعلم ما ذكره عدد من الباحثين (الموسى، 2000؛ الهابس والكندري، 2000؛ الموسى، 2002، ب؛ عريقات، 2003؛ سعادة وسرطاوي، 2003) من مثل:

1. التكلفة المادية في مرحلة التأسيس؛ حيث تتطلب شبكة الإنترنت خطوط هاتف بمواصفات معينة وحواسيب وبرامج ومعدات مرافقة.

2. المشاكل الفنية مثل الانقطاع أثناء البحث والتصفح وإرسال الرسائل بسبب فني أو غيره، مما يضطر المستخدم إلى الرجوع مرة أخرى إلى الشبكة، وقد يفقد البيانات التي كتبها، بالإضافة إلى الصعوبة في الرجوع إلى مواقع البحث التي كان يتصفح فيها على الشبكة.

3. الدخول إلى المواقع الممنوعة والتي تدعو إلى الرذيلة ونبذ القيم والدين والأخلاق أو أنها تـدعو إلى التمرد والعصيان، وكذلك خلو الإنترنت من الرقابة.

4. عدم المعرفة الكافية باللغة الإنجليزية؛ حيث إن معظم المواقع التعليميـة والمعلومـات المتـوافرة على الشبكة هي باللغة الإنجليزية.

5. عدم القدرة على استخدام الحاسوب والإنترنت.

6. عدم دقة وصحة بعض المعلومات المتوفرة على شبكة الإنترنت؛ حيث يوجد مواقع غير معروفة أو على الأقل مشبوهة؛ ولذلك لابد من التأكد من صحة المعلومات المأخوذة من الشبكة ودقتها قبـل اعتمادها وتعميمها.

7. صعوبة الوصول إلى المعلومات بسبب الكم الهائل من المعلومات على الشبكة والتي تفوق كميـة المعلومات المطلوبة بكثير.

8. قلة عدد الأجهزة في المدارس والتجهيزات والمعدات المرافقة لها بسبب ضعف ميزانيات المدارس.

9. سهولة الغش خاصةً في تنفيذ الواجبات المختلفة، ولا سيما البيتيـة منهـا، وذلـك مـن خـلال قـص النصوص من مواقع الإنترنت ولصقها في الأبحـاث العلميـة المختلفـة دون أن يبـذل الطلبـة جهـداً شخصياً فيه، وكذلك نسخ أو حتى شراء أبحاث أو تقارير جاهزة.

10. ازدحام الصفوف الدراسية بالطلبة.

ومع انتشار استخدام شبكة الإنترنت في مجـال التعليـم وبـين فئـات المجتمـع المتعـددة، ظهـرت الحاجة الماسة إلى طرح مخاطر الإنترنت في مجـال التعليـم، والتـي نخـص منهـا: وجـود بعـض المعلومـات اللاأخلاقية، وتبادل المعلومات والصور الجنسية، وعرض الأفـلام الخليعـة التـي تـؤثر في سـلوكات الطـلاب وأخلاقياتهم خصوصاً في الدول الإسلامية، ومن مخاطر الإنترنت أيضاً ما يلي (الجودر، 2002):

1. أن الشبكة ربما تطرح بعض المعلومات المشككة للمعتقدات الدينيـة والقوميـة وبعـض السـلوكيات اللاأخلاقية، من أجل إثارة الفرد نحوها، ومن أجل التخلي عن المعتقدات الدينية التي يـؤمن بهـا أو التشكيك فيها.

2. وجود السرقات العلمية والأدبية للأبحاث العلمية الموجودة على شبكة الإنترنت بسبب عدم وجـود قوانين موحدة تمنع تلك السرقات، وكذلك صعوبة تطبيـق قـوانين وحقـوق موحـدة مـن قبـل دول العالم على مستخدمي الشبكة بصورة فعالة مجدية لاختلاف الأنظمة والقوانين بين دول العالم.

3. نقص التنظيم المنطقي لبعض محتويات المعلومات المتوفرة على شبكة الإنترنت مما يؤدي إلى قضاء وقت طويل في البحث دون الحصول على المعلومات المطلوبة لوجود الكم الهائل من المعلومات في شتى المجالات.

الفصل السادس

استراتيجيات التعلم الإلكتروني في العلوم

مقدمة :

هنالك استراتيجيات تعلم متنوعة يمكن استخدامها في التعلم الإلكتروني، وذلك مـن أجـل تيسـير التعلم ومساعدة الطلاب لتحقيق أهداف تعلمهم على وجه سواء. وتعتمد هذه الاستراتيجيات المستخدمة في التعلم الإلكتروني إلى حد ما على الاتجاه الفلسفي للمقرر، وعلى أهداف المقرر العامـة منهـا والخاصـة ، وعلى نوعية المجال المعرفي، في حين أن تفضيل المتعلمـين لطرق تعليميـة محـددة يتـأثر بأنمـاط تعلمهـم، ويمكن أن تدمج الأنشطة التعليمية في التعلم الإلكتروني لتيسـير التعلم. كـما يمكـن اسـتخدام الخصـائص الفنية للإنترنت والتكنولوجيا الرقمية المختلفة وبنيتها الدعامة لهذه الأنشطة (الخان، 2005).

ويوجد استراتيجيات للتعلم الإلكتروني منها (الخطيب، 2003):

1- التعلم الذاتي.

2- التعلم عن بعد.

3- التعلم الذاتي بمساعدة المعلم.

4- المزاوجة بين التعلم عن بعد والتعلم الإلكتروني.

5- التعلم باستخدام الأسلوب التقليدي بمساعدة الحاسوب بوصفة وسيلة إيضاح.

وفيما يلي استراتيجيات التعلم الإلكتروني التي يمكن استخدامها في تعلم وتعليم العلوم:

1. العرض التقديمي.

2. العرض العملي.

3. التدريب والممارسة Drill &Practice

4. الشرح والإلقاء (الدروس الخصوصية) Tutorial

5. الألعاب الإلكترونية Games

6. المحاكاة Simulation

7. المعارض البصرية

8. حل المشكلات Problem Solving

9. المناقشة والحوار

10. النمذجة Modeling

11. الزيارات الميدانية

12. المناظرة Debate

13. التعلم الإلكتروني الفردي

14. التعلم الإلكتروني التعاوني

15. التعلم الإلكتروني المتمازج (المدمج) Blended Learning

16. التعلم الإلكتروني المبرمج

17. المشروع

18. الاستقصاء

19. السرد القصصي

استراتيجية العرض التقديمي الإلكتروني:

هي مجموعة من التقنيات والأساليب لعرض الحقائق والمفاهيم والأفكار والإجراءات والمبادئ؛ ويمكن تصميم عرض تقديمي باستخدام عرض إلكتروني واحد فقط أو متعدد، مثل: النص، والرسومات البيانية، والصور، والمقاطع الصوتية، ومقاطع الفيديو، والرسوم المتحركة، ومؤتمرات الفيديو الإلكترونية.

استراتيجية المعارض البصرية الإلكترونية:

وهي كما يصفها هاينك ومولندا وراسل، بأنها عرض مختلف الأدوات والبصريات لأغراض تعليمية. وفي التعلم الإلكتروني يمكن تتناسب المعارض البصرية الرقمية مع الأهداف التعليمية، ويمكن للطلاب أن يستخدموا المعارض البصرية الرقمية في مشاريعهم التي قد تكون تجارب تعلم محفزة ومثيرة لهم. وتستظيف صالة عرض مكتبة الكونجرس العالمية معارض افتراضية على الموقع (الخان، 2005):

http:// www.loc.gov/exhibits/world/earth.htm

استراتيجية العروض العملية الإلكترونية (demonstrations):

تعرّف العروض العملية على أنها أسلوب ومنهج لعرض أو تقليد عمل شيء ما، ويمكن أن يستخدم العرض العملي في التعلم الإلكتروني في مجالات مثل الإجراءات

التعليمية، وتوضيح كيفية تشغيل جهاز ما. ويمكن إيجاد العديد من الأمثلة الحيّة الموضحة وذلك على الموقع:www.explorescience.com (الخان، 2005).

وتعرف أيضا بأنها الخبرات التعليمية التي يخطط لها المعلم ويقدمها في أغلب الأحيان أمام الطلاب بهدف توضيح فكرة ، أو قانون ، أو ظاهرة علمية ، أو كيفية عمل جهاز علمي... إلخ ، وذلك باستخدام الوسائل التعليمية المعينة كالعينات والنماذج والأفلام أو التجارب العملية وغير ذلك ، بالإضافة إلى شرح المعلم ، وقد يقدم العرض العملي في المعمل أو في الفصل أو من خلال برامج التعلم الالكتروني. وقد يقوم الطلاب بالعروض أو بعض جوانبها تحت إشراف المعلم ومشاركته.

ويذكر الشهراني والسعيد (1997) عدة تعاريف للعروض العملية كإحدى طرق تعلم العلوم، منها.

العرض العملي: هو الطريقة أو العملية التي يستخلص الطلاب من خلالها المعلومات.

العرض العملي: مجموعة من الخطوات المرئية والتي تقدم بتسلسل معين لتوضيح ظاهرة ما.

ويمكن تعريف العروض العملية الإلكترونية بأنها تلك الخبرات التي تعرض أمام الطلاب على شاشة الحاسوب بهدف توضيح فكرة ما أو قانون ما، أو ظاهرة علمية ما، أو كيفية عمل جهاز علمي ما،....الخ. ويمكن استخدام هذه الطريقة في حالة التجارب العملية عند عدم توفر الوسائل والأجهزة والمواد والأدوات الكافية للطلاب، وفي حالة خطورة التجربة أو تعقيد الأجهزة المستخدمة، وعند الحاجة لتوفير الوقت.

ولجعل طريقة العرض العملي أكثر فاعلية لابد من توفر الشروط التالية (شعبة إشراف العلوم، بدون تاريخ):

1- تحديد الهدف من العرض والتأكد من أن هذه الطريقة هي الأفضل لتحقيق الأهداف.

2- إجراء العرض قبل الدرس للتأكد من توفر الأدوات وإمكانية إجراء العرض.

3- تنظيم الطلاب في مكان العرض بحيث يشاهد جميع الطلاب ما يتم عرضه.

4- التقديم للعرض بصورة مشوقة لجذب انتباه الطلاب.

5- الحرص على مشاركة الطلاب في إجراء العروض.

6- مناقشة الطلاب أثناء العرض وبعده والاعتماد على أسلوب الاكتشاف والاستنتاج.

مجالات استخدام العروض العملية الإلكترونية

يمكن استخدام العروض العملية الإلكترونية في مجالات متعددة بالنسبة لتدريس العلوم، ومن أمثلة هذه المجالات ما يلي (الشهراني والسعيد، 1979):

1- توضيح بعض الظواهر العلمية أو العلاقات أو بعض المعلومات، ويعد استخدام العروض العلمية في توضيح بعض المعلومات أو الظواهر أو العلاقات من أكثر مجالات استخدام العروض العملية في تدريس العلوم. ومن أمثلة ذلك، عرض البرنامج لفيلم تعليمي لمعلم يضيف قطرات من محلول اليود إلى المعلق الذي يحتوي على قليل من النشا ليوضح للطلاب كيفية الكشف عن النشا بإضافة اليود إليه، أو عرض البرنامج التعليمي لتجربة معينة ليوضح للطلاب العلاقة بين درجة غليان سائل ما والضغط الواقع عليه.

2- تنمية المهارات العلمية لدى الطلاب. يمكن من خلال تقديم البرنامج لعرض عملي ما أن يدرب الطلاب على بعض المهارات العملية البسيطة في مجال تدريس العلوم. مثل مهارة استخدام الميكروسكوب أو مهارات استخدام الماصة أو السحاحة... وغير ذلك من المهارات العملية البسيطة.

3- توضيح التطبيقات العملية لبعض المعلومات. يمكن استخدام العروض العملية في توضيح العديد من التطبيقات العملية لما يدرسه الطلاب من معلومات في مجال العلوم، فمثلا، عند تدريس قانون الروافع يمكن توضيح علاقة هذا القانون بأنواع الروافع المستخدمة في حياتنا.

4- تنمية بعض مهارات التفكير العلمي لدى الطلاب. يمكن للبرنامج استخدام العروض العملية كأحد أساليب تنمية مهارات التفكير العلمي لدى الطلاب، فمثلا قد يعرض البرنامج فيلما تعليميا ما عن مشكلة معينة ويطلب من الطلاب تحديد المشكلة الرئيسة من خلال مشاهداتهم أو يطلب منهم وضع الفروض المناسبة لحل هذه المشكلة أو قد

يقوم البرنامج بعرض تجربة عملية ما للتأكد من صحة أحد الفروض، ويطلب من الطلاب تسجيل مشاهداتهم والنتائج التي يرونها ثم يفسرون هذه النتائج في النهاية.

5- تنمية صفة تقدير العلم والعلماء لدى الطلاب. قد يعرض البرنامج فيلما تعليميا يتناول حياة ابن سينا وابن الهيثم وغيرهما. ومن خلال ذلك يكتسب الطلاب صفة تقدير العلماء.

مزايا العروض العملية الإلكترونية :

للعروض العملية بعض الميزات منها:

1- توفر كثير من الجهد الذي يبذل في تدريس العلوم مقارنة بطرق التدريس الأخرى.

2- تلافي تعرض الطلاب لبعض الأخطاء أو الأضرار مما لو قاموا بالتجارب والتدريبات العملية بأنفسهم في المختبر.

3- مواجهة مشكلة ازدحام الصفوف بالطلاب وقلة الوقت المتاح لمعلم العلوم.

استراتيجية التدريب والممارسة (drill and practice):

تعرف على أنها نشاط تعليمي يساعد المتعلمين على البراعة والاضطلاع بمهارات أساسية، وعلى تذكر الحقائق من خلال أسلوب الممارسة المتكررة. وتستخدم هذه التقنية عادة في تدريس الحقائق الرياضية الحسابية، والعلوم الأساسية. ويمكن أن يوفر برنامج التدريب والممارسة الإلكتروني تغذية راجعة فورية لاستجابات المتعلمين للمشكلات المختلفة المقدمة لهم، كما يمكن استخدام لغات النص الفائق (HTML) والجافا، وغيرها من لغات النصوص الإلكترونية، لخلق برنامج تدريب وممارسة إلكتروني (الخان، 2005).

ويرى الشهراني والسعيد (1997) أن التدريبات والممارسة في الحاسب الآلي عبارة عن نشاطات أو تمارين يقوم بها المتعلم بناء على خطوات معينة، ويتلقى المتعلم تغذية راجعة بناء على الإجابات التي اختارها أو قدمها للحاسب، وفعالية التدريبات والممارسة تعتمد على تصميمها ومحتواها والطريقة التي تقدم بها للمتعلم.

وهذه التدريبات تتكون من معلومات سبق أن تعلمها الفرد، ولكن بعض الطلاب يحتاجون إلى العديد من التدريبات والممارسة لكي يرفعوا معدلاتهم أو درجاتهم، وبعض الطلاب يعانون من صعوبة تعلم وإدراك بعض المفاهيم العلمية عندما يقدمها لهم المعلم أثناء

شرحه لها في الصف، ففي هذه الحالة يكون استخدام برامج التدريبات والممارسة بالحاسب أكثر فعالية لتخطي هذه المشكلة، وقد يستخدم معلم العلوم هذه البرامج بهدف تعلم الحقائق وتقصي العلاقات والروابط بين هذه الحقائق والتواصل إلى حل المشاكل التي تواجهه، ويتوصل المتعلم إلى دور الإتقان أو التعلم بالتمكن. كذلك قد تستخدم التدريبات والممارسة عن طريق استخدام برامج الحاسوب لتنمية قدرات ومهارات الطلاب في أداء أي عمل عن طريق التدريب والممارسة، ويتميز الحاسب الآلي بأنه يعطي الفرصة للمتعلم لكي يتدرب ويتمرن لعدة مرات وبدون ملل أو ضجر حتى يصل المتعلم إلى المستوى المطلوب.

قد تكون التدريبات والتمارين في صورة برامج منفصلة أو تكون ضمن دروس خصوصية، وقد تكون عبارة عن عدة أسئلة موجهة وهادفة يجيب عنها الطالب، ويعمل الحاسب على تقييم أداء المتعلم من خلال إجابته عن هذه الأسئلة. فإذا كانت الإجابات صحيحة فيعطي البرنامج مثالا آخر أو قد يكتفي المتعلم بالمثال الأول وينتقل إلى النقطة التي تليها، أما إذا كانت الإجابة غير صحيحة فيعطي الحاسوب الطالب فرصة ثانية وثالثة حسب البرنامج، وإذا لم يوفق المتعلم في الإجابات الصحيحة بعد المحاولة في الإجابة الصحيحة لعدة مرات، فقد يقدم الحاسوب مواقع الخطأ أو الإجابات الصحيحة حسب البرنامج المستخدم.

والتدريب الجيد يقدم للطالب عدة مواقف أو مشاكل حول نفس المهارة أو الأهداف المراد تحقيقها، لأن التنوع في المواقف يحد من عملية الحفظ ويشجع الطالب على الفهم والإدراك.ومع ذلك فإن هناك بعض الموضوعات العلمية التي تحتاج إلى الحفظ. والتدريبات والتمرينات عن طريق الحاسوب قد تستخدم لمساعدة الطالب على حفظ هذه المعلومات وإمكانية تطبيقها. وفي تدريس العلوم قد تستخدم هذه البرامج لمساعدة الطلاب على حفظ رموز العناصر الكيميائية حيث يعطى الطالب اسم العنصر ويطلب منه أن يكتب رمزه أو العكس (الشهراني والسعيد،1997).

وتتلخص مميزات استراتيجية التدريب والممارسة بما يأتي (الشهراني والسعيد،1997):

1- تعطي الطلاب الفرصة للعمل والتعلم بمفردهم وفي الأوقات التي تناسبهم.

2- تعمل على إعادة المعلومات والمعارف للطلاب أكثر من مرة بدون ملل أو كلل.

3- تعوض الطلاب عن الدروس التي فاتت عليهم لسبب من الأسباب.

استراتيجية الدروس الخصوصية (tutorial programs) :

وفي هذه الطريقة يقوم البرنامج بعملية التدريس، أي أن البرنامج يدرّس فعلا فكرة أو موضوعا ما. والطريقة السائدة في هذا النوع من البرمجيات هي عرض الفكرة وشرحها، ثم إيراد بعض الأمثلة عليها (الموسى والمبارك، 2005). وأكد على ذلك الخان (2005) بأن الدروس الخصوصية الإلكترونية تميل إلى عرض المحتوى وطرح الأسئلة والمشكلات وسؤال المتعلمين للحصول على استجابات منهم، وتوفير التغذية الراجعة الملائمة لهذه الاستجابات. وعلى سبيل المثال، يمكن الحصول على برامج دروس خصوصية مجانية مباشرة على الموقع: www.intelinfo.com/offce.html .

ويرى الشهراني والسعيد (1997) أن الدروس الخصوصية الإلكترونية تحتوي على معلومات ومعارف وأسئلة ورسوم توضيحية، ويستخدم الحاسوب لتعلم المفاهيم العلمية المختلفة والمهارات المختلفة بطريقة مشابهة إلى حد كبير إلى المعلم الخصوصي. وقد يلجا معلم العلوم لاستخدام مثل هذه البرامج في الحالات التي يرى المعلم أن إتقان مفاهيم معينة أو معلومات علمية أو مهارات علمية ضرورية جداً، فهذه البرامج تقدم المعارف والمعلومات والمهارات في صورة دروس خصوصية .

وغالبا ما تحتوي هذه البرامج على اختبارات مسبقة لتحديد الدروس المناسبة لكل طالب، ودور الطالب في هذه البرامج دور نشط ويتعدى التدريب أو المراجع للدروس فهو يتعلم معلومات ومعارف علمية جديدة، وذلك عن طريق قراءة معلومات علمية جديدة يعرضها له الحاسوب، أو عن طريق حل مسألة أو تحليل لنموذج معين أو لرسوم بيانية معينة. وكيفية سير الدروس الخصوصية تعتمد على الأهداف التي صممت هذه البرامج من أجلها، فقد تكون هذه الدروس سهلة وغير متشعبة أو متفرعة، وتتطلب من جميع الطلاب أن يتعلموا المعلومات نفسها. وقد تكون هذه الدروس متفرعة ومتشعبة، ولا يتطلب من جميع المتعلمين أن

يتعلموا المعلومات نفسها أو يسلكوا الطريق نفسها أو يأخذوا الدروس ذاتها، بل على كل طالب أن يأخذ الدروس التي تناسبه وتحقق أهدافه. فقد يخفق بعض الطلاب في فهم بعض المفاهيم العلمية، وذلك بعد أن شرحها معلم العلوم. وفي هذه الحالة، تكون الـدروس الخصوصية عـن طريـق الحاسوب أكـثر فعاليـة. والبرامج الفعالة هي التي تقود تفكير المـتعلم مـن المفاهيم الفرعيـة إلى المفاهيم الأساسية أو المفاهيم الكبرى أو الأكثر عمومية. وعلى معلم العلوم مسؤولية كبيرة في هـذا المجـال، وهـذه المسؤولية تتمثـل في اختيار البرامج الفعّالة أو أن يكتب البرامج التي تحقق أهدافه التي يسعى إلى تحقيقها. ويمكن استخدام برامج الدروس الخصوصية في المدرسة أو خارج المدرسة.

كتابة البرامج للدروس الخصوصية:

تعطي لغة التأليف المعلم الفرصة ليكتب أو يؤلف برامج تعليمية، وهذه الـبرامج التي تسـمح بالتأليف تتطلب من معلم العلوم معرفة بسيطة بالحاسوب، ولا تتطلب معرفة ذات مستويات عليا مـن التعقيد، وعند كتابة الدروس الخصوصية يجب مراعاة مايلي :

1- الاختيار الجيد للأسئلة التي توجه والتي تعمل على تركيز انتباه المتعلم نحو الهدف من الدرس.

2- معرفة الأسئلة التي يجيب عنها الطالب بإجابات صحيحة والأسئلة التي قد يخطئ الطالـب في الإجابـة عنها ومدى وضوحها بالنسبة للمتعلم.

3- تحديد الوقت الذي يسمح به للمتعلم للمحاولة في الإجابات.

4- إعطاء الطالب تغذية راجعة كالمدح والثناء أثناء الإجابات الصحيحة، وإعطاء التوجيهـات والإرشـادات في حالة الإجابات غير الصحيحة بهدف مساعدة المتعلم على التوصل إلى الإجابات الصحيحة.

5- في ضوء الإمكانات المتوافرة في الحواسيب الشخصية، فالدروس الخصوصية يجب أن تحتوي عـلى رسـوم تعليمية وبيانية، وبألوان متميزة لكي تشد انتباه المتعلم وتحفزه على الاستمرار في التعلم.

6- إمكانية تخطيط الخطوة القادمة بناء على نتيجة تقييم إجابات الطلاب.

أمثلة على استخدام الدروس الخصوصية المحوسبة (الشرح والتوضيح)في تدريس العلوم.

المثال الأول:

الموضوع: دراسة الذرة ومكوناتها، وتوزيع الإلكترونات في المدارات المختلفة

الصف: الثاني المتوسط

الأهداف: إدراك مفهوم الذرة، معرفة مكونات الذرة وتوزيع الإلكترونات في المدارات(المجالات)، تطبيق توزيع الإلكترونات على بعض ذرات العناصر.

الإجراءات: يقدم البرنامج معلومات عن اكتشاف الذرة، وعن أمثلة لها، ويحاول أن يستنتج الطالب بعد ذلك مفهوم الذرة، وذلك بعد أن يقدم الحاسوب المعلومات العامة والخاصة بالذرة، ثم يوجه سؤالاً للطالب عن تعريفة للذرة، فإذا أجاب الطالب إجابة صحيحة، فيعزز ويدعم، وينتقل إلى نقطة أخرى، وإذا لم يوفق الطالب في الإجابة، فيعطيه البرنامج فرصة أخرى للإجابة مع تلميح بسيط بالإجابة ليقوده لاستنتاج التعريف الصحيح، وهناك عدد معين من المحاولات في الإجابة وبعدها يقدم الحاسوب الإجابة الصحيحة في حالة استنفاد عدد المحاولات. وقد يطلب الحاسوب من المتعلم ذكر بعض الأمثلة على ذرات العناصر، وعندما ينتقل الحاسب إلى الجزء الخاص بمكونات الذرة فإنه يقدم رسما تخطيطيا للذرة ومكوناتها ويقدم معلومات عن كل من هذه المكونات. والبرنامج الفعال يجعل للطالب دورا نشطا في التعلم.

وعندما تتم معرفة مفهوم الذرة ومكوناتها، يتم الانتقال إلى توزيع الإلكترونات على المدرات الخارجية، ومن ثم يبدأ التعرف في البرنامج على الشحنات الكهربائية لكل من مكونات الذرة،ويبدأ البرنامج بعرض النواة وشحنات البروتونات والنيترونات، ثم عرض المدار الأول وقدرته الاستيعابية من الإلكترونات، ثم المدار الثاني ومدى استيعابه من الإلكترونات، والمدار الثالث،...وهكذا. وقد يعمل المعلم إثناء البرمجة على إدخال تفاصيل أكثر على عملية التوزيع في كل مدار، ثم إعطاء الطالب الأعداد الذرية لبعض العناصر ويطلب منة أن يقوم بتوزيع الإلكترونات في المدارات المختلفة.

التقييم: بعد الانتهاء من الدرس، يقدم البرنامج بعض الأسئلة المتعلقة بالدرس الذي سبق وأن تعلمه الطالب، والتي تتعلق بالأهداف السلوكية المحددة للتأكد من مدى تحقيقها.

المثال الثاني : برنامج تعليمي محوسب على نمط التدريس الخصوصي

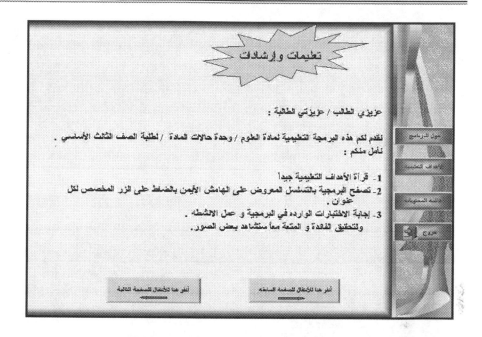

تعليمات وإرشادات

عزيزي الطالب / عزيزتي الطالبة :

نقدم لكم هذه البرمجة التعليمية لمادة العلوم / وحدة حالات المادة / لطلبة الصف الثالث الأساسي .
نأمل منكم :

1- قراءة الأهداف التعليمية جيداً
2- تصفح البرمجية بالتسلسل المعروض على الهامش الأيمن بالضغط على الزر المخصص لكل عنوان .
3- إجابة الاختبارات الواردة في البرمجية و عمل الأنشطة .
ولتحقيق الفائدة و المتعة معاً ستشاهد بعض الصور.

انقر هنا للأنتقال للصفحة التالية   انقر هنا للأنتقال للصفحة السابقة

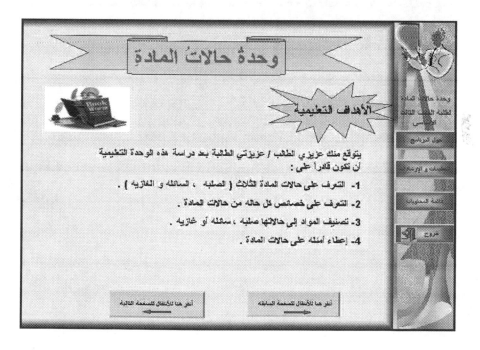

وحدةُ حالاتُ المادةِ

الأهداف التعليمية

يتوقع منك عزيزي الطالب / عزيزتي الطالبة بعد دراسة هذه الوحدة التعليمية
أن تكون قادراً على :

1- التعرف على حالات المادة الثلاث (الصلبه ، السائله و الغازيه) .
2- التعرف على خصائص كل حاله من حالات المادة .
3- تصنيف المواد إلى حالاتها صلبه ، سائله أو غازيه .
4- إعطاء أمثله على حالات المادة .

انقر هنا للأنتقال للصفحة التالية   انقر هنا للأنتقال للصفحة السابقة

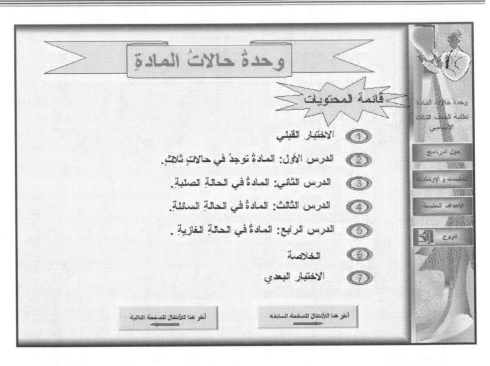

وحدة حالات المادة

قائمة المحتويات

1. الاختبار القبلي
2. الدرس الأول: المادةُ توجدُ في حالاتٍ ثلاثٍ.
3. الدرس الثاني: المادةُ في الحالةِ الصلبةِ.
4. الدرس الثالث: المادةُ في الحالةِ السائلةِ.
5. الدرس الرابع: المادةُ في الحالةِ الغازيةِ.
6. الخلاصة
7. الاختبار البعدي

أنقر هنا للأنتقال للصفحة السابقة
أنقر هنا للأنتقال للصفحة التالية

الاختبار القبلي

السؤال الأول

صنف المواد الموجودة في العمود الأول من الجدول الى حالتها المقابله لها في العمود الثاني .

المادة	الحالة		
1- الهواء	الحاله السائله	الحاله الغازيه	الحاله الصلبه
2- الماء	الحاله الصلبه	الحاله الغازيه	الحاله السائله
3- الحديد	الحاله الصلبه	الحاله السائله	الحاله الغازيه

السؤال الثاني

أجب بنعم أو لا على كل من الحقائق التاليه :

1- البالون من المواد الصلبه التي تحتوي على مواد غازيه .   نعم   لا
2- الكولا من المواد السائله التي تحتوي على مواد غازيه .   نعم   لا

أنقر هنا للأنتقال للصفحة السابقة
أنقر هنا للأنتقال للصفحة التالية

176

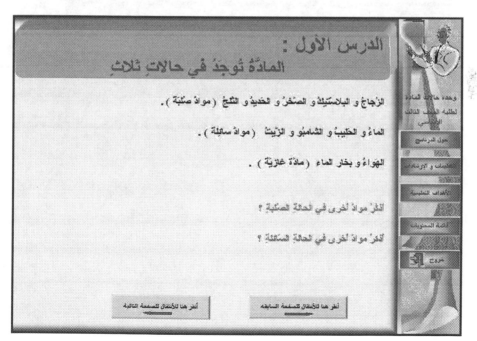

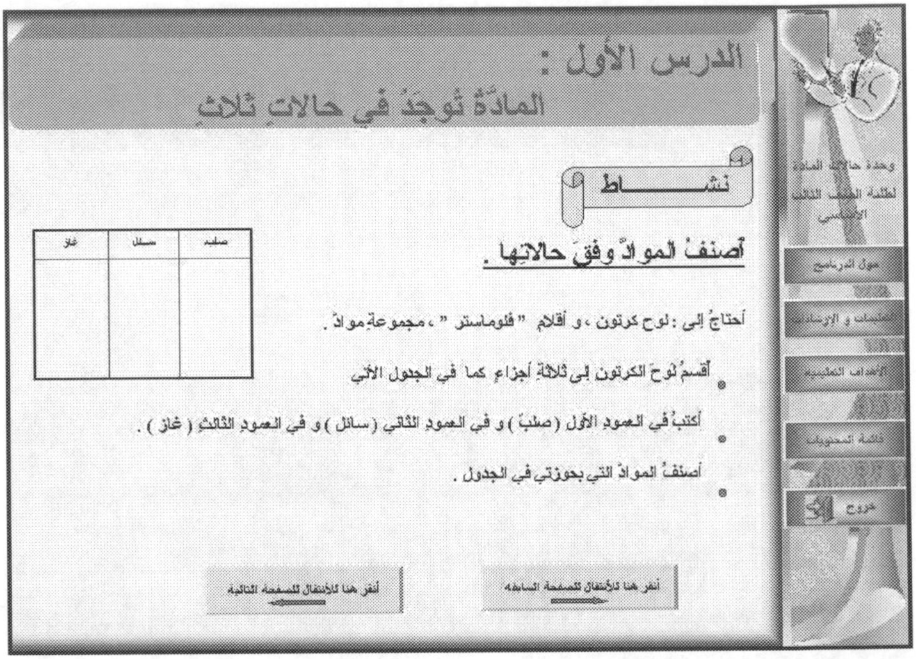

الدرس الأول :
المادَّةُ توجدُ في حالاتٍ ثلاثٍ

نشــاط

أصنفُ الموادَّ وفقَ حالاتِها .

غاز	سائل	صلب

أحتاجُ إلى : لوح كرتون ، و أقلام " فلوماستر " ، مجموعةِ موادَّ .

- أقسمُ لوحَ الكرتون إلى ثلاثةِ أجزاءٍ كما في الجدول الآتي .
- أكتبُ في العمود الأول (صلب) و في العمود الثاني (سائل) و في العمود الثالثِ (غاز) .
- أصنفُ الموادَّ التي بحوزتي في الجدول .

انقر هنا للانتقال للصفحة التالية   انقر هنا للانتقال للصفحة السابقة

تمرينات الدرس الأول

أصنفُ الموادَّ الآتية إلى :

الهواءُ	(مواد صلبة	• مواد سائلة	مواد غازية)
الماءُ	(• مواد صلبة	مواد سائلة	• مواد غازية)
التراب	(• مواد صلبة	• مواد سائلة	• مواد غازية)
الزيتُ	(• مواد صلبة	• مواد سائلة	مواد غازية)

انقر هنا للانتقال للصفحة التالية   انقر هنا للانتقال للصفحة السابقة

الدرس الثاني:
المادّةُ في الحالةِ الصُلبةِ
شكلُ المادةِ الصُلبةِ و حجمُها
ألاحظ أنّ المواد الصلبة لها أشكالٌ و حجومٌ و كتلٌ و ألوانٌ مختلفة .
هل تغيّرَ في شكل هذه المواد أو في حجمِها ؟
حول البرنامج
قائمة المحتويات
خروج
أنقر هنا للأنتقال للصفحة التالية
أنقر هنا للأنتقال للصفحة السابقه

الدرس الثاني:
المادّةُ في الحالةِ الصُلبةِ
نشـــــــاط (1)
أتعرفُ خصائصَ المادّةِ الصلبةِ .
نحتاج إلى : 1- كرات زجاجية . 2- صخر . 3- مكعبات خشبية . 4- علبة بلاستيك .
أولاً : أضع الكرات الزّجاجية في الوعاء البلاستيكي ، و أرج الوعاء البلاستيكي رجاً خفيفاً .
ثانياً : أخرج الكرات الزجاجية من الوعاء البلاستيكي و ألاحظ :
هل يتغير شكل الكرات و حجمها ؟
أضغط على كل من هذه الأجسام بإصبعي .
هل تغير شكلها أو حجمها ؟
أكرر ذلك مع المواد الأخرى . ماذا ألاحظ ؟
للجسم الصلب حجم ثابت و شكل ثابت
حول البرنامج
قائمة المحتويات
خروج
أنقر هنا للأنتقال للصفحة التالية
أنقر هنا للأنتقال للصفحة السابقه

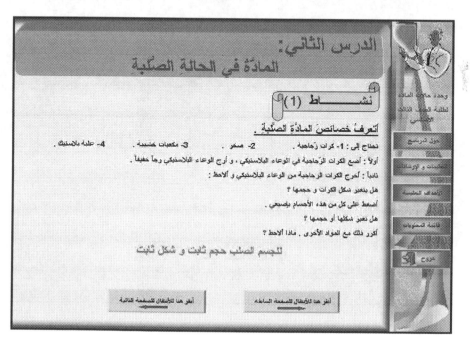

الدرس الثاني :
المادّةُ في الحالةِ الصّلبةِ
نشـــــــاط (2)
أقارنُ بينَ كُتلِ الموادِّ .
أحتاجُ إلى : 1- ميزانٍ ذي الكفتين 2- و دفترين متماثلين 3- كرات زجاجية .
أولاً : - أضعُ الدفترين في كفتي الميزان . ماذا ألاحظ ؟
ثانياً : - أرفع الدفترين ، و أضع في كل من الكفتين عدداً متساوياً من الكرات الزجاجية . ماذا ألاحظ ؟ لماذا لا ترجح أي من الكفتين ؟
ثالثاً : - أجعل عدد الكرات الزجاجية في إحدى الكفتين أكثر من الأخرى . ماذا ألاحظ ؟
إذا رجحت إحدى الكفتين تكون كتلة المادة الموضوعة فيها أكبر من كتلة المادة الموجودة في الكفة الأخرى .
أنقر هنا للأنتقال للصفحة التالية
أنقر هنا للأنتقال للصفحة السابقة
وحدة حالات المادة لطلبة الصف الثالث الأساسي
حول البرنامج
التعليمات و الإرشادات
الأهداف التعليمية
قائمة المحتويات
خروج

الدرس الثاني:
المادّةُ في الحالة الصّلبة
نشـــــــاط (3)
أستخدم ميزاناً ذي الكفتين لقياس كتلة المادة الصّلبة .
أحتاج إلى : - 1- ميزان ذي كفتين 2- عيارات 3- و حبات برتقال .
أولاً: - أضع وحدة الكيلو غرام في إحدى الكفتين . ماذا ألاحظ ؟
ثانياً : - أضع حبات البرتقال في الكفة الأخرى . هل تساوت الكفتان ؟
إذا رجحت كفة الكيلو غرام فهل أزيد من عدد حبات البرتقال أم أنقص ؟
عندما تتساوى كفتا الميزان تكون كتلة حبات البرتقال مساوية للكيلو غرام
الكيلو غرام وحدة قياس ثابتة لقياس الكتلة .
الكيلو غرام الواحد يساوي 1000 غرام .
أنقر هنا للأنتقال للصفحة التالية
أنقر هنا للأنتقال للصفحة السابقة
وحدة حالات المادة لطلبة الصف الثالث الأساسي
حول البرنامج
التعليمات و الإرشادات
الأهداف التعليمية
قائمة المحتويات
خروج

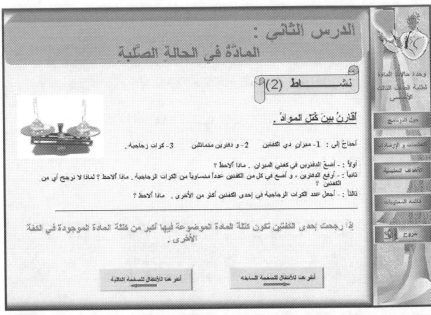

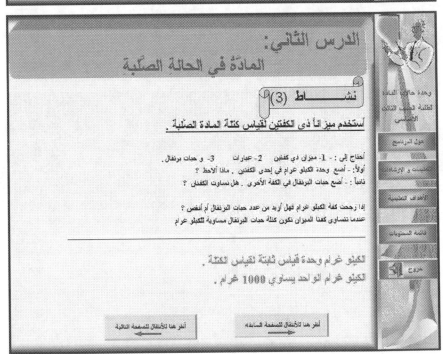

تمرينات الدرس الثاني
وحدة حالات المادة لطلبة الصف الثالث الأساسي
حول البرنامج
التعليمات و الإرشادات
الأهداف التعليمية
قائمة المحتويات
خروج
السؤال الأول :-
أكمل الفراغ بالكلمة المناسبة لتصبح الحقائق التالية صحيحة :
للجسم الصلب حجم .... (ثابت غير ثابت) .
للجسم الصلب شكل .... (ثابت غير ثابت) .
وحدة قياس الكتلة هي .... (المتر الكيلو غرام اللتر) .
الكيلو غرام يساوي .... (100 غرام 50 غرام 1000 غرام) .
أنقر هنا للأنتقال للصفحة السابقة
أنقر هنا للأنتقال للصفحة التالية

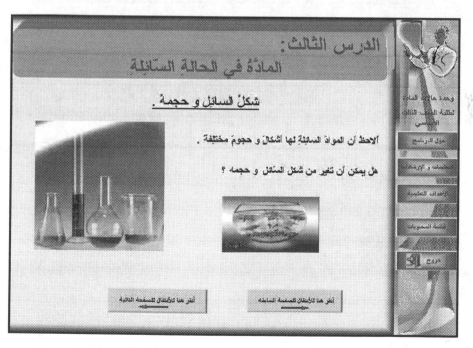

الدرس الثالث:
المادةُ في الحالةِ السائلةِ
وحدة حالات المادة لطلبة الصف الثالث الأساسي
حول البرنامج
التعليمات و الإرشادات
الأهداف التعليمية
قائمة المحتويات
خروج
شكلُ السائلِ و حجمهُ .
ألاحظُ أن الموادَ السائلةَ لها أشكالٌ و حجومٌ مختلفةٌ .
هل يمكن أن تغير من شكل السائل و حجمه ؟
أنقر هنا للأنتقال للصفحة السابقة
أنقر هنا للأنتقال للصفحة التالية

الدرس الثالث:
المادّةُ في الحالةِ السّائلةِ
نشـــــاط
أتعرفُ خصائصَ المادّةِ السّائلةِ .
أحتاج إلى :- أوعية زجاجية مختلفة الشكل و الحجم و ماء ملون .
أولاً : - أصب الماء الملون في الكأس و أحدد ارتفاعه و شكله .
ثانياً : - أنقله إلى الدورق . ماذا أصبح شكله ؟
ثالثاً : - أنقله إلى المخبار المدرج ، ماذا أصبح شكله ؟
رابعاً : - أعيد الماء إلى الكأس ، هل تغير حجم الماء ؟
ماذا أتوقع إذا استعملت العصير بدلاً من الماء . هل أحصل على النتيجة نفسها ؟
المواد السّائلة حجمها ثابت لا يتغير ، و لكن شكلها يأخذ شكل الوعاء الذي توضع فيه .
أنقر هنا للأنتقال للصفحة السابقه
أنقر هنا للأنتقال للصفحة التالية
حول البرنامج
الأهداف التعليمية
قائمة المحتويات
خروج

الدرس الثالث :
المادّةُ في الحالةِ السّائلةِ
للسوائل خاصية الجريان
أنظر إلى الصورةِ ، و ألاحظ : -
للسائل خاصية الجريان . فعندما نسكب السائل في الوعاء ، فإنه يجري بداخله فيأخذ شكل الوعاء .
أنقر هنا للأنتقال للصفحة السابقه
أنقر هنا للأنتقال للصفحة التالية
حول البرنامج
الأهداف التعليمية
قائمة المحتويات
خروج

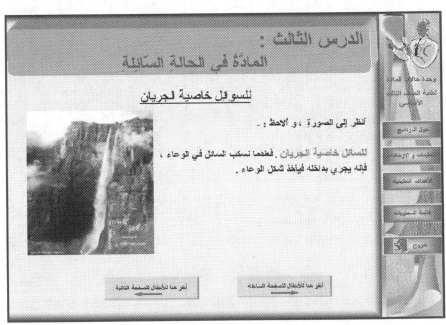

تمرينات الدرس الثالث
أي المواد التالية تُعد في الحالة السائِلة ؟
- العصير
- المسطرة
- الماء .
- الزيت
- السكر
- العسل .
للماء حجم .... (- ثابت - غير ثابت) .
للماء شكل .... (- ثابت - غير ثابت) .
أنقر هنا للأنتقال للصفحة السابقه
أنقر هنا للأنتقال للصفحة التالية

الدرس الرابع :
المادّةُ في الحالةِ الغازيّةِ
شكلُ الغاز و حجمهُ
ألاحظُ أن المادة الغازية لها أشكالٌ و أحجامٌ مختلفة .
هل يمكن تغييرُ شكل المادةُ الغازيةِ و حجمها ؟
أنقر هنا للأنتقال للصفحة السابقه
أنقر هنا للأنتقال للصفحة التالية

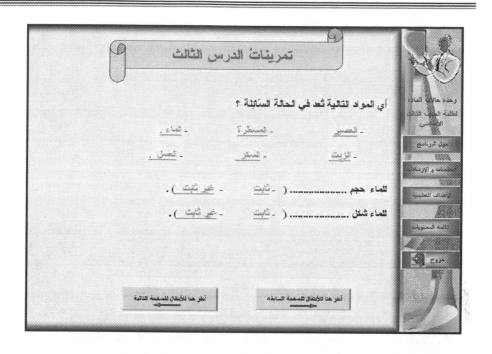

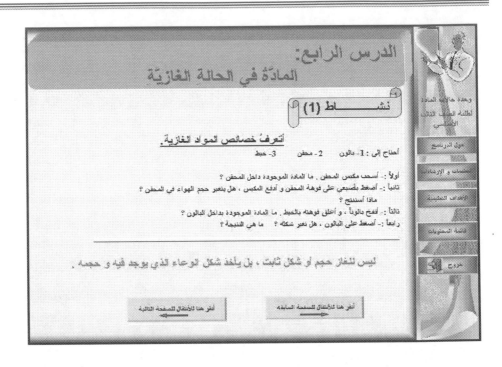

الدرس الرابع:
المادّةُ في الحالةِ الغازيّةِ
نشـــــــاط (1)
أتعرفُ خصائص المواد الغازية.
أحتاج إلى : 1- بالون 2- محقن 3- خيط
أولاً :- أسحب مكبس المحقن . ما المادة الموجودة داخل المحقن ؟
ثانياً :- أضغط بإصبعي على فوهة المحقن و أدفع المكبس ، هل يتغير حجم الهواء في المحقن ؟
ماذا أستنتج ؟
ثالثاً :- أنفخ بالوناً ، و أغلق فوهته بالخيط . ما المادة الموجودة بداخل البالون ؟
رابعاً :- أضغط على البالون ، هل تغير شكله ؟ ما هي النتيجة ؟
ليس للغاز حجم أو شكل ثابت ، بل يأخذ شكل الوعاء الذي يوجد فيه و حجمه .
أنقر هنا للأنتقال للصفحة السابقه
أنقر هنا للأنتقال للصفحة التالية
حول البرنامج
الأهداف التعليمية
قائمة المحتويات
خروج

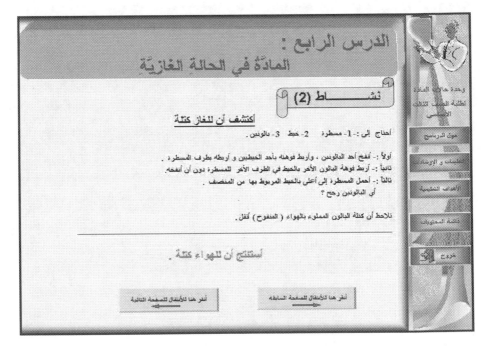

الدرس الرابع :
المادّةُ في الحالةِ الغازيّةِ
نشـــــــاط (2)
أكتشف أن للغاز كتلة
أحتاج إلى :- 1- مسطرة 2- خيط 3- بالونين .
أولاً :- أنفخ أحد البالونين ، وأربط فوهته بأحد الخيطين و أربطه بطرف المسطرة .
ثانياً :- أربط فوهة البالون الآخر بالخيط في الطرف الآخر للمسطرة دون أن أنفخه.
ثالثاً :- أحمل المسطرة إلى أعلى بالخيط المربوط بها من المنتصف .
أي البالونين رجح ؟
نلاحظ أن كتلة البالون المملوء بالهواء (المنفوخ) أثقل.
أستنتج أن للهواء كتلة .
أنقر هنا للأنتقال للصفحة السابقه
أنقر هنا للأنتقال للصفحة التالية
حول البرنامج
الأهداف التعليمية
قائمة المحتويات
خروج

الدرس الرابع :
المادّةُ في الحالةِ الغازيّةِ
نشـــــاط (3)
أكتشف أن الغاز يشغل حيزاً في الفراغ
أحتاج إلى :- 1-حوض ماء 2-ماء 3-ورقة 4-كوب ماء .
أولاً :- أطوي الورقة مرات عدة ، و أبثها في قاع الكأس .
ثانياً :- أقلب الكوب ، و أضعه بشكل مستقيم في الماء .
ماذا ألاحظ : هل دخل الماء إلى الكأس ؟ لماذا لم تبتل الورقة ؟
الغاز كالمواد الصلبة و السائلة يشغل حيزاً في الفراغ
أنقر هنا للأنتقال للصفحة السابقة
أنقر هنا للأنتقال للصفحة التالية
وحدة حالات المادة لطلبة الصف الثالث الأساسي
حول البرنامج
التعليمات و الإرشادات
الأهداف التعليمية
قائمة المحتويات
خروج

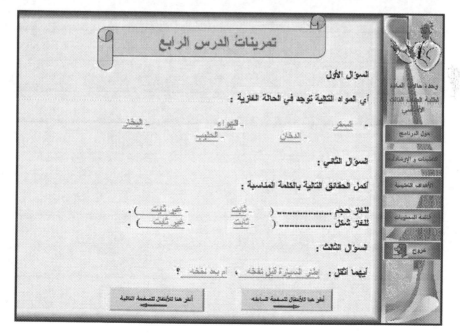

تمرينات الدرس الرابع
السؤال الأول
أي المواد التالية توجد في الحالة الغازية :
- السكر - الهواء - البخار
- الدخان - الحليب
السؤال الثاني :
أكمل الحقائق التالية بالكلمة المناسبة :
للغاز حجم .... (- ثابت - غير ثابت) .
للغاز شكل .... (- ثابت - غير ثابت) .
السؤال الثالث :
أيهما أثقل : إطار السيارة قبل نفخه ، أم بعد نفخه ؟
أنقر هنا للأنتقال للصفحة السابقة
أنقر هنا للأنتقال للصفحة التالية
وحدة حالات المادة لطلبة الصف الثالث الأساسي
حول البرنامج
التعليمات و الإرشادات
الأهداف التعليمية
قائمة المحتويات
خروج

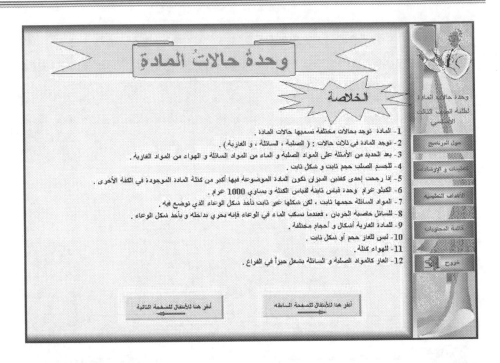

وحدةُ حالاتُ المادةِ
الخلاصة
1- المادة توجد بحالات مختلفة نسميها حالات المادة .
2- توجد المادة في ثلاث حالات : (الصلبة ، السائلة ، و الغازية) .
3- يعد الحديد من الأمثلة على المواد الصلبة و الماء من المواد السائلة و الهواء من المواد الغازية .
4- للجسم الصلب حجم ثابت و شكل ثابت .
5- إذا رجحت إحدى كفتين الميزان تكون المادة الموضوعة فيها أكبر من كتلة المادة الموجودة في الكفة الأخرى .
6- الكيلو غرام وحدة قياس ثابتة لقياس الكتلة و يساوي 1000 غرام .
7- المواد السائلة حجمها ثابت ، لكن شكلها غير ثابت تأخذ شكل الوعاء الذي توضع فيه .
8- للسائل خاصية الجريان ، فعندما نسكب الماء في الوعاء فإنه يجري بداخله و يأخذ شكل الوعاء .
9- للمادة الغازية أشكال و أحجام مختلفة .
10- ليس للغاز حجم أو شكل ثابت .
11- للهواء كتلة .
12- الغاز كالمواد الصلبة و السائلة يشغل حيزاً في الفراغ .
أنقر هنا للأنتقال للصفحة السابقه
أنقر هنا للأنتقال للصفحة التالية
وحدة حالات المادة
حول البرنامج
الأهداف التعليمية
قائمة المحتويات
خروج

نعم
لا

الأختبار البعدي
السؤال الأول
صنف المواد الموجوده في العمود الأول من الجدول الى حالتها المقابله لها في العمود الثاني .
المادة
الحالة
1- بخار الماء
الحاله السائله
الحاله الغازيه
الحاله الصلبه
2- العصير
الحاله الصلبه
الحاله الغازيه
الحاله السائله
3- الجليد
الحاله الصلبه
الحاله السائله
الحاله الغازيه
السؤال الثاني
أجب بنعم أو لا على كل مما يلي :
المواد الصلبه لها شكل ثابت و حجم ثابت .
المواد السائله لها حجم و شكل غير ثابتين .
المواد الغازية لها شكل غير ثابت و حجم ثابت .
أنقر هنا للأنتقال للصفحة السابقه
أنقر هنا للأنتقال للصفحة التالية
وحدة حالات المادة
حول البرنامج
الأهداف التعليمية
قائمة المحتويات
خروج

أحسنت يا بطل

الإجابه خاطئه
حاول مرةً أخرى

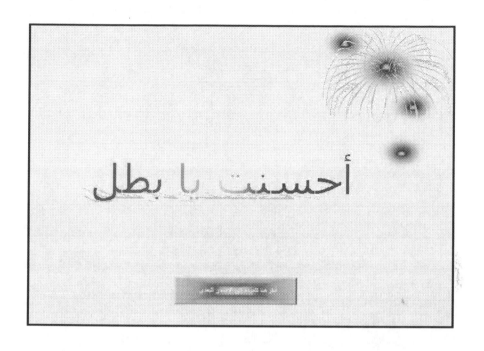

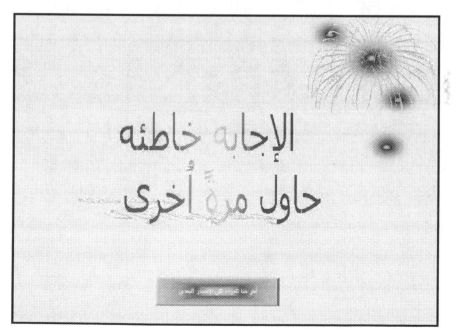

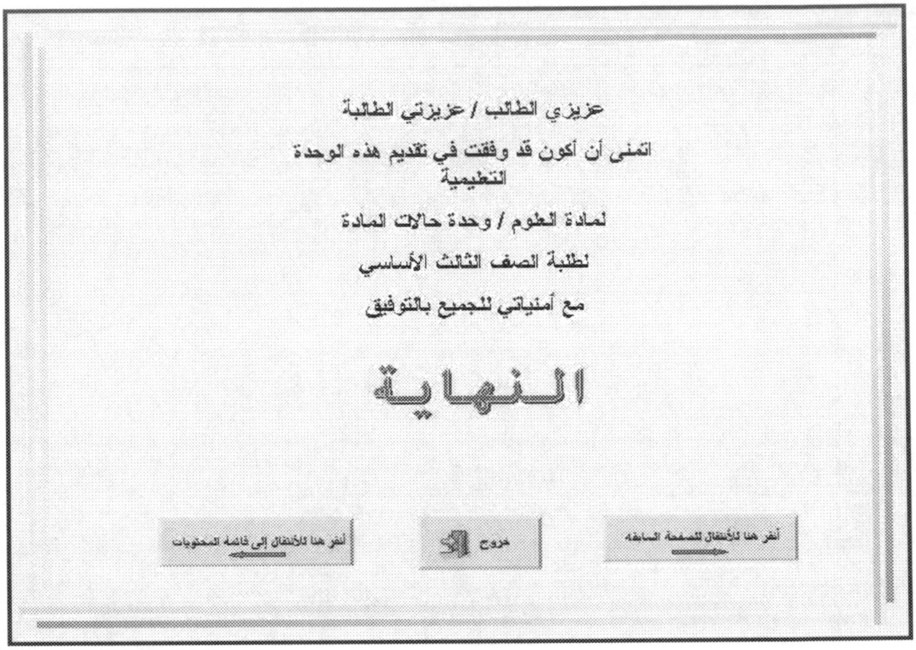

عزيزي الطالب / عزيزتي الطالبة

اتمنى أن أكون قد وفقت في تقديم هذه الوحدة التعليمية

لمادة العلوم / وحدة حالات المادة

لطلبة الصف الثالث الأساسي

مع أمنياتي للجميع بالتوفيق

النهاية

استراتيجية المحاكاة الإلكترونية Simulation

المحاكاة هي طريقة أو أسلوب تعليمي يستخدمه المعلم عادة لتقريب التلاميذ الى العالم الواقعي الذي يصعب توفيره للمتعلمين، وذلك قد يكون بسبب التكلفة المادية أو الخطورة البشرية، بناء على هذه الحاجة ، اندفع الباحثون في مجال تكنولوجيا التعليم الى خلق بيئة تعلم افتراضية من خلال الاستفادة من إمكانية عرض الأشياء بشكل ثلاثي الأبعاد.

على سبيل المثال: في مادة العلوم عندما نريد أن نُعرّف التلاميذ على بعض الحيوانات المتوحشة فأنه من غير الممكن أن نجعل التلاميذ يقتربون من الأسد ولكن عبر أسلوب المحاكاة يمكنهم متابعة حركات الأسد عن قرب وبشكل دقيق يصعب تحقيقه في الواقع .

وتمثل المحاكاة تكراراً لسلوك ظاهرة أو نشاط ما في الطبيعة بحيث يصعب أو يستحيل تنفيذها، أو لارتفاع كلفة تنفيذها، أو لطول المدة اللازمة لمعرفة نتيجتها مثل التجارب النووية، وظاهرة الكسوف الخسوف، وغيرها (الجابري وآخرون، 1995).

ويرى الخان (2005) أنها إعادة خلق غير حقيقي أو مصطنع لمواقف الحياة الحقيقية، وفي بيئة المحاكاة يمكن للمتعلمين ممارسة واتخاذ قرارات حقيقية، ومن ثم اكتشاف عواقب قراراتهم تلك. ويمكن للتعلم الإلكتروني أن يستخدم المحاكاة في تحسين مهارات الطلاب الفردية، والمعرفية والوجدانية، واتخاذ القرارات.

ووفقا لهذه الاستراتيجية يوضع الطالب في موقف يماثل مواقف الحياة الواقعية التي سوف يمارسها، ليقوم بأداء دوره فيه، ويكون مسئولا عما يتخذه من قرارات اقتضاها ذلك الأداء، ولكنه إذا أخطأ لا يترتب على خطئه ضرر أو خطورة، وإنما يمكنه تدارك الخطأ واتباع الصواب، لذلك استخدمت طريقة المحاكاة في تدريب الطيارين. وقد استخدمت برامج المحاكاة في التربية في موضوعات العلوم، وبخاصة في علمي النبات والحيوان، وعلمي الكيمياء والفيزياء، وفي كل هذه المواد الدراسية يجري الطالب الحلول المختلفة وينفذ التجارب وكأنه في معمل حقيقي في المدرسة. ويقوم برنامج الحاسوب بتقدير خطوات أدائه وقراراته، ويتيح له معرفة خطئها وصوابها، وينقله من نقطة إلى أخرى (السيد، 2004). فمثلا عند إجراء تجربة قوانين الضغط في الغازات، فعند زيادة الضغط إلى حد معين فإن

الطالب يتلقى تحذيراً بأن زيادة الضغط مع ثبوت الحجم قد يسبب انفجاراً، لذا عليه اتخاذ إجراء مناسب حول ذلك (الجابري وآخرون، 1995).

ومن الأمثلة على المحاكاة في مواد العلوم ما يأتي (الجابري وآخرون، 1995):

- المحاكاة الطبيعية (الفيزيائية)، وهي ذات علاقة بقضايا فيزيائية، وعلى الطالب استخدامها أو التعلم عنها، ومن الأمثلة عليها التدرب على استخدام طائرة والتعرض لكل المتغيرات المحيطة بها من صعود وطيران وهبوط وتقلب في الجو مع أن الطائرة مثبتة على قاعدة قابلة للحركة داخل حظيرتها، ويتعرض الطالب المتدرب لكل أنواع تلك الخبرات وهو في أمان.
- المعايرة لبعض المركبات الكيميائية، حيث يمر الطالب بكل الخبرات نظرياً ومن على شاشة الحاسوب مع رؤية الملونات داخل السحاحة في جو المختبر الكيميائي الافتراضي كأنه حقيقي. ومن الأمثلة الأخرى في مجال الكيمياء تحضير الهيدروجين عند إضافة قطعة الصوديوم إلى الماء وتتم التجربة على شاشة الحاسوب دون التعرض لمخاطر انفجار الهيدروجين المتصاعد.
- ومثال آخر على المحاكاة المقذوفات، حيث يستطيع الطالب مشاهدة صورة قنبلة مقذوفة من على شاشة الحاسوب، كما يستطيع تحليل مركبتي سرعة القذيفة في مسار القذيفة، وكل ذلك يتم وهو في جو تعليمي وفي مأمن من أي مخاطر.

لمشاهد أمثلة على كيفية توظيف المحاكاة في العلوم، يمكن الاطلاع على الموقع: www.deyaa.org/zag2.htm
وكذلك على الموقع :

www.phy.utnu.edu.tw/ntnujava/index.php?topic=35

ويوضح الشكل (22) إحدى تجارب المحاكاة الخاصة بالعلوم.

وتتصف استراتيجية المحاكاة بميزتين: الميزة الأولى أنها تتقبل خطأ الطالب في قراراته دون أن يقع عليه أو على المؤسسة التعليمية ضرر أو خطر. والميزة الثانية أنها تجعل الطالب يتعلم من أخطائه، وهذا يجعل التعلم أكثر ثبات (السيد، 2004). ومن مميزات المحاكاة أيضا، تقصير فترة التدريب، وتقديم خبرات عملية تحاكي الواقع، كما تزيد من ثقة الطالب من نفسه، وتساعد في اكتساب المهارات وتوفير الأمن والسلامة للمتدربين (الحيلة، 2004).

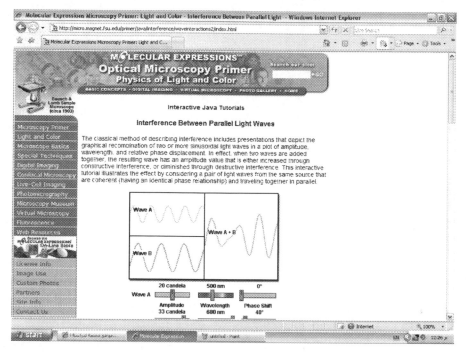

شكل (22) : مثال على تجاب المحاكاة من الإنترنت

خصائص المحاكاة الإلكترونية

تقوم المحاكاة على توافر الظروف المشابهة للموقف الأصلي، وتتلخص سـماتها في الآتي (الحيلـة،
2004):

1- إعادة عرض الموقف الواقعي وتشكيلة مع الحـرص عـلى توضيح العمليـات التـي تـدور في هـذا
الموقف.

2- يراعى عند تصميم الموقف المحاكى إعطاء قـدر مـن الحريـة يسـمح بتعـديل هـذا الموقف عنـد
الحاجة.

3- يمكن حذف أجزاء من المواقف العملية الواقعية غير المهمة بالنسبة للتدريب.

فوائد المحاكاة في التعلم الإلكتروني(غلوم، 2003).

1. توضيح عنوان الموضوع ودليل عرضه.

2. يحقق أهداف الدرس بأقل كلفه وخطورة.

3. يشجع على التفاعل والاتصال التعليمي.

4. يستخدم غالبا مع الأهداف المعرفية ذات المستوى العالي مثل: في مادة العلوم مناقشة عملية الافتراس من خلال معايشة هذا الأسلوب افتراضيا .

وفي عمليات المحاكاة المستخدمة في برنامج التعليم بمساعدة الحاسوب يلعب الطالب دوراً فعالاً في استخدام العوامل العديدة في المحاكاة الحاسوبية لفهم ظواهر العالم الحقيقي بشكل أفضل. ومن خلال تنوع العوامل المتعددة. ويقوم الحاسوب بتكوين بيئات مبتكرة أو حتى مستحيلة. فيمكن أن يقوم الحاسوب بضغط الوقت من خلال تكثيف أو تلخيص كم كبير من البيانات في إطار زمني قصير، أو أنة قد يوسع القاعدة الزمنية للسماح بنظرات أطول إلى التغيرات التي تحدث ضمن مدة زمنية قصيرة. ويمكن للحاسوب أن يكوّن عروضا بيانية للعمليات المطلوبة وتأثيرات العوامل المتغيرة المختلفة على هذه العمليات. وتسمح عمليات المحاكاة برؤية آثار التغيرات في النموذج قبل القيام بالتغيرات التي لن يمكن العودة فيها في النظام الحقيقي (العمل الطبيعي).وفي هذا الإطار، يمكن المجازفة افتراضيا وبدون أي خسارة أو خطر عند تنفيذ التجربة في الحياة الحقيقية. غالبا ما ينبغي على الطلبة الذين يجرون عمليات المحاكاة اتخاذ قرارات على أساس بيانات غير مكتملة والتمكن من رؤية النتائج بسرعة. يمثل هذا تطبيقا رائعا للحياة الحقيقية حيث يمكن اتخاذ قرارات مهمة بالاستناد إلى معلومات قليلة جدا (عبد الحميد وحسن والسنهوري وتيراب، 2004).

فمثلا تعرض عمليات المحاكاة التي تحاكي نموذج النظام الشمسي- الشمس والنجوم والكواكب والقمر والأجسام السماوية الأخرى في مواضعها المكانية الصحيحة. وهناك برنامج الرجال الفضائي ، وهو أحد العديد من عمليات المحاكاة المتوفرة.يسمح هذا البرنامج لمستخدميه من عرض مكان الشمس حاليا أو في المستقبل أو لأي يوم مضى- وحتى 2500 سنة قبل الميلاد، ويمكن عرض أمور عديدة أخرى مثل خطوط الطول ودوائر العرض

على كوكب الأرض والحدود الكبيرة للأجسام السماوية ويمكن لمستخدمي هذا البرنامج التحكم في البروفيل الأفقي.

يمكن استخدام عمليات المحاكاة للسماء في طرق عديدة لفهم العلاقات السماوية. فمثلا يمكن دراسة مواعيد الشروق والغروب والزوايا السمتية للنجوم على مدى سنة. وبالرغم من ثبات موقع شروق النجوم في المدى القريب، إلا أن عمليات المحاكاة لنموذج النظام الشمسي ـ تبين اختلافات منتظمة على مدى القرون. (عبد الحميد وآخرون، 2004)

المحاكاة الحاسوبية المعززة فكريا (عبد الحميد وآخرون، 2004):

طور مركز التكنولوجيا التعليمية في جامعة هارفارد محاكاة حاسوبية عن التعويم تسمى مختبر الغطس أو العوم معدة للطلبة في الصفوف 6، 7، و8. وتتبع هذه المحاكاة مبدأ تعميم البرمجيات في تكوين خصائص ومفاهيم وعلاقات حول ظاهرة طبيعية ما وعرضها في نموذج مرئي. وهذا سيتمكن الطالب من تكوين جسرـ أو معبر ـ من المفاهيم النظرية والعلاقات الملموسة إلى المفاهيم النظرية والعلاقات المجردة التي توضح الظاهرة. وفي عملية محاكاة التعويم يحرك الطلبة الأجسام في وعاء يحتوي على سائل ويراقبون فيما إذا كانت الأجسام تطفوا أو تغطس. أما الأجسام مختلفة الكثافة والمبين كل منها بلون مغاير فتكون متوافرة لوضعها في الماء الموجود في المحاكاة الحاسوبية. وتكون البيانات حول كتلة وحجم الأجسام مبينة للطالب. وحسب النظرية الفيزيائية، يطفو الجسم أو يغطس استناد إلى كثافته وكثافة السائل الذي يوضع فيه. فبالنسبة للجسم الذي يطفو، فكلما ازدادت كثافته ازدادت نسبة حجم الـذي يغطس. وعندما تفوق كثافة الجسم كثافة السائل الموضوع فيه، فسيغطس الجسم.

تسمح عملية المحاكاة هذه للطلبة برصد العلاقات بين الكتلة والحجم وتحديدها مرئيا حيث يتم تصوير كتلة الجسم المراد وضعة في السائل على شاشة الحاسوب على شكل مربعات سوداء صغيرة. وفي المقابل فإن حجم الجسم يتم تصويره على شاشة الحاسوب على شكل مستطيلات صغيرة مفتوحة يناسب عددها حجم الجسم.

وبغض النظر عن كثافة الجسم أو السائل الذي اختاره الطالب، فإن الحاسوب يعرف فيما إذا كان الجسم سيطفو أو يغطس، وإذا غطس فإلى أي عمق. هناك قانونان فيزيائيان موجودان ضمنا في هذا البرنامج؛ أما الأول فيخص الحفاظ على المادة والثاني يتضمن ضغط السوائل يمكنان الحاسوب من الإجابة بصورة صحيحة. أما شاشات الحاسوب (ما يعرض على الشاشة) فتتكون من خلال عمليات البحث الاستقصائية التي يقوم بها الطالب وليست معدة سلفا من قبل المبرمج. وبحسب سدير وسمث وكروسلايت فإن هذا هو الوضع الذي يمكن من خلق البيئة الحاسوبية التي يتمكن فيها الطلبة من استكشاف ظاهرة التعويم بطريقة مفيدة وغير مفيدة .

إن محاكاة عملية العوم مثال معروف حول كيفية استخدام الحاسوب لتعليم المحتوى القديم بطرق جديدة. يمكن دمج مثل هذه المحاكاة بسهولة في المقررات العلمية حيث أنها تعزز وبقوة فهم الطلبة الفكري. .(عبد الحميد وآخرون، 2004)

تستخدم الحواسيب لمحاكاة وتمثيل الظواهر الطبيعية والنشاطات التي لا يمكن القيام بها في مختبرات العلوم. وتساعد برامج المحاكاة معلم العلوم في إدخال خبرات التعلم الفعّالة إلى الصف. فقد توضح المحاكاة أشياء حقيقية أو أشياء افتراضية، وأسلوب المحاكاة يسمح للمتعلم تعلم المفاهيم والمبادئ العلمية أكثر مما لو تعلمها عن طريق المحاضرة أو العروض العملية. فالمحاكاة تسمح للطالب بالتحكم في بعض المتغيرات وملاحظة ووصف تأثير هذا الضبط والحكم على النتائج. ويمكن القول إن المحاكاة الإلكترونية تجعل التجارب موجودة أمام الطلاب وبدون تكلفة باهظة، وتجعل الطالب يفهم الخطوات الضرورية لحدوث مثل هذه النشاطات أو التجارب. وتعد المحاكاة من أنجح الأساليب التي بإمكان معلم العلوم استخدامها لتدريس المواضيع العلمية، وذلك لأنها تعمل على زيادة فعالية الطالب وتشجعه وتحمسه على التعلم. والمحاكاة الإلكترونية لا يمكن أن تحل محل الخبرة المباشرة بل تساعد على تحقيقها، ولكن قد يعمد معلمو العلوم في بعض الأوقات إلى استخدام المحاكاة الإلكترونية في الحالات التي لا يمكن التعلم فيها من خلال الخبرة المباشرة ومنها:

* بعض التجارب معقدة جدا وتتطلب وقتا طويلا لإنجازها، فالمحاكاة الإلكترونية تعمل على تيسير بعض هذه الحالات وجعلها مفهومه للطلاب وبسهوله.

* بعض التجارب والنشاطات العلمية تكون مكلفة من الناحية المادية، وبذلك تمثيل الواقع وبتكاليف قليلة.

* هناك بعض النشاطات العلمية والتجارب تحتاج وقتا طويلا لكي يتم إنجازها، والوقت في توزيع المنهج غير كاف للقيام بالتجارب العلمية. والحاسوب يعطي الفرصة للمتعلم والمعلم لتوفير الوقت، وقد تكون هناك تجارب لا تأخذ من المعلم دقيقة واحدة.

* بعض التجارب لا يمكن أن يجريها الطلاب أو يقوم المعلم بإجرائها أمام الطلاب، نظرا لخطورتها مثل بعض التفاعلات الكيميائية والنووية، أو التعامل مع المواد المشعة أو مع الحيوانات المفترسة أو السامة. فالمحاكاة الإلكترونية لمثل هذه الحالات تجعل تعلم المفاهيم المتعلقة بهذه النشاطات العلمية والمهارات المختلفة أمرا سهلا و ميسرا للطالب.

* بعض المفاهيم العلمية مجردة ويعاني الطلاب من الصعوبات في فهمها وبرامج المحاكاة الإلكترونية تتيح الفرصة لجعل المفاهيم المجردة محسوسة وسهلة الفهم للطلاب.

وبذلك يمكن القول إن برامج المحاكاة في التدريس تقدم تقليدا معقولا للمواقف أو الحوادث الحقيقية من دون أن تفرض على الطلاب المشاركة في المواقف الحقيقية .

مثال على استخدام المحاكاة الإلكترونية في تدريس العلوم

الموضوع: تشريح الحمامة

المستوى: الصف الثالث المتوسط

الأهداف: التعرف على خطوات التشريح .

-التعرف على الأعضاء الداخلية للحمامة وإدراك وظيفة كل عضو.

-التعرف على أدوات التشريح.

الوسائل التعليمية: برنامج في الحاسوب يحاكي خطوات تشريح الحمامة والتعرف على أجزائها.

العرض: يعرض الحاسوب للطالب أدوات التشريح المختلفة وفائدة كل أداة وكيفية استخدامها.

التقييم: - ما الأدوات الضرورية المستخدمة لعملية التشريح؟

- ما الخطوات الرئيسة في عملية التشريح؟

- اذكر الأعضاء الداخلية للحمامة مع ذكر وظيفة كل عضو؟

وقد تقدم أسئلة التقويم بعد أن ينتهي المتعلم من القيام بعملية التشريح وإعطائه الفرصة لإعادة دراسة بعض الأجزاء من الدرس أو تعلمها إذا رغب في ذلك، وبعد ذلك تقدم له أسئلة التقييم للتعرف على مدى تحقيق الأهداف الخاصة بالدرس. وفي مجال تدريس العلوم الأمثلة كثيرة جداً وخاصة في تدريس بعض المعلومات التي يصعب على المعلم توفير بعض النشاطات فيها لندرتها أو لصعوبة الحصول عليها أو لطول الوقت الذي تحتاجه هذه النشاطات. (الشهراني والسعيد، 1997)

استراتيجية المناقشة والحوار:

تعرف المناقشة على أنها أنشطة تعليمية تعلمية تقوم على المحادثة التي يتبعها المعلم مع طلابه حول موضوع الدرس، ويكون الدور الأول فيها على المعلم الذي يحرص على إيصال المعلومات بطريقة الشرح، وطرح الأسئلة، ومحاولة ربط المادة المتعلمة قدر الإمكان للخروج بخلاصة أو تعميم أو مبدأ للمادة المتعلمة موضوع الحوار، وتطبيقها على أمثلة منتمية في مواقف جديدة (وزارة التربية والتعليم، 2005).

وتعطي المناقشة للمتعلمين فرصة تحليل المعلومات، واكتشاف الأفكار، والمشاركة بأحاسيسهم فيما بينهم وبين مدرسيهم، فيمكن لهم أن يكوّنوا تواصلا مبنيا على الاهتمامات المشتركة، ويمكن لمنتدى المناقشة الجيد التصميم في المقرر الإلكتروني، أن يخلق بيئة مشتركة وتفاعلية وفعّالة، حيث يختبر المشاركون في منتدى المناقشة الإلكتروني منظورات متعددة حول قضايا تحفزهم على التحليل، والمشاركة بطرق تفكير مختلفة (الخان، 2005).

ويمكن أن تكون المناقشات الإلكترونية غير متزامنة (أي يحدث الاتصال من حيث الإرسال والاستقبال في أوقات مختلفة) أو متزامنة (أي يكون إرسال واستقبال التواصل في نفس الوقت). وأدوات التواصل غير المتزامنة تتضمن البريد الإلكتروني، ومجموعات الأخبار، والقوائم البريدية، في حين أن أدوات التواصل المتزامنة تشمل على المراسلات الفورية، وأدوات مؤتمرات الصوت والفيديو الإلكترونية. وفي كلتا المناقشتين غير المتزامنة

والمتزامنة، لا يتعلم الطلاب من المدرس - الذي يزودهم بخبرة وتغذية راجعة خلال المناقشات المستمرة - فحسب، ولكن أيضا من خلال التغذية الراجعة للآخرين وملاحظاتهم، وينبغي أن توضع خطط الأسئلة المطروحة بشكل يؤدي إلى خلق وتسهيل المناقشات الإلكترونية الفعالة للأغراض التعليمية(الخان، 2005).

ويشير الأدب التربوي إلى أنه لا بد من توافر شروط لتحقق المناقشة أهدافها، من أهمها (وزارة التربية والتعليم، 2005) :

- وعي المعلم والمتعلمين بالأهداف المرجوة من المناقشة.
- أن لا يتجاوز حجم المجموعة عشرين طالباً، وأن لا يقل عن اثنين.
- أن تكون الفرصة متاحة لاستخدام المناقشة.
- أن يعد المعلم الأسئلة المناسبة التي تسهل عملية المناقشة بحيث تكون مبسطة ومتتابعة وهادفة، وتنمي التفكير، والاستفسار، وحب الاستطلاع.
- أن يكون الطلبة على قدر من الدراية والعلم بالموضوع المراد مناقشته.
- أن تكون الأسئلة من النوع الذي يؤدي إلى تنمية قدرة الطلبة على إدراك العلاقات ومسايرة الدرس.

وقد وضع بيلي ولوتكانس القواعد الأساسية الآتية للمناقشة المنظمة (الخان، 2005):

1- الترحيب بجميع الأفكار، وتقدير الصدق والتفكير الناقد.
2- المشاركة بشكل دوري في كلا النشاطين قراءة الرسائل ، والرد عليها مهمان لهذه المناقشة.
3- البناء على أفكار الغير، وهذه هي القوة المركزية لأي منتدى، فكن حرا في طرح الأسئلة والتفاعل معها والبناء على ما قدمه الآخرون من أفكار.
4- استخدام البريد الإلكتروني للاتصالات الفردية الخاصة.
5- الابتعاد عن الهجوم على المشتركين أو تأجيج الخلاف أثناء المناقشة.
6- على الميسرين مراقبة المنتدى طوال المناقشة.

مزايا طريقة المناقشة والحوار :

ذكر زيتون (1999) مزايا عديدة لاستخدام هذه الطريقة في التدريس ، من أبرزها:

- توضيح المحتوى: حيث يسهم عرض الموضوع بطريقة المناقشة على تشجيع الطلبة على الإدراك النشط لما يتعلمونه في الصف.

- تعليم التفكير العقلاني: حيث تعد هذه الطريقة من الطرائق الجيدة في تعليم التفكير والتريث في إصدار التعميمات وإطلاق الأحكام المسبقة على الظواهر والمواقف المختلفة.

- إبراز الأحكام الوجدانية: حيث تسهم هذه الطريقة في الكشف عن مشاعر وميول واتجاهات وقيم الطلبة حول النقطة موضوع النقاش، مما تساعد المعلم على التعرف إلى طلبته عن قرب.

- زيادة درجة تفاعل الطلبة: و يسهم النقاش الفردي بشكل عام والجماعي بشكل خاص في استثارة دافعية الطلبة وزيادة رغبتهم في الانخراط بالمهمات التعلمية.

- الاهتمام الفردي بكل طالب: إذ يساعد النقاش على توطيد عرى الروابط بين المعلم وطلبته من جهـــــة، وبيـــن الطلبـــة أنفســـهم مـــن جهـــة أخـــرى، كـــما يســـاعد على تنمية شخصيتهم واستقلالهم وقدرتهم على اتخاذ القرار المناسب في الوقت المناسب.

ضوابط طريقة المناقشة (شعبة إشراف العلوم، بدون تاريخ):

1- أن تكون الأسئلة مناسبة للأهداف ولمستوى الطلاب وزمن الحصة .

2- أن تكون الأسئلة مثيرة للتفكير وليست صعبة أو تافهة أو مركبة .

3- أن تكون الأسئلة خالية من الأخطاء اللغوية والعلمية .

4- أن تكون متدرجة في الصعوبة ومباشرة وواضحة .

5- أن يشارك جميع الطلاب في المناقشة مع المعلم أو فيما بينهم .

6- أن يشارك المعلم في توزيع المجموعات وضبط المناقشة والتنظيم .

7- تحفيز الطلاب بعد الإجابات الصحيحة وتقبل الإجابات الخاطئة ومساعدة المخطىء وعدم إهمال غير المشاركين.

8- استخدام الوسائل التعليمية .

9- عدم التسرع في الرد على أسئلة الطلاب .

استراتيجية الاستقصاء :

هي الطريقة التي تجعل المتعلم يفكر وينتج ، أي أنها تتيح له أن يسلك سلوك العالم في البحث والتوصل إلى النتائج. إن هذه الطريقة بنوعيها (الحرّ والموجّه) تتميز بمميزات عديدة في التدريس يمكن أن يكون من أبرزها ما يلي (وزارة التربية والتعليم، 2005):

1- يصبح الفرد المتعلم محوراً أساسيا في عمليتي التعلم والتعليم.

2- تنمي عند الطلبة عمليات (مهارات) الاستقصاء والاكتشاف والاستفسار العلمي(عمليات العلم) كما في الملاحظة, والقياس, والتصنيف, والتفسير, والاستدلال... والتجريب.

3- تنمي التفكير العلمي لدى الطلبة, إذ إنها تتطلّب تهيئة مواقف تعليمية – تعلمية (مشكلة) أو مفتوحة النهاية تستلزم استخدام طرائق العلم, وبخاصة الطريقة العلمية, في البحث والتفكير وإجراء التجارب العلمية .

4- تهتم بتنمية المهارات الفكرية والعمليات العقلية لدى الطالب.

5- تؤكد استمرارية التعلم (الذاتي) ودافعية الطالب نحو التعلم, مما يعني أن العملية التعليمية التعلمية لا تنتهي بتعليم الموضوع داخل المدرسة أو الغرفة الصفية فقط, وإنما يمكن أن تمتد خارج المدرسة أيضا.

6-تهتم ببناء المتعلم من حيث ثقته واعتماده على النفس، وشعوره بالإنجاز، وزيادة مستوى طموحه، وتطوير مواهبه.

7- تنمي مفهوم الذات, وتزيد من مستوى التوقعات لدى المتعلم من حيث مدى استطاعته تحقيق المهمات العلمية التي يكلف بها, وتنمي المواهب والقدرات الأخرى كما في قدرات: التخطيط ، والتنظيم ، والتفاهم ، وتحمل المسؤولية ، والحياة الاجتماعية.

8- تزيد نشاط المتعلم وحماسه تجاه عمليتي: التعلم والتعليم، مما يعني أنـه تتطور لديـه القـدرة عـلى تكوين المعرفة العلمية (المفاهيم والمبادئ ...) وتمثلها وبالتالي جعلها جزءاً من نظامه المعرفي.

الشروط الأساسية للتعلم بطريقة الاستقصاء:

1- عرض موقف (مشكل) أمام الطلبة, أو طرح سؤال (أو أسئلة) تفكيري يثير تفكير الطلبة أو يتحداهم.

ولهذا يقترح على المعلم ، قبل طرح الأسئلة التفكيرية ، أن يضع في ذهنه الأسئلة والتساؤلات الآتية :

• ماذا أريد أن أعلّم؟ ماذا أتوقع من الطلبة أن ينجزوا (أو يكتشفوا) من خلال الأسئلة؟

• ما نوع الأسئلة التي يجب أن أطرحها؟ هل هـي أسئلة متعـددة الأجوبـة (متشـعبة)؟ أم محددة الأجوبة (تقاربية)؟

• ما مستوى التقصي الذي أريده؟

• كيف استجيب إلى أسئلة الطلبة؟ وكيف يمكنني الاستفادة مـن أسئلتهم في طـرح الأسئلة التفكيرية؟ وما نوع الأسئلة التي يمكن أن أتقبلها منهم ؟

• ما القدرات أو المواهب التي أحاول أن أطورها أو أنميها لدى الطلبة؟

• ما العلميات العقلية (الناقدة) التي أحاول أن أغذيها أو أنميها لدى الطلبة؟

• ما الأهداف الخاصة والعامة للتدريس التي أحاول أن أحققها؟

2- حرية التقصي, بمعنى أن يعطى الطالب الفرصـة لـكي يبحـث ويستقصي ويكتشف، حتـى تتولـد لديـه القناعة والشعور الداخلي الذي يدفعه إلى التقصي والاكتشاف المستمر.

3- توافر ثقافة أو قاعدة علمية مناسبة لـدى المتعلم، بحيـث يمكن أن يكـون انطلاقـة كافيـة لأن يبحـث ويتقصى ويكتشف، وكذلك عليه أن يتعلم أو يتدرب مسبقاً على بعض مهارات العلم وعملياته، لـكي يكون بمقدوره أن يلاحظ ويقيس ويستنتج ويجرب.

دور المعلم في طريقة الاستقصاء

يمكن تلخيص دور المعلم في طريقة الاستقصاء بما يأتي (وزارة التربية والتعليم، 2005):

1. يهيئ الفرصة المناسبة أمام الطلبة للتقصي والاكتشاف, وبالتالي اكتشاف الحلول أو الإجابات المناسبة للمشكلات العلمية المبحوثة أو الأسئلة المثارة.
2. يختار بعض النشاطات التعليمية (المفتوحة النهاية) كمشكلات علمية، سواء تلك التي يقترحها المعلم أم الطلبة أنفسهم أم الباحثون (العلماء).
3. يهيئ نفسه للحقيقة التي ترى أن التعلم بالتقصي والاكتشاف يأخذ وقتاً أطول من التعلم بالطرائق التقليدية (الاعتيادية).
4. يأخذ التعلم بالتقصي والاكتشاف إطارا عاماً يتضمن: المناقشة الصفية وتبادل الأسئلة (لتحديد المشكلة أو النشاط التعليمي المشكل), والملاحظة والتجريب, ومناقشة المعلومات التي تم الحصول عليها و تفسيرها , وتوليد المشكلات والنشاطات العلمية الأخرى (الجديدة) لاستمرار البحث والتقصي والاكتشاف.
5. يزود الطلبة ببعض (التلميحات) كلما لزم الأمر أو اقتضت (المشكلة أو السؤال) ذلك، وبخاصة عندما يشعر بأن أفكار الطلبة قد تناثرت أو تشتت كثيراً بحيث لم يكن بمقدورهم المضي في عملية التحدي والاكتشاف العلمي.
6. يمتلك خطة عامة لإرشاد الطلبة وتوجيههم أثناء القيام بالنشاطات العلمية الاستكشافية أو حل المشكلات لعلمية المطروحة.
7. ملاحظة أن التعلم بالتقصي والاكتشاف يتطلب منه أن يوفر الأدوات والأجهزة والمواد اللازمة لأغراض التعلم والبحث والتقصي لاكتشاف مفاهيم العلم ومبادئه.
8. يأخذ بعين الاعتبار أن فن طرح الأسئلة الصحيحة ونوعيتها المناسبة طرحاً صحيحاً يعدّ محكاً (معياراً) أساسيا في إنجاح أو إفشال عملية التعلم بالتقصي والاكتشاف.

استراتيجية حل المشكلات:

يعرف بعض التربويين طريقة حل المشكلات على أنها نشاط تعليمي يواجه فيه الطالب مشكلة (مسألة أو سؤال) فيسعى إلى أيجاد حل أو حلول لها ، لذلك فإن عليه أن يقوم بخطوات مرتبة في نسق تماثل خطوات الطريقة العلمية في البحث والتفكير، يصل من خلالها المتعلم أو (المتعلمين) إلى حل لهذه المشكلة، و تكون على شكل مبدأ أو تعميم (وزارة التربية والتعليم، 2005) .

خطوات حل المشكلة :

يعد أسلوب حل المشكلات تدريباً على البحث العلمي، حيث يعتمد على التفكير العلمي. ويمكن اعتبار المواقف المربكة أو الأسئلة المحيرة في أحد الدروس محوراً للتفكير والبحث وذلك باتباع الخطوات التالية (شعبة إشراف العلوم، بدون تاريخ) :

1- الشعور بالمشكلة والرغبة في حلها . ويراعى في ذلك إمكانات المدرسة وقدرات الطلاب وميولهم

.

2- تحديد المشكلة بدراسة الموقف وعناصره وكتابة تعريف محدد للمشكلة من قبل المعلم .

3- جمع المعلومات بطرح أسئلة حول الموضوع أو تعيين مراجع .

4- افتراض الحلول وتدوين المقترحات الممكنة لحل المشكلة .

5- اختبار صحة الفروض وتجربتها واختيار الأنسب لحل المشكلة .

6- الاستنتاج والتحقق من النتائج .

7- صياغة التعميمات المناسبة لحل المشكلة بحيث تشمل ماورد في الفروض الصحيحة .

ولاستخدام هذه الطريقة في التدريس لا بد من توافر عدد من الشروط من أبرزها (وزارة التربية والتعليم، 2005):

• أن يكون المعلم قادراً على حل المشكلات بأسلوب علمي صحيح، ويعرف المبادئ والأسس والاستراتيجيات اللازمة لتنفيذ ذلك.

- أن يمتلك المعلم القدرة على تحديد الأهداف وتبني ذلك في كل خطوة من خطوات حل المشكلة.

- أن تستثير المشكلة مدار البحث اهتمامات المتعلمين وتتحدى قدراتهم بشكل معقول، بحيث تكون قابلة للحل .

- أن يستخدم المعلم التقويم التكويني ، بحيث يقدم للمتعلمين التغذية الراجعة بالوقت المناسب.

- أن يتأكد المعلم من امتلاك المتعلمين للمهارات والمعلومات الأساسية لحل المشكلة قبل الشروع في حلها .

- أن يوفر المعلم للمتعلمين المواقف التعليمية التي تساعدهم على ممارسة أسلوب حل المشكلات.

- أن يساعد المعلم المتعلمين على تكوين نمط أو نموذج أو استراتيجية يتبنونها في التصدي للمشكلات ومحاولة حلها.

- أن يجرب المعلم استراتيجية الحل على مشكلات جديدة تيسرـ عملية انتقال الطريقة، وتمكن المتعلم من استخدام النظرة الشمولية لحل المشكلة.

- أن يوظف المعلم التعلم التعاوني في حل المشكلات.

وتقوم طريقة حل المشكلات على مبادئ أساسية نوجزها فيما يلي:

1. الانطلاق من الحوافز الداخلية للتلميذ، ومن طبيعته الشغوفة لمعرفة الأشياء وتفسير الظواهر التي تصادفه وتشغل باله.

2. الاعتماد على الجهد الشخصي للتلميذ في التعلم، واجتناب التلقي السلبي للمعرفة الجاهزة.

3. التركيز على روح البحث والاكتشاف لدى التلميذ وكذلك التعاون والتواصل والنقد ... الخ.

استراتيجية التعلم التعاوني   Cooperative Learning :

يعرف جونسون وجونسون وهولبك التعلم التعاوني على أنه التعلم ضمن مجموعـات صغيرة مـن الطلبة (2-6) بحيث يسمح للطلبة بالعمل سوياً وبفاعلية، ومساعدة بعضهم بعضاً لرفع مستوى كـل فـرد منهم وتحقيق الهدف التعليمي المشترك. ويقوم أداء الطلبة بمقارنته بمحكات معـدة مسبقاً لقيـاس مـدى تقدم أفراد المجموعة في أداء المهمات الموكلة إليهم (المقبل، 2002) .

ويسمح التعلم التعاوني للمتعلمين العمل معا لتحقيق هدف مشترك، ففي البيئـة التعاونيـة يمكـن للمتعلمين أن يطوروا المهارات الاجتماعيـة، ومهارات التواصل، ومهارات التفكير الناقد، ومهارات فـن القيادة، ومهارات التفاوض، ومهارات العلاقات مع الآخرين، ومهارات التعاون، وتوفر الشبكة فرصاً كثيرة للتعلم التعاوني. ويمكن تضمين نـوعين مـن أنواع التعاون في الإنترنت هـما: التعاون الـداخلي، والتعاون الخارجي، إذ إن التعاون الداخلي يوفر بيئة داعمة لطرح الأسئلة، وتوضيح الاتجاهات، واقتراح المصـادر أو المشاركة بها، والعمل على مشاريع مشتركة مع أعضاء الصف الآخرين. وأما التعاون الخارجي فإنـه يفيـد في مكاملة مصادر الخارج وأفراده - مثل المواقـع الإلكترونيـة، والمتحـدثين والمدرسـين الزائـرين - في أنشطة المقرر. ويمكن استخدام البريد الإلكتروني ومنتديات المناقشـة وأدوات المـؤتمر في تيسـير كـلا النـوعين مـن التعاون (الخان، 2005).

ويمكـن أن يـتم الـتعلم التعـاوني في بيئـة الـتعلم الإلكتروني باسـتخدام الأدوات المبـاشرة (Synchronous tools) مثل غرفة المحادثة والمؤتمرات المرئية أو غير المباشرة (asynchronous tools) مثـل منتديات النقاش. وقد أظهرت البحوث أنه يمكن أن تعطي الأدوات غـير المباشرة مجموعـات الطلاب بـدائل أكـثر للتفكـير. وانعكـاس المعلومـات علـيهم، ولتنظـيم ومتابعـة المناقشـات والمشاركة في النقاش الجماعي الشبكي بالمقارنة مع الأدوات المباشرة، وعليه فإن التفاعل غير المباشر يعد مناسباً أكثر لاستخدام التعلم التعاوني في بيئة الـتعلم الإلكتروني، فتصـميم برامجـه يسـهل مـن قـدرة المجموعـة التعاونيـة علـى اسـتخدام النصـوص، والكتابـة، وإضافة المواقـع الشـبكية، والوصـلات الإلكترونيـة للنقـاش الجماعي. وعلى سبيل المثال فمن الممكن أن يطرح الطلاب اقتراحات عـن تطوير المفهوم أو المعلومة

ويضمنوها وصلة نشطة لموقع شبكي خارجي لكي يشرحوا نقطة علمية (أبو حرب والموسوي وأبو الجبين، 2004).

لقد ثبت أن طبيعة بيئة التعلم الإلكتروني غير المباشرة في إجراء التمارين والتطبيقات يجعل من الممكن ربط المناقشة بالقراءات السابقة والقراءات اللاحقة لإبراز الأمثلة ذات الصلة المباشرة بالخبرات المكتسبة في هذه التمارين والتطبيقات. فحقيقة أن أفكار ومفاهيم المجموعات الأخرى قد تمت مناقشتها من قبل عامة الطلاب يزيد من عدد الأمثلة التي يمر الطلاب حالياً بخبراتها، ويعد هذا المكسب أداة بيداغوجية مفيدة. إن تقنيات بيئة التعلم الإلكتروني غير المباشرة ليست كفوءة فحسب في نشر نتاجات العمل التعاوني الجماعي، ولكنها تستخدم أيضاً لجعل عملية بناء ذلك العمل أكثر وضوحاً وحسيّة. فالطالب الذي يحتفظ للمدرس بكافة المراسلات والمعلومات التي تحويها عملية التعلم، ويوفرها له من خلال استخدام أدوات برامج التعلم الإلكتروني، يُمكّن هذا المدرس من الحصول على تاريخ مرئي يمكن أن يوظف وسيلة المناقشات اللاحقة من عملية التعلم. كما أن السهولة النسبية للنسخ الإلكتروني تجعل من عملية التعلم وبخاصة في الموضوعات التي تحتاج إلى الكتابة والتعبير الإنشائي، تجعل منها أكثر سهولة من استخدام الورق كما هو الحال في غرفة التدريس التقليدية (ابو حرب وآخرون، 2004).

ومن الواضح أن أكثر التطبيقات مشابهة لغرفة التدريس التقليدية في سياق بيئة التعلم التعاوني الإلكتروني هي استخدام التعلم المباشر (on line learning) للسماح للمدرس والطلاب بأن يروا أداء بعضهم بعضاً. ومن الممكن تكييف هذا النوع من التعلم بتضمينه معظم خصائص التعلم وجها لوجه. ومن الملاحظ في الوقت الحالي أن بيئة التعلم الإلكتروني المباشر ما زالت مرتكزة بشكل كبير على المدرس بواسطة التقانات المتوافرة. حيث يقوم المدرس بالتحدث إلى الصف عبر الميكروفون من موقعه، بينما ينصت الطلاب لحديثه في مواقعهم البعيدة باستخدام سماعات الحاسوب، ويتفاعلون مع المدرس والطلاب الآخرين عبر غرفة المحادثة الافتراضية. ومن الأمثلة على ذلك قيام جميع الطلاب باستخدام المتصفح لاستدعاء صفحة الموقع الإلكتروني نفسها التي يعلمهم بها المدرس ثم يعطي المدرس تعليقا لفظيا معللاً إجاباته لبعض الأسئلة وهو يحاول استخدام ذلك الموقع

لايجادها، في حين يقوم الطلاب بمتابعته واكتشاف الموقع بأنفسهم وتوجيه الاسئلة له. ويمكن بتقانات متطورة أكثر العمل على تطوير هذا النموذج فيكون قريب الشبه أو مماثلاً بصورة واقعية لغرفة التدريس التقليدية وبخاصة فيما يتعلق بالمشاركة والتعلم التعاوني المستمر (ابو حرب وآخرون، 2004) .

في سبيل تزويد المعلمين بالمعرفة اللازمة لبدء رحلة اكتساب الخبرة في استخدام التعلم التعاوني ، يترتب عليهم أن (وزارة التربية والتعليم، 2005) :

- يدركوا مفهوم التعلم التعاوني، وكيف يختلف عن التعلم التنافسي.
- يفهموا الأساس النظري للمكونات الأساسية التي تميز التعلم التعاوني عن التعليم الجمعي وعن "الجهود الفردية مع الكلام" ومن أهم المكونات وأكثرها تعقيداً ثلاثة مكونات هي: الاعتماد التبادلي الإيجابي، تعليم المهارات الاجتماعية، سير المجموعات.
- يفهموا الأساس النظري لدور المعلم في استخدام التعلم التعاوني.
- يكونوا قادرين على تصميم وتخطيط وتعليم دروس تعاونية.
- يلتزموا التزاماً شخصياً باكتساب خبرة استخدام التعلم التعاوني.
- يكونوا جزءاً من مجموعة زملاء داعمة (للتعلم التعاوني) مكونة من معلمين يعملون دون كلل لاكتساب الخبرة في استخدام التعلم التعاوني في غرف صفوفهم.

مبادئ وشروط التعلم التعاوني

حتى يكون التعلم تعاونياً حقيقياً ، يجب أن يتضمن خمسة مبادئ أو عناصر أساسية في تعلم المجموعات، وهي (أبو حرب وآخرون، 2004 ؛ المقبل، 2002) :

1- الاعتماد المتبادل الإيجابي:

إنّ أول متطلب لدرس منظم على أساس تعاوني فعال هو أن يعتقد الطلبة بأنهم "يغرقون معاً أو يسبحون معاً". ويتوافر الاعتماد الإيجابي عندما يدرك الطلبة أنهم مرتبطون مع أقرانهم في المجموعة بشكل لا يمكن أن ينجحوا هم ما لم ينجح أقرانهم في المجموعة وبالعكس، إن عليهم تنسيق جهودهم مع جهود أقرانهم في مجموعتهم ليكملوا مهمة عهدت إليهم.

وعندما يفهم الاعتماد المتبادل الإيجابي جيداً ، فإنه يؤكد ما يأتي:

- جهود كل فرد في المجموعة مطلوبة لا يستغني عنها لنجاح المجموعة ، أي لا يجوز أن يكون هنالك ركاب معفون من دفع الأجرة.

- لكل فرد في المجموعة إسهام فريد يقدمه إلى الجهد المشترك بسبب مصادره أو دوره ومسؤوليات المهمة التي تسند إلى المجموعة.

2- التفاعل المباشر المشجع:

والمبدأ الثاني هو التفاعل المباشر المشجع بين أعضاء المجموعة فالتعلم التعاوني يتطلب تفاعلاً وجهاً لوجه بين الطلبة يعززون من خلاله تعلم بعضهم بعضاً ونجاحهم. والاشتراك في استخدام مصادر التعلم وتشجيع كل فرد للآخر وتقديم المساعدة والدعم لبعضهم البعض. ويتم التأكد من ذلك من خلال ملاحظة تفاعلاتهم اللفظية.

3- المساءلة الفردية والمسؤولية الشخصية (الذاتية) :

إنّ المبدأ الأساسي الثالث للتعلم التعاوني هو مساءلة الفرد أو المساءلة الفردية التي تتم بتقويم أداء كل طالب فرد وعزو النتائج إلى المجموعة والفرد. وللتأكد من أنّ كل طالب يكون مسؤولاً عن نصيبه العادل من عمل المجموعة فإن الأمر يحتاج إلى ما يأتي:

- تقويم مقدار الجهد الذي يسهم به كل عضو في عمل المجموعة.

- تزويد الأعضاء في المجموعات بالتغذية الراجعة.

- تجنب المبالغة من قبل الأعضاء.

- التأكد من أنّ كل عضو مسؤول عن النتيجة النهائية.

4- المهارات الخاصة بالأشخاص ومهارات المجموعات الصغيرة :

كي ينسق الطلبة جهودهم لتحقيق أهدافهم المتبادلة ،عليهم أن:

- يثقوا ببعضهم بعضا.

- يتواصلوا بدقة ودون غموض.

- يقبلوا على العمل ويدعموا بعضهم بعضاً .

- يحلوا مشكلاتهم وخلافاتهم الداخلية بطرق إيجابية بناءة .

5- المعالجة الجماعية :

المبدأ الأساسي الخامس للتعلم التعاوني هو المعالجة الجماعية التي توجد عندما يناقش أعضاء المجموعة مدى تقدمهم نحو تحقيق أهدافهم ومدى محافظتهم على علاقات عمل فعالة. ويعمل الطلبة معاً للتأكد من أنهم وزملاءهم في المجموعة قد أتموا المهمة التعليمية التي أسندت إليهم بنجاح.

إنّ الغرض من المعالجة الجماعية هو توضيح وتحسين فعالية الأعضاء في إسهامهم في الجهود التعاونية لتحقيق أهداف المجموعة.

مزايا التعلم التعاوني في بيئة التعلم الإلكتروني (أبو حرب وآخرون، 2004) :

1- التركيز على التكرار التعاوني: فبدلا من أن يكون للطالب صوت واحد كما هو الحال في غرفة التدريس التقليدية، فإن الطالب والمدرس يعلقان تعليقات تساعد بصورة مشتركة المجموعات التعاونية على تحسين تعلمها بمرور الوقت عبر التراكم المعرفي وإعادة تصميم المعرفة.

2- توقع التطوير : إن قيام الطالب بإرسال رسالة ما أو عرض من عروضه التعليمية لا يعني أن ذلك نهاية المطاف؛ فالمشارك بالتعليقات يتوقع أن يعكس زملاؤه محتوى رسالته وعروضه التعليمية في أفكارهم واقتراحاتهم المستقبلية، أو على الأقل يتوقع أن يقوموا بإبداء الرأي سلباً أو ايجاباً حول أفكاره ومقترحاته، وبإعطاء أسباب جيدة إزاء ذلك.

3- توفير التبادل للتغذية الراجعة والتغيير: لا يعني إرسال رسالة من قبل أحد الطلاب أن بقية المشاركين في مجموعته التعاونية يتعرفون محتواها وحسب، وإنما سيكون كافة الأعضاء مسؤولين عن تقديم التعليقات والاستجابات الملائمة نحوها، وكلما تم الكشف عن المزيد منها، أمكن للمدرس أن يعلق على إحدى المجموعات.

4- الأمثلة المبنية على السياق التعليمي: تشتق مناقشة الجانب النظري في بيئة التعلم الإلكتروني من أمثلة واقعية يمكن لجميع الطلاب تلمسها بسهولة. فوجود أمثلة متعددة للتعلم بشكل مستمر يسمح بمناقشة أفكار ومفاهيم تجريدية خلال عملية التعلم.

5- الاتصال: إن الاتصال بين المدرس والطلاب يتدعم بصورة كبيرة باستخدام أداة لوحة المهام الإلكترونية في برامج التعلم الإلكتروني، حيث تتم الإجابة عن الأسئلة الاعتيادية مما يقلل من مستوى تدخل المدرس في عملية التعلم.

6- التفاعل الجماعي والصفي: يحدث التفاعل داخل المجموعة وبين المجموعات، فأدوات برامج التعلم الإلكتروني تُمكّن المدرس من مراقبة هذه الخاصية بالإضافة الى قدرته على الانخراط في المناقشات عند الضرورة .

7- المحادثة الافتراضية: تمكن أداة المحادثة الافتراضية المدرس من التدريس الافتراضي بحيث تجعل من السهولة بمكان انخراط الطلاب الذين يمكن أن تكون لديهم صعوبة في الحضور الى غرفة التدريس التقليدية.

مشاكل التعلم التعاوني في بيئة التعلم الإلكتروني:

لخص أبو حرب (2004) أهم المشاكل الرئيسة في بيئة التعلم التعاوني الإلكتروني بما يلي:

1- البنية التحتية الإلكترونية : إن توصيلات الإنترنت بصورة عامة بطيئة ومتقطعة أحيانا مما يشكل إحباطا لبعض الطلبة، فلابد من إنشاء البنية التحتية بصورة فعّالة.

2- الحواسيب: يجب إعداد العدد الكافي من الحواسيب اللازمة لتنفيذ برامج التعلم الالكتروني.

3- عامل الوقت: إن حجم استخدام الطلاب ربما يكون أكبر من المتوقع وبخاصة فيما يتعلق بأدوات النقاش الجماعي الإلكتروني، والمحادثات الافتراضية التي تحتاج إلى وقت طويل من المدرس يقضيه في تدقيقها لضمان الإجابة عن كل الاتصالات بصورة مدروسة.

4- وقت الاستخدام: توجد مشكلة في تدريب الطلاب على استخدام برامج التعلم الإلكتروني في أوقات مناسبة، وبطريقة تدعم خبراتهم التعليمية، وتشير التحليلات البحثية إلى أن أنماط استخدام بيئة التعلم الإلكتروني لا تظهر اهتمام الطلاب أحيانا بالردود خاصة عند اختيار أداة النقاش الجماعي.

خطوات تنفيذ التعلم التعاوني:

لتحقيق تعلم تعاوني فعال لا بد من اتباع الخطوات الآتية (وزارة التربية والتعليم، 2005):

- اختيار وحدة أو موضوع للدراسة يمكن تعليمه للطلبة في فترة محددة ، بحيث يحتوي على فقرات يستطيع الطلبة تحضيرها ويستطيع المعلم عمل اختبار لها.
- عمل ورقة منظمة من قبل المعلم لكل وحدة تعليمية؛ يتم فيها تقسيم هذه الوحدة التعليمية إلى وحدات صغيرة بحيث تحتوي هذه الورقة على قائمة بالأشياء المهمة في كل فقرة.
- تنظيم فقرات التعلم وفقرات الاختبار، بحيث تعتمد هذه الفقرات على ورقة العمل وتحتوي على الحقائق والمفاهيم والمهارات التي تؤدي إلى تنظيم عالٍ بين وحدات التعلم وتقييم مخرجات الطلبة.
- تقسيم الطلبة الذين يدرسون باستخدام هذه الاستراتيجية إلى مجموعات تعاونية تختلف في بعض الصفات والخصائص كالتحصيل.
- وبعد أن تكمل مجموعات الخبراء دراستها ووضع خططها يقوم كل عضوٍ فيها بإلقاء ما اكتسبه أمام مجموعة الأصلية ، وعلى كل مجموعة ضمان أنّ كل عضو يتقن ويستوعب المعلومات والمفاهيم والقدرات المتضمنة في فصول الوحدة جميعها.
- خضوع الطلبة جميعهم لاختبار فردي ، حيث إنّ كل طالب هو المسؤول شخصياً عن إنجازه، ويتم تدوين العلامة في الاختبار لكل فرد على حدة، ثمّ تجمع علامات تحصيل الطلبة للحصول على إجمالي درجات المجموعات.
- حساب علامات المجموعات ، ثمّ تقديم المكافآت الجماعية للمجموعة المتفوقة

تشكيل مجموعات التعلم التعاوني:

ينبغي أن يوزع المعلم الطلبة إلى مجموعات غير متجانسة يتألف كل منها من طالبين إلى ستة . وينبغي أن يوجه الانتباه إلى تمثيل التباينات في الجنس والعرق والثقافة ومستوى المهارة الأكاديمية والإعاقة الجسمية والعقلية في كل مجموعة.

ويمكن تقسيم المجموعات ، بشكل عام ، إلى ثلاثة أنواع (المقبل، 2002) :

- المجموعات التعلمية التعاونية الرسمية: وهي مجموعات تعلم رسمية قد تدوم من حصة صفية إلى عدة أسابيع؛ و تشكل لتحقيق أهداف تعلمية محددة.

- المجموعات التعلمية التعاونية غير الرسمية: وهي مجموعات ذات غرض محدد قد تدوم من بضع دقائق إلى حصة صفية واحدة. ويستخدم هذا النوع من المجموعات في أثناء التعلم المباشر مثل مناقشة قضية معينة في محاضرة أو من خلال عروض عملية ونظرية وسمع بصرية.

- المجموعات التعلمية التعاونية الأساسية: وهي مجموعات طويلة الأجل وغير متجانسة وذات عضوية ثابتة وغرضها الرئيس دعم أفراد المجموعة لبعضهم بعضاً لتحقيق أهداف التعلم والنجاح في مهماتهم.

مهارات التعلم التعاوني:

بعد أن تفهم أفراد المجموعات مفهوم ومبادئ وخطوات التعلم التعاوني سيحتاج المعلم -على الأرجح - إلى تعلم دروس حول عملية المهارات التعاونية. فالعادات الاجتماعية والمهارات الجماعية على حظٍ كبيرٍ من الأهمية، وقد تكون القواعد البسيطة الآتية ذات معنى في مساعدة الطلبة بصورة كبيرة .

- أدخل إلى المجموعات بسرعة وهدوء.

- ابق مع المجموعة ولا تتجول فيها.

- لا ترفع صوتك ، وعوّد الطلبة على خفض أصواتهم.

- شجّع كل واحد في المجموعة على المشاركة.

- عوّد على احترام الدور.

- كن مستعداً للمشاركة في عملية التنظيف بعد الانتهاء من النشاط.

- خاطب الطالب باسمه عند التحدث معه.

- انظر إلى المتكلم عندما يتكلم.

- لا تستخف بأعمال الآخرين ولا تسمح بذلك .

دور المعلم في التعلم التعاوني :

دور المعلم في التعلم التعاوني هو دور الموجّه لا الملقن. ويشتمل هذا الدور في المجموعات التعلمية التعاونية الرسمية على خمسة أدوار رئيسة هي (المقبل، 2002) :

- اتخاذ القرار: ويتضمن تحديد الأهداف التعلمية، وتحديد عدد أفراد المجموعة، وتوزيع الطلبة على المجموعات، وترتيب بيئة التعلم، والتخطيط للتعلم، وتعيين الأدوار لضمان الاعتماد المتبادل.
- إعداد مهمات التعلم: ويشمل هذا الدور تقديم المهمة التعلمية، وبناء الاعتماد المتبادل الإيجابي، وبناء المسؤولية الفردية، وبناء التعاون بين المجموعات، وتوضيح محكات النجاح، وتحديد أنماط السلوك المتوقعة من الطلبة، وتعليم المهارات التعاونية.
- التفقد والتدخل: ويتضمن هذا الدور ترتيب التفاعل وجهاً لوجه، وتفقد سلوك الطلبة، وتقديم المساعدة لأداء المهمة، والتدخل لتقديم المهارات التعاونية.
- التقييم والمعالجة: ويتضمن هذا الدور تقويم تعلم الطلبة، ومعالجة عمل المجموعة، وتقديم التغذية الراجعة للطلبة بعد تنفيذهم للمهمة.

ويلخص (أبو حرب وآخرون، 2004) دور المعلم في التعلم التعاوني بما يأتي :

1- تعليم المهارات التعاونية للطلبة.
2- تكوين المجموعات.
3- تحديد دور كل طالب في المجموعة.
4- تقديم التوجيه والإرشادات لعمل المجموعات.
5- دعم وتقوية التعاون وبين الأفراد.
6- التفاعل مع المجموعات بطرق مختلفة مثل المراقبة وفحص الحلول وتقديم معينات للحل وتوجيه الاسئلة للطلبة وتزويدهم بالتغذية الراجعة.

7- تقويم عمل المجموعات واتخاذ القرارات بشأن تغيير أدوار بعض أفراد المجموعة.

8- تحديد المهمة الرئيسة والمهام الفرعية.

9- تحديد المصادر التعليمية والأنشطة.

ويمكن تقديم الاقتراحات الآتية للمعلمين المبتدئين في التعلم التعاوني (أبو حرب وآخرون، 2004):

■ تأكد من متابعتك للوقت المحدد لعمل المجموعات.

■ قدّم إجراءات إتمام التعيين الذي ستنفذه المجموعة.

■ قدّم المديح والدعم للطلبة واستثر حماسهم، وقم بالتعزيز المناسب.

■ نشّط المجموعة عندما تكون دافعيتها منخفضة للتعلم.

■ قدم بعض الملخصات المساعدة وكذلك الاقتراحات والحلول.

■ علّم الطلبة مهارات التعاون من خلال الدروس المباشرة والممارسة الجماعية المنظمة.

تقويم التعلم التعاوني:

هنالك مجموعة من المعايير لتقييم درس في التعلم التعاوني منها (وزارة التربية والتعليم، 2005):

■ هل المشروع كامل, ومضبوط؟

■ هل المشروع حديث جداً في معلوماته؟

■ هل أسهم كل عضو في المجموعة؟

■ هل دققت المجموعة بشكل دقيق الإملاء والنحو والترقيم؟

■ هل كان هذا المشروع جذابا وممتعا؟

■ هـل هـذا الجهـد جيـد مـن المجموعـة؟ وهـل أعضـاء المجموعـة فخـورون بالعمـل المنجز؟

استراتيجية الرحلات العلمية الإلكترونية:

تعرّف على أنها نشاط يسمح للمتعلمين باكتشاف الأماكن والأشياء التي لم يكونوا ليدخلوها، وتسمح الزيارات الميدانية المباشرة على الإنترنت للمدرس بتوفير زيارة موجهة للطلاب لمدينة أو حديقة أو موقع عمل، كما لو أن المدرس يأخذهم في زيارة ميدانية حقيقية. وفي التعلم الإلكتروني ينبغي أن يزود الطلاب بأهداف ومحاور الزيارات الميدانية لكي يتمكنوا من تجميع المعلومات الملائمة كجزء من مهامهم المطلوبة. ويوفر الموقع: (www.field-trips.org) مجموعة من الزيارات الميدانية الافتراضية في صلب المواضيع العلمية(الخان ، 2005). فالإنترنت يسمح للطالب بإجراء رحلات تعليمية إلكترونية وهو في الصف، فإذا رغب الطالب بزيارة متحف أحد المناطق كمدينة نيويورك مثلا، فإنه يفتح على الصفحة المخصصة للمتاحف في نيويورك ويتجول بحرية في ذلك المتحف جامعا المعلومات التي يرغب بها، كذلك بالنسبة لزيارة حديقة حيوان مثلا، وغيرها من الرحلات العلمية (الناشف، 1999). ومن الأمثلة على الرحلات الإلكترونية الرحلات المعرفية على الويب (WebQust).

يعرف دودج، الأستاذ بجامعة سان دياغو بولاية كلفورنيا وصاحب فكرة الويب كويست على أنها أنشطة تربوية ترتكز على البحث والتقصي وتتوخى تنمية القدرات الذهنية المختلفة (الفهم، التحليل، التركيب، الخ) لدى المتعلمين وتعتمد جزئيا أو كليا على المصادر الإلكترونية الموجودة على الويب والمنتقاة مسبقا، والتي يمكن تطعيمها بمصادر أخرى كالكتب والأقراص المدمجة، الخ. وللمزيد من المعلومات يمكن زيارة الموقع الرسمي للرحلات المعرفية: http://edweb.sdsu..edu/webquest (هيشور وكوب، 2001).

ويختلف حصاد الرحلة حسب نوعية المهمة التي يوكلها المدرس لتلامذته فقد تكون جواباً لسؤال بسيط قد يتطلب استرجاع المعلومات فقط (مثال: قم بجرد 10 مواقع تهدف تدريس اللغة العربية) أو عرضا لموضوع مركب يعتمد على وسائط متعددة وقابلاً للنشر على الشبكة، أو للتخزين على القرص المدمج. وتعد الرحلات المعرفية على الويب نمطا تربويا بنائيا بامتياز ، حيث تتمحور حول نموذج المتعلم الرحال والمستكشف وتتوخى تنمية

القدرات الذهبية المتقدمة لدى المتعلمين وتقوم بتشجيع العمل الجماعي والتعامل مع مصادر المعلومات كما سنوضح لاحقا.

أنواع الرحلات المعرفية على الويب

يفرق دودج بين نوعين من الرحلات المعرفية على الويب (هيشور وكوب، 2001):

الرحلات المعرفية القصيرة المدى وعمرها يتراوح بين حصة واحدة وأربع حصص. غالبا ما يكون الهدف التربوي منها هو الوصول إلى مصادر المعلومات، فهمها واسترجاعها. وغالبا ما تكون هذه الرحلات منحصرة على مادة واحدة. وغالبا أيضا ما يتطلب إتمام مهام الرحلات المعرفية القصيرة المدى عمليات ذهنية بسيطة كالتعرف على مصادر المعلومات واسترجاعها. وقد يقدم حصاد الرحلة في شكل بسيط: مثلا في شكل لائحة بعناوين المواقع. غالبا ما يستعمل هذا النوع من الرحلات مع المبتدئين الغير المتمرسين على تقنيات استعمال محركات البحث. وقد يستعمل أيضا كمرحلة أولية للتحضير للرحلات الطويلة المدى.

على العكس من الرحلات القصيرة المدى، فإن عمر الرحلات المعرفية الطويلة المدى يتراوح بين أسبوع وشهر كامل. وتتمحور الرحلات المعرفية الطويلة المدى حول أسئلة تتطلب عمليات ذهنية متقدمة كالتحليل، والتركيب، و التقويم الخ. ويقدم حصاد الرحلات المعرفية الطويلة المدى في شكل عروض شفوية أو في شكل مكتوب للعرض على الشبكة. وقد تتطلب هذه العروض، إضافة للإجابة عن الأسئلة المحورية للمهمة، التحكم في أدوات حاسوبية متقدمة كبرامج العرض باوربوينت، أو برامج معالجة الصور، لغة الترميز HTML، أو برامج تطوير التطبيقات المتعددة الوسائط.

نماذج من الرحلات المعرفية على الويب

ولتسهيل عملية فهم الأوجه المختلفة للرحلات المعرفية على الويب، سننطلق من مثال لهذه الرحلات صممه وطوره أستاذ كندي يدرس بإحدى المدارس بمدينة لافال، وموضوع الرحلة هو المحيطات.

العناصر المكونة للنشاط التربوي المبني على الرحلات المعرفية على الويب

العنصر الأول: التمهيد

تبدأ بتمهيد عام الهدف منه هو تقديم السياق العام للمهمة المناطة بالتلميذ، فالهدف من الرحلة هو تشجيع المتعلم على اكتشاف التهديدات التي تحدق بالمحيطات وتقديم حصاد لرحلة في شكل تقرير الهدف منه إثارة وعي التلميذ بهذه التهديدات. وقد تم ربط هذه الرحلة باليوم العالمي للمحيطات، وهو ما يجعل مهمة الطالب مهمة ذات نفع مباشر ويحفزه أكثر على البحث والاستكشاف فبالإضافة إلى تقديم السياق العام للرحلة المعرفية، يقوم مصمم الرحلة، أي الأستاذ، بتحديد الشكل الذي سيأخذه حصاد الرحلة. ففي مثالنا هذا، طلب من التلاميذ نشر حصاد رحلاتهم، أي التقرير النهائي حول التهديدات التي تحدق بالمحيطات على الشبكة.

إن دفع التلاميذ لنشر أبحاثهم على الويب له مزايا كثيرة. فهو يزيد من درجة التحدي التكنولوجي للنشاط، فعلى الطالب أن يكون ملماً بأدوات النشر على الويب إن لم يكن ملما بلغة الترميز. ولأن المتعلم على علم مسبق بأن المنتج النهائي لرحلته المعرفية قد ينشر على الويب لكي يستفيد منه الآخرون أو لكي يقوموه، فهذا يساعد على إخراج النشاط من دائرة التقويم المنحصر على المدرس نفسه ويوسع قاعدة القراء وهو ما يزيد من تحفيز المتعلم على إتقان عمله، بحثا وتصميما وكتابة.

العنصر الثاني: المهمة

بعد التمهيد للرحلة، يقوم مصمم الرحلة بتحديد الأسئلة الجوهرية للمهمة. كما يحتوي هذا الجزء من النشاط على تحديد للخطوات التي يجب اتباعها للإجابة عن هذه الأسئلة. من المهم الإشارة إلى أن الكثير من مصممي الرحلات المعرفية على الويب يفضلون عزل الأجوبة الجوهرية للمهمة عن الخطوات التي يجب اتباعها، وذلك بوضع الأولى تحت عنصر المهمة، والأخيرة تحت عنصر السيرورة. في حين أن كثيراً من المصممين يجمعون بين الاثنين فالرحلة تبتدئ بالتعرف على المحيطات، وتنتهي بنشر عرض متعدد الوسائط على الشبكة، مرورا بالبحث عن طرق المحافظة على المحيطات وبناء رأي شخصي حول ما يجب القيام به.

العنصر الثالث: المصادر

ولأن الرحلات المعرفية تعتمد جزئيا أو كليا على المصادر الإلكترونية المنتقاة مسبقا، فإن مصمم هذه الرحلات يقوم في هذا الجزء من التصميم بتحديد المواقع الافتراضية التي على البحار زيارتها من أجل إتمام المهمة.

هناك مزايا متنوعة للانتقاء المسبق للمواقع التي يجب على المتعلم زيارتها. فهو يسمح بتوجيه استعمال المتعلم للحاسوب، بإعطائه هدفاً محدداً يجب القيام به. ففي غياب هذا التوجيه قد يجد المتعلم نفسه ضائعا وسط هذا الغنى الوثائقي الموجود على الشبكة . كما أنه يحد من زيارة المواقع غير الهادفة. الميزة الثانية لهذا الانتقاء هي أنه يسمح بعقلنة استعمال الحواسيب ومدة الإبحار على الشبكة. وهو ما يعطي الفرصة لأكبر عدد من المتعلمين لاستعمال الحواسيب.

العنصر الرابع: تقويم الرحلات المعرفية على الويب:

على مصمم الرحلات المعرفية، أن يبلور بشكل واضح المعايير التي سيتم استعمالها لتقويم هذه الرحلات. وعليه أن يخبر المتعلمين بهذه المعايير قبل بداية رحلتهم، وذلك من أجل توجيه مجهوداتهم.

العنصر الخامس: الخاتمة :

وهو العنصر الأخير في تصميم الرحلات المعرفية على الويب. وفي هذا الجزء يتم تذكير المتعلمين بالمهارات التي سيكتسبوها عند نهاية الرحلة، وكذلك تحفيزهم على إتمام كل مراحلها.

إيجابيات الرحلات المعرفية على الويب:

1- مصادر المعلومات متعددة لا تعتمد فقط على المدرس والكتاب المدرسي.

2- تسمح للمتعلمين بالتعامل مع وثائق أصيلة، لذلك فهي تسمح للمتعلم ببناء معارفه انطلاقا من تعامله الشخصي مع هذه الوثائق وليس عبر مصادر ثانوية كالكتاب المدرسي مثلا.

3- الرحلات المعرفية على الويب تفتح جمهورا عريضا للمتعلم.

استراتيجية التعلم المتمازج (المدمج) (Blended Learning):

وهي استراتيجية تجمع ما بين أشكال التعلم المباشر على الإنترنت وغير المباشر، وعادة ما يعني التعلم الإلكتروني المباشر على الإنترنت استخدام الإنترنت والإنترانت، في حين أن التعلم غير المباشر هو الذي يحدث في إطار الصفوف التقليدية، وقد يشمل المثال في هذا النوع من المزج، برنامجا تعليميا يوفر مواد دراسية ومصادر بحثية مباشرة على الإنترنت، في حين يوفر توجيه المعلم وجلسات التدريب الصفية وسيطة أساسية للتعليم(الخان، 2005).

مفهوم التعلم المتمازج (المدمج):

إن مصطلح التعلم المتمازج (الخليط) هو أحد أهم المصطلحات الحديثة في مجال تكنولوجيا المعلومات في التربية ، ويقصد بالتعلم المتمازج مزج أو خلط أدوار المعلم التقليدية في الفصول الدراسية التقليدية مع الفصول الافتراضية والمعلم الإلكتروني، أي أنه تعلم يجمع بين التعلم التقليدي والتعلم الإلكتروني (سلامة، 2005) .

لقد بدأت فكرة التعلم المتمازج بسبب اغتراب المفكرين التربويين عن القاعدة الأساسية في التعليم وهي أن التعلم الصفي المدرسي التقليدي هو الخلية الأولى في جسم المعرفة لدى الفرد المتعلم وتحمل تلك الخلية الصفات الوراثية أو المورثات (الجينات) التي يحملها المتعلم في كل مراحل التعليم، وأي ابتعاد أو اغتراب أو إلغاء لتلك القاعدة سيجلب على المتعلم والمجتمع بأكمله الكوارث والنكبات، وفي ضوء ذلك ودون تجاهل للتكنولوجيات المتطورة فإنه لم يعد مقبولاً الآن التضحية بالمسلمات التقليدية في التعليم والتعلم، وكذلك من العبث تجاهل التطور التكنولوجي في هذا المجال. إن إنتاج برامج أكاديمية متخصصة ومتطورة تقدم لغة برمجة جديدة داخل حجرات الدرس التقليدية تساعد في معالجة المشاكل التعليمية الناشئة عن التعلم الإلكتروني وحده والتي أثرت بالسلب على انضمام الطلاب وانتظامهم وعزوفهم عن الالتحاق بالجامعات التقليدية، إن هذه البرامج يجب أن تجمع بين التعلم الإلكتروني والتعلم التقليدي (تعلم متمازج)، كذلك يجب أن تجمع تلك البرامج بين الجانب النظري والجانب العملي من خلال محاضرات تقليدية ودروس معملية تقليدية وبين دروس إلكترونية في فصول افتراضية (سلامة،2005).

إن التعلم المتمازج يمكن أن يشمل العناصر التالية (سلامة، 2005) :

(1) فصول تقليدية   (2) فصول افتراضية

(3) توجيه وإرشاد تقليدي (معلم حقيقي)   (4) فيديو متفاعل أو أقمار اصطناعية

(5) بريد إلكتروني   (6) رسائل إلكترونية مستمرة

(7) المحادثات على الشبكة Chat

لقد ثبت أن استخدام التعلم المتمازج حَسّن من أداء الطلاب وزاد من معرفتهم للمساق الدراسي بشكل دال إحصائيا دون المخاطرة بالراحة والتكلفة (Dean,P.,Stahl,M.,&Pear,J.2001) ووجدت دراسة أخرى في جامعة هارفارد في عام 2002 بكلية التجارة أنه قد حدث تحسن في تعلم الطلاب عندما تم إضافة ساعات تدريسية في فصول تقليدية إلى المساقات التي تدرس إلكترونيا، بل إن درجة الرضا لدى الطلاب قد زادت بدرجة دالة إحصائيا بالمقارنة بزملائهم الذين درسوا المقرر نفسه بالتعلم الإلكتروني (Delacey,B.J,&Leonard,D.A.2002)

ووجد ثومسون (Thomson&NETG,2003) إن كتابة التقارير من قبل الطلاب الذين تعلموا تعلما متمازجاً كانت أكثر جودة وأسرع في التسليم وأفضل في النوعية من نفس التقارير التي أعدها زملاؤهم الذين تعلموا تعلما إلكترونياً فقط.

كما أثبتت إحدى البحوث أن تقديم عدد من أدوات الربط الإلكتروني (Links) من خلال الشبكة بالإضافة إلى الفصول التقليدية العادية يساعد في تحسن ما يتعلمه الطلاب بشكل دال (Rossett, A., Felicia ,D.,&R.V.Frazee,2003) . وقد أعلنت جامعة اليـنوى الأمريكية عن مشروع الجامعة لنشر المساقات الدراسية لحوالي تسعة وثلاثين تخصصا أكاديميا على شبكة الإنترنت من نوع التعلم الإلكتروني وقد نوّه المسؤولون عن الجامعة أن هذا المشروع لن يكون بديلا عن المساقات التقليدية التي تقدمها الجامعة تحت نفس المسميات بل داعمة لها ومساعدة للطلاب لرفع مستواهم الأكاديمي وأن الجامعة لا تنوي في القريب العاجل أو البعيد أن تحول مقرراتها إلى مقررات إلكترونية بالكامل، ونفس الدراسة أوضحت أن هناك طالباً واحداً من بين كل ثلاثة طلاب مسجل في مساق واحد لدراستهعلى الشبكة، وأن طالباً واحداً من بين كل ستة طلاب يفضل دراسة كل المساقات على الشبكة

ووجد بيرسن وزملاؤه (Bersin &Associates ,2005) أن التعلم المتمازج قد بدأ يحل تدريجيا محل التعلم الإلكتروني في معظم مؤسسات التعليم .

من جملة الأبحاث السابقة وغيرها يتضح لنا أن التعلم المتمازج قد بدأ بشكل متسارع في الآونة الأخيرة يحل محل التعلم الإلكتروني، وأن التعلم المتمازج هو البديل المنطقي والعلمي المقبول للتعلم الإلكتروني بل أنه أعلى عائدا وأقل تكلفة وأكثر أنواع التعلم الحديث تطوراً (سلامة، 2005) .

والتعلم المتمازج يشتمل على مجموعه من الوسائط والتي تم تصميمها لتتمم بعضها البعض والتي تعزز التعلم وتطبيقاته. وبرنامج التعلم المتمازج يمكن أن يشتمل على العديد من أدوات التعلم ، مثل برمجيات التعلم التعاوني الافتراضي الفوري، المقررات المعتمدة على الإنترنت، ومقررات التعلم الذاتي، وأنظمة دعم الأداء الإلكترونية، وإدارة نظم التعلم. التعلم المتمازج كذلك يمزج أحداث متعددة معتمدة على النشاط تتضمن التعلم في الفصول التقليدية التي يلتقي فيها المعلم مع الطلاب وجها لوجه، والتعلم الذاتي، وفيه مزج بين التعلم المتزامن وغير المتزامن.

ويعرف التعلم المتمازج بأنه التعلم الذي تُستخدم فيه وسائل إيصال مختلفة معاً لتعلم مادة معينة. وقد تتضمن هذه الوسائل مزيجاً من الإلقاء المباشر في قاعة المحاضرات، والتواصل عبر الإنترنت، والتعلم الذاتي.

ويرى جولي (Julie) أن التعلم المتمازج مصطلح جديد الاستخدام إلا أنه كان سائداً من قبل، وهو يمزج بين الأنماط التعليمية المختلفة للحاسوب ويضيف إليها التعلم الإلكتروني - عبر الشبكة- بحيث تتضمن خدمة البريد الإلكتروني، إضافة إلى التعليم التقليدي الذي يكون للمعلم فيه الدور الأكبر (الهاشمي والعزاوي، 2007)

ويقصد بالتعلم المتمازج استخدام التقنية الحديثة في التدريس دون التخلي عن الواقع التعليمي المعتاد، والحضور في غرفة الصف. ويتم التركيز على التفاعل المباشر داخل غرفة الصف عن طريق استخدام آليات الاتصال الحديثة، كالحاسوب والشبكات وبوابات الإنترنت (شوملي، 2007).

ويعد التعلم المتمازج واحداً من أكثر أشكال تكنولوجيا التعليم انتشارا في أواخر التسعينات، وهو في حقيقته شكل من أشكال تطور التعلم الإلكتروني إلى برامج متداخلة، والبعض يعتبره بديلا عن التعلم الإلكتروني. إذ تقدم التكنولوجيا للبالغين من المتعلمين مجموعة من البدائل تجعلهم أكثر اهتماماً بالتعلم، وتتوافق مع توجهاتهم نحو استخدام البريد الإلكتروني والتعلم من شبكة الإنترنت (الهاشمي والعزاوي، 2007).

ويستعمل مصطلح التعلم المتمازج لوصف عملية التعلم التي تصهر النشاطات المعتمدة على حجرات الدراسة التقليدية، والتعلم الإلكتروني، والبرامج الحاسوبية على اختلافها الجاهز منها أو المعد لمواد دراسية محددة. فالتعلم المتمازج مفهوم تدخل فيه الكثير من التقنيات والأساليب. ومن المعروف أن عقد الثمانينات شهد اعتماد الأقراص المدمجة للتعليم، ولكن افتقرت لميزة التفاعل بين المادة والمدرس والمتعلم أو المتلقي، فجاء انتشار الإنترنت مبرراً للتعلم الإلكتروني المباشر، لكنه أغفل دور المعلم وجعله هامشيا، إضافة إلى أن الافتقار للنواحي الواقعية في عملية التعلم الإلكتروني المباشر تعد من أهم عيوب هذا الأسلوب في التعليم، فكان من الضروري إيجاد وسيلة تستخدم الثقافة الحديثة وتتجاوز سلبيات التعلم الإلكتروني فيما يتعلق بالنواحي الإنسانية عبر التفاعل المباشر بين أطراف العملية التربوية والتعليمية (الهاشمي والعزاوي، 2007).

إن التعلم المتمازج يحقق تفاعلا بين المعلمين والمتعلمين، وبين المتعلمين أنفسهم داخل الصفوف، إضافة إلى إمكانية ممارسة التعلم الذاتي الأمر الذي يُمكّن من تحقيق الأهداف بفاعلية تؤدي إلى رفع مستوى الطلبة، وفي هذا النوع من أنواع التعلم يمكن الطلبة أنفسهم من التحضير واللجوء إلى غرف الدراسة عبر الشبكة. للحصول على الفوائد القصوى من المعلمين دون إلغاء الغرف الصفية الحقيقية. ومما يزيد من فاعلية التعلم المتمازج تفعيله لشبكة الإنترنت، ذلك النظام المعلوماتي المتشابك الذي يتيح تبادل الاتصال والمعلومات معتمدا على الحاسوب، وهو يحوي ملايين الصفحات المترابطة التي يمكن من خلالها الحصول على المعلومات والصوت وأفلام الفيديو، ومن الممكن الاستفادة منها وتكييف تقنياتها لخدمة المواد المتنوعة والمراحل العمرية المختلفة.

أقسام التعلم المتمازج

تقسم أنماط التعليم والتعلم المتمازج إلى (الهاشمي والعزاوي، 2007) :

1- التعلم المعتمد على المهارات: يمزج هذا تفاعلات طالب التعلم الذاتي مع المعلم من خلال البريد الإلكتروني ، والمناقشات والمنتديات، واللقاءات وجها لوجه وصولا إلى الهدف المنشود وهو تطوير معارف ومهارات محددة، ويتضمن وضع برنامج مجدول لمجموعات الدراسة، وإشراف المعلم وقيادته، والمراجعة الدورية للجلسات التعليمية التزامنية، وأخيرا الدعم اللازم للمتعلمين من خلال الشبكة والبريد الإلكتروني.

2- التعلم المعتمد على الاتجاه (السلوك): هذا النمط يمزج بين أساليب حجرة الدرس التقليدية وأساليب التعلم عبر الشبكة، والغاية المرغوب فيها تتطلب إدخال مفهوم مجموعات الدراسة المتعاونة من خلال جلسات التعلم التقليدية وجها لوجه، أو إدخال الأساليب التعليمية المعتمدة على التكنولوجيا.

3- التعلم المعتمد على الكفاية: إن عملية التعلم والتعليم التي تسهل انتقال المعرفة من الخبراء إلى المتعلمين تتطلب تطبيق مفهوم التعلم المعتمد على الكفاية، فالأفراد يكتسبون المعرفة من خلال الملاحظة أولاً، ثم من خلال التفاعل الجماعي في مكان الدراسة، وتتم من خلال هذا النمط إدارة مصادر المعرفة المختلفة من أجل تطوير غرفة صفية كمكان للتنافس.

فوائد التعلم المتمازج

تتلخص فوائد التعلم المتمازج بالآتي (الهاشمي والعزاوي، 2007) :

1- جعل الحواسيب وشبكات المعلومات المحلية والعالمية في متناول المتعلم.

2- تطوير دور المعلمين وجعلهم قادة ومرشدين لتعليم طلابهم من خلال استخدام الخبير للحواسيب وشبكات المعلومات المحلية والعالمية، إضافة إلى كونهم منتجين للمعرفة لا مستوردين لها.

3- تمكين جماعات التعلم من استخدام البرمجيات التعاونية متعددة الوسائط والبريد الإلكتروني والمكتبات الافتراضية وجميع معطيات شبكة الإنترنت.

4- ملاءمة هذا النمط للإمكانات المختلفة للمدارس والجامعات المختلفة بطرق فاعلة.

5- التغلب على مشكلة التغيير الدائم في محتوى المواد التعليمية.

وللتعلم المتمازج فوائد عديدة منها (الخان، 2005):

1. يحسن من فاعلية التعلم.

2. توسيع مدى الوصول.

3. زيادة فاعلية كلفة تطوير المواد ووقته.

عوامل نجاح التعلم المتمازج (سلامة، 2005):

1. التواصل والإرشاد : من أهم عوامل نجاح التعلم المتمازج التواصل بين المتعلم والمعلم، وذلك لأن المتعلم في هذا النمط الجديد لا يعرف متى يحتاج المساعدة أو نوع الأجهزة والمعدات والأدوات والبرمجيات أو متى يمكن أن يختبر مهاراته، لذا فإن التعلم المتمازج الجيد لابد أن يتضمن إرشادات وتعليمات كافية لعينات من السلوك والأعمال والتوقعات، كذلك طرق التشخيص وبعض المهام التي يوصي بها للمتعلم وادوار كل منهم بطريقة واضحة ومحددة ومكتوبة.

2. العمل الفريقي: عندما نشترك في تعلم متمازج لابد أن يقتنع كل فرد (طالب ، معلم)بأن العمل في هذا النوع من التعلم يحتاج إلى تفاعل كافة المشاركين ولابد من العمل في شكل فريق محدد لكل فرد فيه الدور أو الأدوار التي يجب أن يقوم بها.

3. تشجيع العمل المبهر الخلاق : لابد في التعلم المتمازج أن يشجع الطلاب على التعلم الذاتي والتعلم وسط المجموعات لان الوسائط التكنولوجية المتاحة في التعلم الخليط تسمح بذلك (فالفرد يمكن ان يدرس بنفسه من خلال قراءة مطبوعة أو قراءتها من على الخط بينما في ذات الوقت يشارك مع زملائه في بلد آخر من خلال الشبكة أو من خلال مؤتمرات الفيديو في مشاهدة فيديو عن المعلومة)، إن تعدد الوسائط والتفاعلات الصفية تشجع الإبداع وتجود العمل .

4. الاختيارات المرنة : التعلم المتمازج يُمكّن الطلاب من الحصول على المعلومات والإجابة عن التساؤلات بغض النظر عن المكان والزمان أو التعلم السابق لدى المتعلم، وعلى ذلك

لابد من أن يتضمن التعلم المتمازج اختيارات كثيرة ومرنه في ذات الوقت تمكن كافة المستفيدين مـن أن يجدوا ضالتهم.

5. **إشراك الطلاب في اختيار المـزيج المناسب:** يجب أن يسـاعد المعلم طلابـه في اختيـار المـزيج المناسب (التعلم على الخط ،العمل الفردي،الاستماع لمعلم تقليدي ،القراءة مـن مطبوعـة، البريد الإلكترونـي) كما يقوم المعلم بدور المحفز للمتعلمين حيث يساعد في توظيف اختيارات الطلاب بحيث يتأكد مـن أن الطالب المناسب اختار الوسيط المناسب له للوصول إلى أقصى كفاءة .

6. **الاتصال المستمر :** لابد أن تكون هنـاك طريقـة اتصـال سريعة ومتاحـة طول الوقت بـين المتعلمـين والمعلمين للإرشاد والتوجيه في كل الظروف، ولابد من أن يشجع الاتصال الشبكي بين الطلاب بعضهم ببعض لتبادل الخبرات وحل المشكلات والمشاركة في البرمجيات .

7. **التكرار :** التكرار من أهم صفات التعلم المتمازج وأحد أهم عوامل نجاحه لأنه يسمح للمشاركين بتلقـي الرسالة الواحدة من مصادر مختلفة في صور متعددة على مـدى زمنـي بعيد فمثلا يمكن أن يقدم درس تقليدي ، ويمكن تقديم نفس المادة العلمية بطريقة أخرى على الشبكة، ويمكن تقديم نمـوذج تطبيقي لنفس المعلومة مع قاعدة بيانات كاملة، ومن الممكن أن يقدم المشرفون على البرنامج نـدوة على مؤتمرات الفيديو (Conference) تتنـاول الجديـد في هـذا الموضـوع، أو يـتم تقديم نقاش علـى الشبكة (Chat) في نفس الموضوع، بالإضافة إلى إرسال رسائل بالبريد الإلكتروني لكل الدارسـين حـول تفاصيل الموضوع، كما يمكن أن يقدم اختباراً ذاتياً لنفس الموضوع، كل تلك التكرارات تثري الموضـوع وتعمق الفكر وتقابل كافة الاحتياجات والاستعدادات لدى المتعلمـين. المهـم أن كـل تلـك التكرارات تكون بتقنية علمية عالية المستوى.

مميزات التعلم المتمازج :

يمتاز التعلم المتمازج بمزايا عديدة، منها (سلامة،2005):

(1)   خفض نفقات التعلم بشكل هائل بالمقارنة بالتعلم الإلكتروني وحده.

(2)   عدم حرمان المتعلم من متعة التعامل مع معلميهم وزملائهم وجها لوجه.

(3) تعزيز الجوانب الإنسانية والعلاقات الاجتماعية بين المتعلمين فيما بينهم وبين المعلمين أيضا.

(4) المرونة الكافية لمقابلة كافة الاحتياجات الفردية وأنماط التعلم لدى المتعلمين باختلاف مستوياتهم وأعمارهم وأوقاتهم.

(5) الاستفادة من التقدم التكنولوجي في التصميم والتنفيذ والاستخدام.

(6) إثراء المعرفة الإنسانية ورفع جودة العملية التعليمية ومن ثم جودة المنتج التعليمي وكفاءة المعلمين.

(7) التواصل الحضاري بين مختلف الثقافات للاستفادة والإفادة من كل ما هو جديد في العلوم.

(8) المدى Scale ويقصد به التحاق أفراد وجماعات من مختلف دول العالم في نفس الوقت على مدى واسع ويمكن أن يلتقوا في مكان ما في وقت ما بكيفية ما .

(9) كثير من الموضوعات العلمية يصعب للغاية تدريسها إلكترونيا بالكامل وبصفة خاصة مثل المهارات العالية واستخدام التعلم المتمازج يمثل أحد الحلول المقترحة لحل مثل تلك المشكلات.

ومن مميزات التعلم المتمازج ما يأتي (شوملي، 2007) :

1- سهولة التواصل مع الطالب من خلال توفير بيئة تفاعلية مستمرة، وتزويده بالمادة العلمية بصورة واضحة من خلال التطبيقات المختلفة مصحوبة بالرسومات والصور والصوت أحيانا.

2- يتيح التعلم المتمازج الفرصة لتجاوز قيود الزمان والمكان في العملية التعليمية والحصول على المعلومات من شبكة الإنترنت في التو واللحظة.

3- يتيح استخدام البريد الالكتروني التواصل بين المدرس والطلبة خارج أوقات الحصص الرسمية.

4- يساعد التعلم المتمازج في تمكين الدارسين من التعبير عن أفكارهم وتوفير الوقت لهم للمشاركة في داخل الصف والبحث عن الحقائق والمعلومات بوسائل أكثر وأجدى مما هو متبع في قاعات الدرس التقليدية.

5- يساعد التعلم المتمازج في توفير المادة المطلوبة بطرق مختلفة وعديدة تسمح بالتحوير وفقاً للطريقة الفضلى بالنسبة للطالب ويتيح للمدرس أيضاً أن يركز على الأفكار المهمة أثناء كتابته وتجميعه للمحاضرة أو الدرس ويوفر للطلاب الذين يعانون من صعوبة التركيز وتنظيمَ المهام الاستفادة من المادة، وذلك لأنها تكون مرتبة ومنسقة بصورة سهلة وجيدة.

مشكلات التعلم المتمازج

لا يخلو التعلم المتمازج من مشكلات يجب النظر إليها بعين الاعتبار ومنها (سلامة، 2005):

1. بعض الطلاب أو المتدربين تنقصهم الخبرة أو المهارة الكافية للتعامل مع أجهزة الكمبيوتر والشبكات وهذا يمثل أهم عوائق التعلم الإلكتروني وخاصة إذا كنا نتكلم عن نوع من التعلم الذاتي.
2. لا يوجد أي ضمان من أن الأجهزة الموجودة لدى المتعلمين أو المتدربين في منازلهم أو في أماكن التدريب التي يدرسون بها المساق إلكترونيا على نفس الكفاءة والقدرة والسرعة والتجهيزات وأنها تصلح للمحتوى المنهجي للمساق.
3. صعوبات كثيرة في أنظمة وسرعات الشبكات والاتصالات في أماكن الدراسة.
4. صعوبات عدة في التقويم ونظام المراقبة والتصحيح وأخذ الغياب.
5. التغذية الراجعة أحيانا تكون مفقودة فلو التحق طالب بمساق ما ووجد صعوبة ما ولم يجد التغذية الراجعة الفورية على مشكلته فلن يعود للبرنامج مهما كان مشوقا.
6. أهم مشكلات التعلم المتمازج قلة توافر الكوادر المؤهلة في هذا النوع من التعلم.

استراتيجية المناظرة Debate

يمكن استخدام المناظرة في التعلم الإلكتروني لخلق بيئة تعلم حقيقية، فالمناظرة من القضايا المثيرة للجدل يمكن أن تساعد المتعلمين بالمشاركة في خبرة تعلم مفيدة، فالمناظرة تتطلب من المتعلمين أن يختاروا موقفا ما ليدافعوا عنه، وينبغي أن تتبنى مواضيع المناظرة على قضايا قريبة الصلة بمحتوى المقرر، كما ينبغي أن تصمم المناظرات في التعلم الإلكتروني لتعزز التبادل المفتوح والصادق والمتسامح للأفكار، وخلال المناظرات ينبغي أن

تنفذ المناقشة وفقا لمجموعة القواعد المتفق عليها والموضوعة من قبل المقرر، كما يمكن دمج الرسومات البيانية، والصور، والصوت، والفيديو، والمناقشات في المناظرات، ويمكن للمتعلمين أن يكتبوا أراءهم الفردية ويتعلموا من الآخرين(الخان، 2005).

استراتيجية النمذجة الإلكترونية:

هي طريقة تعليمية يطور من خلالها المتعلمون مهاراتهم عن طريق ملاحظة ومحاكاة نموذج أو موقف معين، إذ إن النمذجة تزود المتعلمين بعينة من الأداء المطلوب وبإمكان ذلك مساعدة المتعلمين على الوصول إلى مستوى الأداء المطلوب، والفهم العميق وإدراك أفضل للمفاهيم. ويمكن استخدام نماذج أداء مختلفة في أنشطة التعلم الإلكتروني تتراوح ما بين نمذجة السلوك في بيئات التواصل الإلكترونية وحتى توفير عينات من الأعمال المرتبطة بالمقرر. فإرسال المدرس لنماذج من أعمال التفاعل، وتعينات، ومشاريع المقرر الإلكتروني يمكن أن يوفر نمذجة ضرورية لمتطلبات المقرر المتوقعة(الخان، 2005).

استراتيجية الألعاب التعليمية الإلكترونية:

وهي طريقة تدريس منظمة حسب قانون لعبة معينة يختارها المعلم بما يحقق أهداف درس معين ، وتعتمد الألعاب التربوية على عنصر المنافسة بين الطلاب فرادى ومجموعات.

وتعد إحدى الأدوات التعليمية عالية التحفيز، وهي التي تساعد المتعلمين على تحسين مهارات متنوعة مثل اتخاذ القرار، وحل المشكلات، والتواصل بين الأفراد، والقيادة، والعمل الجماعي، ففي اللعبة يتبع المتعلمون قواعد محددة الوصف من أجل تحقيق هدف مقنع يفرض التحدي، ويمكن استخدام أدوات تكنولوجية رقمية متنوعة وأدوات إنترنت مختلفة لخلق الألعاب الإلكترونية مثل البريد الإلكتروني وغرف الحوار الإلكتروني وقوائم المناقشة. ويمكن الحصول على أمثلة لمدخل التعلم المعتمد على الألعاب في التعلم الإلكتروني على الموقع: www.games2traian.com (الخان، 2005).

وقد تناول العديد من التربويين مفهوم الألعاب التعليمية، فقد عرفها عبيد بأنها نوع من النشاط الهادف الذي يتضمن أفعالا معينة يقوم بها التلميذ في ضوء قواعد محددة تتبع بغرض إنجاز هدف معين (فرج، 2005). وعرفها الشهراني والسعيد (1979) بأنها نشاط

يبذل فيه المتعلمون جهودا كبيرة لتحقيق هدف ما في ضوء قوانين أو قواعد معينة يلتزم بها المشاركون في اللعبة التعليمية.

فالألعاب التعليمية تعد من الأساليب التعليمية التي بإمكان معلم العلوم استخدامها في تعليم بعض الموضوعات العلمية بفعالية إذا أحسن اختيارها والتخطيط لها، وهناك برامج للحاسوب تقدم الألعاب التعليمية ، ونحن هنا نركز على الألعاب التعليمية وليس على الألعاب الترفيهية، حيث توفر الألعاب التعليمية التي تقدم إلكترونيا بيئة تعليمية للمتعلم بحيث يتم التعلم في وجود روح التسلية والتشويق إلى التعلم والحصول على معلومات أكثر عن الموضوع المخطط له. وتعتمد الألعاب التعليمية الإلكترونية على المحاكاة بشكل كبير والهدف الترفيهي جزء أساسي من مكوناتها.

وتهدف الألعاب التعليمية إلى إيجاد مناخ تعليمي يمتزج فيه التحصيل العلمي مع التسلية لتوليد الإثارة والتشويق مما يحبب الأطفال بالتعلم ويساعدهم على مهارات التفكير والتعلم بشكل فعال (العقيل، 2003)

الأسس النفسية للألعاب التعليمية الإلكترونية:

ترتكز الألعاب التعليمية على مجموعة من الأسس النفسية منها (الحيلة، 2004).

1- اللعب ميل فطري يحصل من خلاله المتعلم على المتعة والسرور والتسلية والترفيه وهو ضرورة بيولوجية تتم به عملية النمو والتطور لدى المتعلم.

2- اللعب وسيلة للتعبير عن الذات والكشف عن قدراتها ومواهبها وإمكانياته.

3- اللعب وسيلة من وسائل استكشاف الطفل نفسه، ولعالمه الذي يعيش فيه.

4- من خلال اللعب يتخلص المتعلم من الضغوط النفسية التي تقع عليه من الممارسات التربوية أو التنشئة الاجتماعية.

معايير اختيار الألعاب الإلكترونية التعليمية:

1- تحديد الهدف من استخدام الألعاب التعليمية.

2- ربط الألعاب التعليمية بالمنهج الدراسي.

3- مناسبة الألعاب التعليمية لأعمار الطلبة ومستوى نموهم العقلي والجسمي.

4- أن تتطلب اللعبة من المتعلم التأمل والتفكير والملاحظة والتمييز بين الأشياء.

5- أن يكون الوقت محددا لإنهاء اللعبة.

6- إمكانية تنفيذ اللعبة على جهاز الحاسوب.

ونجاح الألعاب التعليمية يعتمد على :

1- التخطيط السليم لهذه الألعاب.

2- وضوح الأهداف من هذه الألعاب.

3- وضوح عنصر التشويق والتحمس في هذه الألعاب.

4- إعطاء تغذية راجعة بعد أن يقوم المتعلم بمجموعة من الخطوات في هذه اللعبة.

استراتيجية التجارب العملية باستخدام المختبر الجاف:

وتعني استخدام البرمجيات الحاسوبية لتصميم وتنفيذ التجارب المخبرية، وللطالب الحرية في اختيار التجربة ووقت إجرائها من خلال التعامل مع مختبر مفتوح. وتستخدم لمساعدة الطلاب على اكتساب مهارات التفكير العلمي والتركيز على مهارات عقلية عليا مثل التحليل والتركيب والتقويم (الشناق وآخرون، 2003).

وفي هذه الاستراتيجية يتعلم الطالب من خلال نشاطه الشخصي- وباستخدام حواسه حيث يوضع الطالب في مكان الباحث والمكتشف حيث يشترك فعلياً في العملية التعليمية. وتنقسم الدروس العملية إلى (شعبة إشراف العلوم، بدون تاريخ) :

1- دروس عملية تجريبية: وفيها يقوم الطلاب بتجارب للتوصل إلى حل مشكلة أو الوصول إلى حقيقة علمية ويسجل الطلاب المشاهدات والنتائج.

2- التدريبات العملية: تدريب الطلاب على استخدام الأجهزة والمواد المختلفة لتنمية المهارات العملية لديهم وتوضيح بعض المعلومات أو العلاقات أو التطبيقات العلمية.

الأسباب التي تؤدي إلى استخدام الحاسوب في إجراء التجارب المخبرية وتنفيذها (الأنصاري، 1996):

1- تقليل المخاطر التي قد يتعرض لها الطلبة نتيجة تنفيذ التجارب بشكل مباشر.

2- توفير الوقت والجهد.

3- تقليل الكلفة المالية.

4- إتاحة الفرصة للطلبة لممارسة الموقف عمليا، كدراسة تركيب المفاعل النووي، والتحكم بمتغيراته بالإضافة إلى مشاهدة حركة الجزيئات وكيفية حدوث التصادمات أثناء حدوث التفاعل الكيميائي.

5- إتاحة الفرصة للطالب للتعلم الفردي، وتحمل مسؤولية تعلمه.

ولاستخدام الحاسوب في تدريس مختبرات العلوم فوائد عديدة منها (الشناق وآخرون، 2003):

1. إتاحة الفرصة للعمل الاستقلالي في المختبرات، مما يتيح فرصة تنمية مجموعة من المهارات العلمية الأساسية مثل التميز والملاحظة والقياس والتقدير والمعالجة والتخطيط والتطبيق والتفسير الذي يعتمد تحقيقها على أمرين أساسيين هما: التدريب والتغذية الراجعة.

2. تمكين الطالب من تحديد الأخطاء وتعريفها عندما يقع بها وقت المحاكاة.

3. إتاحة الفرصة للطلبة للتعلم الفردي حتى يتوصلوا للمعرفة من خلال اتباع خطوات متسلسلة.

4. تمكين الطلبة من فهم المفاهيم العلمية بصريا من خلال استخدام التمثيل الحركي لتوضيح العمليات العلمية التي لا يمكن رؤيتها بالعين المجردة، ويتم ذلك من خلال توفير الحاسوب للعرض الحركي ثلاثي الإبعاد لسلوك الذرات والجزيئات، مما يزيد من فهم وتحصيل الطلبة في العلوم على العكس من استخدام الصور الساكنة التي ترسم على السبورة، وعلى صفحات الكتاب، وتؤدي إلى تكوين صور عقلية ساكنة تفشل في تقديم فهم مناسب وكاف للظاهرة. وتفشل في بناء نموذج عقلي عن طبيعة المادة الغازية أو السائلة أو الصلبة بحيث تبقي الطالب على اتصال خارجي (سطحي) بالظاهرة، وبالتالي فإن الطالب باستخدام الطرق المخبرية العادية يمتلك تصوراً محدداً عن طبيعة المادة مما ينعكس سلبا على تحصيله واتجاهاته نحو العلوم، وبالتالي فإن الحاسوب يتغلب على هذه الصعوبة.

5. تسهيل التعلم التعاوني من خلال عرض أنشطة مخبرية تعاونية تتيح الفرصة للطلبة للعمل في مجموعات صغيرة، أو على شكل أزواج.

6. إمكانية إحداث تكامل بين العلوم والمواد الأخرى مثل الرياضيات حيث يمكن تقديم برنامج حاسوبي حول موضوع معين، والتعرض له في موضوعات مختلفة.

7. التقليل من تعرض الطلبة للمواد الخطرة أثناء تنفيذ الأنشطة المخبرية، فأحيانا قد لا تتوافر مثل هذه المواد بكميات كافية لتنفيذ التجارب المخبرية، أو قد لا يسمح للطالب باستخدامها بشكل مستقل. فاستخدام برامج الحاسوب المخبرية تمكن الطالب من تنفيذ الأنشطة المخبرية بشكل آمن وفردي بتوجيه كل من الجهاز والمشرف على المختبر.

8. تمكن الطالب من إعادة التجربة لعدة مرات وفي أي وقت يناسبه بحيث يتمكن من الوصول للنتيجة باتباع خطوات متسلسلة ودون معرفة نتائج التجربة سلفا

9. مساعدة الطلبة على اكتساب مهارات حل المشكلة.

10. تسهيل عملية التعلم لكل من المعلم والطالب باعتبارها استراتيجية تدريس فعّالة تسهل دور المعلم وتطوره وتحسنه، وتزيد فهم الطلبة واستيعابهم للمفاهيم العلمية المقدمة.

11. تسهيل التعلم بالاكتشاف ورفع مستوى التطور المعرفي لدى الطلبة.

12. تنمية مهارات التفكير العلمي العليا كالتحليل والتركيب والتطبيق.

وتمتاز طريقة المختبر الجاف بالإيجابيات الآتية (الناشف، 1999):

1- التعلم عن طريق العمل، فالطالب يجري التجربة بنفسه، ويتوصل إلى النتائج بنفسه، فهو يوضح فكرة أو حقيقة ما بنفسه، وهو بهذا يؤكد مشاركته الفاعلة، ودوره النشط الإيجابي.

2- مساعد الطالب على اكتساب مهارات البحث والتفكير العلمي.

3- يكون أثر التعلم أبقى لأن الطالب يستخدم حواسه في العمل المخبري.

4- تشجع التعلم الفردي، حيث يستطيع أي طالب أن يقوم بإجراء أي تجربة في أي وقت.

5- تنمي المهارات الأكاديمية مثل جمع البيانات، وتسجيلها، وكتابة التقارير، وعمل الرسوم البيانية، واستخدام المراجع وغيرها.

6- تنمي العديد من مهارات العلم الأساسية مثل الملاحظة والقياس والاستدلال والتنبؤ والتجريب.

7- إثارة اهتمام الطلبة ومراعاة ميولهم، مما يؤدي إلى زيادة دافعيتهم.

ويوضح الشكل (23) أحد المختبرات الافتراضية (الجافة) الخاصة باعادة العلوم.

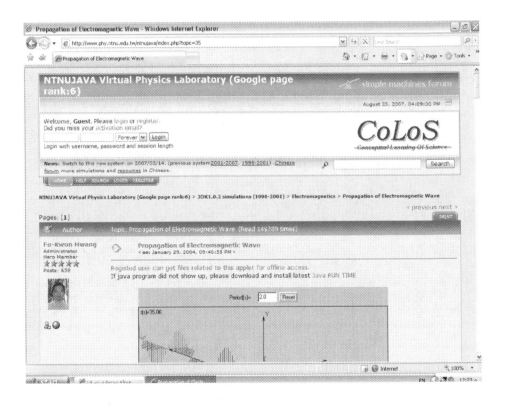

شكل (23): إحدى التجارب في المختبرات الافتراضية (الجافة)

إستراتيجية التعليم المبرمج الإلكتروني:

رغم أن الجذور الأولى للتعليم المبرمج كأحد أساليب التعلم الذاتي، تمتد إلى أيام العالـم السيكولوجي سيدني برسي Sidney Pressey الذي ابتكر أول آلة للتعليم عام 1920، فإن الاهتمام الفعلي بالتعليم المـبرمج لم يبدأ إلا على أثر محاضرة ألقاها العالم الأمريكي سكنر عام 1954 في أحد مؤتمرات علم النفس وكان عنوانها "علم التعلم وفن التعليم" والتي وصف فيها سكنر تجاربـه علـى الطيـور والحيوانـات وأيضـا علـى الإنسان عن طرق التعلم وتعديل السلوك، وقام بوصف الآلة التعليمية التي كان يستخدمها والتي كانـت تعتمد أساساً على النظرية السلوكية عن المثير والاستجابة والمعرفة الفورية بنتيجة الاستجابة، وتلك النظرية التي يعتمد عليه التعليم المبرمج (النجدي وعلي والهادي، 2003).

ويعرف التعليم المبرمج بأنه أسلوب من أساليب الـتعلم الـذاتي، يتعلم فيه المتعلم ذاتيا وفق سرعته الشخصية عن طريق تفاعله مع برنامج يقدم لـه المعلومـات في خطوات صغيرة تسمى إطارات، وتقدم هذه المعلومات في كتاب مبرمج أو آلة تعليمية، ويقوم البرنامج بدور الموجه نحو أهداف معينة من خلال خبرات تتطلب استجابات معينة عن أسئلة متنوعة، وتزداد دافعية المتعلم من خلال عمليـة التعزيـز المستمرة التي تحقق له تغذية راجعة من خلال معرفته الفورية لنتائج استجابته.

كما يُعرّف التعليم المبرمج بأنه طريقة في تفريد التعليم تقوم علـى تقسـيم المـادة التعليميـة إلى أجزاء صغيرة مرتبة ترتيبا منطقيا ومتسلسلا بناءً على خصائص المتعلمين، بحيث يستجيب المتعلم بمفرده دون صعوبة، ويعرض البرنامج بشكل مكتوب أو مسموع أو باستخدام التلفاز أو الحاسوب، بحيث يحتوي كل جزء أو إطار من المادة التعليمية على معلومة يتبعها مثير يتطلب مـن الطالب استجابة علـى شكل سؤال أو ملء فراغ أو استخلاص معلومة من صورة أو رسمة أو نعم ولا، أو اختيار مـن متعـدد، وينتقـل الطالب في تعلمه من خطوة إلى أخرى انتقالا تدريجياً، يعطى في نهايتها تغذية راجعة فورية، لإخبـاره عـن صحة استجابته أو خطئها.

فالتعليم المـبرمج الإلكتروني هـو تعلـيم مـبرمج مطبـوع يـتم تخزينه في جهـاز الحاسوب، حيث يقوم الحاسوب بعرض وشرح المادة التعليميـة للطالـب وطـرح الأسـئلة

والتمارين بحيث تعزز الاستجابات الصحيحة وتعالج الاستجابات الخاطئة ، بالإضافة إلى إجراء عملية التقييم الذاتية والتغذية الراجعة الفورية والمستمرة.

مبادئ التعلم المبرمج:

يقوم هذا النوع من التعلم على الأسس والمبادئ الآتية:

1- تقسيم المادة التعليمية إلى أجزاء صغيرة لتجنب الفشل إلى حد كبير وكذلك اكتشاف الخطأ عند وقوعه وتحديده في أضيق نطاق ممكن.

2- الاستجابة والمشاركة الإيجابية من قبل المتعلم، أي عند مواجهة المتعلم بسؤال أو بعبارة أو مثير يجب أن يسجل استجابته بطريقة إيجابية وإلا فلن ينتقل البرنامج إلى الخطوة التالية.

3- المعرفة الفورية بنتيجة الاستجابة التي تمت أو التعزيز قبل الاستمرار في البرنامج. إذ يؤدي معرفة الخطأ والصواب إلى تعزيز الاستجابة الصحيحة وتأكيد التعلم وتقليل الوقت الذي يضيع نتيجة لتعلم أشياء خاطئة.

4- السير في التعلم حسب قدرة المتعلم الشخصية.

5- التقييم الذاتي حيث يقييم الطالب نفسه بنفسه ويقوم باكتشاف أخطائه بنفسه دون مقارنة أدائه بغيره، فلا يشعر بالخجل من زملائه.

مزايا التعليم المبرمج:

يمكن تلخيص أهم مزايا التعليم المبرمج كأسلوب من أساليب التعلم الذاتي في النقاط الآتية (نشوان، 1993):

1- النجاح في الخطوة الأولى يقود إلى النجاح في الخطوة التالية مما يجعل المتعلم يسير في عملية التعلم بثقة كبيرة ويحقق الأهداف بنجاح.

2- يؤدي إلى تعلم فعال.

3- يسير المتعلم حسب قدرته وسرعته في البرنامج.

4- يكتسب المتعلم مهارة التعلم الذاتي.

5- يراعي الفروق الفردية بين المتعلمين.

6- يعتمد على التقويم الذاتي مما يجعل عملية توجيه التعلم ذاتية.

مثال على التعلم المبرمج الإلكتروني في العلوم *

الفئة المستهدفة: الصف السادس

المادة: العلوم: الجزء الثاني

الموضوع: تركيب الجهاز الهضمي

الأهداف السلوكية:

1- أن يذكر الطالب وظيفة الجهاز الهضمي.

2- أن يذكر الطالب أجزاء الجهاز الهضمي.

3- أن يحدد الطالب على الرسم أجزاء الجهاز الهضمي.

4- أن يذكر الطالب وظيفة كل عضو من أعضاء الجهاز الهضمي.

5- أن يُعرِّف الطالب الأنزيم.

6- أن يحدد الطالب أماكن إفراز الأنزيمات الهاضمة.

7- أن يحدد الطالب أماكن امتصاص المواد الغذائية مثل المواد الكروهيدراتية والبروتينات والغازات والماء.

التعليمات:

عزيزي الطالب أرجو قراءة التعليمات الآتية بدقة قبل البدء بدراسة البرنامج.

- اقرأ أهداف البرنامج ثم أجب عن الاختبار القبلي.
- بعد قراءة الإطار بدقة اكتب الإجابة للسؤال في الفراغ المخصص لذلك، أو اكتب الإجابة على ورقة خارجية.
- انقر بالماوس على الإجابة الصحيحة وقارنها بإجابتك، فإن كانت إجابتك صحيحة فاستمر في البرنامج، وإن كانت خاطئة فحاول مرة أخرى حتى تصل إلى الإجابة الصحيحة.
- لا تحاول أبداً معرفة الإجابة الصحيحة قبل قراءة الإطار والإجابة عنه.

---

* إعداد د. قسيم الشناق ود. حسن بني دومي.

الاطارات والمحتوى :

رقم الإطار	محتوى الإطار	التغذية الراجعة
1	يعمل الجهاز الهضمي على هضم الطعام وتحويله إلى مواد قابلة للامتصاص. الوظيفة الأساسية للجهاز الهضمي......................	الإجابة الصحيحة
2	إن الجهاز الهضمي أشبه بأنبوبة مفتوحة الطرفين، تبدأ بفتحة الفم وتنتهي بفتحة الشرج، انظر الشكل الآتي؟ **أ- يتكون الجهاز الهضمي من قناة هضمية تشتمل على: الفم و.......... و.......... و........... و...............** ب- الأجزاء الملحقة بالجهاز الهضمي هي .... و........... و...........	الإجابة الصحيحة

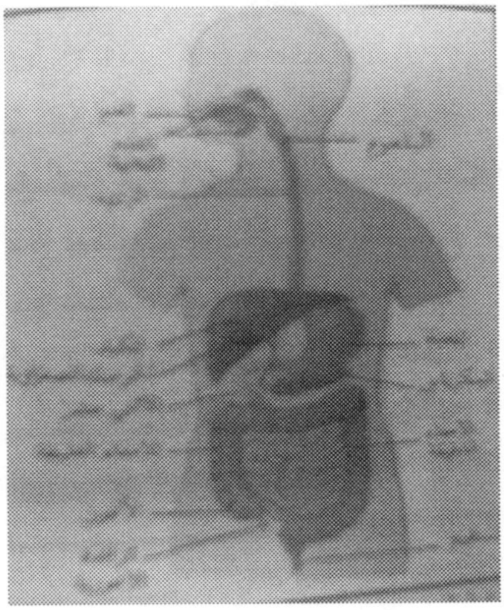

3	الفم هو أحد أعضاء الجهاز الهضمي يحدث فيهما عمليتان هما: عملية ميكانيكية بواسطة الأسنان، وتغيير كيميائي بوساطة اللعاب. - تسمى عملية تقطيع الطعام وطحنها بأسنانك عملية.................. - تسمى عملية تحول القطع الصغيرة إلى مواد بسيطة التركيب بوساطة اللعاب.....................	الإجابة الصحيحة
4	يعمل الفم على هضم المواد الكربوهيدراتية فتحول إلى مواد سكرية بسيطة التركيب بفعل الأنزيم الموجود في العاب. أ- تفرز الغدد اللعابية مواد كيميائية تساعد على هضم الطعام تسمى................... ب- المواد التي تهضم في الفم هي المواد..................... ج- يعمل الإنزيمات على تحويل الطعام إلى مواد قابلة.................	الإجابة الصحيحة
-5	يساعد اللسان في مضغ الطعام وتحريكه في تجويف الفم وثم دفعه إلى البلعوم فالمريء. أ- وظيفة اللسان..............و............... ب- ينتقل الطعام المهضوم في الفم إلى............	الإجابة الصحيحة
-7	والبلعوم هو أنبوبة عضلية يتقاطع فيها كل من مجرى التنفس ومجرى الطعام حيث يسلك هواء التنفس من الأنف إلى فتحة المزمار ويسلك الطعام من الفم إلى المريء أ- يسمى الجزء الثاني من الجهاز الهضمي باسم............. ب- يتقاطع في البلعوم مجريان هما 1-.................................	الإجابة الصحيحة

	-2....................... ويلي البلعوم في الجهاز الهضمي المريء.	
-8	والمريء أنبوبة تصل بين البلعوم و المعدة أ- ينتقل الطعام عن طريق المريء من الفم إلى............ ب-الأنبوبة التي تصل بين البلعوم والمعدة تسمى.........	الإجابة الصحيحة
-9	تساعد العضلات الموجودة في جدار المريء نتيجة انقباضها وانبساطها المتناوب على دفع الطعام في تجويف الأنبوبة وتظهر حركة الطعام وكأنها حركة دودية. أ- ينتقل الطعام داخل المريء بفعل الحركة .... ب- مجموعة الانقباضات والانبساطات للعضلات الموجودة في جدار المرئ تسمى......................	
-10	ويلي المريء أحد أجزاء الجهاز الهضمي الرئيسية وهي المعدة. وهي كيس عضلي قوي يستقبل الطعام القادم من المريء. أ- يتجمع الطعام القادم من المريء في............................	الإجابة الصحيحة
-11	وتؤدي حركة عضلات جدار المعدة إلى مزج الطعام بالعصارة المعدية التي يفرزها جدارها وتعمل الأنزيمات الموجودة في هذه العصارة على هضم البروتينيات ويلاحظ أن الطعام يبقى في المعدة أربع ساعات تقريبا ثم ينقل إلى الأمعاء الدقيقة. أ- يصل الطعام الذي تناوله الساعة السابعة بعد أربع ساعات إلى..........................	الإجابة الصحيحة

	ب- تحتوي العصارة المعدية التي تفرزها الغدد الهاضمة الموجودة في جدار المعدة على........................ ج- يتم هضم المواد البروتينية في.......................... بفعل...................................	
-12	ويلي المعدة الأمعاء الدقيقة. وتعرف بأنها أنبوبة عضلية طويلة ورفيعة. يبلغ طولها 6.5م تقريبا. وتلتف هذه الأنبوبة على بعضها داخل تجويف البطن تقسم الأمعاء الدقيقة إلى قسمين هما: الاثني عشر واللفائفي. أ- الجزء الذي يلي المعدة هو......................... ب- تتكون الأمعاء الدقيقة من قسمين رئيسين هما: 1-... 2-...	الإجابة الصحيحة
-13	و يحدث في الاثني عشر اختلاط الطعام بمزيد من الأنزيمات التي تفرز في البنكرياس والكبد والحوصلة الصفرواية إذ تعمل هذه الأنزيمات على تحويل الغذاء إلى جزيئات قابلة للامتصاص. - تصب إفرازات الكبد والبنكرياس في.......... وتسمى.................. يتم تحويل الغذاء إلى جزيئات قابلة للامتصاص بفعل..........................	الإجابة الصحيحة
-14	أما اللفائفي فهو الجزء الأكبر من الأمعاء حيث تحمل على سطحها الداخلي انثناءات متعددة تعمل على زيادة مساحتها السطحية تسمى الخملات وهي مراكز امتصاص الغذاء المهضوم.	الإجابة الصحيحة

	أ- تحمل اللفائفي على سطحها الداخلي مراكز امتصاص الغذاء المهضوم وتسمى......................... ب-الخملات لها انثناءات متعددة تزيد من مساحتها السطحية كما تعمل على زيادة قدرتها على .... الغذاء المهضوم.	
15	وتنتقل جزيئات الطعام المهضوم من الأمعاء الدقيقة إلى الدم في الشعيرات الدموية الموجودة في الخملات المعوية بطريقة الانتشار الغشائي، وهي عملية فيزيائية لا تحتاج إلى طاقة، حيث تنقل المواد حسب التركيز. تنتقل المواد المهضومة القابلة للامتصاص من الأمعاء الدقيقة إلى الدم بواسطة عملية .... وهي تعتمد على خاصية	الإجابة الصحيحة
16	ويلي الأمعاء الدقيقة في الجهاز الهضمي الأمعاء الغليظة. وهي أنبوبة أوسع من الأمعاء الدقيقة تبدأ بالعور الذي يتصل من الأسفل بزائدة تسمى الزائدة الدودية ومن الأعلى بالقولون. ويتصل القولون بالمستقيم الذي ينتهي بفتحة الشرج. - تتكون الأمعاء الغليظة من ثلاثة أجزاء هي: 1-... 2-... 3-...	الإجابة الصحيحة

17	وفي الأمعاء الغليظة لا تفرز أي عصارات هاضمة، لهذا لا يهضم الطعام فيها، وما يمكن أن يمتص من باقي الطعام القادم إليها من الأمعاء الدقيقة هو الماء وبعض الغازات. أما المواد غير المهضومة فإنها تخرج خارج الجسم من فتحة الشرج على شكل فضلات. - الطعام غير المهضوم يتم تخزينه في الجسم. أ- نعم ب- لا -المواد التي تمتص في الأمعاء الغليظة هي............... و .... - بعض الأغذية لا تهضم ولا تمتص وتخرج من الجسم على شكل .... عن طريق..................	الإجابة الصحيحة

استراتيجية الحقائب التعليمية الإلكترونية:

تعد الحقيبة الإلكترونية ابتكاراً تدريسياً هاماً جداً في عصرنا الحديث، حيث دخلت التكنولوجيا في مجال التعلم والتعلم، فأدت إلى ثورة هائلة في هذا المجال لما لها من إيجابيات كبيرة في عملية تسهيل التعلم والتعليم، فكانت الحقيبة الإلكترونية أحد أهم الابتكارات التعليمية في التعليم المبني على التكنولوجيا، فكانت وسيلة للتعلم ووسيلة للتقويم لأنها تحتوي على خلاصة أعمال الدارسين وعلى نماذج مختلفة من أعمالهم، فكانت وسيلة للحكم على إنجازاتهم وتقدمهم في العملية التعلمية وطريقة لقياس المستوى الذي بلغوه من إتقان التعلم وتحقيق أهدافه.

تعريف الحقيبة التعليمية:

ظهرت عدة تعريفات للحقائب التعليمية، فقد عرفها الدرة وبلقيس ومرعي (1988) على أنها برنامج تعليمي ذو عناصر متنوعة ومتعددة، يمكن للمتعلم أن يستخدمه بنفسه أو بمساعدة الآخرين من أجل تحقيق أهداف أدائية محددة.

ويعرفها سالم وآخرون بأنها استراتيجية تعليمية تقوم على مبدأ التعلم الذاتي، ويركز فيها على وجود وسائل وبدائل وأساليب تعلم متعددة أمام المتعلم يستطيع من خلال مزاولتها أن يحقق الأهداف التعليمية المنشودة، وفيها يسير المتعلم وفق سرعته التعليمية وخطوه الذاتي. وتعطي المتعلمين بطيئي التعلم مزيداً من الوقت، بحيث تمكنهم من تحقيق الأهداف المرسومة دون أن يشعروا بالفشل كما أنها لا تعمد إلى مقارنة المستوى التعليمي للمتعلم بمستوى أي متعلم آخر، ولكن المعيار هنا هو الوصول إلى مستوى الإتقان المطلوب (الموسى والمبارك، 2005).

وتعرف الحقيبة التعليمية بأنها نظام تعليم فردي، يحتوي على عدد من الوحدات الدراسية التي تهدف إلى تطوير مفاهيم ومهارات متعددة ومترابطة، وكل وحدة تستخدم نشاطات، ووسائط تعليمية متنوعة، موجهّة نحو تحقيق أهداف سلوكية محددة، ويستطيع المتعلّم أن يتفاعل معها معتمداً على سرعته في التعلم ومدى إتقانه للأهداف.

ويعرف بني عواد (2006) الحقائب التعليمية الإلكترونية بأنها برنامج تعليمي إلكتروني مصمم في موضوع ما، لبلوغ أهداف محددة، من خلال استخدام الحاسوب وما يوفره من برامج تطبيقية، ووسائط متعددة في عمليات عرض الصورة والصوت.

أما باريت (Barrett) فقد عرفت الحقيبة الإلكترونية بأنها "تشمل استخدام التقنيات الإلكترونية التي تمكن مطور الحقيبة من جمع وتنظيم الأشياء بوسائط متعددة مثل الصوت، الفيديو، الرسوم، النص" واشترطت للحقيبة الإلكترونية معايير تتمثل في استخدام وصلات النص التشعبي (hypertext links) لربط مواد ومحتويات الحقيبة بالأهداف والمعايير المناسبة لها، كما أشارت الى الاستخدام المتبادل لمصطلحي الحقيبة الإلكترونية والحقيبة الرقمية وفرقت بينهما من حيث الناحية الفنية والوسيط الذي يحتوي مكونات كل منهما؛ فالحقيبة الإلكترونية قد تكون في وسائط إلكترونية تناظرية مثل (أشرطة الفيديو) أو

وسائط إلكترونية رقمية مثل (الاقراص الصلبة والمدمجة والمرنة)، أما الحقيبة الرقمية فلا تكون إلا في وسائط رقمية فقط (القبلان، بدون تاريخ).

أهداف الحقيبة الإلكترونية:

تهدف عملية إنشاء الحقائب الإلكترونية إلى مجموعة من الأهداف تتلخص بما يأتي:

1- إعطاء الفرصة للطالب بتقديم عينات من أعماله وأنشطته ونشرها على شكل ملفات إلكترونية.

2- إعطاء الطالب فرصاً أكبر للتعلم الذاتي الذي يعد من أفضل طرق التعلم.

3- توفير الفرصة للمدرس بأن يحكم على مدى تعلم الطالب وذلك بقياس مخرجات التعلم من خلال الملفات الإلكترونية التي أنتجها الطالب.

4- تسهيل تبادل المعلومات والخبرات بين المتعلمين وتوفير طريقة هامة من طرق نشر الابتكارات.

مميزات الحقائب التعليمية الإلكترونية (بني عواد، 2006)

1. توفر الحقائب التعليمية بيئة تفاعلية مبنية على المتعة والتشويق حيث توفر للمتعلم عناصر التشويق من صوت وصور وحركة وأفلام وألوان ومحاكاة.

2. إن استخدام الحقائب التعليمية الإلكترونية يثير دافعية المتعلمين وفضولهم نحو التعلم، إذ لا تعتمد الحقائب على الكتاب المدرسي فقط، بل تتعدى ذلك إلى مصادر أخرى مثل الإنترنت وموسوعات علمية مثل موسوعة أنكارتا الإلكترونية.

3. تعمل الحقائب الإلكترونية على تنمية مهارات البحث والاستقصاء لدى المتعلمين من خلال البحث عن مصادر متعددة مثل الإنترنت والمواقع الإلكترونية المختلفة.

4. تعمل على تنمية مهارات الحاسوب لدى المتعلمين، حيث يعتمد تنفيذ الحقيبة الإلكترونية على استخدام جهاز الحاسوب واستخدام مجموعة من البرامج الحاسوبية مثل: برامج معالج النصوص (Microsoft word)، برامج العروض التقديمية (Microsoft PowerPoint)،برامج الناشر (Microsoft publisher) وغيرها.

5. الحقائب التعليمية الإلكترونية تنقل المعلم والمتعلم من أدوارهما الاعتيادية إلى أدوار جديده، فالمعلم يوجه ويرشد المتعلمين، والمتعلمون ينفذون الأنشطة ويناقشون ويحاورون ويبحثون عن المعلومات والمعارف.

6. تعمل الحقائب الإلكترونية على تنمية التفكير العلمي للمتعلمين من خلال عمليات البحث والاستقصاء والتي يقوم بها المتعلمون من مصادر مختلفة للمعرفة.

7. تعمل على تنمية مهارات التواصل الاجتماعي للمتعلمين.

فوائد الحقائب التعليمية الإلكترونية في تعلم العلوم:

تعد الحقائب التعليمية الإلكترونية أحد أساليب التعلم الذاتي في مجال تعلم العلوم، ويمكن تلخيص فوائد الحقائب التعليمية في تعلم العلوم بما يأتي:

1. تتيح للطالب اكتساب بعض المعلومات الأساسية في مجال العلوم من خلال نشاطاته المختلفة واعتماده على نفسه في الموقف التعليمي.

2. تساعد على تنمية بعض أنماط التفكير كالتفكير الإبداعي والتفكير الابتكاري.

3. تساعد في تنمية بعض الميول المرغوبة لدى الطلاب والمتصلة بمجال العلوم.

4. تساعد في مواجهة الفروق الفردية بين الطلبة.

5. تنمى التقويم الذاتي لدى الطلبة وتساعد على ربط التعلم بالعمل.

مكونات الحقيبة الإلكترونية:

1. عنوان الحقيبة: وهو يعكس الفكرة الأساسية للوحدة الدراسية المراد تعلمها.

2. الفكرة العامة (النظرة الشاملة): تهدف إلى إعطاء فكرة موجزة عن محتوى الحقيبة ومكوناتها، وأهميتها للمتعلم، كما تهدف إلى إعطاء فكرة بسيطة عن أهداف الحقيبة وخصائص الفئة المستهدفة.

3. دليل الحقيبة: يعطي فكرة موجزة عن محتوى الحقيبة والغرض منها، ووصف موجز لطريقة تنفيذ الحقيبة، والارشادات والتوجيهات الضرورية حول كيفية التعامل مع الحقيبة ودراستها.

4. المخطط الانسيابي للحقيبة : وهو عبارة عن لوحة انسيابية (تتبعية) توضح مسار التعلم الذي

يتخذه المتعلم في أثناء دراسته للحقيبة التعليمية. والشكل (24) يوضح ذلك (سلامة، 2000)

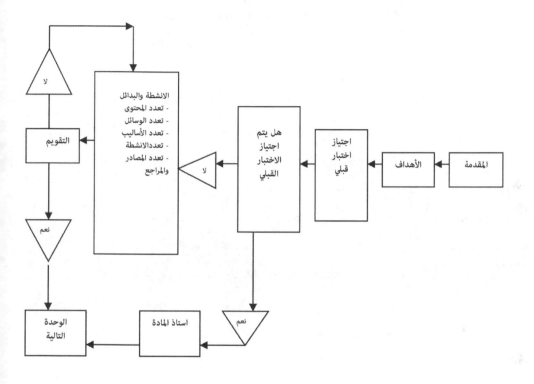

شكل (24): لوحة انسيابية توضح خطوات السير في دراسة الحقيبة التعليمية

5. الأهداف التعليمية : يحتوي هذا الجزء على مجموعة من الأهداف السلوكية التي تصف بصورة

واضحة السلوك النهائي المتوقع من المتعلم بعد الانتهاء من دراسة الحقيبة.

6. الاختبار القبلي: يستخدم هذا الاختبار قبل دراسة محتوى الحقيبة لقياس مدى معرفة المتعلم بالمعارف والمهارات التي تسعى الحقيبة التعليمية إلى تحقيقها، لتحديد ما إذا كان المتعلم يحتاج إلى دراسة محتوى الحقيبة أم لا، وتحديد نقطة البدء التي تبدأ منها دراسة الحقيبة.

7. المحتوى التعليمي للحقيبة: ويشتمل على المفاهيم والحقائق والمهارات والأفكار الجزئية التي يراد تعلمها في الحقيبة التعليمية.

8. الوسائط المتعددة: تتمثل الوسائط التعليمية الإلكترونية التي ينبغي أن تتضمنها الحقيبة الإلكترونية في الأشكال التوضيحية والصور الثابتة والصور المتحركة والنمذجة (المحاكاة) ولقطات الفيديو والألوان والأصوات والموسيقى.

9. الأنشطة التعليمية: تشمل الحقيبة الإلكترونية على مجموعة من الأنشطة والبدائل التي تتيح للمتعلم فرصة اختيار النشاط الذي يناسبه، مثل: المشاركة في المناقشات والحوارات من خلال المنتديات التعليمية وغرف المحادثة، زيارة بعض المواقع الإلكترونية واستعراضها وقراءة محتواها ثم تلخيصها، استخدام محركات البحث، تنفيذ تجارب المحاكاة الإلكترونية وكتابة التقارير.

10. الاختبار البعدي: يستخدم هذا الاختبار بعد دراسة المتعلم لمحتوى الحقيبة لقياس مدى تحقيقه لأهداف الحقيبة.

11. المصادر والمراجع: يمكن أن تضم الحقيبة التعليمية بعض الوثائق المرجعية، والكتب والمصادر والمراجع العلمية التي استقيت معلومات الحقيبة منها، لأغراض إغناء التعلم عن طريق الحقيبة.

خطوات إنتاج الحقائب التعليمية الإلكترونية:

إن تصميم الحقائب التعليمية عملية متكاملة، تتم من خلال مراحل محددة، تبدأ بمرحلة التحليل ثم التركيب، ثم التنفيذ، ثم التقويم، وتنتهي بمرحلة التطوير. وكل مرحلة من هذه المراحل تتطلب خطوات متعددة وفيما يلي توضيح لكل مرحلة من مراحل إعداد الحقيبة التعليمية (وزارة التربية والتعليم، 2005):

المرحلة الأولى: التحليل

يتم في هذه المرحلة تحليل العناصر الأساسية المرتبطة بالحقيبة التعليمية المراد إنتاجها، مثل: تحليل الاحتياجات، تحليل المهمات والمحتوى التعليمي، تحليل خصائص المتعلمين، تحليل المصادر، تحديد الأهداف التعليمية، وفيما يلي استعراض للعمليات التحليلية:

1. تحليل الاحتياجات:

تأتي هذه الخطوة لتبرر وجود الحقيبة، ولتحديد أهدافها، فمن خلال تحليل الاحتياجات يتم تحديد الفجوة بين الوضع القائم عند الفئة المستهدفة من الحقيبة التعليمية والوضع المرغوب فيه، من أجل إجراء التطوير أو التحديث في الوضع القائم وصولاً إلى الوضع المرغوب فيه، ولا يقتصر الهدف من الحقائب على تطوير المهارات، بل يتعدى ذلك إلى مواجهة الإخفاقات الناجمة عن ظهور معلومات وتقنيات حديثة تؤثر على عمل العديد من المعلمين والمعلمات، ويكون دور الحقيبة في هذه الحالة تحديث معلومات المعلمين والمعلمات حول التطورات الجديدة. ويتم تحليل وتحديد الاحتياجات بناءً على المقابلات مع الإدارات التعليمية والمعلمين أو من خلال الاستبيانات المسحية. ومن خلال تحليل هذه المقابلات والاستبيانات المسحية يمكن بناء الافتراضات عن أداء الطلبة، ومشاكلهم التعليمية، وتحديد احتياجات المدرسين من خبرات ومعارف في ضوء التطورات التكنولوجية في عصر المعلوماتية. و ينتج عن ذلك مجموعة من الاحتياجات أو الأهداف التي يتم ترتيبها حسب الأولويات للعمل على تحقيقها من خلال الحقيبة التعليمية.

2. تحليل المحتوى والمهمات:

و يتم من خلال هذه الخطوة تحليل الحقيبة إلى مكوناتها الأساسية، ففي البداية يحلل موضوع الحقيبة إلى مواضيع رئيسية، وبعد ذلك يتم تحليل كل موضوع رئيسي إلى مكوناته الفرعية البسيطة ، ويستمر التحليل حتى يصل إلى مجموعة مكونات يفترض بأن المستخدم للحقيبة يمتلك خبرة حولها ولا تحتاج الحقيبة إلى التعامل معها لأن المستخدم يعرفها، ويشبه تحليل المادة التعليمية الشجرة المقلوبة الجذع إلى الأعلى (موضوع البرنامج)، والأغصان الرئيسية تتدلى من الجذع (المكونات الرئيسية للموضوع)، ويفضل

وضع دائرة خلال التحليل حول المكونات التي يتقنها المنتفع من البرنامج التعليمي، ولا يحتاج إلى التدرب عليها.

ومن خلال عملية تحليل المهمات يمكن التعرف على: المعلومات والخبرات المكونة لموضوع البرنامج، والخبرة السابقة (المعلومات والمهارات) التي يفترض أن يمتلكها مستخدم الحقيبة، والتسلسل المتدرج لمكونات موضوع البرنامج، والوحدات التعليمية النمطية التي تتضمنها الحقيبة، والأهداف الأدائية التي يمكن أن تحققها الوحدات.

3. تحليل خصائص المتعلمين:

في هذه الخطوة يحتاج مصمم الحقيبة التعليمية لمعرفة خصائص الفئة المستهدفة من حيث الخصائص الجسمية والعقلية والمستوى العلمي، والخبرات السابقة، والعمر، والجنس، وأية معلومات أخرى ضرورية.

4. تحليل المصادر:

تسهم المصادر في تسهيل عملية التعليم في الحقيبة التعليمية، وهي تتنوع حسب طبيعة الحقيبة التعليمية ومتطلباتها، ومن هذه المصادر اللازمة للحقيبة التعليمية: أجهزة الحاسوب وجهاز عرض البيانات والبرمجيات والأقراص المرنة والأقراص المضغوطة والإنترنت والموسوعات الإلكترونية والأفلام الرقمية والصور وتجارب المحاكاة.

5. تحليل الأهداف التعليمية:

في هذه الخطوة يتم تحديد الأهداف التعليمية التي يتوقع من المتعلمين تحقيقها بعد تنفيذ الحقيبة التعليمية الإلكترونية.

المرحلة الثانية: تركيب الحقيبة التعليمية

وتشمل هذه المرحلة عدة عمليات يتم من خلالها إجراء تركيب شامل للحقيبة التعليمية، من حيث تركيب المادة التعليمية، وتركيب طرق وأساليب التعلم، واختيار الوسائط المتعددة، وتركيب الاختبارات، وفيما يلي استعراض لعمليات تركيب الحقيبة التعليمية:

الخطوة الأولى: تركيب المادة العلمية وتتضمن هذه الخطوة ما يلي:

أ. تحديد مصادر المحتوى العلمي ومكوناته.

ب. تسلسل المحتوى العلمي.

ج. هيكل الحقيبة التعليمية.

الخطوة الثانية: تركيب طرق وأساليب التعلم

إن النمط السائد في الحقائب التعليمية واستراتيجيات التعلّم يتمركز حول المتعلّم فالمتعلّم هو محور العملية التعليمية، وهو الذي يكتشف المعلومات بنفسه ويُكوّن الخبرات، وتلعب المهارات الفردية وقدرات الفرد دوراً أساسياً في اكتشاف المعلومات وتكوين الخبرات عنده، وهذا لا يعني أن دور المعلّم بعيد عن العملية التعليمية، فدور المعلّم في الحقيبة التعليمية هو أن يكون مصمماً تعليمياً، يختار المواقف والأنشطة التعليمية، والاستراتيجيات التي تتناسب مع قدرات الطلبة، ويكون مسؤولاً عن متابعة مدى تقدم المتعلمين المستخدمين للحقيبة التعليمية، وبناء على هذه المراقبة (التقويم) يقوم مصمم الحقيبة بتعديل بعض الأنشطة التي تخدم تقدم المتعلّم نحو تحقيق الأهداف، وقد يرافق الحقيبة أنشطة مناظرة لأنشطة الصف الاعتيادية، وقد يتم تدعيم الحقيبة التعليمية بالاستماع إلى شريط تسجيل أو مشاهدة شريط فيديو يحتوي على محاضرة لأحد الأساتذة أو المدرسين ممن لهم كفاءة عالية وخبرة في تدريس موضوع ما إذا لزم ذلك.

الخطوة الثالثة: اختيار الوسائط المتعددة

تستخدم الوسائط المتعددة لغرضين رئيسين هما:

1. إيضاح الأفكار التي يصعب تفسيرها لفظياً أو كتابةً .

2. عرض بدائل للمتعلمين بمختلف مستوياتهم.

والجدول (5) يبين كيفية اختيار الوسائط الشائعة في الحقائب التعليمية حسب طبيعة العرض :

جدول (5) كيفية اختيار الوسائط المتعددة في الحقائب التعليمية حسب طريقة العرض

ر.م	طبيعة العرض	الوسائط المتعددة
1.	الكلمة المطبوعة.	الشرائح الرقمية، الكراسات الملحقة، كراسات التعليم المبرمج، الملصقات.
2.	الكلمة المنطوقة.	التسجيلات الصوتية.
3.	صورة ثابتة مع كلمات منطوقة وأصوات أخرى.	شرائح رقمية بمصاحبة تعليق صوتي.
4.	الحركة مع الكلمة المنطوقة وأصوات أخرى.	التلفزيون، أفلام سينمائية، فيديو متفاعل، حاسوب.
5.	الصور الاصطناعية للظواهر والعلاقات	الألواح المتحركة، الألعاب، الحاسوب.
6.	نمذجة الأنظمة ونقد النظام أو الظاهرة داخل المختبر.	المحاكاة والحاسوب.

الخطوة الرابعة: تركيب الاختبارات

تعد الاختبارات في الحقائب التعليمية الجزء الحيوي في توجيه سير التعليم، وتحدد مدى تقدم المتعلِّم نحو تحقيق أهداف الحقيبة التعليمية، ونظراً لأهمية الاختبارات فإنها يجب أن تتميز بالبساطة في التصميم وأن تتميز بالصدق والثبات والموضوعية والشمولية، وأن تُفهم جيدا من قبل المستجيبين بعيدا عن التخمين، وأن لا تكون مضللة، وأن يستند إعدادها إلى محور أساسي وهو الأهداف الأدائية التي تقيسها.

إن الاختبارات المرجعية تزود المتعلِّم بمؤشرات عن مهاراته ومعارفه التي اكتسبها من خلال الحقيبة، وتستخدم اختبارات الفقرات ذات الاختيار المتعدد في هذه الحالة. وقد تستخدم في بعض الحالات اختبارات الإجابة القصيرة أو فقرات الصواب والخطأ، وفي مثل هذه الاختبارات يجب أن يحقق المتدرب مستوى إتقان يزيد على 90 % من الدرجة الكلية للاختبار، وهذا يعني تمكنه من تحقيق 90 % من الأهداف الأدائيه التي تغطيها تلك الاختبارات.

أنواع الاختبارات في الحقائب التعليمية :

1. اختبار متطلبات التعلم السابق: يستخدم هذا الاختبار لفحص المهارات الخاصة أو المعرفة السابقة التي يمتلكها المنتفع من الحقيبة، فالذين يجتازون هذا الاختبار يبدؤون بالعمل على الحقيبة، والذين لا يجتازون هذا الاختبار قد يتم إعطاؤهم برامج علاجية لكي يستعدوا للبدء بالعمل على الحقيبة.

2. الاختبار التشخيصي القبلي: يستخدم هذا الاختبار لتقرير مدى تمكن المتعلِّم من الأهداف الخاصة للوحدات النمطية المتضمنة في الحقيبة التعليمية ، والافتراض السائد في هذا المجال أن غالبية المنتفعين من الحقيبة لا يمتلكون خبرة في موضوع الحقيبة إلا أن هذا الاختبار يساهم في تحديد الفعاليات والأنشطة التي يسير عليها مستخدم الحقيبة .

3. قائمة فحص الأداء: في بعض الحقائب توجد أهداف تسعى إلى تطوير مهارات أدائية مثل استخدام جهاز ما، أو تركيب ما، وبهذه الحالة تحتاج الحقيبة إلى قائمة فحص الأداء لمعرفة القدرات العملية للمتعلِّم، والمهمات التي يستطيع إنجازها فعلياً بعد استخدامه للحقيبة.

4. الاختبار البعدي: يشبه الاختبار البعدي الاختبار القبلي من حيث طبيعة فقراته والأهداف التي يقيسها، والزمن اللازم للإجابة عنه، ومن أهم المؤشرات التي يقدمها الاختبار البعدي أن الفروق الفردية بين المتعلمين يقل تأثيرها، وتتقارب مستويات المتعلمين بعد الانتهاء من الحقيبة.

المرحلة الثالثة: تنفيذ البرنامج التعليمي

عند تنفيذ الوحدات النمطية يجب أن نفكر في تسلسل الفعاليات والأنشطة التابعة لها، وفيما يلي تسلسل مقترح لأنشطة حقيبة تعليمية:

1. عرض عنوان الحقيبة وتاريخ إصدارها والمسؤولين عن إعدادها.

2. تقديم فكرة رئيسة عن الحقيبة وأهمية موضوعها.

3. عرض الأهداف التي تحاول الحقيبة أن تحققها.

4. عرض محتويات الحقيبة.

5. توضيح الفئة التي يمكن أن تستخدم الحقيبة وما تمتلكه من خبرات سابقه.

6. تقديم الإرشادات والتعليمات لكيفية استخدام الحقيبة ويجب أن تكون الإرشادات واضحة مـن حيث مسارات التنقل بين الوحدات، ويرفق مع الإرشادات المخطط الانسيابي لسير الفعاليات.

7. إنجاز الاختبار القبلي للحقيبة.

8. استعراض الوحدات النمطية.

9. إنجاز الاختبار البعدي للحقيبة.

10. الانتهاء من الحقيبة.

المرحلة الرابعة: التقييم

وتشتمل هـذه المرحلـة عـلى خطـوتين أساسـيتين هـما: تقييم أداء المتعلمـين، وتقييم الحقيبـة التعليمية، وفيما يلي استعراض لهاتين الخطوتين:

الخطوة الأولى : تقييم أداء المتعلمين

ويهدف تقييم أداء المتعلمين إلى:

1. توصيف سلوك المنتفع من كل وحدة نمطية في الحقيبة التعليمية؛ أيّ تحديد ما يمتلك المتعلّم مـن معلومات ومهارات تخص موضوع الوحدة.

2. متابعة تقدم المتعلّم بعد الانتهاء مـن كـلّ وحـدة، ويفـترض أن جميـع المتـدربين أو المتعلمـين يتقاربون في مستوى أداء المهارات والمعلومات بعد الخروج من الوحدة على الـرغم مـن تباينهم عند الدخول فيها.

ويتم تحقيق هـذه الأهـداف مـن خـلال اختبـارات معرفيـة واختبـارات عمليـة قبـل البـدء بالوحـدة النمطية، وبعد الانتهاء من الوحدة النمطية، و يجوز أن ينتقل المتعلّم إلى وحدة أخرى إذا حقق مسـتوى إتقان لدرجة كبيرة في أهداف الوحدة؛ أي تحقيق نسبة 90 % من مجموع فقرات الاختبار الموضوعي، أو فقرات قائمة فحص الأداء العملي، كذلك يسمح للمتعلّم الانتقال مباشرة إلى الوحدة الأخرى في حالة تحقق الشرط الادائي عند أدائه للاختبار قبل دخول البرنامج التعليمي.

الخطوة الثانية: تقييم الحقيبة التعليمية

تقييم الحقيبة التعليمية هو عملية إصدار الحكم على البرنامج التعلمي في ضوء معايير محددة، وأفضل هذه المعايير معيار مدى التقدم الذي أحرزه المتعلمون من حيث المهارات والمعلومات نتيجة التعامل مع الحقيبة، وهناك معيار آخر في تقويم البرنامج وهو أراء المتعلمين في فعاليات وأنشطة البرنامج.

تعتمد إجراءات التقييم على أداتين قياسيتين إحداهما تقيس تقدم المتعلِّم خلال كل وحدة تعليمية، والأداة الأخرى هي الاستبانة أو آراء المنتفعين من البرنامج في ما يتعلق بوضوح الأهداف وأساليب التقييم، والبرامج التطبيقية المصاحبة لها، والتسهيلات التي يقدمها البرنامج، والعاملون المساعدون، وقد تذهب بعض الحقائب التعليمية إلى معرفة آراء القيادات الإدارية للمؤسسات التعليمية التي تستخدم الحقيبة، وهنا يتركز الاهتمام على مدى التقدم الذي يحدث بعد الانتهاء من الحقيبة داخل المؤسسة (داخل الصف). إن جميع النتائج المشتقة من هذه الأدوات المقترحة تقدم صورة واضحة عن الإيجابيات والسلبيات في البرنامج التعليمي، وهذا بدوره يساعد مصمم البرنامج أو الحقيبة في العمل على تطويره، مما يحقق أهدافاً أفضل، ويتغلب على السلبيات التي ظهرت في التطبيق الفعلي.

المرحلة الخامسة : تطوير الحقيبة التعليمية

إن عملية التطوير تأتي بعد التطبيق ثم المراجعة والمراجعة تعني ما يلي:

1. مراجعة النتائج التي تُظهر أن المنظومة التصميمية والتنفيذية والتقييمية للحقيبة تعمل بمستوى جيد جداً، وهذا المؤشر يساعد على تشخيص الجوانب الإيجابية في التصميم والعملية التعليمية لاعتمادها في التصاميم المستقبلية.
2. مراجعة النتائج التي تظهر أن المنظومة تعمل بمستوى مقبول، وهنا يجب مراقبة ومتابعة تلك الفعاليات المقبولة، والعمل على تطويرها عندما تتاح الفرصة.
3. مراجعة النتائج التي تظهر أن المنظومة تعمل بمستوى ضعيف، وهنا يجب معالجة السلبيات التي تظهر أثناء التنفيذ، والعمل على إزالتها.

الفصل السابع

تصميم محتوى وبرامج ومناهج التعلم الإلكتروني في العلوم

مفهوم التصميم التعليمي

يعرف تصميم التعليم: بأنه وصف المبادئ النظرية والإجراءات العملية المتعلقة بكيفية إعداد البرامج التعليمية والمناهج المدرسية والمشاريع التربوية والدروس التعليمية والعملية التعليمية كافة بشكل يكفل تحقيق الأهداف التعليمية التعلمية المرسومة، ومن هنا فهو علم يتعلق بطرق تخطيط عناصر العملية التعليمية وتحليلها وتنظيمها وتصويرها في أشكال وخرائط قبل البدء بتنفيذها وسواء أكانت هذه المبادئ وصفية أم إجرائية عملية فهي تتعلق بسبع خطوات أساسية هي: 1- اختيار المادة التعليمية. 2- تحليل محتواها. 3- تنظيمها. 4- تطويرها. 5- تنفيذها. 6- إدارتها. 7- تقويمها (دروزة الموثق في البلوي، 2001).

وتعرفه دروزة (1995)، وضع خطة مفصلة ومدروسة للمادة المراد تصميمها (المناهج أو البرامج أو الوحدات التعليمية) تتضمن وصفاً وإجراءات لكل من الأهداف التربوية العامة والشروط الخارجية المتعلقة بعناصر الموقف التعليمي، والشروط الداخلية المتعلقة بخصائص الفرد المتعلم والمحتوى التعليمي، والأهداف السلوكية، واستراتيجيات التعليم، وكافة الوسائل التعليمية، وعمليات التقويم التكويني والختامي.

مفهوم المناهج الإلكترونية:

تعرّف المناهج الإلكترونية بأنها وسيلة تعليمية مساندة يستطيع الطالب من خلالها استذكار دروسه والتواصل مع معلم المادة عن طريق الإنترنت كمرشد وموجه لإتمام العملية التعليمية بصورة سليمة، وعلى الأرجح فإن معظم المواقع التعليمية المنهجية تضع الكتاب الإلكتروني الذي يحتوي المقرر الدراسي منفصلاً عن الشرح الإضافي الذي يحتوي على التمارين والأسئلة الإضافية والتجارب العلمية وما إلى ذلك، و في غالب الأحيان فإن هناك عناصر لابد من وجودها في المادة الدراسية ومنها (الراشد،2003):

- **المقدمة**: والتي تحتوي على نبذة مختصرة عن محتويات المادة وكيفية معالجتها وأهم الجوانب العملية فيها.

- **الأهداف**: فلكل مادة أهداف تربوية وسلوكية تعالج قضايا مختلفة ويمكن لإدارة المدرسة أن تضيف على هذه الأهداف.

- **المحتويات**: وهي عبارة عن فهرس الموضوعات الرئيسية في المادة التي يمكن من خلالها الانتقال إلى الدرس مباشرة.

- **المفكرة العامة**: وهي عبارة عن منظم للمواعيد مثل: مواعيد اختبارات المادة أو المراجعة وغيرها.

- **المفكرة الخاصة**: وهي المفكرة الخاصة بالطالب يستطيع الدخول إليها من خلال أي مادة أو من الصفحة الرئيسية.

- **منتدى المادة**: لكل مادة منتدى خاص يتبادل الطلاب مع معلميهم مواضيع ذات علاقة بالمادة التي يدرسونها.

- **روابط المادة**: فلكل مادة روابط تساعد على فهم مواضيعها، فيستطيع كل مستخدم إضافة روابط ومعاينة روابط تمت إضافتها من مستخدمين آخرين.

- **حوار المادة**: تختص كل مادة بساحة للنقاش الحي بين طلاب المادة الواحدة ومعلمهم ويمكن إشراك متخصص من خارج المدرسة لإثراء النقاش حول موضوع محدد.

- **مصطلحات** باللغة العربية يقدم شرحاً وافياً لأهم كلمات المادة التي يرى المعلم أهمية شرحها.

- **الأدوات المساعدة للمادة**: وتنقسم إلى جزأين:

أ-الجزء الأول: الخدمات التي يمكن تقديمها والمرتبطة بالخدمة مثل: حاجة الطالب إلى بعض الأدوات مثل آلة حاسبة ومسطرة.

ب-الجزء الثاني: خدمات مطلوبة من الطالب لإكمال دراسة المادة، لذلك يجب على المعلم إضافة المساعدة مثل مرجع أو برنامج معين أو ميكروسكوب.

- **بنك الأسئلة**: يقدم بنك الأسئلة للطالب أو المعلم قائمة بالأسئلة وأجوبتها المفضلة المتعلقة بالمادة. ويستطيع الطالب أيضا إضافة أسئلة بأجوبتها أو بدونها والتي يمكن إرسالها إلى المعلمين للمساعدة في حلها.

- **الكتاب الإلكتروني**: يوفر كتب المناهج الدراسية على الإنترنت لكي يتمكن المستخدم من تصفحها واستخدام أجزائها.

- **الوسائط المتعددة:** تطوير المناهج بمحتويات غنية من المعلومات لكل مادة مع الرسوم المتحركة والصوت والصورة والنصوص التفاعلية تساهم بتوفير حد عال من المعلومات يسهل الحصول عليها والتي تقلل من الفوارق الفردية بين الطلبة.

منهج الإنترنت

تقوم فكرة منهج الإنترنت في شكلها النهائي على إيجاد موقع إلكتروني موحد يشتمل على جميع مناهج التعليم العام (المرحلة الابتدائية، والمتوسطة، والثانوية) ويتم تحميل هذا الموقع على شبكة الإنترنت، حيث يتاح لجميع الطلاب الدخول لذلك الموقع بدون مقابل، إضافةً إلى ذلك لابد أن يكون هذا المنهج وفق الشروط العلمية والتي من أهمها أن يكون المنهج مبنياً على أساس فلسفي ونفسي وتكنولوجي (الموسى، 2000) .

أهداف منهج الإنترنت:

يمكن تحقيق هذه الأهداف بطريقة مباشرة أو غير مباشرة بعد استخدام الطلبة لهذا النوع من التعليم. وتتمثل أهم هذه الأهداف في الآتي (الموسى، 2000) :

1- تصميم المناهج الدراسية المكتوبة بطريقة الوحدات الدراسية ووضعها في موقع على الإنترنت.

2- نشر ثقافة المعلوماتية لدى الطلبة.

3- وضع توصيلات (Links) للمواضيع المرتبطة ببعضها بعضاً. فمثلاً يكون ربط المواد الدراسية ببعض المواقع التي تساعد على الفهم ومثل ذلك المكتبات والكتب التي تناولت الموضوع بنوع من التفصيل في حال رغبة الطالب الرجوع للموقع.

4- وضع أنشطة مصاحبة للمناهج وكذلك أسئلة ومواقف معينة تساعد على الفهم والتذكر.

5- حل مشكلات الدروس الخصوصية من خلال إمكانية مراجعة المادة في أي وقت يريده الطالب وبطريقة تضمن فهمه مهما كان مستواه التحصيلي.

6- حل مشكلة الغياب والمرض لدى بعض الطلبة من خلال متابعة المناهج من منازلهم.

7- حل مشكلة طرق التدريس التقليدية، لأن الطالب سيتعلم بطريقة مختلفة لما درسه بما يضمن دافعيته للتعلم بسبب تقنيات الوسائط المتعددة التي يتم تزويد المناهج بها.

8- ربط الطالب بالتعليم حتى وهو خارج المدرسة لوجود مرونة في الزمان والمكان لمراجعة ما تتم دراسته والتحضير لما ستتم دراسته.

مبررات مشروع منهج الإنترنت:

يمكن تقسيم هذه المبررات إلى ثلاثة مستويات هي (الموسى، 2000) :

أ- المبررات الداخلية: ويتمثل أهمها في الآتي:

1. التغير الاجتماعي.

2. كثرة الملتحقين بالتعليم.

3. زيادة الطلب على التعليم.

4. تلبية متطلبات سوق العمل.

5. الانفتاح العالمي.

ب- المبررات العالمية: لأن العالم أصبح بمثابة قرية كونية واحدة مترابطة، مع ضرورة متابعة التطورات العالمية لمسايرة العصر، وتتمثل أهم المبررات العالمية في الآتي:

1. ثورة الاتصالات العالمية.

2. الانفجار المعرفي في ميادين الحياة كافة.

3. اجتياح العولمة للعالم وآثارها التي لا يمكن لنا الوقوف عندها كمتفرجين وإنما يجب مجاراتها.

4. انتشار تقنية المعلومات على مستوى عالمي.

ج- المبررات العلمية والبحثية: وتنبع هذه المبررات من نتائج البحوث والدراسات حول هذا الموضوع كالآتي:

1. توصيات المنظمات التربوية العالمية.

2. التجارب العالمية في تطوير المناهج عبر الإنترنت.

3. نتائج البحوث والدراسات في جميع الجامعات والمراكز البحثية المتخصصة على مستوى العالم.

4. ضرورة إعداد الطلبة لمواجهة تحديات القرن الحادي والعشرين (عصر المعلوماتية)، لذلك يجب الإعداد لهذا الأمر.

محتويات منهج الإنترنت:

من المتوقع أن يحتوي هذا الموقع على كم كبير من المعلومات والمحتويات الرئيسة والمساعدة في عملية التعليم والتعلم، وأهم محتويات منهج الإنترنت التي من الضروري وجودها هي الآتي:

1. محتويات المواد بكاملها (لغة عربية، وعلوم، وعلوم شرعية، وعلوم اجتماعية، ورياضيات...الخ).
2. الكتب والمراجع التي يحتاجها الطلبة لاستخدامها لدعم المنهاج.
3. الاستفادة من الأنشطة المصاحبة للمحتويات والمدعمة بتقنيات الصوت والصورة والأمثلة الواقعية.
4. اللوائح وأنظمة الاختبارات المتعلقة بالمواد.
5. المكتبات العلمية المتخصصة التي تتناول الموضوع ووضع توصيلات (Links) للوصول إلى تلك المكتبات من الموقع الأساسي للمنهاج.
6. عناوين إلكترونية لبعض المعلمين والمتخصصين في بعض المواد وإمكانية الاستفادة منهم خارج الدوام المدرسي.

مفهوم المقرر الإلكتروني E-Course

تم تناول مفهوم المقرر الإلكتروني في الفصل الثالث من هذا الكتاب، ولكن باختصار يمكن تعريف المقرر الإلكتروني بأنه "موقع إلكتروني على شبكة الإنترنت يحتوي على مقررات دراسية تم تحويلهاإلى شكل رقمي لتعرض في شكل برامج إلكترونية تحتوى على العديد من الوسائل بالإضافة إلى مجموعة من الأدوات التي تتيح التفاعل التزامني والغير تزامني بين المعلم والطلاب أو بين الطلاب والمقرر أو بين الطلاب وبعضهم البعض. (الحلفاوي، 2006)

مفهوم الوحدة التعليمية عبر الإنترنت: هي وثيقة تربوية إلكترونية تضم مجمل المعارف والخبرات والتي سيتعلمها الطلاب بتخطيط من المدرسة وتحت إشرافها وتشتمل على: النص والصوت والصورة والحركة (الهايبس، والكندري، 2000).

الأسس الفلسفية والنفسية لتصميم المقررات الإلكترونية:

يمكن تلخيص هذه الأسس التي يأخذ بها أو يتبعها القائمين على تصميم المناهج والمقررات الإلكترونية في النقاط التالية (سالم، 2004، الموسى والمبارك، 2005):

1. يتم التصميم في ضوء فلسفة المجتمع والفلسفة التربوية للمجتمع.

2. يتم التصميم في ضوء النظرية التي يتبناها المصمم.

3. يتم التصميم في ضوء خصائص الطلبة والفروق الفردية بينهم.

الأسس التقنية لتصميم المقررات الإلكترونية :

1. دور المتعلم لا يقتصر على التلقي فقط بل التفاعل والإيجابية مع المقرر.

2. طريقة عرض المحتوى وتنظيمه يجب أن تكون مشوقة.

3. أن يعتمد المقرر على الوسائط المتعددة (النص، الصورة، الحركة، الصوت، الرسوم، المخططات).

4. سهولة تصفح صفحات المقرر وسرعة عرضها.

5. سهولة الوصول إلى موقع المقرر على الإنترنت لجميع المتعلمين.

6. ضرورة تقديمه التغذية الراجعة المستمرة للمقرر الإلكتروني.

متطلبات تصميم وتطوير التعلم الإلكتروني

إن عملية تصميم وتطوير منتجات التعلم الإلكتروني ، التي يمكن أن تشتمل على المساقات والحلقات الدراسية ، و ورشات العمل ومنافذ التعلم على الشبكة وجلسات الدردشة/ مجموعات المناقشة ....الخ ، تنطوي على خليط دقيق من المصادر البشرية، ومواصفات الأجهزة والبرامج وتطبيقاتها ومعايير الوسائل والفاعلية وقدرات المستخدم . ويتطلب تصميم و تطوير منتجات التعلم الإلكتروني ما يلي:

أولا: المصادر البشرية

ما هو نوع الفريق الذي لا بد من تشكيله لإعداد منتجات التعلم الإلكتروني ؟ يقدم الجدول (6) الأشخاص الذين لا بد من توفرهم في فريق تصميم التعلم الإلكتروني، جنباً إلى جنب مع مؤهلاتهم ومسؤولياتهم (Codone,2001) :

جدول (6) : الكادر المطلوب لإعداد منتجات التعلم الإلكتروني

الشخص	الخلفية التعليمية	المسؤوليات المعتادة
مصمم تعليمي	بكالوريوس أو ماجستير في تصميم أو تكنولوجيا التعليم.	تخطيط وتصميم مواد التعليم.
فنان رسومي	لا يتطلب الأمر عادة الحصول على شهادة جامعية ولكن من الضروري أن يكون الشخص تعلم المهارات المطلوبة من خلال العمل الفعلي رغم أن الشهادة مفيدة على أية حال.	الرسوم، الصور المتحركة، إنتاج المواد على الشبكة، إنتاج الوسائط.
المبرمج أو المختص بالتأليف	بكالوريوس في علم الكمبيوتر، هندسة البرمجيات. وغالباً ما تكون التجربة المميزة في البرمجة/ التأليف بديلاً عن التعليم الرسمي.	الكتابة والترميز في تطبيقات التأليف، لغة البرمجة، أو الكتابة على الشبكة.
خبير مادة الموضوع	الشهادة غير مطلوبة ولكن لا بد من أن يتمتع الشخص بخبرة كبيرة في المادة المطلوبة.	توضيح المحتوى، تقديم أمثلة واقعية، إدخال السيناريوهات والمشكلات الحقيقية إلى المساقات.
المختص بضمان الجودة	هناك عدة شهادات تتعلق بهذا الجانب ولكن من الشروط الأساسية أن يكون الشخص يتمتع بالخبرة في مجال تقنيات إدارة الجودة.	أن يقوم بتقييم المساقات فيما يتعلق بالجوانب اللغوية والجمالية وجودة المحتوى.
مختص بقواعد البيانات	شهادة جامعية أو أي تدريب آخر في علوم الكمبيوتر أو تطوير المواقع على الشبكة.	يطرح المساقات على الإنترانت أو الإنترنت، إدارة المواقع، منافذ التعلم، LMS .
مدير المشروع	شهادة جامعية في الإدارة أو التكنولوجيا، وفي بعض الأحيان المحاسبة.	إدارة جداول الإنتاج، مهام العاملين، علاقات الزبائن.

ثانيا: الأجهزة والبرمجيات

يتطلب تصميم وتطوير وتقديم منتجات التعلم الإلكتروني مزيجاً من عناصر الأجهزة والمعدات (hardware) وتطبيقات البرمجيات (software)، فضلاً عن بنية تحتيه قوية قادرة على استيعاب المستخدمين المتعددين وتطبيقات الشبكات (Codone,2001).

ويتم برمجة المناهج الإلكترونية من خلال استخدام (الموسى، 2001، الفار، 2003):

1- لغات البرمجة ونظم التأليف ومن أمثلتها ما يلي:

أ- لغات البرمجة العامة:

مثل لغة البيسك Basic ولغة فورتران Fortran ولغة باسكال Pascal ولغة ++C، ولغة سي ولغة الكوبول Cobal، ولغة Visual Basic ويتطلب استخدام هذه اللغات خبرات واسعة.

ب- لغات التأليف:

وهي لغات برمجة عامة مثل السابقة ولكن يفضل استخدامها في تأليف الدروس على الحاسوب لمرونتها وسهولة استخدامها وإمكاناتها المناسبة لتصميم البرامج التعليمية، إلى جانب صغر حجمها ومحدودية الحيز الذي تشغله في ذاكرة الحاسوب، ومن اللغات الشهيرة في مجال تأليف الدروس لغة لوجو Logo ولغة بلاتو Plato.

ج- نظم التأليف:

وهي برامج تطبيقية سهلة الاستعمال لا تختلف في إمكاناتها عن إمكانات البرامج التطبيقية الحديثة، مثل برامج معالجة النصوص وبرامج الرسم وبرامج الجداول الإلكترونية، ومن أمثلة نظم تأليف الدروس أو المقررات:

- برامج أوثروير ستار Author ware.
- برنامج كويست Quest.
- برنامج تول بوك Multimedia Tool Book
- برنامج دايركتور Multimedia Director .
- أوراكل ميديا أوبجيكتس Oracle Media Objects.

وتتيح هذه النظم لمنتجي المقررات الدراسية الإلكترونية الاستفادة من الوسائط التعليمية المختلفة كالفيديو وأجهزة تشغيل أقراص الليزر CD-ROM والأصوات والصور الثابتة والمتحركة ودمج العديد من المشاهد والمواقف بالبرمجيات المستهدفة وتتميز بأنها مزودة باستراتيجيات واختيارات وأدوات خاصة للتصميم التعليمي، الأمر الذي يسمح بمرونة كبيرة أثناء مرحلة التنفيذ، تمكن المؤلفين والمنفذين من إعداد الدروس وفقاً للمعايير التربوية السليمة دون خبرة كبيرة في برمجة الحاسوب.

وهناك تداخل بين نظم تأليف الدروس وبين لغات التأليف، لكن يرى بعض التربويين ضرورة التفريق بينهما؛ لأن لغات التأليف تندرج تحت لغات البرمجة بينما نظم تأليف الدروس لا تدخل ضمن البرمجة لأنها لا تعتمد على كتابة لغة بقدر ما تعتمد على تأليف وتركيب لصيغ موجودة أصلاً.

وفيما يلي عرض سريع لأشهر برامج إعداد المناهج للمقررات التعليمية:

- برنامج ستوري بورد (Story Board):

يعد هذا البرنامج من أوائل البرامج المستخدمة في بناء العروض وبعض المناهج للمواد التي تحتاج لوسائط متعددة، وقد بدأ استخدام هذا البرنامج مع نظام التشغيل Dos للحواسيب المتوافقة مع حواسيب (IBM). وبالرغم من الإمكانيات الهائلة التي يعطيها هذا البرنامج إلا أن بعض العيوب الجانبية منها: حجم الملفات التي يتم تصميمها لعمل العروض به يكون كبيراً جداً، وكذلك أوامر التشغيل معقدة إلى حد ما، والملفات الناتجة ثم تخزينها عادة في صورة تسمى (pict format) يصعب التغيير فيها بعد إنشائها وكذلك فإنه يصعب تحويل هذه الملفات إلى الملفات التي تعمل ببرامج التشغيل (Windows) ولا يمكن تشغيل هذا النوع من الملفات على شبكات الحاسوب نظراً لوقت تناقلها بين الحواسيب.

- برنامج أوثر وير (Author ware):

هذا البرنامج له إمكانية هائلة ليس فقط في إنتاج برامج تعليمية وعروض، ولكنه أيضاً في إنتاج أفلام تلفزيونية وكارتون نظراً لما لهذا البرنامج من أدوات متعددة في إعداد الصور المتحركةوإضافة أصوات وأفلام فيديو وبعض النصوص وتحريكها بأشكال وألوان وخلفيات رائعة. ولكن هذا البرنامج له عيوب بالإضافة إلى معظم عيوب البرنامج السابق بأنه

غالي الثمن ويحتاج إلى حواسيب ذات إمكانات عالية من الذاكرة ووسائط التخزين وبطاقة خاصة لتشغيل الوسائط المتعددة، وبالتالي، فإنه لا جدوى اقتصادية لاستخدام هذا البرنامج كمرشح ليكون أداة تنفيذ مناهج تعليمية على شبكات الحواسيب في الجامعات، وهذا لا يقلل من شأن البرنامج. وقد تم تنفيذ العديد من المناهج التعليمية للتلفزيون المصري، ومشاريع أخرى لعمل مناهج للثانوية العامة باستخدام هذا البرنامج.

- **برنامج ماكرومايند دايركتر (Macro Miad Director):**

له نفس خصائص برنامج أوثر وير (Author ware) ولكنه يتميز بمميزات أخرى أنه يمكن العمل به أيضاً على حواسب إبل ماكنتوش، ويمكن تخزين العرض في صورة أفلام فيديو ولكن لا يزال له نفس العيوب سواء التكلفة العالية أو التدريب التخصصي العالي أو حجم الملفات الكبير نسبياً وكذلك عدم إمكانية تداول هذا النوع من الملفات خلال شبكات الحواسيب. وأيضاً يوجد الكثير من المناهج العلمية والعروض المتخصصةالتي تم بناؤها بهذا البرنامج ولكن ليس هناك جدوى اقتصادية لاستخدام هذا البرنامج لإنتاج مناهج تعليمية للقاعدة الطلابية.

- **برنامج باور بوينت (Power Point):**

يأخذ هذا البرنامج شعبيته وانتشاره وانتشار نظام التشغيل Microsoft windows فرض نفسه خلال السنوات الماضية، حيث إنه برنامج Power Point جزء من برنامج Microsoft Windows التي أصبح وجودها حتمياً من مكونات مجموعات البرامج المباعة مع أجهزة الحواسيب الشخصية، ونظراً لسهولة تعلم واستخدام هذا البرنامج فقد أصبح مؤخراً أكثر البرامج شيوعاً من الكثير من المتخصصين. إن متوسط حجم الملف المطلوب لعمل مرضٍ (يحتوي على صوت وصورة) مدته نصف ساعة يتعدى عشرة ميجابايت، ناهيك عن احتمال حدوث عطب في هذا الملف الكبير أثناء تصحيحه إذا انقطع التيار الكهربائي أثناء عملية تخزين الملف. ويعد هذا العطب مشهوراً بين مستخدمي هذا البرنامج.

لغة ترميز النص المترابط (HTML): Hyper text markup language

تعد لغة الـ html من أنسب الوسائل التي يمكن أن تستخدم في إعداد أو بناء البرامج والمناهج التعليمية، وهي خاصة بتصميم وإنشاء صفحات الويب وتصميم الروابط المتشعبة والصور والأصوات والبرمجيات في صفحة واحدة وهي لغة مشفرة تقرأ بواسطة المتصفحات وهي على درجة من البساطة بحيث يسهل تعلمها في أيام معدودة ويمكن إتقانها في فترة قصيرة وتتميز كذلك بسهولة تعديلها أو سهولة إعادة برمجتها وأن هذه اللغة ستفرض نفسها على الجميع،لما لها من مميزات نذكر منها (مهدي، 2002).

1- بساطة الأوامر وسهولة تعلمها.

2- تشغيل الملفات المكتوبة بهذه اللغة على جميع أنواع الحواسبب.

3- حجم الملفات المكتوب بها المناهج أو العروض أصغر ما يكون، حيث إن هناك فصلاً بين الملفات المحتوية على الكلام المكتوب وملفات الصور (JPG, GIF).

4- يمكن تشغيل ملفات الوسائط المتعددة من خلال الملفات المكتوبة بهذه اللغة.

5- جميع حزم البرامج الحديثة المنتخبة بعد عام 1995 بها خاصية التخزين في صورة html files وبالتالي يمكن تحويل أي ملف مصمم بحزم البرامج الأخرى لهذه الصيغة.

- **برنامج فرونت بيج هو برنامج لبناء مواقع الإنترنت** (زهران وزهران، 2002):

لغة جافا (Java) وهي لغة برمجة تسمح بإدخال وسائط متعددة وبرمجيات داخل صفحات الويب ويمكن تنفيذها من خلال أنظمة تشغيل متعددة. حيث يقوم الحاسوب وبطريقة آلية بتشغيل هذه البرمجيات عند فتح الصفحة لتظهر على صيغة صورة حية وعناصر متفاعلة مثل الألعاب وبرامج المجموعات الحسابية في نافذة متصفح الويب وهي من أكثر لغات الإنترنت تعقيداً على الإطلاق، وتتطلب هذه اللغة مهارات حسابية عالية ودقة متناهية وطلاقة عالية في التعامل مع النصوص والأرقام، وقد بنيت هذه اللغة أساساً على لغة ++C العريقة.

2- البرامج المساعدة لإنتاج مكونات الوسائط المتعددة مثل برامج الرسوم وبرامج إعداد الصور وبرامج إعداد النصوص وبرامج إعداد الأفلام (الفار،2003):

أ- برامج إعداد الرسوم، ومنها:

-   برنامج أدوبي فوتو شوب Adobe Photoshop ويستخدم لتحرير الرسوم والصور.
-   برنامج أدوبي أليستريتور Adobe Illustrator ويستخدم لتحرير وإنشاء الرسومات والصور المتجه.
-   برنامج كوريل درو Corel draw.
-   برنامج كانفاس Canvas Peneba Software ولها مقدرة على تحرير كل أنواع الرسوم في بيئة واحدة بما في ذلك النصوص والتأثيرات والصور والرسوم التوضيحية.
-   برنامج Macromedia fireworks والهدف منه إنشاء رسومات ويب فهو ينجز هذه المهمة أفضل من أي برنامج آخر.

ب- برامج تجهيز الصور الفوتوغرافية:

وهي برمجيات تزين الصور الفوتوغرافية وتبدأ عملية تزين الصور غالباً بنقل الصور إلى الكمبيوتر باستخدام الماسح الضوئي scanner ثم معالجتها باستخدام مجموعة متنوعة من المؤثرات الخاصة والعناصر الملونة. وتمنحك أدوات تعريف الصور الفوتوغرافية التحكم المطلق بالصورة، ويشمل ذلك إمكانية تغيير الإنارة والظلال وإمكانية تشكيل وتغيير الانعكاسات وقد جعلت عملية صنع الصور اللاواقعية كصورة رجل يسبح على سطح القمر أمراً شائعاً. وبذلك فإن هذه البرامج تغطي أربعة مجالات هي: تحرير الصورة، تلوين الصورة، التكييف حسب الطلب، دعم الألوان. ومن الأمثلة على برامج تحرير الصور ما يلي(الفار،2003):

- Adobe Photoshop.

- Picture Publisher.

- Photo Paint.

ج- برامج تحرير الفيديو:

ظهور كاميرات الفيديو الرقمية في إنتاج الأفلام أدى إلى زيادة الاهتمام ببرمجيات تحرير الفيديو. وهي تساعد على ترتيب اللقطات وتسلسلها وتصف بعض اللقطات وتنسيقها مع مسارات الصوت، ومن الأمثلة عليها(الفار،2003):

- Adobe Premiere.

- Edit DV.

نماذج تصميم مواد التعلم الإلكتروني

تعد نماذج تصميم التعلم الإلكتروني مفيدة إذا صممت بشكل جيد؛ لأن التصميم الجيد يضمن المحافظة على استمرار اهتمام الطلاب وإثارة دافعيتهم لمواصلة التعلم، كما أن التصميم الضعيف يسبب تسرب عدد كبير من الطلاب، وبالتالي تنخفض نسبة الطلاب الذين يستكملون دراسة المقرر، ومن ثم يؤثر على مخرجات تعلم الطلاب، وفي هذا الصدد يرى روفيني (Ruffini) أن مراعاة مبادئ التصميم التعليمي في المقررات الإلكترونية يمكن أن يساعد في إنتاج نوعية جيدة من المقررات. ونظراً لأن التعلم الإلكتروني اتجاه حديث نسبياً، فإن هناك عدد من المحاولات من قبل مصممي التعليم لتصميم نماذج تعليمية فعّالة لمواد التعلم الإلكتروني، وبالتالي فإن ما يوجد من نماذج تصميم تعليمي أو تصورات للتعلم الإلكتروني هي محاولات طبقت فيها بعض نماذج التصميم التعليمي المستخدمة في التعليم التقليدي، مع تطوير بعضها بما يتناسب مع بيئة التعلم الإلكتروني، والأخذ في الاعتبار خصائص تلك البيئة التي تميزها عن بيئة التعليم التقليدي(عبد العاطي، 2007).

وقد أورد عبد العاطي (2007) بعض النماذج التي استخدمها مصممو التعليم لتصميم برامج أو مقررات التعلم الإلكتروني منها:

1- نموذج " روفيني" Ruffini لتصميم موقع تعليمي عبر الإنترنت:

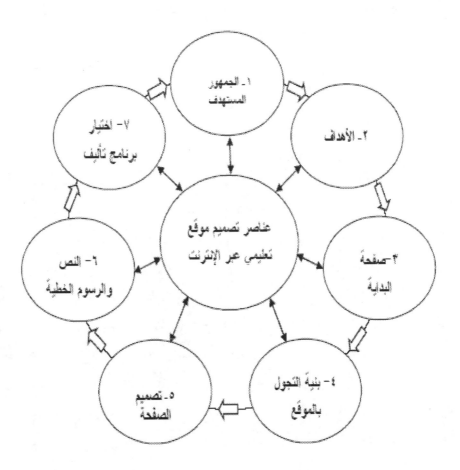

شكل (25) : نموذج "روفيني" لتصميم موقع تعليمي عبر الإنترنت

2- نموذج ريان وآخرون (Ryan, et al) لتصميم مقرر عبر الإنترنت:

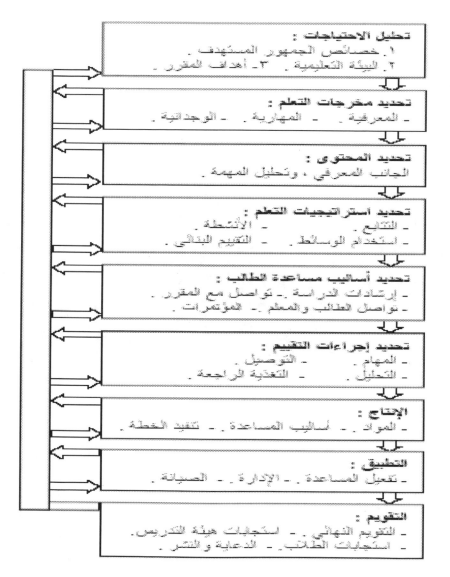

شكل (26) : نموذج "ريان وآخرون" لتصميم مقرر عبر الإنترنت

3- **نموذج جولبف وآخرون (Jolliff, et al) لتصميم مواد التعلم عبر الإنترنت:**

يقترح جوليف وآخرون نموذجا لتصميم مواد التعلم عبر الإنترنت يتكون من ثماني عشرة خطوة، وتدور تلك الخطوات حول أربع مراحل رئيسة، هي:

المرحلة الأولى: تجميع المعلومات: وتشمل تلك المرحلة ست خطوات، هي: إعداد وثيقة المعلومات عبر الإنترنت، تحديد خصائص المتعلم، تحديد موضوعات التعلم تفصيليا، صياغة أهداف التعلم، تحديد إرشادات التقويم، تحديد أسلوب العرض.

المرحلة الثانية: تطوير مواد التعلم: وتشمل ثلاث خطوات هي: تحديد الاستراتيجيات التعليمية، تحديد أسلوب التصميم، تحديد معايير تصميم المواد.

المرحلة الثالثة: إنتاج مواد التعلم: وتشمل خمس خطوات، هي: تحديد الاستراتيجيات التعليمية، تحديد أسلوب التصميم، تحديد معايير تصميم المواد.

المرحلة الرابعة: تقويم مواد التعلم: وتشمل هذه المرحلة أربع خطوات هي: إدارة التقويم البنائي، إدارة المتعلمين من خلال إدارة أحداث التعلم، تحديد متطلبات المتعلمين ومساعدتهم لتحقيق أهداف التعلم، إدارة التجريب الميداني، مراجعة أداء المتعلم.

والشكل (27) يوضح هذا النموذج:

شكل (27) : نموذج "جوليف وآخرون" لتصميم مواد التعلم عبر الإنترنت

4- نموذج الغريب زاهر لتصميم مقرر عبر الإنترنت:

يقدم الغريب زاهر عدداً من الخطوات التي يجب اتباعها عند تصميم مقرر عبر الإنترنت وفيما يأتي تلك الخطوات:

- تحديد المادة العلمية التي سيتم تضمينها بالمقرر عبر الإنترنت وتنظيمها.

- تحديد المعلومات العامة عن المؤلف وتاريخ نشر المقرر وتحديثه، والمتطلبات القبلية لدراسة المقرر.

- تصميم المقرر طبقا لمبادئ التصميم.

- تنفيذ تصميم المقرر باستخدام إحدى لغات البرمجة.

- نشر المقرر على شبكة الإنترنت.

5- نموذج ابراهيم الفار لتصميم مقرر عبر الإنترنت:

يقترح ابراهيم الفار عدداً من الخطوات لتصميم مقرر عبر الإنترنت، وفيما يأتي تلك الخطوات:

- تحديد الأهداف السلوكية للمقرر.

- تحديد محتوى المقرر وتنظيمه.

- إعداد المحتوى على شكل صفحات ويب طبقا لمبادئ التصميم.

- تأليف صفحات الويب باستخدام أحد برامج إعداد صفحات الويب، مثل برنامج front page.

- نشر المقرر عبر الإنترنت.

6- نموذج مصطفى جودت لتصميم نظم تقديم المقررات عبر الإنترنت:

المرحلة	العمليات	المهام	النتائج
التحليل	تحليل النظام .	- تحليل بيئة النظام . - تحليل خصائص الطلاب والمعلمين . - التحليل التربوي (تحليل المهام التعليمية ، وتحليل محتوى المقرر) .	تقرير في ختام عملية التحليل .
التصميم والإنتاج	تصميم النظام .	- وضع الأهداف الإجرائية . - تحديد وظائف النظام . - تصميم الأدوات . - تصميم التفاعل مع النظام . - تصميم واجهة التفاعل . - التصميم الهيكلي .	تصميم مبدئي .
	الإنتاج والتجريب المبدئي .	- بناء الصفحات الرئيسة . - إنتاج عناصر واجهة التفاعل . - كتابة برامج النظام . - ربط النظام بخدمات الشبكة . - إنتاج المحتوى . - تحميل النظام على الشبكة . - الاختبارات الفنية الأساسية .	- تقرير حول عملية الاختبار المبدئي. - النظام جاهز للتطبيق .
التقويم	تطبيق النظام .	- إنتاج أدوات التطبيق . - تقديم المقرر . - مراقبة الطلاب . - الصيانة والدعم الفني .	- ملاحظات حول التطبيق . - تقرير أداء الطلاب .
	تقويم التطبيق .	- تقويم التطبيق وتحليله .	تقرير تقويم النظام والتوصيات .

شكل (28) : نموذج "جودت" لتصميم نظم تقديم المقررات عبر الإنترنت

7- نموذج عبدالله الموسى واحمد المبارك لتصميم مقرر عبر الإنترنت:

طور عبد الله الموسى وأحمد المبارك (2005) نموذجاً لتصميم مقرر عبر الإنترنت وفق أسلوب النظم، وتم تطبيقه بالفعل لتدريس مادة تقنيات التعليم والاتصال (241 وسل) ويتكون النموذج المطور من خمس مراحل رئيسة، تحتوى كل مرحلة منها على عدد من الخطوات الفرعية، بيانها كما يلي:

1- **مرحلة التحليل:** ويعني الوصف الدقيق لعناصر النظام المكونة له، ومميزات كل عنصر على حده، وتحديد دوره، وتشمل عملية التخطيط تحليل العناصر الآتية:

- تحليل الاحتياج: ويشتمل على تحليل الوضع الراهن، والوضع المرغوب، ثم تقدير الاحتياج.

- تحليل الأهداف: وفي هذه الخطوة يتم تحديد أهداف الموقع الذي سينشأ.

- تحليل المادة العلمية: وتشمل تلك الخطوة تحديد محتوى المادة العلمية، وتحليل المهام التي سوف تنجز من قبل المتعلمين من خلال دراستهم للمادة العلمية.

- تحليل خصائص المتعلمين: ويشمل ذلك تحديد الخصائص العلمية والجسمية والاجتماعية والنفسية.

- تحليل البيئة التعليمية والتدريبية: وتشمل تحليل الميزانية، والقاعات الدراسية، والأجهزة.

2- **مرحلة الإعداد:** ويعني وضع الاستراتيجية اللازمة للتنفيذ، واختيار المصادر العلمية والتعليمية، وإنتاج العناصر والإمكانات المساندة، وتهيئة مكان الاستخدام، وتتم تلك المرحلة وفقاً لما يلي:

- إعداد أسلوب التدريس: وفيه يتم تحديد أسلوب التدريس، ويشمل: التعلم الذاتي، والمشاركة في المناقشات، وكتابة التقارير، وحل التدريبات والمهام، وإجراء البحوث، وتنفيذ المشاريع، واستخدام المراجع.

- إعداد الوسائل التعليمية: وتهدف تلك المرحلة إعداد الوسائل التعليمية التي ستستخدم في المقرر عبر الإنترنت، وتشمل: توفير أدوات لنشر محتوى المادة، وأدوات المعلم والمتعلم التي تمكنهم من إجراء حوار ونقاشات، وتوفير تغذية راجعة... الخ.

- إعداد الإمكانات المادية: ويشمل ذلك حجز الموقع وبنائه على الإنترنت.

- إعداد أدوات التقويم: حيث يتم إعداد أدوات التقويم، وتشمل اختبارات، وتقويم ذاتي، وحل مهام.

3- **مرحلة التجريب:** ويعني التطبيق الأولي للنظام؛ من أجل التأكد من تشغيل الخطة التعليمية، وتحقيق الأهداف الموضوعة، ثم تنقيحه للاستخدام، وتتم تلك المرحلة تبعاً لما يلي:

- التجريب الإفرادي والتنقيح: ويتم في هذه الخطوة تجريب الموقع بشكل فردي، من خلال الدخول للموقع مرة بصفة معلم، ومرة أخرى بصفة متعلم، وبعد ذلك يتم التعديل.

- التجريب مع مجموعة صغيرة والتنقيح: ويتم تجريب الموقع على المعلم ومجموعة صغيرة من الطلاب في حدود (5-10) طلاب، ثم إجراء التعديلات اللازمة.

- التجريب في مكان الاستخدام والتنقيح: في هذه الخطوة يتم التجريب على شعبة واحدة من الطلاب الذين يدرسون المقرر بالفعل، ثم إجراء التعديلات.

4- **مرحلة الاستخدام:** ويعني التطبيق الفعلي للنظام، وهذه المرحلة تأتي – عادة-بعد عملية التجريب، وتشمل تلك المرحلة تجريب العناصر التالية: أسلوب العرض للمجموعة الكبيرة، وأسلوب الدراسات الحرة المستقلة، وأسلوب التفاعل في المجموعة الصغيرة.

5- **مرحلة التقويم:** ويعني فحص النظام واختبار صلاحيته بعد الاستخدام الفعلي، وتشمل هذه المرحلة ما يلي:

- تقويم تحصيل المتعلم: حيث تطبق الاختبارات قبلياً وبعدياً، وكذلك التقويم الذاتي، والمهام المطلوب إنجازها.

- تقويم الخطة التعليمية: يتم تقويم الخطة التعليمية بناءً على ملاحظة سلوك المتعلمين أثناء دراسة المقرر وتسجيل ما يعترضهم من مشكلات، ويتم ذلك من خلال بطاقة تقويم تعد لهذا الغرض.

والشكل (29) يوضح هذا النموذج :

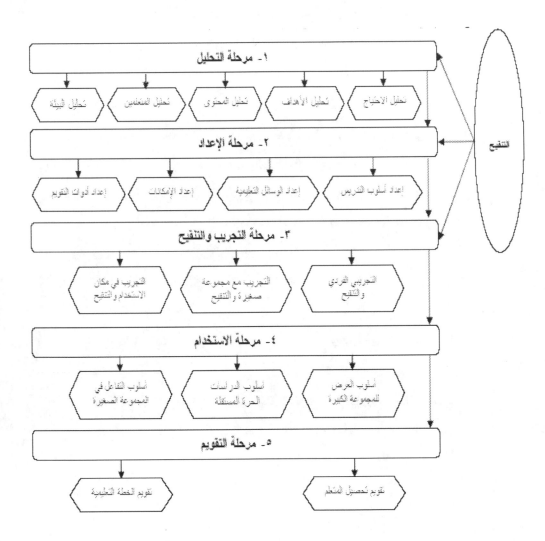

شكل (29) : نموذج "الموسى والمبارك" لتصميم مقرر عبر الإنترنت وفق أسلوب النظم

8- نموذج عبد العاطي(2007) لتصميم المقررات عبر الإنترنت:

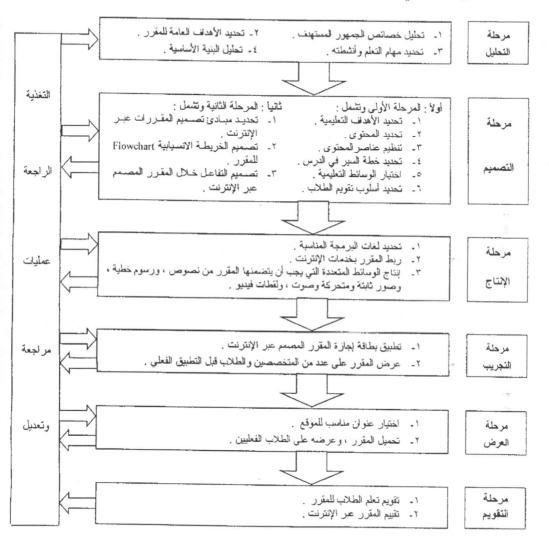

شكل (30): نموذج "عبد العاطي" لتصميم المقررات عبر الإنترنت

نموذج مقترح لتصميم مواد التعلم الإلكتروني وفق المنحى النظامي:

يستهدف هذا النموذج توصيف خطوات التي يجب أن يتبعها المعلم عندما يشرع في تصميم مواد التعلم الإلكتروني (منهاج، مقرر، وحدة، برنامج). ويتكون هذا النموذج من 12 خطوة كما في الشكل (31) :

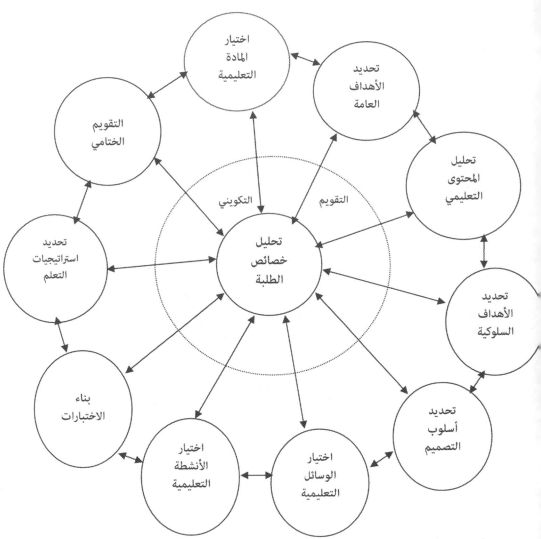

شكل (31): نموذج بني دومي لتصميم مواد التعلم الإلكتروني وفق المنحى النظامي

وفيما يلي وصف تفصيلي لكل خطوة من خطوات تصميم مواد التعلم الإلكترونية وفق المنحى النظامي:

أولاً: تحليل خصائص المتعلمين:

تعد هذه الخطوة من أهم خطوات تصميم مواد التعلم الإلكتروني، حيث أكدت جميع النماذج التي تتبع المنحى النظامي على عملية تحليل خصائص المتعلم، وذلك لأن احتياجات المتعلم هي التي تحدد ما ينبغي أن نقدمه للمتعلم ومن أين ينبغي أن نبدأ مع المتعلم، وكيف يمكن تعليمه؟ فتحليل خصائص المتعلمين يعني الوقوف على مدى استعداد المتعلمين لتقبل الخبرة موضوع التصميم، ومعرفة ما إذا كانت هناك مواءمة بين خصائص المتعلمين والمواد والأساليب المتبعة في التصميم (قطامي وآخرون ، 1994).

ويعني كذلك تحديد المستوى العلمي والمهارات للتلميذ، وكذلك تحديد الأنماط السلوكية والمهارات النوعية اللازمة للبدء في تعلمه (الفار، 2003).

ولذلك على المصمم التعليمي أن يسعى جاهداً للإجابة عن السؤال الآتي:

ما العوامل المعروفة عن الطلاب باعتبارهم مجموعة وبصفتهم أفراد والتي من شأنها أن تؤثر في التخطيط للتعلم؟ لذلك يمكن تحديد خصائص المتعلمين على مستويين (حمدي، 1994):

أ- تحديد الخصائص العامة المشتركة بين الأفراد وتتمثل هذه الخصائص في العمر والجنس والذكاء والاتجاهات والمستوى الاقتصاديّ والاجتماعي والمرحلة الدراسية.

ب- تحديد الخصائص الفريدة لكل متعلم، وهذه الخصائص هي التي تجعلنا نفكر ملياً بمحتوى المادة الدراسية ونوعيتها، وهي التي تساعدنا على اختيار الوسائل والأساليب التي تحقق هدف التعلم، ومن أمثلة هذه الخصائص: أسلوب التعلم وقدرة المتعلم على التركيز.

وعلى مصمم مواد التعلم الإلكترونية أن يسعى للإجابة عن مجموعة أسئلة تدور حول خصائص المتعلم منها:

1. هل لدى المتعلم متطلبات الدراسة الإلكترونية؟ وتتمثل تلك المتطلبات في ضرورة امتلاك كل طالب جهاز حاسوب مع إمكانية الاتصال بالإنترنت، حتى يتسنى للطالب التعلم، فضلاً عن ضرورة توافر بعض مهارات استخدام الحاسوب والإنترنت والبريد الإلكتروني.

2. هل لدى المتعلم المعلومات الأساسية المطلوبة لتفهم الدرس؟

3. هل لدى المتعلم الكفايات الأساسية في اللغة والحساب والقراءة؟

4. هل لدى المتعلم نزعات غريبة أو اتجاهات أو سوء فهم مسبق حول الموضوع محور التصميم؟

وفي ضوء هذه الأسئلة وغيرها يمكن لمصمم التعلم الإلكتروني أن يفرد الأسلوب أو الطريقة أو المواد أو الوسائط التعليمية المناسبة للتعلم.

ثانياً: اختيار المادة التعليمية:

تعد خطوة اختيار المادة التعليمية الملائمة لتقديمها بشكل إلكتروني الخطوة الثانية في تصميم مواد التعلم الإلكتروني، لأنه لا يمكن تقديم جميع المواد التعلمية في صيغة إلكترونية. ولتحديد مدى ملاءمة المادة التعليمية لغايات التقديم على الشبكة، على المصمم التعليمي التحقق من المعايير التالية والتي صيغت على شكل أسئلة (Codone, 2001):

1. هل يبرر عدد المستخدمين المحتملين تكاليف إعداد المساق؟

2. هل يمتلك الطلاب أجهزة كمبيوتر وإمكانية الوصول إلى الإنترنت؟

3. هل سيبدي الطلاب تقبلاً للتدريب المستند إلى الإنترنت؟

4. هل سيوفر توزيع المحتوى من خلال الإنترنت طريقة أسهل وأسرع وأرخص وأكثر أماناً وفعالية من صيغ التعليم الأخرى القائمة حالياً؟

5. هل يمكن تقديم المحتوى بدرجة أعلى من الفعالية من خلال استخدام الوسائط التكنولوجية مثل الصوت والفيديو والأشكال المتحركة...؟

6. هل يمكن تكييف المحتوى بما ينسجم مع التصفح الخطي أو المتفرع؟

7. هل سينتفع المحتوى من الارتباطات الديناميكية في مواقع الشبكة الأخرى؟

ثالثاً: تحديد الأهداف التربوية العامة:

تعرف الأهداف التربوية بأنها عبارات عريضة تصف نتائج التعليم المرغوب فيها لكل مبحث، وبعبارة أخرى هي عبارات تصف التغيرات المرتبطة في سلوك المتعلم نتيجة مروره بخبرات تعليمية من خلال برنامج تربوي. وتشتق الأهداف التربوية من فلسفة المجتمع وحاجاته وفلسفة التربية. وعملية وضع الأهداف التربوية ليست من مهام المصمم التعليمي وإنما هذه المهمة عادةً ما يقوم بها القائمون على المواثيق وفلسفة التربية. ولكن هذا لا يعفي المصمم من وعي وإدارك هذه الأهداف وعياً كاملاً، وذلك لأن تحويلها إلى أهداف سلوكية ملاحظة ومقاسة هي من مهامه الأساسية (قطامي وآخرون، 1994).

رابعا: تحليل المحتوى التعليمي وتنظيمه :

ويقصد بتحليل المحتوى تحديد المفاهيم والحقائق الرئيسية، وتحليل المهارات المتضمنة والكشف عن العناصر الضرورة وغير الضرورية لتحقيق الأهداف، والعمل على ما يأتي (الفار، 2003):

1. تقسيم المحتوى إلى وحدات والوحدة إلى موضوعات والموضوع إلى دروس والدروس إلى فقرات.
2. تحليل الأهداف التعليمية إلى أهداف سلوكية وأفعال (حمدي، 2005).

لذلك، فإن من أهم واجبات مصمم التعليم أن يسعى إلى معرفة ما في المحتوى التعليمي من معارف أو اتجاهات ومهارات، ثم يعمل على تصنيفها وتحليل كل منها إلى أجزائه الفرعية الأولى وإلى عناصره المكونة (قطامي وآخرون، 1994).

خامسا: تحديد الأهداف السلوكية:

ويقصد بالأهداف السلوكية عبارات محددة توضح ما ينبغي أن يقوم به المتعلم بعد مروره بالخبرة التعلمية. ويتكون الهدف السلوكي من العناصر التالية (قطامي وآخرون، 1994):

1. **المتعلم**: وهو الشخص الذي يفترض به أن يقوم بتحقيق الهدف.
2. **السلوك**: ويشير إلى أداء المتعلم أو النتيجة الملاحظة والمقاسة في فعل المتعلم.

3. **الشروط**: وتشير إلى مجمل الشروط والظروف التي يتم من خلالها تحقيق الهدف.

4. **الدرجة**: أو المعيار الذي يستخدم للحكم على مستوى الأداء المقبول في العمل.

تعد هذه الخطوة من أهم خطوات تصميم التدريس وفي ضوئها تبنى معظم الخطوات اللاحقة.

وفيما يلي بعض الأمور التي ينبغي أن تتصف بها الأهداف السلوكية:

1. أن تكون مرتبطة ارتباطاً وثيقاً بالأهداف العامة.
2. أن تكون مترابطة بعضها ببعض.
3. أن تصاغ صياغة واضحة.
4. أن تكون قابلة للملاحظة والقياس.
5. أن تصاغ بحيث تغطي مستويات التفكير العليا كالتحليل والتركيب والتقويم وعدم الاقتصار على مستوى التذكر.

سادسا: تحديد أسلوب التصميم :

يوجد العديد من التصميمات التي يمكن على أساسها وضع تصور لكيفية عمل مواد التعلم الإلكتروني، وكيفية تحكم الطالب فيها، وقبول المدخلات وإخراجها، ومفاضلته بين الاختيارات المختلفة، فعندما يقرأ الطالب كتاباً ما فإنه يمكن أن يرجع إلى الخلف لمراجعة معلومة مهمة، أو يتخطى عدة صفحات للوصول إلى صفحة معينة، وبذلك فإن الطالب يتحكم في تسلسل الدرس وأنشطته اعتماداً على حاجاته التعليمية الخاصة. وقد أورد الهايبس والكندري(2000) أهم الأساليب الرئيسة في تصميم البرامج التعليمية والمقررات الإلكترونية على النحو التالي:

1- التصميم الخطي Linear Design:

يعد هذا التصميم من أبسط أساليب تصميم البرامج، وهو يُلزم جميع المتعلمين بالسير في نفس الخطوات التعليمية في البرنامج، فلكي يتعلم الطالب مفهوماً معيناً لابد له من المرور بكل الإجراءات التي يقررها البرنامج وفي الترتيب نفسه، وذلك من معلومات وأمثلة وتدريبات. ومن أهم مميزات هذا النوع القدرة على التحكم التام في جميع إجراءات عملية

التعليم، بالإضافة إلى أن التخطيط لتصميم هذا النوع من البرامج أقل تعقيداً من التصميمات الأخرى، وهو مفيد وفعّال عندما تكون مستويات الطلاب متجانسة، بينما لا يناسب الطلاب ذوي المستويات المختلفة، فليس هناك فرصة للطالب سريع التعلم أن يتخطى بعض المعلومات غير المهمة بالنسبة له أو للطالب بطيء التعلم أن يراجع بعض المعلومات السابقة، ومن عيوب هذا النوع من التصميم أيضاً أنه لا يتسم بالمرونة الكافية.

2- التصميم المتفرع Branching Design:

تعد قدرة الحاسوب على تفريد التعلم من أهم ما قدمه للتربية من خدمات، وهذه الإمكانية تتضح عن طريق تقويم الحاسوب لاستجابات الطالب وتحديد حاجته للتقدم في الدرس أو المراجعة، وتعد اختبارات التفرع في البرنامج من أهم العوامل التي تعتمد عليها قدرة البرنامج على تقديم تعليم فردي، ويقصد بالتفرع داخل البرنامج قدرته على التقدم للأمام أو الرجوع للخلف أو الذهاب إلى أي نقطة في البرنامج بناءً على طلب المستخدم.

وتستخدم إجراءات التفرع داخل البرنامج عندما يراد تخطي بعض التدريبات للوصول إلى الاختبار البعدي أو دراسة موضوع دون المرور بالموضوعات الأخرى، وبذلك فإن التصميم التفريعي يمكن أن يحدث بعدة أشكال في دروس التعلم بمصاحبة الحاسوب منها:

أ- التفرع الأمامي Forward Branching:

ويقصد به الانتقال من موقع ما في البرنامج إلى موقع تالٍ له، وهو يعتمد على رغبة المتعلم وعلى متطلبات الدراسة، ويوجد نوعان من التفرع الأمامي:

- النوع الأول: التفرع الأمامي المعتمد على أداء المتعلم: ويحدث بناءً على شرط معين يحدده مصمم البرنامج كالانتقال إلى جزء ما في البرنامج إذا ما كانت إجابة الطالب صحيحة.

- النوع الثاني: التفرع الأمامي المعتمد على اختيارات المتعلم: وهو يحدث بناءً على رغبة المتعلم عندما يحدد ما إذا كان سيتقدم للأمام أو سيتخطى نحو الاختبار البعدي والذي يظهر له في قائمة الاختيارات.

ب- التفرع الخلفي Backing Branching:

ففي كثير من الأحيان يكون من المهم الانتقال من موضوع ما في البرنامج إلى موضوع سابق له، ويطلق على عملية الانتقال العكسي عبر معلومات البرنامج وحتى الوصول إلى بداية البرنامج "التفرع الخلفي"، وهذا النوع من التفرع مهم للغاية عند الحاجة إلى مراجعة جزء معين في البرنامج، وهو يحدث عند فشل الطالب في الاستجابة لمتطلبات البرنامج، حيث يرجع به إلى الموضوع الذي يحتاج إلى إعادة دراسته مرة أخرى أو إلى دراسة بعض الأمثلة والمشكلات عليه.

ج- التفرع العشوائي Random Branching:

وهو حالة خاصة من أنواع التفرع في البرنامج، ويستخدم عندما يكون الترتيب أو التسلسل في خطوات السير في البرنامج غير مهم، وهو يسمح لأي من النوعين السابقين الأمامي والخلفي بالحدوث دون الاعتماد على التسلسل المنطقي لعرض المادة.

وبالجملة فإن أهم ما يميز المواقع الجيدة على الإنترنت هو قدرتها على الربط linking بين عناصر الفقرة المعروضة، وقد يتعدى هذا إلى الانتقال إلى مواقع أخرى لها علاقة بالموضوع ويتم ذلك من خلال ربط النصوص باستخدام الرسوم، وكذلك استخدام الصوت والصورة والنص والحركة بالوقت نفسه.

وأخيراً، يمكن القول عند تصميم شاشات و مواد التعلم الإلكتروني فإنه يجب مراعاة المعايير التالية: (المناعي، 1995، العلي، 2005):

1. عدم عرض كمية كبيرة من المعلومات في شاشة واحدة

2. استخدام الألوان والرسوم في البرمجية أو المادة المحوسبة إذا كانت تزيد من فاعلية التعلم مع عدم المبالغة حتى لا تؤدي إلى تشتيت انتباه المتعلم.

3. ترك مسافات كافية في الكتابة بين السطور تسهيلاً للقراءة والملاحظة.

4. توفر حروف كبيرة وصغيرة في عرض المادة كلما أمكن ذلك.

5. استخدام الحروف الداكنة والخلفية الفاتحة أو العكس قد يكون أكثر راحة للعين فمثلاً ينصح بنص لونه بنفسجي على خلفية بيضاء، وينصح بنص لونه بنفسجي

على خلفية بلون زهري خفيف، ولا ينصح بنص لونه أحمر أو أخضر على خلفية زرقاء.

6. تجنب دوران الشاشة السريع (الانتقال من شاشة إلى أخرى) أثناء عرض المادة العلمية والأمثلة والتدريبات، وذلك مراعاةً للفروق الفردية بين المتعلمين من حيث سرعة القراءة والفهم والاستجابة.

7. تجنب النصوص التي تتجاوز عرض الشاشة فالمستخدم لا يحب استخدامه شريط التحرير الأفقي.

8. تجنب الكتابة على أعمدة كما في الصحف.

9. التوزيع المناسب للمعلومات على الصفحة أو الشاشة.

10. تجزئة المادة إلى فقرات قصيرة.

11. مزج النصوص والرسوم والصوت والحركة معاً إذا استدعى الأمر ذلك.

12. إبراز النصوص بشكل واضح لجذب انتباه المتعلم، وذلك بمساعدة العديد من الأساليب التي يقدمها الحاسوب كالنص المائل ITALIC أو النص المُومض BLINK أو وضع النص في إطار، أو الإشارة إليه، أو استخدام نظام"لون الخلفية العكسي".

13. عدم التركيز على الصورة والمناظر الجذابة لكي لا ينصرف اهتمام الطالب إلى هذا الأمر وترك المادة العلمية، والإقلال من عدد البنطات FONTS وأحجام الخطوط المستخدمة واستخدامها بشكل وظيفي.

14. الربط بين عناصر المادة المعروضة وذلك عن طريق ربط الرسوم بالنصوص كالمؤشرات وعلامات التنويه، وذلك لتوضيح العلاقة بين مكونات الرسم ككتابة أسماء المحاور والمنحنيات البيانية.

15. عدم الإطالة في التفاصيل الدقيقة للمادة العلمية.

16. نظراً لبطء التحميل (Loading) فإنه ينصح بتجزئة المادة إلى ملفات وكل ملف لا يزيد عن (60) كيلو بايت.

17. عدم الإكثار من التوصيلات (Link) خارج البرنامج.

18. أن تكون هناك تغذية راجعة (Feedback) للبرنامج.

سابعا: اختيار الوسائط التعليمية الإلكترونية :

تتمثل الوسائط التعليمية الإلكترونية التي ينبغي أن يتضمنها المقرر الإلكتروني في الأشكال التوضيحية والحركة والنمذجة (المحاكاة) ولقطات الفيديو والألوان والخطوط المختلفة... الخ. والاستفادة من إمكانات الحاسوب المتعددة، مع مراعاة ملاءمة ذلك كله للأهداف، والاستفادة من قدرات التلاميذ وإمكاناتهم في تحديد أشكال تلك الوسائل وطرق عرضها ومواقع عرضها بالبرنامج أو المقرر (الفار، 2003).

ثامنا: اختيار الأنشطة التعليمية :

ويتم في هذه الخطوة تحديد مهام التعلم وأنشطته التي يجب على الطلاب إنجازها عند دراستهم للمقرر الإلكتروني، ومن تلك المهام والأنشطة ما يلي (الموسى والمبارك، 2005):

- المشاركة في المناقشات: وذلك من خلال منتديات وساحات الحوار الموجودة في الموقع، أو من خلال الأسئلة التي يضعها المعلم في الموقع.

- كتابة التقارير حيث يقوم المعلم بوضع جملة من المهام في نهاية كل مادة ويطلب من الطلاب إتمام هذه المهام.

- زيارة بعض المواقع واستعراضها وقراءة محتواها بشكل دقيق، ثم تلخيص بعض المعلومات التي ترتبط ارتباطاً وثيقاً بمهام التعلم أو أنشطته.

- استخدام محركات البحث التي يوفرها المقرر لإنجاز مهام التعلم والأنشطة في كل درس.

- حل التدريبات والمسائل والمشكلات الموجودة في المقرر.

- إجراء بحوث وتنفيذ مشاريع.

- استعمال المراجع.

تاسعا: بناء الاختبارات الإلكترونية المناسبة:

تعرّف الاختبارات الإلكترونية بأنها العملية التعليمية المستمرة والمنتظمة التي تهدف إلى تقييم أداء المتعلم من بعد باستخدام الشبكات الإلكترونية (صبحي، 2005) .

وتمتاز الاختبارات الإلكترونية بمزايا عديدة منها (صبحي، 2005) :

-1 التفاعلية (Interactivity) : وتعني تقديم مهمة للمتعلم وإمكانية الرد السريع على أفعاله.

-2 تعدد الوسائط واتساعها (Broadband): وتعني إمكانية عرض المعلومات التي تتضمنها مهام التقييم من خلال الوسائط المتعددة (صوت، صورة، رسوم متحركة...) وهذه الخصائص تجعل من المهام أكثر واقعية وتمكّن من قياس المهارات التي لا يمكن تقديمها باختبارات الورقة والقلم.

-3 استخدام الشبكات (Networked): وهذا يعني أن المؤسسات التي تضع الاختبارات، والمدارس، والآباء، والمسؤولين التربويين، ومراجعي الاختبارات، والمصححين، والطلاب سيتم الربط بينهم إلكترونيا، وهو ما سيرفع من كفاءة عملية الاختبار بدرجة كبيرة.

-4 المرونة وتوفير الوقت (Saving time) : وهذا يعني إمكانية عمل الاختبار وتعديله وإعادة استخدامه حسب الحاجة، وهو ما يوفر صفة المرونة، بالإضافة إلى أنه يمكن توزيع الاختبارات والحصول على الإجابات عن طريق الإنترنت وهو ما يوفر في وقت الإعداد والتوزيع.

-5 الحد من وقت التغذية الراجعة (Reducing tarnaround time) : إن استخدام نظام يتم فيه التصحيح بواسطة الحاسوب يحد من الزمن المطلوب لحصول الطالب على النتيجة وعلى التغذية الراجعة، وهو ما يمكّن الطالب من استخدام المعرفة التي حصل عليهاع من تقييمه في علاج أوجه القصور بأسر ع وقت ممكن.

-6 الحد من المورد المطلوبة: يمكن الحد من الموارد البشرية لأنه يمكن تصحيح الاختبارات البسيطة إلكترونيا، وتستطيع البرامج تقليل زمن المعالجة والتصحيح للواجبات. ويمكن عمل الواجبات وتجميعها وتصحيحها والتعليق عليها إلكترونيا بالكامل مما يوفر الورق والطباعة والوقت.

-7 الاحتفاظ بالسجلات: يمكن التقييم الإلكتروني من الحفاظ على سجل لكل طالب أتوماتيكيا ويمكن تخزين هذه السجلات مركزيا بحيث تستطيع الأطراف المعنية كالمعلمين والطلاب الدخول اليها.

8- سهولة استخدام البيانات: لأن البيانات الخاصة بتصحيح الواجبات مخزنة إلكترونيا فإنه يسهل تحليلها واستخدامها في الجداول الإلكترونية والحزم الإحصائية الأخرى.

وفي هذه الخطوة يعمل المصمم التعليمي على بناء الاختبارات الإلكترونية المناسبة التي تجيب عن السؤال التالي: هل تعلم الطالب ما كان ينبغي له أن يتعلمه؟ وهل يستطيع أن يقوم بتأدية المهارات التي وضعت سابقاً كما وردت في الأهداف السلوكية؟

لذلك، على المصمم التعليمي بناء الاختبارات الإلكترونية المناسبة التي تقيس مدى تحقق الأهداف عند المتعلم، ومن هذه الاختبارات ما يلي:

1- اختبارات ذات أسئلة الاختيار من متعدد.

2- اختبارات ذات أسئلة الاستجابات المتعددة.

3- اختبارات ذات أسئلة المطابقة أو التوصيل.

4- اختبارات ذات اسئلة صواب أم خطأ .

5- اختبارات ذات أسئلة ملء الفراغات .

6- اختبارات مقالية .

وعند كتابة فقرات الاختبار يجب مراعاة الأسس التالية (قطامي وآخرون،1994) :

1- أن تكون الأسئلة هادفة: مرتبطة بالأهداف السلوكية وتقيس كل فقرة ناتجاً تعليمياً محدداً.

2- أن تكون الأسئلة شاملة، بحيث تغطي المواضيع والجوانب الرئيسة لها.

3- أن تقيس الأسئلة جميع مستويات المعرفة التحصيلية.

4- أن تكون واضحة ومحددة لا يحتمل السؤال أكثر من إجابة واحدة.

5- أن تكون متدرجة في الصعوبة.

6- أن تراعي الفروق الفردية والمستويات المختلفة للطلبة.

7- أن تكون الأسئلة مستقلة؛ أي لا تعتمد إجابة أي سؤال أو فرع فيه على إجابة سؤال أو فرع آخر.

8- توزيع العلامات بطريقة تناسب أهمية السؤال الموضوع.

عاشراً: تحديد استراتيجيات التعلم :

وفي هذه الخطوة يتم تحديد استراتيجيات التعلم الإلكتروني التي ستستخدم في تعلم المقرر الإلكتروني وتشمل: التعلم الذاتي، واستراتيجية المناقشة والحوار واستراتيجية المحاكاة واستراتيجية التعلم التعاوني والاستقصاء.. الخ .

الحادي عشر: التقويم التكويني :

يُعرّف التقويم التكويني بأنه مجموعة الإجراءات التي يقوم بها المقوّم التعليمي (المعلم)، والتي تتعلق بتقدير مدى فعالية المادة التعليمية المصممة، وجودتها أثناء عملية بنائها، وتطويرها، وتجريبها، وقبل استخدامها (الحيلة، 2003). وعرّفه توق (1993) بأنه العملية التي بها يحصل المعلم على المعلومات اللازمة لزيادة فاعلية المادة التعليمية المصممة، وكفايتها في تحقيق أهداف التعلم. وعرّفه قطامي وآخرون (1994) بأنه التقويم الدائم والمستمر أثناء عملية التعلم أو التصميم والهدف منه التشخيص ومعرفة نقاط القوة لتعزيزها وجوانب الضعف لمعالجتها.

الثاني عشر: التقويم الختامي :

يُعرّف التقويم الختامي بأنه مجموعة الإجراءات التي يقوم بها المقوّم التعليمي أو المعلم، والتي تتعلق بتقدير مدى فعالية المادة التعليمية المعدة للاستعمال وإعطائها درجة تقديرية تبين مدى جودتها، ونجاحها قبل أن تستعمل بشكل فعّال في العملية التعليمية (الحيلة، 2003) والهدف من التقويم الختامي إصدار الأحكام واتخاذ القرارات، ويقوم على مبدأ تقويم العملية التعليمية بعد انتهائها.

الثالث عشر : التغذية الراجعة :

تكمن أهمية التغذية الراجعة في مجال تصميم التعليم وفق المنحى النظامي في كونها تزود المصمم التعليمي بمعلومات حول جميع الخطوات التي يتكون منها التصميم وفق المنحى النظامي، فهي تزود المصمم التعليمي بمعلومات حول خصائص المتعلم، وحول مدى صحة صياغة الأهداف السلوكية، ودقة تحليل المحتوى التعليمي وتنظيم، ومدى ملاءمة الأساليب والوسائل والطرق التعليمية عامه لخصائص المتعلم من جهة ولتحقيق الأهداف السلوكية من جهة أخرى. كما تزوده بمعلومات حول اختياره لوسائل التقويم وبناء الاختبارات

المتنوعة وغير ذلك (قطامي وآخرون، 1994) وقد أورد الهابس والكندري (2000) بعض الأسئلة التي يمكن أن تساعد على معرفة جوانب القوة والضعف في المادة التعليمية المصممة:

1. هل أهداف المادة تتماشى مع أهداف الموضوع محل الدراسة؟

2. هل تتابع أو تتسلسل الموضوعات الدراسية من السهل متابعته؟

3. هل المحتوى العلمي يسهل استيعابه ويخلو من العبارات الغامضة؟

4. هل التصميم المنطقي للدراسة داخل الوحدة مناسب؟

5. هل إجراءات وأنشطة المادة مناسبة؟

6. هل توفر المادة الفرصة للتفاعل النشط بين الطالب والمحتوى العلمي؟

7. هل تمت إتاحة الفرصة لتفريد عملية التعلم؟

8. هل مقدار خطوة التقدم في الوحدة مناسبة للمتعلم ولطبيعة عملية التعلم؟

9. هل هناك تحكم مناسب في الاختيارات المقدمة من الوحدة؟

10. هل مساحة الشاشة مستغلة بشكل جيد؟

11. هل هناك نموذج ثابت ومناسب لكل أنواع إطارات عرض المادة التعليمية؟

12. هل المعلومات المعروضة خالية من الازدحام والحشو؟

13. هل المؤثرات المرئية والصوتية والحركية تدعم عملية التعلم؟

14. هل المادة خالية من الأخطاء الإملائية؟

15. هل المادة خالية من أخطاء التكرار المنطقي؟

16. هل المادة تعمل كما هو متوقع على الشبكة؟

17. هل تتمتع الوحدة بالمرونة في الاستخدام؟

18. هل المحتوى العلمي للمادة مقسم وموزع بشكل يسمح بدراسته في أوقات مختلفة؟

19. هل يستخدم البرنامج أي نوع من أنواع التعلم الإضافي أو المصاحب؟

البرمجيات التعليمية: مفهومها وعناصرها وإنتاجها

مفهوم البرمجيات التعليمية :

يقصد بالبرمجيات التعليمية تلك الدروس أو الرزم أو الحقائب أو الأنشطة التي جرى تنظيمها وإنتاجا وحوسبتها لتحقيق أهداف محددة في موقف تعليمي تعلمي موصوف ولجمهور محدد من المتعلمين (عبود، 2007).

وعرّفها سلامة وأبو ريا (2002) بأنها تلك المواد التعليمية التي يتم تصميمها وبرمجتها بواسطة الحاسوب لتكوّن مقررات دراسية، وهذه البرمجيات تعتمد في إنتاجها على مبدأ تقسيم العمل إلى أطر أو أجزاء صغيرة متشابهة منطقياً.

عناصر البرمجية التعليمية :

عند تصميم الدروس التعليمية المحوسبة لا بد من مراعاة احتواء هذه الدروس على عدد من العناصر أو الوحدات الأساسية، التي تضمن لها التناسق والاستمرارية والاكتمال، وفيما يلي عرض لهذه العناصر أو الوحدات الأساسية (الخطيب، 1998) :

1. العنصر الأول: التعريف بالبيانات والمعلومات INDENTIFICATION OF DATA

يزود العنصر الأول (التعريف بالبيانات والمعلومات) الطلبة بالبيانات والمعلومات المتعلقة بالدرس التعليمي المحوسب من حيث: عنوانه، واسم مؤلفه، واسم مبرمجه، ونوع البرنامج التعليمي المحوسب، والمهارات اللازمة لدراسة الوحدة التعليمية، وتاريخ عمل الوحدة، ونظام الحاسوب الذي يعمل عليه البرنامج التعليمي، والذاكرة التي يتطلبها البرنامج التعليمي. ولا بد من توفر المعلومات السابقة في البرنامج التعليمي، ولا بد أن تكون قابلة للطباعة ؛ لكي تكون متوفرة للطلبة نظراً لأهميتها في تعريف الطلبة بالوحدة التعليمية المحوسبة وكيفية التعامل معها.

2. العنصر الثاني: العنوان TITLE

لا بد أن يكون عنوان الوحدة على أول شاشة (شريحة) سيشاهدها مستخدم البرنامج، ويجب الحرص على توفير عنصر التشويق في العنوان لجذب انتباه الطلبة نحو الدرس التعليمي المحوسب؛ بمعنى أن يكون العنوان مشوقاً للطلبة، ويمكن إبراز عنصر التشويق في العنوان من خلال احتواء العنوان على صور، أو ألوان، أو أصوات، أو حركة،

ولا بد أن يكون خيار الاستماع للأصوات متاحاً للطلبة، إذا كان الصوت جزءاً من الدرس التعليمي المحوسب.

3. **العنصر الثالث: اسم المستخدم USER NAME**

تحتوي بعض البرمجيات الحاسوبية على اسم المستخدم، وهي ميزة توفرها هذه البرامج للتعامل مع المستخدمين بشكل شخصي، وفي حال وجود هذه الميزة يسأل الحاسوب مستخدم الحاسوب عن اسمه من أجل التعامل مع البرنامج بشكل شخصي، وتسهل هذه الميزة التفاعل بين الطالب والحاسوب، بالإضافة إلى إمكانية استعمال اسم المستخدم من حين لآخر أثناء تعامله مع البرنامج.

4. **العنصر الرابع: الغرض من البرنامج (الأهداف) PROGRAM PURPOSES**

حيث يتم في هذا الجزء تحديد الغرض من البرنامج التعليمي المحوسب، وذلك بإيراد الأهداف المرجو تحقيقها من خلال البرنامج التعليمي، بهدف تكوين فكرة واضحة عند الطالب عن البرنامج التعليمي ومحتوياته.

5. **العنصر الخامس: الاختبار القبلي PRETEST**

يعد الاختبار القبلي من الأمور الاختيارية في معظم البرامج المحوسبة، ولكنه ركن أساسي في البرامج التعليمية المحوسبة، وتنبع أهميته في كونه يساعد الحاسوب على تحديد المستوى التعليمي لمستخدم البرنامج، وبالتالي يتمكن الحاسوب من اختيار الدرس، أو النشاط التعليمي المناسب للمستخدم (الطالب)، والذي يتلاءم مع مستواه في الاختبار القبلي.

6. **العنصر السادس: قائمة المحتويات MENU**

تتضمن قائمة المحتويات، المحتويات الرئيسة للبرنامج التعليمي المحوسب، ومن خلال هذه القائمة يمكن للمستخدم أن يختار المحتوى الذي يرغب بالتعامل معه من خلال ارتباط تشعبي ما بين مفردات قائمة المحتويات، وكل محتوى في البرنامج، ومن المهم أن تتضمن هذه القائمة اختيارا للخروج من البرنامج، إذا ما رغب المستخدم في ذلك، مع القدرة على حفظ آخر إنجازات الطالب، وأعماله إلى لحظة خروجه من البرنامج، حيث يتمكن الطالب

من الابتداء من حيث انتهى في المرة السابقة عند العودة لاستخدام البرنامج مرة أخرى دون الحاجة للابتداء من جديد.

7. **العنصر السابع: الإرشادات والتوجيهات DIRECTIONS**

وفي وحدة (التوجيهات) يتم إخبار الطلبة ما الذي يجب أن يفعلوه بصورة محددة، ومن المهم أيضاً إخبار الطلبة عن ما يتوقع أن يشاهدوه على الشاشة، والكيفية التي يجب أن يتعاملوا من خلالها مع المحتويات، وكيفية وضع الاستجابات في الأماكن المخصصة لها في البرمجية، وكيفية الانتقال من معلومة إلى أخرى، بالإضافة إلى تزويدهم بحلول للمشكلات التي قد تواجههم خلال التعامل مع البرمجية ، ويفضل وضع نموذج توضيحي لكيفية وضع الاستجابات على أجزاء البرمجية.

8. **العنصر الثامن: محتوى الدرس LESSON CONTENT**

يعد هذا الجزء أهم أجزاء البرمجية التعليمية، ويتم عرض محتوى الدرس بطرق متعددة منها: شرح المهارات والمفاهيم، أو الأسئلة ، ... ، ويفضل أن تخصص شاشة واحدة لشرح المفاهيم المتعلقة بكل هدف من الأهداف التعليمية، أو لطرح أسئلة حول كل هدف تعليمي على شاشة واحدة. وفي هذا الجزء تظهر براعة المعلم في استخدام الوسائط المتعددة، فيستطيع عرض محتوى الوحدة بشكل نصوص أو صور أو رسومات، أو فيديو، أو محاكاة الواقع، أو يجمع بين بعض الأشكال السابقة، أو يصمم البرمجية بصورة تتيح للطالب حرية الاختيار للطريقة التي يراها مناسبة لقدراته ورغباته.

9. **العنصر التاسع: برنامج تعليمي متكامل مصغر MINU-TUTORIAL**

قد يصادف الطالب أثناء عمله على البرنامج التعليمي بعض الصعوبات المتعلقة بمفهوم ما، وفي هذه الحالة سيجد الطالب صعوبة في مواصلة البرنامج في غياب توضيح للمفهوم الذي وجد صعوبة فيه، ولذلك على معد البرنامج التعليمي أن يحتاط لمثل هذه الصعوبات، وفي هذه الحالة عليه أن يوفر برنامج تعليمي مصغر يوضح بعض المفاهيم التي لها علاقة بالبرمجية التعليمية التي قد يواجه الطالب صعوبة في معرفتها، فيضع معد البرمجية ارتباطاً تشعبياً بين شاشة المحتوى التعليمي الرئيسي- وشاشة أخرى، أو برمجية أخرى تراجع المفهوم الصعب أو تعيد تعليمه للطالب، وبالتالي يستطيع الطالب الانتقال إليه

للتعرف على ما يريد منه، ثم يستطيع العودة إلى البرنامج الرئيسي لمتابعة محتوياته، أو للإجابة عن أسئلة كان قد اخطأ في حلها لجهله ببعض المفاهيم والتي تعلمها من خلال البرنامج التعليمي المصغر. وبرنامج التعليم المصغر قد يظهر في أي جزء من البرنامج التعليمي.

ومن الممكن استعمال هذه البرامج التعليمية المصغرة في بداية البرنامج التعليمي الرئيسي كنوع من التمهيد أو التعليم القبلي، أو لإنعاش الذاكرة حول بعض المفاهيم المتعلقة بالمحتوى الرئيسي، ومن الممكن أيضا عرض برامج التعليم المصغر إذا ما أظهرت نتائج الامتحان القبلي ضعف الطلبة في بعض المفاهيم المتعلقة بالدرس الرئيسي.

10. العنصر العاشر: التغذية الراجعة FEED BACK

تتضمن التغذية الراجعة تعليقات متعلقة بإجابات الطلبة عن كل فقرة من فقرات البرنامج، ولا بد أن تكون هذه التعليقات إيجابية عندما يعطي الطالب الإجابة الصحيحة (ممتاز، أحسنت، إلى الأمام ...)، وتشجيعية عندما يعطي الطالب إجابة غير صحيحة (حاول مرة أخرى، فكر بإجابة أخرى،...) ، ولا بد من تجنب العبارات والتعليقات غير الملائمة من الناحية التربوية.

11. العنصر الحادي عشر: توجيهات وتلميحات الحل COACHING

هي طريقة لمراجعة إجابات الطلبة والتعرف على الصحيحة والخاطئة منها، فإذا كانت الإجابات خاطئة يتم تزويد الطلبة بتوجيهات وتلميحات متعلقة بالإجابة الصحيحة لكي تساعد الطلبة على الوصول إلى الحلول الصحيحة، وتعد هذه التلميحات جزءاً أساسياً في نموذج التعلم الإتقاني مما يسهل الوصول إلى تعلم أسرع.

12. العنصر الثاني عشر: الاحتفاظ بالسجلات RECORD KEEPING

حيث يتم تصميم البرنامج التعليمي بطريقة تسمح بالاحتفاظ بسجل يضم الإجابات الصحيحة والإجابات الخاطئة، ومن الممكن أن يظهر العلامة التي حصل عليها مستخدم البرنامج أثناء التعامل مع البرنامج أو بعد الانتهاء منه، والبرنامج الجيد يصمم بطريقة تسهل حساب الفقرات الخاطئة تبعاً لكل مهارة أو مفهوم في ذلك البرنامج ، ممَا يسمح

للبرنامج بإعطاء تعيينات أو واجبات بيتية ملائمة ومناسبة لمعالجة الأخطاء التي وقع فيها الطالب.

13. **العنصر الثالث عشر: الاختبار البعدي POSTTEST**

يعد البعض الاختبار البعدي اختيارياً في بعض البرمجيات، إلا إنه إجباري في البرامج التعليمية الكاملة، ويجب صياغة أسئلة الاختبار البعدي بطريقة تسمح بقياس أداء الطلبة في ضوء الأهداف التعليمية للبرنامج التعليمي، وتقدم معلومات مباشرة عن ما تعلمه في البرنامج التعليمي، ويمكن لنتائج هذا الاختبار أن تستعمل كأساس للوقوف على حالة الطالب، واتخاذ القرارات التربوية والتعليمية المناسبة فيما يتعلق بتعلمه.

14. **العنصر الرابع عشر: الخروج من البرنامج EXIT**

هي خاصية تتيح لمستخدم البرنامج ترك البرنامج عند نقاط تم تحديدها مسبقا ضمن خيارات منها: بعد كل فقرة، أو بعد الحصول على ثلاث إجابات صحيحة من المحاولة الأولى، أو بعد الانتهاء من جزء من البرنامج.

15. **العنصر الخامس عشر: مراجعة ختامية CLOSURE REVIEW**

هي المراجعة التي توجه انتباه الطلبة نحو المفهوم أو المفاهيم التي تم شرحها ومناقشتها في البرنامج التعليمي، وتلخص بصورة بسيطة ما قد تعلمه الطالب من البرنامج التعليمي، وقد يتبع ذلك اقتراحات متعلقة بتطبيقات للمفاهيم في غرفة الصف.

16. **العنصر السادس عشر: لوحة تسجيل النتائج SCORE BOARD**

تظهر وحدة (لوحة النتائج) في نهاية البرنامج التعليمي، وبعد أن يختار الطالب الخروج من البرنامج، وتظهر لوحة النتائج مجموع الاستجابات الصحيحة ومجموع الاستجابات الخاطئة، ونسبة الإجابات الصحيحة إلى المجموع الكلي للإجابات، وقد تظهر من حين لآخر خلال عمل الطلبة على البرنامج لتزويدهم بالنتائج أولا بأول فيما يتعلق بإجابتهم عن فقرات البرنامج.

17. **العنصر السابع عشر: تعيينات ASSIGNMENTS**

هي مجموعة من الأنشطة التي تساعد المتعلم على مراجعة ما تعلمه من البرنامج التعليمي، وتقوية ما تعلمه من خلال الحاسوب، وهي وحدة أساسية في أي برنامج تعليمي،

لأنها تساعد المعلم على التوفيق بين ما يتعلمه الطالب عن طريق الحاسوب، وما هو موجود في المهاج المدرسي.

18. العنصر الثامن عشر: نهاية البرنامج END OF PROGRAM

إنتاج البرمجيات التعليمية:

إن عملية إنتاج وإعداد البرمجيات التعليمية من العمليات التي تحتاج إلى جهد كبير يتطلب تضافر الجهود من قبل مجموعات من المتخصصين ممن لديهم خبرات ذات مواصفات محددة لذلك، ولكي تخرج هذه البرمجيات بصورة نهائية فلا بد من أن تمر بعدة مراحل: مرحلة التحليل والإعداد، ومرحلة التصميم وكتابة السيناريو، ومرحلة التنفيذ، ومرحلة التجريب والتطوير.

وفيما يلي شرح مختصر عن كل مرحلة من هذه المراحل (المجالي وآخرون، بدون تاريخ).

1) مرحلة التحليل والإعداد:

يتم في هذه المرحلة تحليل المادة التعليمية والقيام بإعدادها ابتداءً بإعداد وصياغة الأهداف التعليمية لموضوع البرمجية،و إعداد المحتوى التعليمي وتحليله وتنظيمه، وتحليل خصائص المتعلمين، و تحديد طرق واستراتيجيات التدريس الواجب توفرها في البرمجية،و وتحديد الوسائل التعليمية المطلوب توفرها في البرمجة، و تحديد الأنشطة والتمارين، و تحديد طرق التغذية الراجعة والتعزيز الإيجابي والسلبي، وإعداد الامتحانات ووسائل التقويم وتخطيط الدروس.

2) مرحلة التصميم وكتابة السيناريو.

هي المرحلة التي يتم فيها تصميم البناء العام للبرمجية من خلال:

أ) بناء وتصميم خطط الدروس.

ب) تصميم شاشات عرض المعلومات والمحتوى التعليمي للمستخدمين.

ج) تصميم شاشات الإدخال والإخراج للمستخدمين.

د) تصميم شاشات التقارير.

هـ) تصميم الارتباطات التشعيبية داخل البرمجية.

و) كتابة السيناريو: هي المرحلة التي يتم فيها ترجمة الخطوط العريضة التي وضعت من قبل مصمم البرمجية الى إجراءات تفصيلية مسجلة على الورق. ومن المهمات التي يقوم بها معدو سيناريو البرمجية:

1-تحديد النصوص والأشكال ومواقعها على الشاشة.

2-تحديد المؤثرات بهدف جذب انتباه المتعلم كالألوان والصور التوضيحية والحركة والمؤثرات الصوتية.

3-تحديد كيفية الانتقال من شاشة الى أخرى داخل البرمجية.

4-تحديد عدد الشاشات وتسلسلها.

5-تحديد سلوك المتعلم المتوقع عند التفاعل مع كل شاشة.

3) مرحلة تنفيذ البرمجية:

هي المرحلة التي يتم فيها تنفيذ البرمجية من خلال إنتاج بعض العناصر الرئيسية في البرمجة.

1-إنتاج الرسومات والصور وتعديلها.

2-إنتاج الأجسام المتحركة.

3-تسجيل الأصوات ودمجها والتعديل عليها.

4-إنتاج الأفلام المتحركة ومونتاجها.

5-كتابة النصوص وتدقيقها.

ويتم بناء البرمجية من خلال دمج جميع العناصر السابقة باستخدام. أنظمة/تأليف برمجيات الوسائط المتعددة Multimedia Authoring Systems/Tools. والتي تتيح الأدوات للمصمم لإنتاج برمجيات مزودة بالوسائط التعليمية المختلفة. تتميز هذه الأنظمة عن سابقتها بأنها مزودة بأدوات وخيارات تسهل عملية تصميم الدروس حسب المعايير التربوية السليمة دون خبرة في البرمجة ومن الأمثلة على هذه البرامج PowerPoint, Authorware, Flash, VisualBasic,FrontPage.

4) مرحلة التجريب والتطوير

بعد أن يتم الانتهاء من إنتاج البرمجية تبدأ الخطوات الأولى للتطبيق الفعلي للبرمجية ، وفي هذه المرحلة يتم تقييم البرمجية تقييماً أولياً من خلال ملاحظات المختصين والمشرفين التربويين والمعلمين والطلبة، وذلك من أجل إعادة أو تعديل تصميم وإنتاج البرمجية آخذين بعين الاعتبار الملاحظات السابقة ذكرها، وبعد أن يتم إنجاز هذه التعديلات يتم إجراء تقييم شامل للبرمجية، وذلك من أجل التأكد من تحقيقها للأهداف المرجوة.

الفصل الثامن

تقويم التعلم الإلكتروني

مقدمة :

تتجه المجتمعات اليوم إلى البحث عن أفضل السبل التي توصلها إلى تحقيق أهدافها والقضاء على مشكلاتها وتيسير سبل العيش فيها. وهناك إجماع بأن التربية هي الوسيلة التي تنتهجها تلك المجتمعات للوصول إلى تلك الأهداف، ولمعرفة مدى نجاح خطط التربية والتعليم وبرامجها في التعلم الإلكتروني كان لابد من تقويم ما تم تحقيقه من أجل التعرف على الإيجابيات ودعمها، وتلافي السلبيات عن طريق معرفة مسبباتها، مما يساعد بالتالي على توظيف الجهود والطاقات والأموال توظيفاً يحقق الأهداف التي تتطلع إليها الخطط والبرامج التعليمية والتربوية (الخبتي، 2004) ويؤكد (Leung, 2003) على تقويم مدى فعالية التعلم الإلكتروني قبل تبنيه على نطاق واسع.

ويُعرّف التقويم بأنه معرفة مقدار ما تحقق من الأهداف أو النواتج التعليمية (تايلر، 1982). وعرفه سكرفن بأنه الحكم على جودة البرنامج من خلال الخصائص التي تميزه بالاعتماد على بعض المعايير (Scriven, 1967).

ويعرفه كذلك روجر كوفرت بأنه سلسلة من المقاييس المتعلقة ببرنامج ما لأغراض الوصف والمقارنة والتحليل والفهم والتوضيح (أبو سل، 2002).

أما ستفلبيم فقد عرّف التقويم بأنه العملية التي يتم بها التخطيط والحصول على المعلومات الوصفية والحكمية حول قيمة وجودة أهداف وتصميم وتنفيذ وآثار شيء ما، من أجل توجيه عملية صنع القرار وقضاء حاجات المساواة الاجتماعية، وتعزيز الفهم لظاهرة ما يتم احتواؤها (Stufflbeem, 1983). ويعد هذا التعريف من أكثر التعاريف شمولية؛ حيث جمع كافة عناصر العملية التعليمية التي ينبغي أن يتناولها التقويم، كما أنه بيّن الأغراض المختلفة التي يحاول التقويم تحقيقها.

أغراض تقويم التعلم الإلكتروني:

إن الغرض الأساسي من عملية التقويم هو تصحيح مسار العملية التعليمية وتحسينوتطوير البرامج التعليمية (جرجس، 1999). ويرى ديمبستر (Dempster, 2004) أن هناك عدة مراحل مختلفة في تصميم وتطوير التعلم الإلكتروني يمكن أن تسهم في تعريف

غاية التقويم. وبالتالي عليك في البداية أن تحدد فيما إذا كنت تريد التقويم لغايات التحليل (التقويم التشخيصي)، أو التطوير (التقويم التكويني) أو المراقبة (التقويم الختامي).

وهناك أسباب عديدة تقف وراء ضرورة تقويم التعلم الإلكتروني، وهي لا تختلف عموماً عن الأسباب التقليدية ذاتها فيما يتعلق بقياس نشاطات التعلم الأخرى (Hicks, 2000) وهذه الأسباب هي :

1. إرضاء فضول المتعلمين أو تهدئة مخاوفهم.

2. إعطاء الخبراء في مادة الموضوع والمصممين التعليميين، والمطورين صورة مفيدة حول كيفية تحسين جودة وفعالية مبادرات التعلم المستقبلية.

3. الإسهام في النشاطات المتعلقة بالاستراتيجيات وضع القرارات.

4. تزويد القادة والإداريين في المؤسسات التربوية بالمعلومات الضرورية التي يمكن من خلالها تبرير القيام بمبادرات التعلم الحالية والمستقبلية.

5. إثبات أن التعلم الإلكتروني يمثل حلاً تدريبياً ممكناً ومجدياً.

ويحدد ديمبستر (Dempster, 2004) الأغراض التالية لتقويم التعلم الإلكتروني:

1. الحكم على جودة الممارسة الأكاديمية وجودة التدريس.

2. تبرير الإقدام على الاستثمار في التعلم الإلكتروني وإثبات فعالية تكنولوجيا التعلم الإلكتروني وقدرته على توليد عائدات مناسبة.

3. تطوير المناهج الدراسية والتحسين المتواصل لأداء الفرد.

وذكر الشبلي (1984) الوظائف التالية لعملية التقويم:

1. تحديد جدوى أو قيمة برنامج ما.

2. تبرير ما يبذل من جهد ووقت ومال بالنسبة للتربويين والمواطنين بشكل عام.

3. التعرف على آثار البرامج لدى المتعلمين في ضوء الأهداف التربوية والتعليمية.

4. تشخيص السلبيات في حال التنفيذ وبخاصة كيفية التنفيذ وفق الظروف المختلفة بما يؤدي إلى تطوير في طرائق التدريس وإعطاء مؤشرات لتكييف التنفيذ بحسب الظروف المختلفة.

5. جمع البيانات التي تساعد متخذ القرار على اتخاذ موقف مـن البرنامج تطويراً واستمراراً أو إلغاءً.

6. التزويد بالمعلومات التي تساعد في اتخـاذ القرارات عـلى كافة مستويات العملية التربوية (تايلر، 1982).

لمن نقوّم؟

عند تصميم تقييم ما ينبغي أن تكون الاهداف واضحة، وتأخذ بعين الاعتبار أولئك الذين تعتقـد بـأن لهـم مصلحة معينة في المشروع. إن الأفراد الذين يمتلكون مثل هـذه المصلحة أو يحتمـل أن يستخدموا نتائج التقييم يشار إليهم بأصحاب المصلحة في التقييم (Stakeholders) ويمكن أن تتضمن قائمة أصحاب المصلحة المعلم الذي يمكن أن يستفيد من ذلك في استخلاص الدروس وتحسين الممارسـة، والطلاب والمحاضرون الآخرون، ومديرو الأقسام وهيئات التمويل لتلبية متطلبات التمويل والمساءلة (Dempster, 2004).

أنواع التقويم:

يمكن تصنيف التقويم التربوي إلى أربعة أنواع حسب مراحل إجرائها هي (أبو سل، 2002؛ الشبلي، 1984؛ جرجس، 1999).

1. التقويم التمهيدي Initial Evaluation:

ويتم قبل البدء في تنفيذ برنامج ما لتقويم المحتوى والوسائل والأهداف والظروف الأخرى المتصلة بالمدخلات والعمليات والمخرجات، ويـوفر التقـويم التمهيـدي معلومـات وبيانات أساسـية قبـل البـدء في تطبيق البرنامج المعني.

2. التقويم البنائي أو التكويني Formative Evaluation

ويتم أثناء تطبيق البرنامج لعدة مرات بهدف تطوير البرنامج وتحسينه. ويتعرض التقويم البنائي إلى المحتوى والوسائل، والطرائق المستخدمة والقدرة عـلى استخدام التقنيـات، ومستوى أداء العـاملين في البرنامج، وبذلك يمكن القول إن التقويم البنائي يهتم بتقويم العلميات أو مراقبة تنفيذ الأنشطة.

3. التقويم النهائي أو الختامي Summative Evaluation

ويتم في نهاية تطبيق البرنامج للحكم عليه، ومن ثم اتخاذ القرار المناسب بخصوص الاستمرار فيه أو إيقافه أو التعديل عليه. ويهدف إلى الحكم على قيمة البرنامج وجودته ومدى تحقيق أهدافه، ويمكن القول إن التقويم الختامي يهتم بتقويم الأثر أو النواتج أو المخرجات (outcomes). ويجيب التقويم النهائي عن السؤال: هل يحقق البرنامج أهدافه؟

4. التقويم التتبعي Follow Up Evaluation

ويعني الاستمرار في التقويم للوقوف على آثار البرنامج البعيدة المدى، وهذا النوع شائع في مجال التعليم المهني والتقني، لضمان فعالية البرنامج أطول فترة ممكنة في خدمة المهن المختلفة بتوفير القوى البشرية المدربة وفق احتياجات ومتطلبات السوق المحلية، ويجيب هذا التقويم عن الأسئلة التالية:

- هل مادة البرنامج التدريبي والتكنولوجيا المستخدمة فيه ملائمة في ضوء المستجدات والتغيرات؟

- هل التكنولوجيا المستخدمة تعطي النتائج المرجوة من حيث المهارات والاتجاهات؟

الجوانب التي يشملها تقويم التعلم الإلكتروني:

إن تقويم تجارب التعلم الإلكتروني يجب أن تنطلق بداية بمعرفة مفهوم التعلم الإلكتروني لدى القائمين على عملية التعليم والتعلم ومدى توافقه مع المفاهيم الصحيحة للتعلم الإلكتروني، ثم تقويم البنية التحتية للتعلم الإلكتروني لمعرفة مدى قدرتها على الإسهام في تحقيق الأهداف وتطبيق الخطة وتحديد قابليتها للتطوير والتوسع حسب ما تقتضيه مراحل الخطة ومتطلبات التطوير في التعلم الإلكتروني، ثم تقويم الأدوات والنظم والتطبيقات المستخدمة في التعلم الإلكتروني، وتعرف إيجابياتها وسلبياتها مقارنة مع غيرها من النظم والتطبيقات والأدوات الأخرى، ومدى تأثير هذه الإيجابيات والسلبيات على تفاعل المستهدفين منها معها، وما هي المعوقات التي تواجههم عند التعامل معها وكيفية التغلب عليها. ومن المهم أيضاً تقويم مستويات الطلاب التحصيلية قبل تطبيق التجربة وبعد تطبيقها ومعرفة تأثير التعلم الإلكتروني على المجتمع والمدرسة فكرياً واجتماعياً وسلوكياً، وكذلك

تأثير التعلم الإلكتروني على المنزل والأسرة. وهل أسهم في تسهيل عملية المتابعة المنزلية ومساعدة الطالب في الاستذكار وحل الواجبات المنزلية وإجراء البحوث؟ وهل وفر الوقت والجهد المستنفد في ذلك أم أدى إلى تخصيص المزيد من الوقت والجهد؟ وهل هذا المزيد يقابله مردود مُرضٍ للأسرة تهون أمامه المهمات الجديدة وتسهل أمامه المصاعب؟ (مؤسسة عبدالله الأشمري للخدمات التعليمية التربوية، 2004).

ويرى الخان (Khan, 2002) أن بعد تقييم التعلم الإلكتروني يشتمل على تقييم المتعلمين وبنية التعلم والتعليم.

اما ديمبستر (Dempster, 2004) فيرى أن الجوانب التي يجب أن يشملها تقويم التعلم الإلكتروني هي: تقويم استخدام التكنولوجيا، وتقويم الفعالية التعليمية للتكنولوجيا وتقويم مواد ومصادر التعلم الإلكتروني وتقويم تعلم المهارات العليا وتقويم عائد التكلفة ويمكن أن يشمل التقويم الفعال على واحد أو أكثر من المجالات الآتية:

- تقويم المدخلات من خلال التقويم التشخيصي.
- تقويم عمليات التنفيذ ومدى الاستخدام من خلال التقويم التكويني.
- تقويم نواتج التعلم الإلكتروني بعد الاستخدام من خلال التقويم الختامي.

ويرى الشبلي (1984) أن لكل مشروع أو برنامج ثلاثة مجالات أو جوانب أساسية يجب تقويمها هي:

1- **المدخلات**: وهي كل المتطلبات البشرية والمادية والمعنوية اللازمة لذلك البرنامج أو المشروع والمهيأة لتنفيذه.
2- **العمليات**: وهي كل الإجراءات التنفيذية والنشاطات التي تتم بين المدخلات بعناصرها المختلفة.
3- **المخرجات**: وهي النتاجات التي يتوصل إليها البرنامج أو يحققها المشروع في ضوء الأهداف التي وضعها مخططو البرنامج.

ويقترح ستفلسيم نموذجاً للتقويم يضم أربعة مجالات للتقويم، حيث يرمز لها بالحرف الأول من كل مجال ليصبح (CIPP) وهي (علام، 2003؛ الشمري والدليمي، 2003؛ الدوسري، 2000).

1- تقويم السياق Context Evaluation:

يعد أساساً لتحديد أهداف برنامج تربوي تجديدي معين والظروف المحيطة به. ويستخدم هذا النوع من التقويم عند البدء في تخطيط البرنامج من أجل التعريف بالبيئة التي سيجري تنفيذه في إطارها، والكشف عن احتياجات أطراف متعددة، مثل: الطلبة والمجتمع المحلي والمديرية التعليمية؛ وذلك لتحديد المشكلات المتعلقة بهذه الاحتياجات الفعلية. فمثلاً يمكن إجراء مسح لمعرفة احتياجات المعلمين من البرامج التدريبية في التعلم الإلكتروني، وتقصي حدود الموارد المالية المتوافرة للإنفاق على هذه البرامج وكفاءات الأفراد الذين سيقومون بتنفيذ البرامج.

2- تقويم المدخلات Input Evaluation:

ويهتم هذا النوع من التقويم بتقديم معلومات تتعلق بموارد الجهة التي سيوكل لها تنفيذ برنامج أو مشروع تربوي تجديدي معين. وكذلك الاستراتيجيات البديلة للتنفيذ وتقييمها من حيث الكلفة والمنفعة والمدة الزمنية، والمعطيات الممكنة، وما يترتب على عدم التغلب عليها، وكلفة الإنفاق على مواجهة هذه العقبات. وهذا يساعد في تقديم معلومات لصانع القرار تُمكنه من الاختيار بين البدائل المطروحة، ويؤدي تقويم المدخلات إلى تحديد للإجراءات والتسهيلات والأجهزة والأدوات والعاملين والميزانية والمواد التعليمية أو التدريبية، والجدول الزمني.

3- تقويم العمليات Process Evaluation:

يحدد الكيفية التي يجب من خلالها تنفيذ الخطة والعوائق التي يمكن أن تهدد نجاحها والتعديلات التي يتوجب القيام بها. ويوفر هذا التقويم إطاراً لمراقبة تنفيذ البرامج. وفي هذا النوع من التقويم نجمع فيه بيانات عن سير البرنامج أو عملياته، حيث يتم دراسة العلاقات التفاعلية بين الأفراد، وقنوات الاتصال، وأنماط العمل والعاملين فيه. ومدى ملاءمة موقع التنفيذ، ومدى كفاية الإمكانيات المادية والموارد المالية والأنشطة المساندة وغير ذلك من العمليات. وكذلك يهدف هذا التقويم للكشف عن نواحي القصور في التصميم للبرنامج أثناء تنفيذه. وبذلك فإن تقويم العمليات يقدم تغذية راجعة للمسؤولين عن البرنامج من أجل تحسين جودة البرنامج. ولتقويم العمليات يمكن استخدام عدة أساليب منها: الملاحظة

والمقابلة وقوائم المراجعة وتحليل التفاعلات.ويمكن أن يجيب تقويم العمليات عن الأسئلة التالية:

- هل البرنامج يسير وفقاً للجدول الزمني؟

- هل التسهيلات والمواد تستخدم استخداماً رشيداً ومناسباً؟

- ما المعيقات التي تواجه تنفيذ البرنامج؟

4- تقويم النواتج Product Evaluation:

يهدف هذا التقويم بدرجة أساسية لتحديد مدى تحقيق الغرض مـن البرنامج وأهدافـه المرجـوة، وربط ذلك بالسياق والمدخلات والعمليات عند قياس وتفسير النواتج، وبـذلك يُعـد بمثابـة تقـويم ختـامي للبرنامج ويتم الحكم على فعالية البرنامج مـن خـلال قيـاس إنجـازات الطلبـة، ومسح توجهـات العـاملين والمشرفين وغيرهم.

يتضــــح مـــــما ســـبق أن تقـــويم الـــتعلم الإلكتروني يمكــن أن يشــمل العنـاصر التالية:

أولاً: تقويم البنية التحتية للتعلم الإلكتروني من حيث:

1. كفاءة شبكات الاتصال الحاسوبية والإنترنت.

2. توافر أجهزة الحاسوب في المدارس وكفايتها لإعداد الطلبة وصلاحيتها للاستخدام.

3. مختبرات الحاسوب في المدرسة من حيث عددها ومساحتها وتجهيزاتها مثـل: الطابعـات والـورق والطاولات والمقاعد.

ثانياً: تقويم برامج التعلم الإلكتروني من برمجيات تعليمية محوسبة ومناهج إلكترونية ومواقع تعليميـة على الإنترنت.

أ- تقويم برامج التعلم الإلكتروني

يوجد مجموعة من المعايير الواجب مراعاتها عند تقويم برامج التعلم الإلكتروني يمكـن إجمالهـا في الآتي (Hall, 2004 المشار إليه في الحيلة، 2004، ص420):

1. **المحتوى:** هل يحتوي البرنامج على الكمية والنوعية الجيدة من المعلومات؟

2. **تصميم التعليم:** هل صمم المساق بطريقة تساعد على تعليم المستخدمين بطريقة مثلى؟

3. **التفاعلية**: هل المتعلم متفاعل مع البرنامج؟

4. **القيادة**: هل يمكن للمتعلم تحديد طريقة تعلمه، وقيادة البرنامج من أجل تحقيق الأهداف لديه؟هل توجد لوحة انسيابية للبرنامج تحدد السير في خطوات التعلم؟ هل هناك خيارات متعددة في البرنامج تساعد المتعلم على اختيار ما يتناسب واحتياجاته؟

5. **الدافعية**: هل يحتوي البرنامج على مواد تعليمية تثير دافعية المتعلمين مثل الألعاب، الفكاهة، ...؟

6. **الوسائل التعليمية التعلمية**: هل يوظف البرنامج وبشكل فاعل ومناسب كل من الصور والرسومات المتحركة والموسيقا والصوت والفيديو؟ هل الاستخدام الزائد لهذه الوسائل يمكن الاستغناء عنه؟

7. **التقييم**: هل يحتوي البرنامج على أشكال من فنون التقييم مثل قياس إتقان محتويات كل مهمة قبل الانتقال إلى المهمة الأخرى؟ هل توجد اختبارات قصيرة؟ هل هناك اختبار نهائي يقدم في نهاية البرنامج؟

8. **الحماس والجاذبية**: هل البرنامج جذاب، ويجذب العين والأذن؟

9. **النغمة**: هل البرنامج مصمم للاستماع؟

10. **الاحتفاظ بالسجلات**: هل أداء الطلبة يسجل في سجلات خاصة مثل: وقت الانتهاء من البرنامج ووقت البدء بالبرنامج وتحليل الأسئلة والعلامة النهائية... الخ؟ هل تقدم المعلومات لمدير المساق بشكل آلي؟

ب- تقويم البرمجيات التعليمية

اعتمدت مديرية حوسبة المناهج في وزارة التربية والتعليم الأردنية قائمة معايير لتقويم البرمجيات التعليمية والجدول (7) يبين ذلك :

جدول (7) : معايير تقويم البرمجيات التعليمية

الرقم	المعيار
	المجال الأول: المعلومات العامة
1	الإشارة إلي حقوق الطبع للمادة التعليمية والمصادر التعليمية الأخرى.
2	إعطاء معلومات كاملة عن الجهة التي أنتجت البرمجية
3	تزويد المادة التعليمية بدليل استخدام
4	إمكانية التحديث المستمر للمادة من الناحيتين العلمية والفنية.
5	لا تتطلب من الطالب معرفة متقدمة في استخدام الحاسوب.
6	إمكانية طبع أي جزء من المحتوى
	المجال الثاني: المحتوى
7	النتاجات تنسجم مع المحتوى.
8	طريقة ترتيب الأهداف تعطي تتابعاً منطقياً لتحقيقها.
9	عرض المعلومات بشكل واضح ومنسق.
10	تسمح للمستخدم بتصحيح أخطائه الكتابية.
11	نصوص البرمجية سليمة اللغة واضحة المعنى.
12	قائمة المحتويات تعطي مؤشرات دقيقة إلى الطريقة التي نظمت بها المادة التعليمية داخل البرمجية.
13	تنظيم أو تتابع المحتوى يناسب طبيعة المادة التعليمية.
14	المادة التعليمية مقسمة إلى فقرات مستقلة ومترابطة.
15	نمط الكتابة واضح ومباشر.
16	استخدمت كلمات ومصطلحات علمية مألوفة.
17	الفقرات مختصرة والجمل قصيرة.
18	صيغت النصوص بطريقة مشجعة وداعمة للمستخدم.

19	مزود بأمثلة توضيحية كافية.
20	المحتوى التعليمي ينسجم مع القيم الإسلامية و أعراف و تقاليد المجتمع الأردني.
21	نمط الخطوط مناسب للمحتوى ولجميع البرامج المستخدمة.
22	تتضمن البرمجية أنشطة تتيح للطلبة العمل ضمن مجموعات.
23	المصطلحات والمفاهيم الهامة تعرض بشكل لافت.
24	استخدام العناوين الرئيسية والفرعية في تنظيم عرض المحتوى.
25	النصوص معروضة بشكل واضح.
26	استخدام الألوان بفاعلية.
27	هناك تزامن بين النصوص والصور المتحركة.
28	دقة المحتوى وسلامته العلمية.
29	تستخدم البرمجية أنشطة تعليمية مقبولة.
30	الاستخدام الملائم للأصوات والألوان.
31	ارتباط أسلوب التمثيل وحركة الرسوم والنماذج بأهداف المحتوى ومضمونه.
المجال الثالث: سهولة الوصول والاستخدام	
32	سهولة الدخول إلى البرمجية والخروج منها.
33	سهولة التنقل بين محتويات البرمجية.
34	تتيح اختيار أجزاء محددة من محتوى البرمجية
35	تحتوي المادة التعليمية على أيقونات (أزرار) تمكن المستخدم من التنقل بسهولة.
36	وضوح وظيفة كل أيقونه (زر).
37	ربط كل شاشة بالشاشة السابقة والشاشة اللاحقة وبداية الموضوع.
38	ترشد المستخدم إلى موقعة من المادة.
39	المادة المحوسبة مصممه بحيث يستفيد منها ضعيفي السمع أو ضعيفي البصر وذوي الاحتياجات الخاصة.
40	التعليمات مبسطة وسهلة الفهم.
41	لا تتطلب من الطالب الرجوع لدليل التشغيل.

	المجال الرابع: الوسائط المتعددة Multimedia
42	زودت المادة التعليمية بوسائط متعددة متناسبة.
43	الصور المتحركة تنسجم مع النص ذي العلاقة.
44	لقطات الفيديو والصور الحية تزود الطالب بخبرة من الحياة العملية.
45	الوسائط المتعددة المضافة تبسط المفاهيم وتوضحها.
46	الوسائط المتعددة تمتاز بالدقة العلمية.
47	الوسائط المتعددة تعكس الواقع الذي تمثله بشكل صحيح.
48	الوسائط المتعددة تتيح للمتعلم التفاعل الإيجابي بسهولة ويسر.
	المجال الخامس: وسائل التقويم
49	توفر تغذية راجعة فعالة للاستجابات الصحيحة والخاطئة على حد سواء.
50	التغذية الراجعة الموجبة أكثر جاذبية من التغذية الراجعة السالبة.
51	تتضمن البرمجية عدة مستويات من الصعوبة والسهولة.
52	توفر أنشطة إثرائية للطالب سريع التعلم .
53	هناك شواهد تدل على أن المتعلم حقق أهداف المحتوى التعليمي.
54	تتضمن البرمجية أنشطة متعددة المستويات
55	تسمح البرمجية للمعلم بناء اختبارات ختامية للدروس

وتوصل الشناق وبني دومي (2005) إلى قائمة معايير لتقويم برمجية الفيزياء المحوسبة التي أنتجتها وزارة التربية والتعليم والجدول (8) يبين ذلك .

جدول (8) : معايير تقويم برمجية الفيزياء المحوسبة

الرقم	الخاصية	درجة توفر الخاصية					
		عالية جداً	عالية	متوسطة	ضعيفة	ضعيفة جداً	غير متوفرة
	أولاً: أهداف البرمجية :						
1	تحتوي البرمجية قائمة بالأهداف التدريسية.						
2	أهداف البرمجية محددة واضحة.						
3	أهداف البرمجية مصاغة صياغة سلوكية.						
4	تتوافق أهداف البرمجية مع أهداف المنهاج المقرر.						
	ثانياً: خصائص المحتوى التعليمي للبرمجية:						
5	يتصف محتوى البرمجية بالدقة العلمية.						
6	يتصف محتوى البرمجية العلمي بالحداثة.						
7	هناك توازن في التركيز على الأفكار الرئيسية حسب أهميتها.						
8	تراعي البرمجية التسلسلين المنطقي والسيكولوجي عند عرض المحتوى.						
9	تستخدم البرمجية الأشكال والرسوم لإظهار المعلومات الهامة.						
10	تستخدم البرمجية طرق لمساعدة الطالب في الحصول على الاستجابة السليمة.						
11	يثير بناء المحتوى في البرمجية دافعية المتعلم.						
12	تتضمن البرمجية أمثلة كافية ومتنوعة على كل درس.						
13	تتضمن البرمجية أسئلة وتدريبات متنوعة عن كل درس .						

الرقم	الخاصية	درجة توفر الخاصية					
		عالية جداً	عالية	متوسطة	ضعيفة	ضعيفة جداً	غير متوفرة
14	تتضمن البرمجية أنشطة إثرائية للطالب سريع التعلم.						
15	تتضمن البرمجية أنشطة علاجية للطالب الضعيف.						
16	الاستخدام الملائم للرسوم والنماذج المتحركة ولقطات الفيديو.						
	ثالثاً: التغذية الراجعة :						
17	تقدم التغذية الراجعة مباشرة بعد الاستجابة.						
18	تقدم البرمجية عبارات تعزيزية في حالة الاستجابة الصحيحة.						
19	توضح البرمجية للمتعلم استجابته الخاطئة.						
20	تسمح البرمجية للمتعلم بأن يحاول ثانية في حالة الاستجابة الخاطئة.						
21	تقدم مفاتيح حل لمساعدة المتعلم في حالة الاستجابة الخاطئة.						
22	تقدم البرمجية التغذية الراجعة بأشكال متعددة.						
	رابعاً: التقويم :						
23	توفر البرمجية اختباراً قبلياً يحدد مستوى المتعلم.						
24	توفر البرمجية اختبارا يتبع كل درس مباشرة.						
25	توفر البرمجية اختبارا بعديا يقوّم أداء المتعلم في المادة.						

26	تراعي الأسئلة التقويمية في البرمجية الفروق الفردية بين المتعلمين.						
	خامساً: خصائص استخدام الطالب للبرمجية والتحكم بها						
27	يتوافر في البرمجية وصف مختصر لعناوين المواضيع الرئيسية التي تدرسها.						
28	تراعي البرمجية الخبرة السابقة للمتعلم.						
29	تتضمن البرمجية عدة مستويات متدرجة بين السهولة والصعوبة.						
30	تتيح للطالب التحكم في اختيار الدرس.						
31	توفر البرمجية للطالب ملخصاً عن أدائه ومستواه بعد انتهاء كل تمرين.						
32	يتوافر في البرمجية قائمة بالموضوعات يختار الطالب منها المواضيع التي يرغب تعلمها.						
33	يمكن للطالب العودة إلى قائمة الاختيارات في أي وقت.						
34	يتحكم الطالب بسرعة عرض المعلومات في البرمجية.						
35	يتوافر في البرمجية ارتباطات تشعبية لمحتويات الدروس.						
36	يتناسب محتوى البرمجية مع مستوى الطلبة وخصائصهم.						
37	يتعامل الطلبة مع البرمجية بسهولة ويسر.						
	سادساً: تصفح وتشغيل البرمجية:						
38	يسهل الدخول إلى البرمجية والخروج منها.						

39	تتميز البرمجية بالسرعة في الحصول على المعلومات والتنقل بين الشاشات.						
40	يسهل التحكم في سير البرنامج.						
41	يسهل تقليب صفحات البرنامج.						
42	يسهل تحميل البرنامج على جهاز الحاسوب.						
43	وضوح تعليمات استخدام البرنامج.						
44	يوجود دليل يوضح كيفية تشغيل البرنامج واستخدامه.						
45	يسهل الرجوع إلى مواقع الإنترنت المتعلقة بكل درس.						
46	تتميز البرمجية بفعالية أزرار التحكم المختلفة.						
47	تتميز البرمجية بالانسجام بين ظهور النصوص وقراءتها.						
48	تتميز البرمجية بوضوح آلية التعامل مع حلول الأسئلة.						
	سابعاً: تصفح واستخدام الموقع الإلكتروني						
49	يسهل الدخول إلى الموقع الإلكتروني الخاص بمنهاج الفيزياء.						
50	يسهل الرجوع إلى مواقع الإنترنت المتعلقة بكل درس.						
51	يسهل تصفح المواقع الإلكترونية التي لها علاقة بالدرس.						

52	يسهل التنقل بين صفحات الموقع الإلكتروني						
53	تتميز البرمجية بالسرعة في فتح الموقع الإلكتروني المتعلق بموضوع الدرس.						
54	يكفي وقت الحصة لتصفح المواقع الإلكترونية ذات العلاقة بالدرس.						

ج- تقويم مواقع التعلم الإلكتروني

ذكر الموسى والمبارك (2005) العناصر الأساسية الآتية لتقويم مواقع التعلم الإلكتروني:

1- الحداثة والجدة:

- يوضح الموقع تاريخ أخر تحديث تم إجرائه.
- حُدث الموقع حديثا

2- المحتوى والمعلومات:

- المعلومات الموجودة مفيدة للمنهج الدراسي.
- المعلومات الموجودة ملائمة لاهتمامات الطالب.
- يوفر الموقع معلومات كافية تجعله يستحق الزيارة.
- المعلومات معنونة ومنظمة بوضوح.
- تتسم المعلومات حول الموضوع بالعمق.

3- المؤلف:

- حدد المؤلف بوضوح.
- المؤلفون أو مصممون المواقع متخصصون في المجال.

4- **التصفح:**

- يمكن أن تعرف من الصفحة الأولى كيفية تنظيم الموقع والخيارات المتوافرة.
- نمط الطباعة والخلفية يجعل الصفحة واضحة ومقروءة.
- التصميم ثابت من صفحة إلى أخرى.
- يوجد رابط يعيد المستخدم من كل صفحة إلى الصفحة الرئيسة.

5- **الإتاحية:**

- يمكن الاتصال بالصفحة وتحميلها بسرعة.
- الصفحة متوافرة بوساطة أدوات البحث.

6- **الوسائط المتعددة:**

- تسهم الرسوم والصوت والفيديو كثيراً في إثراء الموقع وليس لإضافة جماليات فقط.
- الرسوم والصوت والفيديو معنونة ومحددة بوضوح.
- يخدم كل رسم وصوت وفيديو هدفاً واضحاً.

د- تقييم المقرر المصمم عبر الانترنت:

توصل عبد العاطي (2006) إلى قائمة معايير لتقويم المقرر المصمم عبر الانترنت والجدول (9) يبين ذلك .

جدول (9) : معايير تقييم المقرر المصمم عبر الإنترنت

م	المعيار	مدى مراعاة المقرر للمعيار			
		4	3	2	1
	أولاً : معلومات عامة حول المقرر :				
	يشتمل المقرر على معلومات عامة حول :				
1.	المعلم أو المصمم من حيث: الاسم، ومؤهلاته، ووظيفته، وكيفية الاتصال به				
2.	الجمهور المستهدف المقدم له المقرر.				
3.	الأهداف العامة للمقرر .				
4.	متطلبات دراسة المقرر .				
5.	مصادر المقرر وأدواته .				
6.	موضوعات المقرر وما يتضمنه من وحدات ودروس .				
7.	الخطة العامة للسير في كل درس .				
8.	تقييم أداء المتعلم في المقرر .				
9.	قائمة بالمراجع المطبوعة والإلكترونية .				
	ثانياً: محتوى المقرر وتنظيمه :				
10.	تتسم أهداف المقرر بالوضوح .				
11.	يُعرض المحتوى في تتابع منطقي.				
12.	يعكس محتوى المقرر الأهداف التعليمية المرجو تحقيقها.				
13.	يخلو محتوى المقرر من الأخطاء العلمية.				
14.	يمكن تناول دروس المقرر بشكل خطي أو تفريعي				
15.	يتجنب استخدام المصطلحات والصور والأشكال التي تتسم بالتمييز العنصري.				
16.	تتسم مهام التعلم وأنشطته بالوضوح، والدقة .				
17.	يعكس تنظيم المحتوى إحدى النظريات التربوية بشكل صحيح.				
	ثالثاً: تصميم صفحات المقرر وأدواته :				
18.	تكتب الأجزاء المهمة من المحتوى بنصوص ذات أحجام، وألوان مختلفة تميزها.				
19.	تتبع قواعد اللغة من : إملاء ، ونحو، وعلامات ترقيم بشكل دقيق.				
20.	يراعي تصميم بنية المقرر حاجات المتعلم، وقدراته، وحصيلة مفرداته اللغوية.				
21.	يوفر المقرر فرصا لتدريب المتعلم على بناء المعرفة بشكل فردي أو تعاوني.				
22.	تساعد الرسومات الخطية والصور المتضمنة في المقرر على توضيح محتواه.				

23.	يتم اختصار الرسومات الخطية والصور في جداول لسرعة تحميل صفحات المقرر.				
24.	تتسق صفحات الوحدة فيما بينها من حيث: الحجم، والبنط، واللون، والخلفية.				
25.	يختلف لون خلفيات الصفحات من وحدة لأخرى، لإعطاء نوع من التمييز فيما بينها.				
26.	تتسم الوصلات Links المتضمنة في المقرر بالفاعلية.				
27.	ترتبط كل صفحات المقرر بالصفحة الرئيسة.				
28.	ترتبط موضوعات المقرر ببعض المواقع الإثرائية المختارة ذات العلاقة.				
29.	يمكن طباعة أي جزء من دروس المقرر بسهولة.				
30.	تتسم نصوص المقرر بالوضوح نتيجة وجود تباين بين لون النص وخلفيته.				
	رابعاً: التفاعل مع عناصر المقرر :				
31.	يقدم المقرر أساليباً متنوعة لتفاعل المتعلم مع المحتوى,				
32.	يتيح المقرر أدوات مختلفة تسمح بالتفاعل المتزامن وغير المتزامن بين المتعلم وأقرانه.				
33.	يوفر المقرر فرصا متنوعة لتفاعل المتعلم مع معلمه في أي وقت.				
34.	يقدم المقرر واجهة تفاعل رسومية تسمح للمتعلم بالتفاعل معها بشكل جيد.				
35.	يزود المقرر المتعلم بالدرجة الكلية نتيجة استجابته لأسئلة التقويم الذاتي.				
36.	يزود المقرر المتعلم بتغذية راجعة فورية.				
	خامساً: سهولة الاستخدام :				
37.	يتم تسجيل المتعلم للدخول في دراسة المقرر بشكل مباشر وسهل.				
38.	يقدم المقرر دليلاً لاستخدام مواد المقرر وأدواته يتسم بالوضوح.				
39.	تحتوى الصفحة الرئيسة على أيقونة لتوصيف المقرر.				
40.	يتم تحميل مواد المقرر بسرعة.				
41.	يتجول المستخدم بين الصفحات المختلفة للمقرر بمرونة.				
42.	يسمح المقرر للمتعلم بالخروج عند أي جزء منه.				

ثالثاً: تقويم المعلمين:

يمكن تقويم المعلمين في الجوانب التالية:

1. اتجاهات المعلمين نحو التعلم الإلكتروني.
2. كفايات المعلمين في التعلم الإلكتروني من حيث كفايات تصميم وإنتاج برامج التعلم الإلكتروني وكفايات استخدام تقنيات التعلم الإلكتروني المختلفة وكفايات تقويم الطلبة.

رابعاً: تقويم الطلبة:

يمثل الطلبة أهم مدخلات العملية التعليمية التعلمية وأهم نتاجاتها، وتمثل نتائج تقويم أداء الطلبة المؤثر الأهم والمعيار الأصدق لمدى نجاح المؤسسة التعليمية في بلوغ الأهداف المنشودة (أبو سل، 2002) ويشير زيتون (1991) أن تقويم أداء الطلبة يتضمن تقويم نواتج التعلم وتحديد ما يتحقق من الأهداف التعليمية في مختلف المجالات المعرفية والمهارية والوجدانية.

ويرى باترك (Patrick) المشار إليه في (Leung,2002) أنه يمكن تقييم نواتج التعلم وفقاً لأربعة مستويات:

- **المستوى الأول**: الاستجابة: وهي مقياس لاستجابة المتعلمين لمساق معين، فهذا المستوى يقيس كيف يشعر المتعلمون حيال تجربتهم التعليمية. ولكنه لا يقيس التعلم بصورة مباشرة؛ وذلك لأنه ببساطة يقيس مدى استمتاع المتعلمين بتجربة التعلم. ويمكن إجراء هذا القياس من خلال استبيان خاص بالاستجابة لدى مجموعة من المتعلمين، ويمكن أن تتضمن أسئلة الاستبانه على الآتي: هل تشعر بالرضا حيال ما تعلمته؟ هل ترى أن المادة وثيقة الصلة بما تريد؟ هل تعتقد بأن المادة نافعة لك؟.
- **المستوى الثاني**: التعلم: وهو مقياس لما تعلمه المتعلمون. ويتطلب هذا المستوى الاستعانة بطريقة معينة لقياس التعلم. ويتم هذا عادة من خلال استخدام أداة لتقييم النواتج في صيغة علامات اختبارات.
- **المستوى الثالث:** النقل: وهو مقياس للتغيرات التي تحدث في سلوك المتعلمين عندما يعودون إلى وظائفهم بعد إكمال برامج التدريب.

- **المستوى الرابع**: النتيجة، وهي مقياس لمحصلات (نتاجات) العمل التي تظهر؛ لأن المتعلمين يؤدون وظائفهم بصورة مختلفة.

ويتطلب المستويان الثالث والرابع دراسة أكثر تعقيدا وتكلفة لجمع البيانات ذات الصلة، وفي الواقع فإن هناك عدداً من المتغيرات ذات الصلة وعدة عوامل تسبب التعقيد (مثل الدافعية وإمكانية التدريب والاتجاه نحو الوظيفة والسمات الشخصية)، تجعل من الصعب تقييم التأثير المباشر للتعلم على الأداء الوظيفي ونواتج العمل.

وبذلك يمكن أن يشمل تقويم الطلبة الجوانب التالية:

1- اكتساب الطلبة للمعارف والمعلومات في موضوع ما.

2- اكتساب الطلبة للمهارات والاتجاهات والقيم المتوقع تحقيقها من المناهج الدراسية.

3- اتجاهات الطلبة نحو التعلم الإلكتروني.

4- قدرة الطلبة على استخدام تقنيات التعلم الإلكتروني.

ويرى الكيلاني (2001) أن هناك ثلاثة مستويات لتقييم تحصيل الطلاب في نظام التعليم عن بعد والتعلم الإلكتروني هي:

1. تقييم غير مباشر: ويتمثل هذا النوع من التقييم بالتدريبات وأسئلة التقويم الذاتي التي يضعها معدّو المادة التعليمية بكل جزء من أجزاء الوحدة الدراسية، حيث يقوم الطالب بالإجابة عنها، ومن هذه الإجابات يستطيع الطالب أن يتحقق من مدى إلمامه بالمادة العلمية، وهل ينتقل إلى أجزاء أخرى تالية، أم يعيد دراسته لهذه الأجزاء ليزيد من تمكنه في المادة العلمية ويعمق فهمه واستيعابه لها؟

2. التقييم شبه المباشر: يتمثل بالتعيينات التي يُعدها المشرفون الأكاديميون (المعلمون) المختصون بتدريس المادة العلمية لمقرر ما. وهي مجموعة من الأسئلة المرتبطة ارتباطاً وثيقاً بالمادة الدراسية، حيث تقيس فهم واستيعاب الطالب للمادة العلمية وتطبيقاتها، وليس مجرد الحفظ والتلقين. ويتم وضع هذه التعيينات في نهاية الوحدات الدراسية للإجابة عنها من قبل الطلبة وإرسالها إلى المعلم الذي يتعامل معه الطالب، وتتغير هذه

التعيينات من فصل إلى آخر لضمان المستوى العالي لمفهوم التقييم لهذه التعيينات.

وبالإضافة إلى الأسئلة يطلب من الدارسين تقديم أبحاث وتقارير نظرية وعلمية.

وتعد التعيينات وأسئلة التقويم الذاتي مع التدريبات من أنواع التقييم التكويني أو المستمر؛ لأنه يعني بمتابعة تقدم الطالب في إنجاز الأهداف المنشودة عن طريق توفير التغذية الراجعة التي تساعد على تعزيز الطالب إذا كان يسير في الاتجاه الصحيح وتعديل مساره إذا كان يسير في الاتجاه الخاطئ.

3. التقييم المباشر: وهو نوع من التقييم الختامي الذي يقيس منجزات الطالب التعليمية وما حصّله من معارف ومهارات وكفايات يراد له أن يكتسبها ويتقنها من خلال دراسته للمادة العلمية والتفاعل معها.

ويحتاج المعلمون في ظل الاقتصاد المعرفي إلى تطوير استراتيجيات تقويم تتماشى مع استراتيجيات التعليم التي يستخدمونها، بحيث تؤدي إلى تحسين التعلم. ومن هذه الاستراتيجيات ما يلي (إدارة المناهج والكتب المدرسية، 2003):

أ. التقويم المعتمد على الأداء، وتتطلب هذه الاستراتيجية من الطالب توضيح تعلمه من خلال توظيف مهاراته في مواقف حياتية حقيقية أو مواقف تحاكي المواقف الحقيقية مثل: التقويم المعتمد على الأداء والحديث والمعارض ولعب الأدوار.

ب. الملاحظة: وهي عملية مشاهدة الطلاب وتسجيل المعلومات لاتخاذ قرار في مرحلة لاحقة من عملية التعليم والتعلم، ويمكن استخدام أدوات: قائمة الرصد وسلالم التقدير والدفاتر الجانبية واليومية في الملاحظة.

ج. التواصل: وهو لقاء مبرمج بين المعلم والمتعلم لتقويم التقدم لدى الطالب في مشروع معين ويكون التركيز على مدى التقدم إلى تاريخ معين ومن ثم تحديد الخطوات اللاحقة.

د. مراجعة الذات: وتشتمل على يوميات الطالب وملف الطالب أيضا.

هـ الورقة والقلم وتمثل الاختبارات الكتابية بكافة أنواعها وأنماطها.

أما الأدوات التي يمكن استخدامها في تقويم الطلبة فهي (أبو سل،2002؛ جرجس، 1999):

1-   الاختبارات بكافة أنواعها.

2-   تقارير الطلبة ومشروعات الدراسة والبحث المطلوبة في المادة الدراسية.

3-   الملاحظة الهادفة لسلوك الطالب في غرفة الصف أو المختبر.

4-   المقابلات الشخصية واللقاءات الفردية والجماعية.

5-   مقياس الميول والاتجاهات.

خامسا: تقويم عملية تنفيذ التعلم الإلكتروني من حيث:

1- قدرة المعلم والطالب على استخدام تقنيات التعلم الإلكتروني.

2- المشكلات التي تواجه المعلم والطالب في تنفيذ التعلم الإلكتروني.

3- معوقات التعلم الإلكتروني.

4- دور المعلم في التعلم الإلكتروني.

5- كيف يتعلم الطلبة.

الفصل التاسع

كفايات التعلم الإلكتروني لدى معلمي العلوم

مقدمـــة :

تواجه العملية التربوية في هذا العصر عدة ضغوط وتحديات، فازدياد المعارف والعلوم وتضخم أعـداد الطلبة الملتحقين بالتعليم والثورة التكنولوجية وما يـرتبط بهـا مـن سرعـة تبـادل المعلومـات، كلهـا عوامـل تضغط على المؤسسة التربوية من أجل بذل المزيد من الجهود لتحديث وتجديد طرائق وأساليب التـدريس لمجـاراة هـذه التغيرات، ولهـذا فقـد لجـأت الـدول المتقدمـة في العـالم إلى دمـج التكنولوجيـا في التعلـيم والمجتمع، من أجل حل مشـكلاتها التربويـة، سـواء أكـان ذلـك باسـتخدام التلفـاز في التـدريس أم الإذاعـة المدرسية أم التعليم المبرمج أم الحاسوب وبرامجه أم تطوير طرائق وأساليب تدريس العلوم. ثم إن البحث في طرائق وأساليب التدريس واستخدام التكنولوجيا التعليمية أصبح مطلباً مهماً من أجل تحسين ممارسات المعلمين وتحسين العملية التربوية (سمارة، 2005، 7).

فاستخدام التكنولوجيـا التعليميـة يـؤدي إلى تحسـين في تحصيل المتعلمـين، واختصـار زمـن الحصـة الصفية، وتكوين اتجاهات إيجابية لدى المتعلمين نحو العملية التعليمية (Kulik, et al, 1980).

ومن هنا أصبح إعداد المعلم للتكنولوجيا التعليمية مطلبا علميا ومهنيا لكل معلم، وغـدا اسـتخدام الأساليب والأجهزة والأنظمة العلمية في تصميم الدروس وتنفيذها وتقويمهـا ضرورة حتميـة للمعلـم حتـى تصبح مهنة التعليم هندسـة تعليميـة تطبـق فيهـا الأسـاليب العلميـة في الـتحكم بالمشرـوعات التعليميـة (السيد، 22،1988).

فالمعلم أحد الأركان الأساسية للعملية التربوية، وكل إصلاح لا يتناول المعلم يشك في نجاحه، وإذا بقيت برامج إعداد المعلم وتدريبه على حالها، فلا يمكن تحديث النظم التعليمية القائمة، لذلك يعدُّ توافر المعلم المعد لوظيفته إعداداً جيداً أحد التحديات التي تواجه المؤسسات التربوية في الوطن العربي.

وعلى الرغم من أهمية العناصر المادية والتقنية في أي منظمة تعليميـة، فـإنَّ العنصرـ البشري، يبقى العنصر المحوري، الذي يستطيع أن يوظف ويستخدم جميع هذه العناصر لتحقيق أكبرقدرٍ من الإنتاجية والكفاءة والفاعليـة (الخطيـب والخطيـب، 1986). فمهـما استحدث من أدواتوالآلات وأجهزة وبرامج، ومهـما ظهـر في مجـال التربيـة مـن نظريـات

وفلسفات، فإن جودة التعليم ذاته لا تتحقق إلا بتوفير المعلم الكفء (المنشيء، 1985). ويضيف زيتون (1989) أنه على الرغم من توقف نجاح العملية التعليمية على الكثير من العوامل، إلا أن المختصين بالتربية العملية، وتدريس العلوم يؤكدون أن معلم العلوم هو العنصر الرئيس في العملية التعليمية التعلمية كلها، فأحسن المناهج والكتب والنشاطات التعليمية والبرامج المدرسية قد لا تحقق أهدافها إذا لم يكن معلم العلوم جيداً ذا كفاية عالية، كما أن معلم العلوم الجيد ذو الكفاية العالية، يمكن أن يعوض أي نقص أو تقصير محتمل في المناهج والنشاطات والبرامج المدرسية والإمكانات المادية الأخرى.

وقد أدت التطورات العلمية والتكنولوجية إلى إحداث تغير في أدوار المعلمين، فلم يعد دور المعلم مقتصراً على نقل المعرفة وتلقين الطلبة، وشرح الدرس وتصحيح الواجبات المدرسية، ولم يعد المصدر الوحيد للمعرفة، بل أصبح دوره في ظل تكنولوجيا التعليم المخطط والمصمم والمنفذ والمقوم للعملية التعليمية، وهذا ما أكده العابد (1985) بأن وظيفة المعلم وفقاً لمعطيات التقنية الحديثة، تكمن في تصميم عملية التعلم والتعليم، وتنفيذها، وتقويمها.

وفي ضوء هذا الدور الجديد للمعلم، أصبح من الضروري توافر الكفايات الأساسية لدى معلم العلوم، وخاصة في مجال تكنولوجيا التعليم، ليقوم بدوره المهم في تدريس العلوم بكل كفاءة واقتدار، ومن هذه الكفايات: القدرة على تخطيط دروس العلوم بعناية بحيث ترتكز على نشاط التلميذ في حل مشكلات علمية حقيقية باستخدام الأسلوب العلمي في التفكير، والقدرة على تنظيم العمل التجريبي بأنواعه المختلفة، كالعروض العملية، والعمل في مجموعات، وفرادى؛ ليكتسب الطلاب القدرة على استخدام الأجهزة، والأدوات المخبرية، في الوصول إلى المفاهيم، والتعميمات العلمية بأنفسهم، كما أن معلم العلوم يحتاج إلى الكفايات الخاصة بتقويم تعلم الطلاب في الجوانب الرئيسة: المعرفية، والنفس حركية، والانفعالية. وهناك أيضا الكفايات المتعلقة بكل من استخدام الأجهزة العلمية والوسائل السمعية والبصرية وتوظيف إمكانات البيئة وغيرها من الكفايات التي يشترك فيها مع سواه من المعلمين (نشوان، 1989). لذلك أصبح من الضروري إعادة النظر في طبيعة برامج إعداد المعلمين في ضوء الأدوار الجديدة للمعلم والتحديات المعاصرة.

وفي عصر التعلم الإلكتروني ظهرت أدوار وكفايات جديدة لمعلم العلوم. فقد ذكر زين الدين (2005) أن هناك مجموعة من الوظائف والأدوار المستقبلية للمعلم في التعلم الإلكتروني وهي: ميسر للعمليات، تكنولوجي، مبسط للمحتوى، باحث، مصمم للخبرات التعليمية، مدير للعملية التعليمية، ناصح ومستشار، ومقوم. ونلاحظ أن هذه الوظائف والأدوار المستقبلية تتناسب مع الوضع المميز للمعلم في التعلم الإلكتروني وتتنوع لتغطي كل المهام المحتملة له في هذا النظام.

وواقع الأمر أن هذا التصنيف يأتي ليوضح دور المعلم الشامل والذي يشمل التخطيط والتنفيذ والتصميم والمتابعة والتقويم والتعديل والتطوير، بمعنى أن هذا التصنيف للوظائف يفترض أن يبدأ دور المعلم من وضع المقررات التعليمية وتصميم الموقع التعليمي حتى يصل إلى عمليات التقويم والمتابعة (عزمي، 2006) .

وتعرف الكفاية بأنها تتضمن شكلين، الكامن منها والظاهر، فالكفاية في شكلها الكامن تعبر عن مفهوم والتالي فهي تعبر عن إمكانية القيام بالعمل نتيجة للإلمام بالمهارات والمعارف والمفاهيم والاتجاهات التي تؤهل للقيام بهذا العمل، بينما في شكلها الظاهر تعبر عن عملية "Process" وبالتالي فهي الأداء الفعلي للعمل (زين الدين، 2005).

كفايات المعلم في نظام التعلم الإلكتروني وفقا للوظائف المستقبلية:

هناك مجموعة من الوظائف والأدوار المستقبلية للمعلم في التعلم الإلكتروني، وفيما يأتي عرض لهذه الوظائف والأدوار والكفايات التي تندرج تحتها (حسن، 2007؛ عزمي، 2006؛ زين الدين، 2005) :

1- **باحث Researcher:**

وتأتي هذه الوظيفة في مقدمة الوظائف التي ينبغي أن يقوم بها المعلم، وتعني البحث عن كل ما هو جديد ومتعلق بالموضوع الذي يقدمه لطلابه، وكذلك ما هو متعلق بطرق تقديم المقررات خلال الشبكة.

ووظيفة المعلم كباحث تتطلب منه معرفة المستجدات المتسارعة في العلم والمعرفة خصوصا في مجال التخصص مما يمكنه من تحديث الموقع بصفة مستمرة لضمان جذب المتعلمين إلى هذا الموقع.

ووظيفة المعلم كباحث تدفعه دائما للبحث داخل المكتبات الإلكترونية وقواعد البيانات المنتشرة على الشبكة لجلب كل ما هو مناسب لموقعه من صور ورسوم وأفلام فيديو وملفات صوت وغيرها في الموضوع التعليمي المطروح بشرط عدم وجود محاذير متعلقة بحقوق الملكية الفكرية.

كما تأتي أهمية تعلم اللغة الإنجليزية وإجادتها من بين العوامل الهامة في التعرف على عالم الإنترنت الواسع الانتشار، وعلى الموضوعات والتخصصات المهمة المنتشرة على صفحات الشبكة والتي يمكن الاستفادة منها في تطوير المواقع التعليمية بوجه عام، وعلى الرغم من انتشار الصفحات والمواقع بكل اللغات العالمية؛ لكن تبقى اللغة الإنجليزية أكثرها انتشارا واستخداما في تصميم المواقع والصفحات التعليمية.

2- مصمم للخبرات التعليمية Designer:

للمعلم دور أساسي في تصميم الخبرات التعليمية والنشاطات التربوية، والإشراف على بعضها بما يتناسب مع خبراته واهتماماته، فهذه الأنشطة مكملة لما يكتسبه المتعلم داخل قاعات الدراسة الصفية أو الافتراضية، وعلى المعلم أن يسهم بدور إيجابي في الإشراف على بعض تلك النشاطات، وتصميم بيئات التعلم الإلكترونية النشطة بما يتناسب واهتمامات الطلبة.

وهناك بعض الاعتبارات التي ينبغي الانتباه إليها أثناء تصميم البرمجيات والمواقع التعليمية، ومنها: خصائص المتعلمين، الأهداف التعليمية، المحتوى المقدم من خلال البرمجيات والمواقع، بنية الحركة والتوجيه داخلها، تصميم الشاشات والصفحات، استخدام النصوص والرسوم والصور، اختيار نظام التأليف المستخدم، وإذا تم الاهتمام بهذه الاعتبارات فسوف ينشأ عن هذا مواقع وبرمجيات تعليمية أفضل وبالتالي زيادة فاعليتها في تقديم المحتوى المطلوب.

3- تكنولوجي technologist:

هناك مجموعة من المهارات التي يجب أن يتقنها المعلم للتمكن من استخدام شبكة الإنترنت في التعلم، وهي تتعلق باستخدام نظم التشغيل ومتطلبات الربط بالشبكة والتعرف على بعض المشكلات الفنية الدائمة الحدوث، وإتقان إحدى لغات البرمجة، وبرامج تصفح

المواقع، واستخدام برامج حماية الملفات من الفيروسات، وكيفية ضغط وفك الملفات والتعامل مع الملفات سواء بتحميلها من المواقع أو بوضعها عليها، وإعداد الصور، والتعامل مع الماسحات الضوئية والكاميرات الرقمية، واستخدام برامج إعداد الصور والرسوم.

ويعتقد البعض بأن وظيفة التكنولوجي قد تبدو غير مرتبطة بعمل المعلم في ظل هذا النظام على أساس وجود طاقم فني كامل يؤدي هذه الوظائف الخاصة بتصميم ووضع الصفحات على الإنترنت، ولكن مهام المعلم في ظل هذه الوظيفة يجب أن تأخذ بعين الاعتبار ثقافة المعلم التكنولوجية عموما لأنه هو من سيستخدم هذا النظام وهو من سيرتبط من خلاله مع المتعلمين، ومن هنا فاستخدام المعلم لما يفهمه أفضل من استخدامه لنظم لا يكون دوره فيها أكثر من مستخدم، وعلى هذا تم وضع هذه الوظيفة كإحدى الوظائف المستقبلية في ظل هذا النظام.

4- مقدم للمحتوى Content Presenter:

إن تقديم المعلومات عبر الموقع التعليمي لا بد وأن يتميز بسهولة الوصول إليها واسترجاعها والتعامل معها، وهذا يرتبط بوظيفة المعلم كمقدم للمعلومات عبر الموقع التعليمي، لذلك فإن الإرهاق الحادث نتيجة للتعامل مع موقع معين يصعب استخدام معلوماته يتوقف على كم الخطوات وتتابعها المنطقي للوصول إلى البيانات المطلوبة أو كم التعلم الذي تقدمه هذه المواقع التعليمية، وكلما كان هذا التتابع اسهل زادت فرصة إتمام الطالب للتعلم المطلوب بسرعة، ونقص الإرهاق الحادث نتيجة لطول الفترة الزمنية التي يقضيها المعلم في الوصول لما يريده.

وللتعامل مع مفهوم التعلم الإلكتروني عبر الشبكات فلا بد من إعادة صياغة المحتوى التعليمي، وذلك لعرض هذا المحتوى في بيئات التعلم الافتراضية بطريقة تتناسب مع هذه البيئات، فلا بد أن تنظم المعلومات والبيانات في بيئات التعلم بحيث تسمح للمتعلم بالتعامل معها بشكل أكثر تحليلا واستفادة، ومن بين المخاطر المرتبطة باستخدام شبكة الإنترنت نقص التنظيم المنطقي لبعض محتويات المعلومات، مما يؤدي إلى قضاء وقت طويل في البحث عن المعلومات دون الوصول اليها نظراً لوجود الكم الهائل منها غير منظم جيدا، ويعتبر نقص التنظيم المنطقي من أهم النقاط التي تؤخذ على استخدام الشبكة في الفصل

الدراسي، فالمعلومات الموجودة على الشبكة غير منظمة بطريقة متسقة تتشابه مع المطبوعات الموجودة في المكتبة التقليدية. فإذا أراد المتعلم البحث عن معلومات في موضوع معين فقد تتحايل هذه المعلومات عليها لأنها منتشرة على مجموعة كبيرة من الخادمات الموجودة على حاسبات منتشرة في أرجاء العالم، وبالتالي فقد يطلب المتعلم معلومات وتصل إليه معلومات أخرى لحدوث تشابه في المعلومات المطلوبة مع معلومات أخرى.

ويرتبط بهذا الموضوع أسلوب ربط الصفحات مع بعضها البعض، وتحديد استراتيجيات التعليم الفعالة والمناسبة لتحقيق أهداف المقرر، كما أن هذه الوظيفة تتضمن تحويل السيناريو التعليمي إلى سيناريو برنامج يمكن لمبرمج الموقع أن يتفهمه ويترجمه إلى نقاط أساسية وصفحات مرتبطة معا.

كما تتضمن هذه الوظيفة أيضا التدرب على كيفية عرض الأهداف التعليمية في الصفحات التمهيدية للمقرر في صورة قابلة للقياس والتطبيق، بالإضافة لكيفية ترجمة المعلومات في صورة وسائط متعددة(صوت، صورة، نصوص مكتوبة، رسوم متحركة، لقطات فيديو........وغيرها). ويعد تقديم الوسائط المتعددة من أهم المميزات التربوية لاستخدام الإنترنت في التعليم ويعني تقديم كل صور الوسائط المتعددة من نص وصورة وصوت وفيديو في الوقت نفسه وبتكلفة قليلة للغاية وبجودة ووضوح عالٍ، وفي هذه الحالة فإنها تعد بيئة غنية بكل الوسائط الممكنة وبشكل تفاعلي كامل.

5- منسق Coordinator:

من المميزات التربوية لاستخدام شبكة الإنترنت في التعليم عن بعد تقديم بيئة تعلم تدعم الاتصال والتفاعل بين المستخدمين وبعضهم البعض كما في المواقف التعليمية التقليدية والتعلم المبني على الشبكات لا يحافظ فقط على فوائد التعلم الفردي الذي يقدمه التعلم بمساعدة الحاسوب ، ولكنه أيضا يدعم التعلم التعاوني والتنافسي عن طريق الأدوات الموجودة في أساليب التعلم عن بعد عبر الشبكات.

والفارق الرئيسي بين التعلم من خلال برمجيات الكمبيوتر وبين التعلم من خلال الشبكات هو إمكانية التفاعل والاتصال المباشر وفي اللحظة نفسها بين المعلم وأحد الطلاب، أو بين المعلم والطلاب في مجموعة، أو بين الطلاب بعضهم بعضا.

ويلاحظ أن المطبوعات والبرامج الإذاعية والتي ميزت الجيل الأول والثاني من أساليب التعلم عن بعد كانتا وسائل الاتصال في اتجاه واحد ، وكان لا بد من ترتيب بعض الأساليب الخاصة بتقديم التغذية الراجعة للطلاب . وعندما استخدم الحاسوب الشخصي- البرامج التعليمية الحاسوبية فقد قدم الفرصة للطلاب لكي يتعاملوا بشكل أكثر تفاعلية مع المواد التعليمية ، ولكن ليس مع المعلمين أو مع أقرانهم. ومع التقدم الكبير في تقنية الشبكات فقد أصبح من الممكن تقديم تفاعل لحظي بين الطلاب للعمل بشكل تفاعلي، وبمعنى آخر، فإن شبكات الحاسوب تقدم ثلاثة أنماط أساسية من التفاعل المطلوب في التعلم عن بعد، وهي: التفاعل بين الطالب والمحتوى التعليمي، التفاعل بين الطالب والمعلم، التفاعل بين الطلاب وبعضهم، وهناك أساليب تفاعل متزامنة تحدث في اللحظة نفسها بين الأفراد عن بعد، مثل تقنية المؤتمرات عن بعد التي تشبع متطلبات الخاصة بالتفاعل المتزامن وجها لوجه، أو غير متزامنة أي يتم إرسالها من فرد ويمكن للآخر استقبالها في الوقت المناسب له مثل تقنية اللوحات الأخبارية والتي يمكن أن يستخدمها المعلمون والطلاب ، لتبادل الاستفسارات والتعليقات والتغذية الراجعة.

ويرى أن هناك ملاحظات يمكن تقديمها للمعلمين في التعلم الإلكتروني ومنها: اختيار الألفاظ بعناية، وجعل المحاضرات قصيرة كلما أمكن ذلك، بالإضافة إلى تخصيص أعمال من جانبه تتطلب التعاون والمشاركة، وتحديد مواعيد تواجده على الشبكة، وتشجيع طلابه على استخدام رسائل البريد الإلكتروني، ووضع لائحة وجداول دراسية بالمواعيد الهامة، وتحديد الأنشطة المطروحة عبر المقرر، ووضع ملخصات دائمة لما تم إنجازه، وضبط حجم الفصل بشكل يتناسب مع أهداف المقرر.

ويعد دور المعلم بالغ الأهمية كمنسق ضمن هذه التفاعلات الكثيرة والمتعددة والتي تأخذ اتجاهات مختلفة، ولا بد أن يكون المعلم على وعي بكيفية ضبط وتوزيع هذه الأساليب التفاعلية بكفاءة، وضمن جداول ومواعيد محددة مسبقا لكي يتم الاستفادة من هذه التفاعلات إلى أقصى حد ممكن.

6- مرشد Counselor:

هناك وظيفة هامة ترتبط بعمل المعلم في التعلم الإلكتروني، وتتعلق بإرشاد وتوجيه الطلبة أثناء تعاملهم مع الموقع التعليمي أو مع المحتوى التعليمي المقدم أو مع زملائهم في دراسة المقرر الدراسي نفسه، فلا بد أن يهتم المعلم بالرد على استفسارات الطلاب إما مباشرة أو عبر رسائل البريد الإلكتروني، كما ينبغي عليه متابعة أداء كل طالب على حدة في هذا المقرر لإرشاده إلى سبل تطوير أداؤه في المقرر، بالإضافة إلى نصح الطلاب بما يحتاجونه من مهارات وتقنيات لإتقان التعامل مع الموقع التعليمي، بالإضافة إلى توضيح ما تنص عليه أخلاقيات الشبكة من قواعد اللياقة والسلوك التي يجب اتباعها في التعلم عن بعد، وآداب التعامل مع الآخرين (سواء المعلم أم الزملاء الدارسين).

7- ميسر Facilitator:

عند مناقشة موضوع التعاون بين الأفراد عبر الشبكة، فلا بد أن نقر بأنه ليست هناك ضرورة للاتصال المباشر وجها لوجه في نفس المكان، فعندما يريد المتعلم أن يسأل المعلم في نقطة معينة، فإن التعلم عبر الشبكة يقدم أدوات مختلفة مثل البريد الإلكتروني، أو مجموعات الأخبار، أو المؤتمرات عبر الكمبيوتر، أو اللوحات الأخبارية. ولذلك فإن نظم التعلم عبر الشبكات تقدم فرصا متعددة للتفاعل الشخصي والاجتماعي. وفي هذه النظم يمكن للمتعلمين أن يرتبطوا على الخط المباشر مع المعلمين، أو حتى مع بعضهم البعض، وذلك من خلال المناقشة والأسئلة والأجوبة، والتساؤلات وهذا التفاعل الاجتماعي عند استخدام المقررات عبر الشبكة يمكن أن يكون له دور فعال ومؤثر في مخرجات التعلم.

كما أن هناك عاملين مهمين وهما زيادة جودة الخبرات التعليمية للطلاب من خلال أنماط متعددة من التفاعل عبر الشبكة، وزيادة التعامل مع هذه المقررات، من وجهة نظر الطلاب فإن التعلم عبر الشبكة يعني زيادة فرص التفاعل مع الطلاب الآخرين ومع المعلمين وزيادة التعامل مع كم متنوع من المصادر التعليمية، فمن الممكن نقل الملفات التي تشتمل على نصوص وبرامج وصور وأصوات بين الطلاب الذين يدرسون مقررا معينا عبر الشبكة، وتبادل الرسائل الإلكترونية التي يمكن من خلالها التعاون في أداء الأنشطة والواجبات المكلفين بها ضمن أحد هذه المقررات.

وقد يبدو العمل عبر الشبكات وأمام شاشات الحاسوب وكأنه عملا فرديا يعمل فيه الإنسان وحيدا، وعلى الرغم من فاعليته ورخص تكلفته إلا أن المعارضين لهذه النظم يقولون بأنه لا شيء يماثل التعلم داخل الفصل الدراسي بكل تفاعلاته الاجتماعية، وهذا صحيح إلى حد ما، ولكن هذا الاعتراض قد تم احتواؤه في هذه الأيام من خلال التعلم عبر الشبكات، ففي معظم المشروعات يعمل الدارسون معا، وهناك عدة أدوات يمكنها تحقيق ذلك بدءا من البريد الإلكتروني إلى المقررات الجماعية ومرورا بكافة الأدوات التي تمكن من المشاركة من خلال أجهزة حاسوب مختلفة ومتباعدة وفي مثل هذه المقررات يصبح التعاون عبر الحاسوب معيارا أساسيا.

وعلى المعلم أن يقوم بدور الميسر والمشجع لطلابه على استخدام كل هذه الأدوات والاستفادة من إمكانياتها المتميزة في إحداث الاتصال بين أطراف المنظومة التعليمية عن بعد.

وتيسير الاستخدام يعد من العوامل الهامة في زيادة عدد المتعاملين مع الموقع التعليمي، وهذا يعني أن الأفراد يستخدمون هذا المستحدث أو التقنية بسرعة وسهولة لأداء مهام عملهم، وتيسير الاستخدام كمفهوم ينبني على أربعة نقاط هي: التركيز على المستخدمين، ثم جعل هؤلاء المستخدمين أشخاصا منتجين، ومراعاة أن هؤلاء المستخدمين هم أشخاص مشغولون للغاية، وأخيرا الرجوع لهؤلاء المستخدمين لأخذ آرائهم في تلك التقنية.

8- مقوم Assessor:

يحتاج المعلم إلى فهم ما يساعد المتعلم على التعلم بطرق مختلفة، كما يحتاج إلى أن تكون لديه القدرة على بناء واستخدام وسائل مختلفة لتقييم معرفة المتعلم، بالإضافة إلى تقويم أساليب المتعلم في التعلم، وأن تكون لديه القدرة على تحديد جوانب القوة والضعف لدى المتعلم وتحديد البرامج الاثرائية أو العلاجية المطلوبة، والتقويم بذلك فرصة للتعلم، وأداة لتوجيه التعليم، وطريقة لتوثيق تقديم المتعلم.

ودور المعلم كمقوم يتراوح ما بين وضع المعايير الخاصة بتقويم المقرر من ناحية الأداء المعرفي والمهاري، واختيار أنماط الاختبار المناسبة للمحتوى، وتدريب الطلاب على

كيفية التعامل مع أساليب وطرق التفاعل مع الاختبارات الإلكترونية وتحديد الـزمن المناسب للاختبـار ومواعيد التكليفات، بالإضافة لإعداد قاعدة بيانات تضم ملفا إلكترونيا للطالب والذي يحتوي عـلى كـل مـا يتعلق بأداءات الطالب وتقديراته.

بالإضافة إلى تحديد عناصر الوسائط المتعددة المستخدمة داخل الأسئلة، وضرورة وجودهـا داخل السؤال، وطرق عرضها، ونوعية التغذية الراجعة داخل الاختبار، سواء كانت مسموعة، أم مقروءة، أم مرئية، كما أن دور المعلم كمقوم يشمل أساسا على تقديم التغذية الراجعة بطرق مختلفة لإرشاد المتعلم إلى مستواه الأكاديمي وتقدمه الدائم في المقرر، ومقارنة أدائه بصفة مستمرة للتأكد من تطوره بالإضافة إلى تقييم أداء الأجهزة والبرمجيات المستخدمة في النظام سواء لدى المعلم أم لدى الطالب للتحقق من توافقها و خاصة فيما يتعلق بالاتصالات فيما بينها.

ومـن مهـارات الـتعلم الإلكترونـي اللازمـة للمعلمـين مـا يـأتي (مركـز التعلـيم والتـدريب الإلكتروني،2006):

أولا: مهارات التعامل مع الحاسب الآلي:

1. لدي معرفة بأساسيات إدارة الملفات الإلكترونية مثل إنشاء أو إعادة تسمية ملف إلكتروني.
2. أستطيع حفظ واستدعاء الملفات الإلكترونية.
3. أنا قادر على التعامل مع أكثر من برنامج في الوقت نفسه والتنقل بينهم بسهوله.
4. لدي معرفة بتحميل البرامج على جهاز الحاسب الآلي
5. لدي القدرة على شرح أي مشكلة تقنية قد أواجهها وذلك لكي أحصل على المساعدة في حلها.

ثانيا: مهارات التعامل مع البرامج:

1. أستطيع التعامل مع برنامج تحرير النصوص (Word) بدون أي مشاكل.
2. أعرف كيف أستخدم البريد الإلكتروني ولدي بريد إلكتروني حالياً أو لدي العزم على الحصول عـلى واحد.
3. لا أجد صعوبة في بناء صفحات إلكترونية والتعامل مع الـ(HTML) .

4. أعرف كيف أستخدم برامج ضغط الملفات مثل (WinZip) و(StuffIt) .

5. لدي معرفة بكيفية تحديث برنامج تصفح الإنترنت.

ثالثا: مهارات التعامل مع الإنترنت:

1. أعرف كيف أوصل جهازي بالإنترنت.

2. لدي معرفة بالتعامل مع برامج تصفح الإنترنت مثل (Netscape) و(Internet Explorer) .

3. أعرف كيف أحمّل وأنصّب أحدث ملحقات البرامج على جهازي.

4. لدي معرفة في كيفية تغيير خيارات متصفح الإنترنت على جهازي.

5. سبق وأن قمت ببناء صفحات إنترنت ونشرتها.

6. أعرف كيف أقوم بالبحث في الإنترنت بكفاءة.

7. أستطيع تنزيل وتحميل الملفات على الإنترنت باستخدام ال (FTP) أو أي وسيلة تحميل أخرى.

ويرى المجالي(2005) أن المعلمين في عصر التعلم الإلكتروني بحاجة إلى امتلاك المهارات الآتية:

1- التعامل مع برامج وندوز Windows بفعالية عالية.

2- استعمال خدمات الشبكة العنكبوتية لنسخ الملفات وتحويلها.

3- قراءة وكتابة ملفات البريد الساخن Hot Mail.

4- استخدام الملفات لعادية والملفات المضغوطة.

5- المشاركة في المؤتمرات والندوات الخاصة بالحاسوب.

6- استخدام الإنترنت لأغراض الحديث أو الكلام عوضا عن الهاتف.

7- إرسال واستقبال البريد عبر شبكات الإنترنت الوطنية والدولية.

8- تعلم بعض لغات الحاسوب المهمة والموجودة على الإنترنت مثل لغة جافا Java.

9- التعامل مع أقراص الليزر الممغنطة مثل CD-ROM وقرص الفيديو الرقمي DVD وقرص الفيديو العادي Video Disc.

10- إيجاد ناتج تعليمي من خلال استخدام الرسوم والألوان والأشكال المختلفة.

11- عمل ما يسمى بصفحة البيت Home Page للتلاميذ والمعلمين والمدارس.

12- المشاركة بالتدريس عن طريق الاتصالات الخارجية.

13- إرسال واستقبال البريد الإلكتروني من وإلى عناوين ومحطات محلية ودولية.

14- الحديث داخل غرفة المحادثة من خلال الإنترنت.

15- استخدام شبكة المنطقة المحلية Local Area Network من أجل تحويل الملفات والبريد الإلكتروني.

16- استخدام الماسح الضوئي.

17- استخدام جهاز عرض البيانات Data Show.

18- إعداد درس فيديو لعرض مادة تعليمية باستخدام الحاسوب.

19- القدرة على تحديد برامج الحاسوب المناسبة وبرامج الفيديو الرقمية.

ويمكن تحديد الكفايات اللازمة للمعلم في مجال التعلم الالكتروني في الآتي (حسن، 2006) :

أولاً: الكفايات العامة:

هناك كفايات عامة ينبغي إلمام المعلم بها، تتمثل في:

1- كفايات متعلقة بالثقافة الحاسوبية :

مثل معرفة المكونات المادية للحاسوب وملحقاته، التعرف على برمجيات التشغيل والوسائط التي يعمل بها الحاسوب، الاستخدامات المختلفة للحاسوب في العملية التعليمية والحياتية المختلفة، الفيروسات وطرق الوقاية منها، معرفة المصطلحات المستخدمة في مجال الحاسوب.

2- كفايات متعلقة بمهارات استخدام الحاسوب :

مثل استخدام لوحة المفاتيح والفأرة، كيفية التعامل مع وحدات الإدخال والإخراج، كيفية التعامل مع سطح المكتب والملفات والبرامج سواء بالحفظ أو النقل أو الحذف أو التعديل، التعامل مع وحدات التخزين، استخدام مجموعة برامج الأوفيس، والتغلب على المشكلات الفنية التي تواجهه أثناء الاستخدام.

3- كفايات متعلقة بالثقافة المعلوماتية :

مثل التعرف على مصادر المعلومات الإلكترونية، استخدام شبكة الإنترنت في العملية التعليمية من بحث وبريد إلكتروني وغيرها من استخدامات الإنترنت التعليمية، القدرة على تقييم مصادر المعلومات الإلكترونية المتاحة عبر الإنترنت، معرفة المبادئ الأساسية للتصميم التعليمي، تصميم ونشر الصفحات التعليمية على الإنترنت، استخدام الوسائط المتعددة في عملية التعلم، واستخدام المصطلحات المتعلقة بتكنولوجيا المعلومات.

ثانياً: كفايات التعامل مع برامج وخدمات الشبكة:

وتتمثل هذه الكفايات في:

- إجادة اللغة الإنجليزية.

- التعامل مع نظم التشغيل ويندوز وإصدارته المختلفة.

- استخدام محركات البحث المختلفة للوصول إلى المعلومات التي يحتاجها.

- التعامل مع الخدمات الأساسية التي تقوم عليها التطبيقات التربوية للشبكة، مثل خدمة البحث، البريد الإلكتروني، المحادثة، نقل الملفات، والقوائم البريدية.

- القدرة على إنزال الملفات من الشبكة وحفظها.

- القدرة على تحميل الملفات إلى الشبكة ونشرها.

- إتقان إحدى لغات البرمجة لتصميم الصفحات والمواقع التعليمية.

- القدرة على المشاركة في مجموعات النقاش المتاحة عبر الإنترنت.

- القدرة على ضغط أو فك الملفات من وإلى الشبكة.

- إنشاء الصفحات والمواقع التعليمية ونشرها وتحديثها كل فترة.

- الدخول للمكتبات العالمية وقواعد البيانات.

- التحقق من مهارات المتعلمين التكنولوجية والفنية اللازمة للتعامل مع المقررات الإلكترونية.

ثالثاً: كفايات إعداد المقررات إلكترونياً:

وتتضمن عدد من الكفايات الرئيسية هي:

1- كفايات التخطيط :

وتتضمن مجموعة من الكفايات الفرعية المتمثلة في:

- تحديد الأهداف العامة للمقرر المراد إعداده إلكترونياً.
- تحديد مدى ملاءمة المقرر لطرحه على الشبكة.
- تحديد من هم المستفيدون من المقرر؟ وخبراتهم السابقة وخصائصهم النفسية والاجتماعية.
- تحديد المتطلبات المادية والبشرية اللازمة لإعداد المقرر إلكترونياً.
- تحديد فريق عمل إنجاز المقرر إلكترونياً وتحديد مهام كل عضو بالفريق.
- تحديد جدول زمني لإنجاز المهام الموكلة لكل عضو بفريق العمل.

2-كفايات التصميم والتطوير:

وتتضمن مجموعة من الكفايات الفرعية المتمثلة في:

- تحديد الأهداف التعليمية للمقرر الإلكتروني.
- تحديد استراتيجيات التدريس اللازمة لتحقيق أهداف المقرر.
- تحديد أنشطة التعلم التي تشجع التفاعل بين المتعلمين.
- تحديد الوسائل المتعددة التي ستضمن في المقرر الإلكتروني.
- إعداد السيناريو التعليمي للمقرر الإلكتروني.
- تحديد أساليب التفاعل الإلكتروني بين المتعلمين وبعضهم بعضا وبينهم وبين المعلم، وبينهم وبين مواد التعلم.
- تحديد أساليب التغذية الراجعة.
- تحديد الوصلات الإلكترونية بين مكونات المقرر الإلكتروني.

3- كفايات التقويم :

وتتضمن مجموعة من الكفايات الفرعية المتمثلة في :

- استخدام وتطبيق أساليب مختلفة للتقويم الإلكتروني من خلال الشبكة.

- تحديد نقاط القوة والضعف لدى الطلاب.

- إعداد برامج إثرائية وعلاجية للطلاب.

- وضع معايير علمية يتم في ضوئها تقويم الطلاب.

- تقديم التغذية الراجعة للطلاب.

4- كفايات إدارة المقرر على الشبكة :

وتتضمن مجموعة من الكفايات الفرعية المتمثلة في:

- القدرة على تنظيم الوقت لتقديم المقرر من خلال الشبكة.

- تهيئة الطلاب لتحمل مسؤولية التعلم من خلال المقررات الإلكترونية عبر الشبكة.

- تزويد الطلاب بالمصادر الكافية للتعلم من خلال الشبكة.

- تتبع أداء الطلاب ومدى تقدمهم في التعلم لتقديم المشورة والنصح.

- تشجيع التفاعل مع المقررات الإلكترونية.

- تشجيع التفاعل بين الطلاب بعضهم البعض، وبينهم وبين المعلم.

- إدارة النقاش في مجموعات النقاش المتاحة عبر الشبكة.

- إدارة المقرر إلكترونياً من خلال الشبكة.

مما سبق يمكن تلخيص أهم كفايات التعلم الإلكتروني الواجب توافرها لدي معلمي العلوم في الآتي:

أولا: مجال البحث:

1- إجادة اللغة الإنجليزية لدعم وتسهيل التعامل مع شبكة الإنترنت في المجال البحثي.
2- الدخول إلى المكتبات الإلكترونية والتعامل مع قواعد البيانات.
3- استخدام محركات البحث المختلفة للوصول إلى المعلومات التي يحتاجها الباحث.
4- استقصاء المواقع التعليمية المماثلة والتعرف على الاتجاهات الحديثة في تصميمها.
5- تطوير الموقع وتحديثه بصفة دائمة لمواكبة التغير السريع في عالم المعرفة والعلم.

ثانيا: مجال التصميم:

1- تحديد الأهداف التعليمية للمقرر.
2- تحديد استراتيجيات التدريس الفعّالة لتحقيق أهداف المقرر.

3- تحديد الوسائط المتعددة (صوت، صورة، نص، رسوم، ...) التي ستترجم إليها المعلومات.

4- تحديد أنشطة التعلم التي تشجع التفاعل بين المعلمين.

5- تحديد طرق تقديم المعلومات عبر الموقع بطريقة تيسر الوصول إليها واسترجاعها والتعامل معها.

6- ربط صفحات المقرر على الموقع التعليمي بطريقة منطقية يمكن إدراكها بسهولة للتعامل مع المقرر.

7- تحديد أساليب التغذية الراجعة .

8- إعداد السيناريو التعليمي للمقرر الإلكتروني.

9- تنظيم المعلومات على شاشات المقرر بطريقة منطقية لتيسير استعراضها والاستفادة منه.

10- تصميم وإنشاء الصفحات التعليمية باستخدام إحدى اللغات مثل: Html, Java, Java Script.

ثالثا: مجال استخدام تقنيات التعلم الإلكتروني:

1- التعامل مع نظام التشغيل وندوز "Windows" وإصداراته المختلفة مثل: XP.

2- معرفة متطلبات الربط بالشبكة مثل أجهزة: Routers, Servers وتوصيلاتها.

3- معرفة طرق الاتصال المختلفة بشبكة الإنترنت مثل الاتصال الدائم أو عند الطلب أو عن طريق الهاتف.

4- التعرف على المشكلات الفنية الدائمة الحدوث وكيفية التعامل معها.

5- إتقان إحدى لغات البرمجة لتصميم الصفحات والمواقع التعليمية.

6- القدرة على استخدام برامج تصفح الإنترنت مثل: Internet Explorer, Netscape.

7- القدرة على استخدام برامج حماية البيانات والتخلص من الفيروسات وبرامج التجسس.

8- القدرة على ضغط وفك الملفات المضغوطة Compressed File التي توضع على الشبكة أو تحمّل منها.

9- القدرة على استخدام البريد الإلكتروني والتعامل معه.

10- القدرة على تحميل الملفات الى الشبكة ونشرها .

11-القدرة على المشاركة في مجموعات النقاش المتاحة عبر الإنترنت.

12-القدرة على تنزيل الملفات من الشبكة وحفظها.

13-القدرة على استخدام الماسح الضوئي .

رابعا: مجال التنسيق:

1- التحقق من مهارات المتعلمين التكنولوجية والفنية للتعامل مع المقررات الإلكترونية.

2- التنسيق مع فريق العمل الذي سيشترك في مشروع التعلم الإلكتروني.

3- تحديد اختصاصات ومهام كل عضو في فريق العمل وفقا لخبرات ووظائف كـل مـنهم (معلـم، فني، مدير، ...).

4- تحديد عدد الطلاب المشتركين في المقرر طبقـا للمسـاعدة الفنيـة المتـوفرة للوصـول إلى نتـائج ومعدلات تعلم عالية.

خامسا: مجال الإرشاد والتوجيه:

1- الاهتمام بالرد على استفسارات الطلاب.

2- معرفة المستوى الفني والتعليمي للطلاب للتعـرف عـلى احتياجـاتهم أثنـاء الـتعلم الإلكـتروني وتحقيق هذه الاحتياجات.

3- تتبع أداء كل متعلم في دراسة المقرر لتحديد مـدى تقدمـه في الـتعلم لتقـديم المسـاعدة عنـد اللزوم.

4- نصح الطلاب بما يحتاجونه من تقنيات ومهارات لإتقان التعلم الإلكتروني.

5- وضع مفكرة زمنية لإنجاز المهام المختلفة داخل المقرر.

6- تشجيع التفاعل من خلال استعمال أدوات الاتصال المتزامن وغير المتزامن.

7- تحديد مواعيد الجلسات والنشاطات الأسبوعية من خلال التنسـيق مـع الطـلاب لضـمان تحقـق الاتصال معهم.

8- تحديد أساليب التفاعل بين المتعلمين أنفسهم، وبين المتعلمين والمعلم، وبين المتعلمـين والمحتـوى العلمي.

9- إدارة النقـاش في مجموعـات النقـاش المتاحـة عـبر شـبكة الإنترنـت لتبـادل المعرفـة والخـبرات التعليمية.

10- ضبط عملية التحاور عبر الشبكة Chatting بين المشاركين في المقرر.

11- تدريب المتعلمين على إتقان التقنيات المستخدمة عبر الشـبكة قبـل البـدء في تقـديم المقـررات الإلكترونية.

سادسا: مجال التقويم:

1- وضع معايير لتقويم الأداء المعرفي والمهاري للمقرر والتأكد من تحقق هذه المعايير.

2- اختيار أنماط الاختبار المناسبة للمحتوى المقدم من خلال الموقع التعليمي.

3- تدريب المتعلمين على أساليب وطرق التفاعل مع الاختبارات الإلكترونية، وفي أوقاتها المحددة.

4- تحديد الزمن المناسب للاختبار واليوم المحدد للتعامل معه وفقا لجداول معلنة.

5- اختيار وتطبيق أنشطة تعليمية وتقويمية تتفق مع إمكانيات التعلم الإلكتروني.

6- تقديم التغذية الراجعة للطلبة.

7- تحديد نقاط القوة والضعف لدى الطلاب.

الفصل العاشر

التعلم الإلكتروني في الأردن

مقدمة :

انطلاقاً من رؤية جلالة الملك عبدالله الثاني "الأردن سيصبح مركزاً لتكنولوجيا المعلومات في المنطقة". قامت وزارة التربية والتعليم وبمساعدة كندا بوضع إطار العمل الاستراتيجي لتطبيق التعلم الإلكتروني في الأردن (العتيبي، 2002). والذي يهدف إلى توجيه النظام التربوي نحو التعلم بدلاً من التعليم باستخدام تكنولوجيا المعلومات (وزارة التربية والتعليم، 2002). وتتمثل عناصر إطار العمل الاستراتيجي للتعلم الإلكتروني في سبعة عناصر هي: القيادة والإدارة ومحتوى التعلم وعمليات التعليم والتعلم ودعم التعلم والتكنولوجيا والدعم الفني والشراكة. ويوضح المخطط في الشكل (32) تمثيلاً مرئياً للعلاقة المتداخلة بين العناصر السبعة، فكل العناصر ترتبط بعلاقات متداخلة مع بعضها بعضاً. كما هو موضح بالخطوط المنقطة بين كل عنصر. والعنصر الوحيد الذي يجب أن يكون متضمناً في كل عنصر من العناصر الأخرى لأهميته هو "الشراكة"، ودون الشراكة بين وزارة التربية والتعليم والشركاء الرئيسين المختلفين، بما فيهم القطاع الخاص، فإن فرصة النجاح لمبادرة "التعلم الإلكتروني" ستكون محدودة بشكل كبير (العتيبي، 2002).

عناصر العمل الاستراتيجي للتعلم الإلكتروني

إن تطبيق مبادرة التعلم الإلكتروني سيتطلب سلسلة من المراحل المتدرجة، كل مرحلة يخطط لها في ضوء إطار العمل الاستراتيجي، وفي المخطط عدد من الاستراتيجيات المحورية يمكن التعرف عليها ضمن كل عنصر كما هو موضح في الشكل (2). وفيما يلي عرض للاستراتيجيات المحورية لتنفيذ مبادرة التعلم الإلكتروني (العتيبي، 2002):

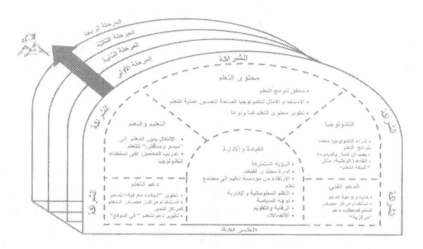

شكل (32): عناصر العمل الاستراتيجي للتعلم الإلكتروني

● استراتيجيات القيادة والإدارة:

1. تطوير رؤية مشتركة لمستقبل التربية.

2. تعزيز الكفاءة القادرة على توجيه وتنسيق عملية تطبيق مبادرة "التعلم الإلكتروني".

3. الارتقاء بوزارة التربية والتعليم لتصبح مجتمع تعلم.

4. تطوير نظم معلوماتية وإدارية لدعم عملية صنع القرار.

5. تطوير سياسات لتوجيه الإجراءات ودعمها من أجل تطبيق فعال للتعلم الإلكتروني.

6. تأسيس نظام للرقابة والتقويم لتوفير معلومات عن مدى التقدم والنجاح في تطبيق مبادرة التعلم الإلكتروني.

7. تصميم عمليات الاتصال والاستشارة وتطبيقها لتطوير الرؤية الجديدة لمستقبل التربية، والمشاركة في بلورتها، والاتصال مع الآخرين في ضوء النجاح والتحديات للحصول على تغذية راجعة مستمرة عن التقدم المرتبط بمبادرة التعلم الإلكتروني.

• **استراتيجيات محتوى التعلم:**

1. تطوير محتوى التعلم بحيث يتم تحقيق نواتج التعلم المطلوبة.
2. التأكد من أن التقنيات المتوافرة مستخدمة لأقصى حد ممكن للإفادة منها في تقديم محتوى التعلم وتيسير عملية التعلم وتعزيزها.
3. ضمان توفر محتوى التعلم المناسب نوعاً وكماً.

• **استراتيجيات التعليم والتعلم:**

1. الارتقاء بدور المعلم ليصبح ميسراً وموجهاً لعملية التعلم.
2. تيسير سبل استخدام المعلمين للتكنولوجيا ودعمها.

• **استراتيجيات دعم التعلم:**

1. تطوير شبكات معرفية لدعم عمليات التعليم والتعلم.
2. تطوير مراكز التعلم واستخدامها لدعم عملية التعليم والتعلم.
3. تطوير الكفاءة في الموقع لتيسير فهم المعلمين للتقنيات ودعمها لاستخدامها بفعالية لتحسين التعلم.

• **استراتيجيات التكنولوجيا:**

1. التحقق من أن الحلول التي تطرحها "التكنولوجيا" في التربية قيّمت بناءً على قدرة التكنولوجيا على تحسين التحصيل المرتبط بنواتج التعلم.
2. التحقق من أن الحلول التي تقدمها "التكنولوجيا" في التربية ممولة بشكل مناسب ومستديم.
3. تطوير شبكة تعلم أردنية داعمة للبرنامج الوطني "الربط بين الأردنيين".

● استراتيجيات الدعم الفني:

1. التحقق من توفر الدعم الفني المناسب نوعاً وكماً.

2. استخدام مراكز مصادر التعلم كمحطات دعم "مركزية" لتوفير الـدعم الفنـي للـتعلم الإلكتروني.

● استراتيجية الشراكة:

- تصميم عمليات لتطوير شراكات استراتيجية في كل المراحل وتطبيقها ضمن كل مكونات مبادرة التعلم الإلكتروني.

ومن استراتيجيات تطبيق التعلم الإلكتروني توفير الدعم التكنولوجي لجميع المدارس مـن أجهـزة ومختبرات وصيانة (وزارة التربية والتعليم، 2002).

ومن أجل تطبيق مبادرة الـتعلم الإلكتروني قامت وزارة التربية والتعليم بإنشاء وحـدة تنسيق الـتعلم الإلكتروني والبرنامج الـوطني "الـربط بـين الأردنيـين" ومنظومـة الأديوويـف (EduWave). وفيما يلي توضيح لذلك:

وحدة تنسيق التعلم الإلكتروني:

لتنسيق عملية تطبيق مبادرة التعلم الإلكتروني في وزارة التربية والتعليم تـم إنشاء هـذه الوحـدة عام 2001 برئاسة عطوفة الأمين العام للشؤون التعليمية والفنية، وعضوية تسعة أفراد مختصين مـن كادرها. ومهمتها قيادة عملية التغير في الوزارة والتخطيط لاستراتيجية التعلم الإلكتروني، وتقديم التسهيلات اللازمة لعملية التنفيذ، والتنسيق لها ومراقبتها بـدعم مـن معـالي الـوزير وعطوفة الأمين العام للشـؤون التعليمية والفنية (شتات، 2004). كما أن دورها تنسيق وإعداد الخطط الإجرائية لتطبيق الاستراتيجيات المحورية للتعلم الإلكتروني، ولمزيد من الإيضاح لآلية العمل التي سينتهجها فريق تنسيق التعلم الإلكتروني على مستوى الوزارة والشركاء والمانحين انظر الشكل (33) (العتيبي، 2002).

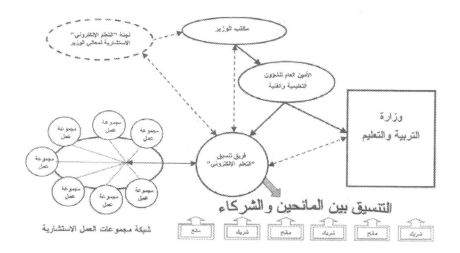

شكل (33): تنسيق مبادرة التعلم الإلكتروني

منظومة الأديوويف (EduWave) للتعلم الإلكتروني:

هي نظام (برنامج) تعليمي أنتجته شركة التقنية المتكاملة الأردنية، ويعد نظام التعلم الإلكتروني الرائد على المستوى الوطني، نظراً لما يوفره من مزايا متقدمة وتقنية حديثة في هذا المجال. حيث تم تطوير النظام في البداية لدعم التعلم الإلكتروني في المراحل المدرسية (K-12) إلاً أن النظام توسع ليشمل مراحل التعليم العالي والتعليم المؤسسي، وقد تم تقييم ومراجعة النظام من قبل العديد من مستشارين معروفين محلياً وعالمياً في مجال التعلم الإلكتروني والذين أثنوا على النظام، وشهدوا للإبداع والإتقان المتمثلين في تصميمه والطريقة المتميزة التي يوصل بها الرسالة التعليمية للمتلقي. ومن أهم مزايا هذا النظام أنه قابل لتوسعته بشكل مباشر أو آلي، بحيث يمكنه التعامل مع عدد كبير من المتلقين في وقت واحد حتى يمكن أن يبلغ عددهم الملايين إن توفرت البنية التحتية المناسبة. ولهذا تم اعتماد برنامج (نظام) الأديوويف من قبل وزارة التربية والتعليم لتطبيق نظام التعلم الإلكتروني فيها، حيث سيخدم في نهاية المشروع ما يزيد عن المليون ونصف طالب، (الفيومي، 2003)،

ويشير الشكل (34) الى الشاشة الرئيسية لمنظومة التعلم الإلكتروني في وزارة التربية والتعليم.

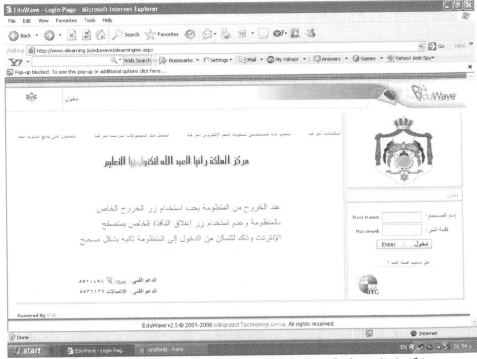

شكل (34) : منظومة التعلم الإلكتروني (eduwave) لوزارة التربية والتعليم في الأردن

وتهدف منظومة الأديوويف إلى تحقيق الأهداف التالية (شركة المجموعة المتكاملة للتكنولوجيا (ITG)، بدون تاريخ):

1. تزويد كافة طلاب المدارس والمعلمين ومديري الأنظمة التعليمية بالمعلومات والمصادر التي تلبي حاجاتهم.

2. تزويد الطلاب بالوسائل اللازمة لتحسين تطورهم التعليمي والذاتي ومن ثم متابعة أدائهم.

3. تزويد المعلمين بالوسائل التي تساعدهم على إيصال الأفكار لطلابهم.

4. تفصيل المواد العلمية بناءً على الاحتياجات الفردية لكل طالب للحصول على أفضل أداء.

5. الوصول إلى مجموعات جديدة من المتعلمين.

6. المساعدة في سد الفجوة بين التكنولوجيا الحديثة ودمجها بالمنهاج الدراسي لتوليد المهارات المطلوبة لمواجهة تحديات القرن الجديد.

7. تحسين نوعية ومستوى التعليم سواء داخل الصف أو خارجه.

8. زيادة التفاعل بين المعلمين والطلاب في أي زمان ومكان.

9. تعزيز وتقدير دور المعلم في الصف للحصول على المزيد من الإرشاد والتوجيه والدعم.

10. تمكين التعلم لأي فرد في أي مكان وزمان ومن خلال أي جهاز حاسوب.

وتحتوي منظومة الأديوويف على ثلاثة مكونات هي (الفيومي، 2003):

1. نظام إدارة المحتويات (CMS) والذي يوفر أدوات متكاملة لتأليف ونشر المحتويات بسلاسة وإتقان، ويمكن أن يستخدم من قبل دوائر المناهج ودور النشر نظراً للكفاءة والتكلفة المخصصة التي يوفرها، وسرعة التغيير والتعديل في المحتويات التي يتم نشرها باستخدام النظام.

2. نظام الإدارة: الذي يعتمد على برنامج متصفح الإنترنت الذي يوفر دخولاً سهلاً وآمناً لنظام التعلم الإلكتروني من أي مكان وفي أي وقت يحتفظ في الهيكل التنظيمي للنظام التعليمي ويحدد المستخدمين في كل من الوحدات التنظيمية ابتداءً من الوزارة وانتهاءً بالمدارس. ويتم كذلك إدارة استخدام المدرسين والمديرين الإداريين باستخدام هذا النظام.

3. نظام التوصيل (البوابة الإلكترونية): وهي تمكن المدرسين، والمديرين والإداريين والطلبة والأهالي من الدخول إلى تطبيقات النظام كل حسب احتياجاته، وتشتمل مواصفات النظام على توفير سبل التعليم التفاعلي والتعاوني بين الطالب والطالب، والمدرس والطالب من خلال جلسات حوار مفتوحة أو مغلقة. كذلك يمكن للآباء متابعة التطور الأكاديمي لأبنائهم وحضورهم ومشاركتهم خلال عملية التعلم، والاتصال

بالمدرسين والمديرين المعنيين للحصول على معلومات إضافية وإيضاحات حول النشاطات الأكاديمية المختلفة. ومن خلال هذه البوابة يمكن للمعلم أن يسلم واجبات ومواد للقراءة الذاتية ومشاريع واختبارات يومية، حيث يمكن للطالب أن يدخل إليها في أي وقت يشاء ومن أي مكان في المدرسة أو المنزل والشكل (35) يوضح ذلك.

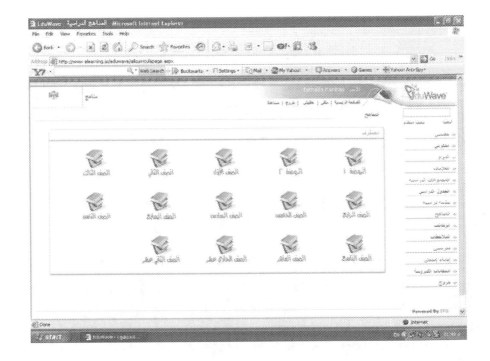

شكل (35) : المكونات الرئيسية لمنظومة التعلم الإلكتروني (البوابة الإلكترونية)

الفصل الحادي عشر

البحوث التربوية في مجال التعلم الإلكتروني في العلوم

البحوث التربوية في مجال التعلم الإلكتروني في العلوم

أجرى الشناق (2007) دراسة هدفت إلى التعرف على واقع استخدام الوسائط الإلكترونية في تعليم العلوم بدولة الأمارات العربية المتحدة من وجهة نظر المعلمين، وبالتحديد حاولت الدراسة الإجابة عن السؤال الآتي:

• ما واقع استخدام الوسائط التعليمية الإلكترونية في تعليم العلوم بدولة الأمارات العربية المتحدة؟

وتكون مجتمع الدراسة من (284) معلماً ومعلمة ممن يدرسون مواد العلوم، والأحياء، والكيمياء، والفيزياء، وعلوم الأرض للعام الدراسي 2006/2005 في منطقة العين التعليمية. وتكونت عينة الدراسة من (154) معلماً ومعلمة.

وللإجابة عن سؤال الدراسة تم تطبيق استبانة لدراسة واقع الاستخدام، وتم التأكد من صدقها وثباتها بالطرق المعروفة بحثياً، وتم تطبيق الاستبانة في الفصل الثاني من العام الدراسي 2005/ 2006. وركزت الاستبانة على توظيف كل من الانترنيت، والحاسوب، والبريد الإلكتروني، وجهاز عرض البيانات، والهاتف النقال، ومؤتمرات الفيديو في تعليم العلوم.

ولمعالجة البيانات إحصائيا تم استخدام المتوسطات الحسابية والانحرافات المعيارية. وتوصلت الدراسة إلى النتائج والتوصيات الآتية:

• أن أكثر المجالات استخداماً هو الحاسوب حيث بلغ نسبة استخدامه (80.5 %)، يليه الإنترنيت بنسبة (79.9%)، وجاء في المتوسط جهاز عرض البيانات حيث بلغ نسبة استخدامه (76.6%)، أما استخدام البريد الإلكتروني فكان منخفضاً ونسبته (29.9%)، وكذلك الهاتف النقال فكان نسبة استخدامه (23.8%)، وجاء في الترتيب الأخير مؤتمرات الفيديو بنسبة استخدام مقدارها (12.3%).

• أما من حيث نوعية الاستخدام، فجاء في المجال الأول استخدام البريد الإلكتروني، حيث بلغ المتوسط الحسابي له (3.69) ويصنف ضمن مجالات الاستخدام العالية، يليه مجال مؤتمرات الفيديو، وبفارق (0.01) عن المجال الأول، حيث بلغ

المتوسط الحسابي له (3.68)، ثم مجال الهاتف النقال ثالثاً، حيث بلغ المتوسط الحسابي له (3.22)، وفي المجال الرابع جاء الإنترنيت، حيث بلغ المتوسط الحسابي له (3.09)، ويليه خامساً مجال الحاسوب، حيث بلغ المتوسط الحسابي له (2.78)، وتصنف المجالات (3-5) ضمن مجالات الاستخدامات المتوسطة، وجاء في المجال السادس والأخير جهاز عرض البيانات، حيث بلغ المتوسط الحسابي له (2.22) وصنف ضمن مجالات الاستخدامات الضعيفة.

وأوصت الدراسة وزارة التربية والتعليم بدولة الأمارات العربية المتحدة بضرورة التأكيد على دور الوسائط الإلكترونية في تعليم العلوم مع التركيز على نوعية الاستخدام، وتنظيم ورشات تدريبية لمعلمي العلوم لتوظيف وسائط تعليمية إلكترونية في تعليم العلوم، وتكوين فريق عمل من المختصين في المحتوى التعليمي والمناهج وتصميم التدريس وتصميم الوسائط المتعددة لإنتاج مواد التعلم الإلكتروني في العلوم، وتبادل الزيارات بين معلمي العلوم لدراسة إمكانية تفعيل دور الوسائط الإلكترونية في تعليم العلوم.

وأوصت الدراسة الباحثين بضرورة أجراء المزيد من الدراسات لتقويم نوعية استخدام وسائط التعلم الإلكترونية في مجالاتها المختلفة، وتقديم تقارير نوعية تبين آليات طريقة توظيف الوسائط المتعددة في تعليم العلوم، وإجراء دراسات تطبيقية تبين أثر استخدام وسائط التعلم الإلكترونية في اكتساب الطلبة للمفاهيم والثقافة العلمية، وإجراء المزيد من الدراسات لتقويم وسائط التعلم الإلكتروني المستخدمة في تعلم فروع المعرفة المختلفة، والعمل على وضع معايير لتصميم وتقويم الوسائط التعليمية الإلكترونية.

وأجرى الشناق وبني دومي (2007 ، أ) دراسة هدفت إلى تعرّف اتجاهات المعلمين والطلبة نحو استخدام التعلم الإلكتروني في المدارس الثانوية الأردنية. وتكونت عينة الدراسة من (28) معلماً ومعلمة ممن درّسوا مادة الفيزياء المحوسبة للصف الأول الثانوي العلمي، و(118) طالباً موزعين على خمس مجموعات في ثلاث مدارس ثانوية للذكور في محافظة الكرك، منها أربع مجموعات تجريبية تعلمت من خلال (الإنترنت، القرص المدمج، الإنترنت مع القرص المدمج، المعلم مع جهاز عرض البيانات) ومجموعة ضابطة تعلمت بوساطة (الطريقة الاعتيادية).

ولتحقيق أهداف الدراسة، تم استخدام عدد من الأدوات بعد التأكد من صدقها وثباتها وهي: مقياس اتجاهات المعلمين نحو التعلم الإلكتروني، ومقياس اتجاهات الطلبة نحو التعلم الإلكتروني. ولمعالجة البيانات إحصائيا تم استخدام المتوسطات الحسابية والانحرافات المعيارية وتحليل التباين المصاحب واختبار ت واختبار شفيه للمقارنات البعدية. وبعد إجراء المعالجات الإحصائية اللازمة توصلت الدراسة إلى النتائج الآتية:

- وجود اتجاهات إيجابية لدى المعلمين نحو التعلم الإلكتروني، حيث بلغ المتوسط الحسابي الكلي لتقدير المعلمين على مقياس الاتجاهات نحو التعلم الإلكتروني (3.76) من اصل (5.00).

- حدوث تغير سلبي دال إحصائيا في اتجاهات الطلبة نحو التعلم الإلكتروني، حيث كان متوسط علامات الطلبة على مقياس الاتجاهات قبل التجربة (3.78) أعلى من متوسط علامات الطلبة على المقياس بعد التجربة (3.33).

وهدفت دراسة الشناق وبني دومي (2006) إلى استقصاء أثر تجربة التعلم الإلكتروني في تحصيل طلبة الصف الأول الثانوي العلمي المباشر والمؤجل في مادة الفيزياء. تكونت عينة الدراسة من (118) طالباً موزعين على خمس مجموعات في ثلاث مدارس ثانوية للذكور في محافظة الكرك؛ أربعة منها تجريبية (الإنترنت، القرص المدمج، الإنترنت مع القرص المدمج، المعلم مع جهاز عرض البيانات) ومجموعة ضابطة (الطريقة العادية). ولتحقيق أهداف الدراسة، تم استخدام اختبار تحصيل المفاهيم الفيزيائية بعد التأكد من صدقه وثباته. ولمعالجة البيانات إحصائيا تم استخدام المتوسطات الحسابية، والانحرافات المعيارية، وتحليل التباين المصاحب، واختبار (ت). وقد توصلت الدراسة إلى النتائج الآتية:

- يوجد فرق دال إحصائيا ($\alpha = 0.05$) بين متوسط أداء طلبة الصف الأول الثانوي العلمي على الاختبار التحصيلي البعدي(المباشر) للمفاهيم الفيزيائية يعزى لطريقة التعلم؛ وكان الفرق لصالح التعلم بطريقة القرص المدمج مقارنة بالطريقة التقليدية. بينما لا يوجد فرق **دال** إحصائيا بين طريقة كل من الإنترنت، والمعلم مع جهاز عرض البيانات، وطريقة الإنترنت مع القرص المدمج مقارنة بالطريقة التقليدية.

- لا يوجد فرق ذو دلالة إحصائية على مستوى الدلالة ($\alpha = 0.05$) بين متوسط أداء طلبة المجموعات التجريبية على الاختبار التحصيلي المؤجل للمفاهيم الفيزيائية مقارنة بالطريقة التقليدية. بينما يوجد فرق دال إحصائيا بين متوسطي علامات الطلبة على اختبار تحصيل المفاهيم الفيزيائية البعدي والمؤجل لصالح الاختبار البعدي. وهذا يدل على أن طرق التعلم الإلكتروني لم تكن فعّالة في مساعدة الطلبة على الاحتفاظ بالتعلم.

وأجرى الشناق وبني دومي (2007 ، ب) دراسة بعنوان "تقويم مواد التعلم الإلكتروني لمنهاج الفيزياء في المدارس الثانوية الأردنية من وجهة نظر المعلمين والطلبة" هدفت هذه الدراسة إلى تقويم مادة (برمجية) الفيزياء المحوسبة والمواقع الإلكترونية في الفيزياء للصف الأول الثانوي العلمي من وجهة نظر المعلمين والطلبة. تكونت عينة المعلمين من (28) معلماً ومعلمة ممن درّسوا مادة الفيزياء المحوسبة للصف الأول الثانوي العلمي، وتكونت عينة الطلبة من (89) طالباً ممن درسوا مادة الفيزياء بالطرق الإلكترونية.

ولتحقيق أهداف الدراسة، استخدمت أدوات تم التأكد من صدقها وثباتها وهي: مقياس تقويم المعلمين لبرامج التعلم الإلكتروني، مقياس تقويم الطلبة لبرامج التعلم الإلكتروني. ولمعالجة البيانات إحصائيا تم استخدام المتوسطات الحسابية والانحرافات المعيارية. وبعد إجراء المعالجات الإحصائية اللازمة توصلت الدراسة إلى النتائج الآتية:

- تتوافق صفات وخصائص برمجية الفيزياء المحوسبة ونموذج تقويم المعلم للبرمجية بدرجة عالية ضمن مجالات: خصائص المحتوى التعليمي للبرمجية، أهداف البرمجية، خصائص استخدام الطالب للبرمجية والتحكم بها، تصفح وتشغيل البرمجية، والتغذية الراجعة بينما كان التوافق بدرجة متوسطة ضمن مجال التقويم، ومجال تصفح واستخدام المواقع الإلكترونية.

- أظهرت نتائج الدراسة أن تقديرات الطلبة لبرمجية الفيزياء المحوسبة مرتفعة بشكل عام بمتوسط حسابي كلي (3.51).

- أظهرت نتائج الدراسة أن تقديرات الطلبة لمواقع الفيزياء الإلكترونية متوسطة بشكل عام، حيث كان المتوسط الحسابي الكلي لتقديرات عينة طلبة الإنترنت (3.10).

وأجرى بني دومي والشناق (2007 ، أ) دراسة هدفت هذه الدراسة إلى استقصاء أثر تجربة التعلم الإلكتروني في الفيزياء على اكتساب طلبة الصف الأول الثانوي العلمي في المدارس الثانوية الأردنية لمهارات التفكير العلمي. تكونت عينة الدراسة من (118) طالباً موزعين على خمس مجموعات في ثلاث مدارس ثانوية للذكور في محافظة الكرك؛ أربعة منها تجريبية (الإنترنت، القرص المدمج، الإنترنت مع القرص المدمج، المعلم مع جهاز عرض البيانات) ومجموعة ضابطة (الطريقة العادية). ولتحقيق أهداف الدراسة، تم استخدام مقياس مهارات التفكير العلمي (الطرق العلمية) المعدل للبيئة الأردنية بعد التأكد من صدقه وثباته. ولمعالجة البيانات إحصائيا تم استخدام المتوسطات الحسابية، والانحرافات المعيارية، وتحليل التباين الأحادي. وقد توصلت الدراسة إلى النتائج الآتية:

- يوجد فرق دال إحصائيا بين متوسط علامات طلبة طريقة القرص المدمج على اختبار التفكير العلمي ومتوسط علامات كل من طلبة طريقة الإنترنت، وطلبة طريقة المعلم + جهاز عرض البيانات، ولصالح طريقة القرص المدمج. كما وجد فرق دال إحصائيا بين متوسط علامات طلبة طريقة الإنترنت ومتوسط علامات طلبة طريقة الإنترنت + القرص المدمج ولصالح طريقة الإنترنت + القرص المدمج. بينما لم تكن المقارنات الثنائية الأخرى دالة إحصائيا بين الطرق المختلفة.

كما أجرى بني دومي والشناق (2007 ، ب) دراسة هدفت إلى التعرف على أهم المعوقات التي واجهة المعلمين والطلبة في المدارس الثانوية الأردنية إثناء تنفيذ التعلم الإلكتروني لمادة الفيزياء. تكونت عينة المعلمين من (28) معلماً ومعلمة ممن درّسوا مادة الفيزياء المحوسبة للصف الأول الثانوي العلمي، وتكونت عينة الطلبة من (89) طالباً ممن درسوا مادة الفيزياء بالطرق الإلكترونية. ولتحقيق أهداف الدراسة، استخدمت أدوات تم التأكد من صدقها وثباتها وهي: استبانه المشكلات التي تواجه المعلمين في التعلم الإلكتروني؛ واستبانه المشكلات التي تواجه الطلبة في التعلم الإلكتروني؛ إضافة إلى إجراء بعض المقابلات الفردية مع عينة من المعلمين والطلبة. ولمعالجة البيانات إحصائيا تم استخدام المتوسطات الحسابية والانحرافات المعيارية، وقد توصلت الدراسة إلى النتائج الآتية:

- أبرز المشكلات والمعيقات التي واجهت المعلمين في تنفيذ التعلم الإلكتروني من مثل: عدم توفر مختبر حاسوب لمواد العلوم، وقت حصة التعلم الإلكتروني يتعارض مع حصص الحاسوب في المدرسة، عدم كفاية عدد أجهزة الحاسوب لعدد الطلبة، المشكلات الفنية التي تظهر في أجهزة الحاسوب والإنترنت، عدم امتلاك الطالب جهاز حاسوب في البيت، عدم وجود فنيين لمختبرات الحاسوب كما هو الحال في مختبرات العلوم، قلة توافر خدمة الإنترنت لدى المعلم في البيت، بطء الإنترنت في فتح المواقع الإلكترونية، قلة توافر المساعدة الفنية عند الحاجة.
- أبرز المشكلات والمعيقات التي واجهة الطلبة في التعلم الإلكتروني هي: عدم تجهيز مختبر الحاسوب بما يلزم من طابعات وسماعات وورق طباعة ، كثرة الأعطال في أجهزة الحاسوب والإنترنت، قلة عدد أجهزة الحاسوب في المدرسة، صعوبة تعلم الفيزياء بدون معلم، قلة توافر خدمة الإنترنت في المدرسة، عدم وجود إنترنت في البيت، ضياع وقت كبير في التنقل بين المواقع والصفحات على الإنترنت.

وهدفت دراسة بني عواد (2006) إلى معرفة أثر تدريس العلوم بحقيبة إلكترونية وفق برنامج إنتل "التعليم للمستقبل" في اكتساب طلبة الثامن الأساسي للمفاهيم العلمية مقارنة بالطريقة الاعتيادية.

تكونت عينة الدراسة من (92) طالباً وطالبة من طلبة الصف الثامن الأساسي من مدرستي المزار الأساسية الأولى للبنين ومدرسة المزار الأساسية الأولى للبنات، التابعتين لمديرية تربية اربد الثانية للعام الدراسي (2007/2006). وقد اختير أفراد الدراسة بالطريقة القصدية لتوفر مختبرات الحاسوب الحديثة، ولأن المعلم والمعلمة اللذين يدرسان الصف الثامن في هاتين المدرستين يحملان شهادة الإنتل، وتم توزيع أفراد الدراسة عشوائيا إلى أربع مجموعات، وذلك وفق الترتيب الهجائي في دفاتر الحضور والغياب المتوفرة لدى مربي الصفين: مجموعتين تجريبيتين ضمت الأولى (21) طالبا، وضمت الثانية(25) طالبة، ومجموعتين ضابطتين، ضمت الأولى(21) طالبا، والثانية (25) طالبة. حيث تم تدريس المجموعتين التجريبيتين وحدة الوراثة باستخدام الحقيبة الإلكترونية وفق برنامج إنتل، بينما تم تدريس المجموعتين الضابطتين وحدة الوراثة باستخدام الطريقة الاعتيادية.

قام الباحث بتصميم الوحدة الثانية "الوراثة" من كتاب العلوم للصف الثامن الأساسي (2007/2006) على شكل حقيبة إلكترونية وفق برنامج انتل" التعليم للمستقبل" وتم التأكد من صدقها من خلال عرضها على مجموعة من المحكمين المختصين، وتم تنفيذها على عينة استطلاعية للتأكد من ملاءمتها لموضوع الوراثة وسلامتها اللغوية والعلمية.

وأعد الباحث اختبار اكتساب المفاهيم العلمية من نوع الاختيار من متعدد الذي تكون بصورته الأولية من (25) فقرة، وبعد تطبيقه على عينة استطلاعية لحساب معاملات الصعوبة والتمييز والثبات، تم حذف (4) فقرات وبذلك تكونت الصورة النهائية للاختبار من (21) فقرة، وبلغت قيمة معامل الثبات(0.8) باستخدام معادلة كودر ريتشاردسون(kr-20).

وأظهرت نتائج الدراسة بعد معالجة البيانات باستخدام تحليل التباين المصاحب الثنائي (ANCOVA) أن هنالك فروقاً ذات دلالة إحصائية ($\alpha = 0.05$) في اكتساب طلبة الصف الثامن الأساسي للمفاهيم العلمية يعزى للطريقة ولصالح المجموعة التجريبية والتي تم تدريسها باستخدام الحقيبة الإلكترونية، وأظهرت النتائج عدم وجود فرق دال إحصائيا في اكتساب طلبة الصف الثامن الأساسي للمفاهيم العلمية يعزى إلى التفاعل ما بين الطريقة والجنس. ويوصي الباحث بتصميم الوحدات الدراسية في المواضيع المختلفة باستخدام الحقيبة الإلكترونية وفق برنامج انتل، وإجراء المزيد من الدراسات المماثلة في مواضيع جديدة وعلى متغيرات أخرى.

وقام أبو زينة (2005) بدراسة هدفت إلى معرفة أثر كل من طرقة التدريس بالحقائب التعليمية المحوسبة والطريقة الاعتيادية في تحصيل طلبة المرحلة الثانوية "المستوى الثاني الفرع العلمي" في مادة الفيزياء واتجاهاتهم نحو الحقائب التعليمية المحوسبة، وكانت عينة الدراسة تضم (78) طالبا وطالبة من ثلاث مدارس في تربية عمان الثانية ، وقسمت عينة الدراسة عشوائيا إلى أربع مجموعات، منهما مجموعتان من الطالبات أحدهما تجريبية وعدد أفرادها (19) والأخرى ضابطة وعدد أفرادها (19)، ومجموعتان للطلاب إحداهما تجريبية وعدد أفرادها (20) والأخرى ضابطة وعدد أفرادها (20)، وتم تدريس المجموعتين التجريبيتين وحدة "خصائص بصرية للمادة" باستخدام الحقبة التعليمية المحوسبة،

وقد دُرست الوحدة للمجموعتين الضابطتين بالطريقة الاعتيادية، واستخدم الباحث اختباراً تحصيلياً، ومقياساً للاتجاهات أدواتٍ لدراسته، وكشفت النتائج عن وجود فروق ذات دلالة إحصائية في التحصيل تعزى للطريقة ولصالح المجموعة التجريبية، وكشفت عن وجود فروق ذات دلالة إحصائية تعزى للجنس ولصالح الإناث، وأشارت إلى عدم وجود فروق دالة تعزى للتفاعل بين الطريقة والجنس.

وأجرى القرني (2006) دراسة بعنوان" أثر استخدام المحاكاة الحاسوبية في تدريس العلوم على تحصيل المفاهيم العلمية لدى طلاب الصف الثاني المتوسط بمحافظة بيشة"

مشكلة الدراسة:

تتلخص مشكلة الدراسة في تدني مستوى تحصيل طلاب المرحلة المتوسطة للمفاهيم العلمية المجردة المرتبطة بمادة العلوم، وهذا ما لمسه الباحث من خلال تدريسه لمادة العلوم ولقائه بالكثير من معلمي العلوم الذين أشاروا إلى تدني مستوى تحصيل الطلاب للمفاهيم العلمية المجردة، وذلك لصعوبة تدريسها، وبالتالي تحاول الدراسة الحالية معرفة أثر استخدام المحاكاة الحاسوبية في تدريس العلوم على تحصيل المفاهيم العلمية لدى طلاب الصف الثاني متوسط بمحافظة بيشة، وذلك من خلال الإجابة عن التساؤلات التالية:

1. ما المفاهيم العلمية المتضمنة بوحدة "الجيولوجيا" من كتاب العلوم للصف الثاني المتوسط؟
2. ما صورة برنامج في المحاكاة الحاسوبية لتدريس المفاهيم العلمية المتضمنة بوحدة "الجيولوجيا" من كتاب العلوم للصف الثاني المتوسط ؟
3. ما أثر استخدام المحاكاة الحاسوبية في تدريس العلوم على تحصيل المفاهيم العلمية لدى طلاب الصف الثاني المتوسط؟

أهداف الدراسة:

تكمن أهداف الدراسة فيما يلي

1- تحديد المفاهيم العلمية المتضمنة بوحدة "الجيولوجيا" من كتاب الصف الثاني المتوسط

2- إعداد برنامج بالمحاكاة الحاسوبية لتعليم المفاهيم العلمية المتضمنة بوحدة "الجيولوجيا" من كتاب العلوم للصف الثاني المتوسط.

3- معرفة أثر استخدام برنامج المحاكاة الحاسوبية على تحصيل المفاهيم العلمية المتضمنة بوحدة "الجيولوجيا" لدى طلاب الصف الثاني المتوسط.

أهمية الدراسة:

تكمن أهمية الدراسة فيما يلي:

1. تقدم الدراسة برنامجاً في المحاكاة الحاسوبية من المتوقع أن يفيد منه معلمو العلوم في تدريس الموضوعات المرتبطة بالجيولوجيا في مواقف مستقبلية.
2. يمكن أن يفيد " البرنامج" القائمين على تصميم البرامج الحاسوبية بالإدارة العامة لتقنيات التعليم بوزارة التربية والتعليم في تصميم برامج مماثلة لمحاكاة وحدات تدريسية أخرى تحوي مفاهيم علمية مجردة.
3. يمكن أن يفيد "البرنامج" الباحثين في تصميم برامج حاسوبية مماثلة لمحاكاة موضوعات أخرى في مادة العلوم، لتحقيق أهداف تعليمية أخرى.
4. برنامج المحاكاة الحاسوبية قد يساعد الطلاب في تسهيل تعلم المفاهيم العلمية المجردة المرتبطة بوحدة " الجيولوجيا" مما يؤدي إلى رفع مستوى تحصيلهم للمفاهيم العلمية المجردة.
5. تتسق هذه الدراسة مع موضوعات أولويات البحث العلمي المشترك عالية الأهمية لدول مجلس التعاون الخليجي لعام 1423هـ -2002م في مجال التربية والتعليم.

حدود الدراسة:

التزمت الدراسة الحالية بالحدود التالية:

1. اقتصر تجريب برنامج المحاكاة الحاسوبية على محتوى وحدة "الجيولوجيا "من كتاب العلوم للصف الثاني المتوسط خلال الفصل الدراسي الثاني لعام1426 هـ/1427هـ
2. اقتصر تطبيق الدراسة التجريبية على عينة عشوائية مكونة من (40) طالبا في المجموعة التجريبية و (43) طالباً في المجموعة الضابطة من طلاب الصف الثاني المتوسط في محافظة بيشة.
3. يقاس تحصيل المفاهيم العلمية عند مستوى التذكر والفهم والتطبيق.

نتائج الدراسة:

أشارت نتائج الدراسة إلى:

1. وجود فروق ذات دلالة إحصائية بين متوسطي درجات طلاب المجموعتين التجريبية والضابطة في تحصيل المفاهيم العلمية في التطبيق البعدي للاختبار التحصيلي عند مستوى التذكر لصالح طلاب المجموعة التجريبية.

2. وجود فروق ذات دلالة إحصائية بين متوسطي درجات طلاب المجموعتين التجريبية والضابطة في تحصيل المفاهيم العلمية في التطبيق البعدي للاختبار التحصيلي عند مستوى الفهم لصالح طلاب المجموعة التجريبية.

3. وجود فروق ذات دلالة إحصائية بين متوسطي درجات طلاب المجموعتين التجريبية والضابطة في تحصيل المفاهيم العلمية في التطبيق البعدي للاختبار التحصيلي عند مستوى التطبيق لصالح طلاب المجموعة التجريبية.

4. وجود فروق ذات دلالة إحصائية بين متوسطي درجات طلاب المجموعتين التجريبية والضابطة في تحصيل المفاهيم العلمية في التطبيق البعدي للاختبار التحصيلي عند المستويات الثلاثة (التذكر، الفهم، التطبيق) ككل لصالح طلاب المجموعة التجريبية.

التوصيات:

في ضوء الإطار النظري والدراسات السابقة التي استندت عليها الدراسة، وفي ضوء النتائج التي تم التوصل إليها، يوصي الباحث بما يلي:

- توظيف برنامج المحاكاة الحاسوبية الذي أعده الباحث في تدريس وحدة علم الأرض (الجيولوجيا) من كتاب العلوم للصف الثاني المتوسط.

- تدريب القائمين على تصميم البرامج الحاسوبية التعليمية بالإدارة العامة لتقنيات التعليم بوزارة التربية والتعليم على تصميم برامج مماثلة لمحاكاة وحدات تدريسية أخرى تتضمن مفاهيم علمية مجردة.

- عقد دورات تدريبية لمشرفي ومعلمي العلوم تحت إشراف مدربين مؤهلين لتعريفهم بأهمية برمجيات المحاكاة الحاسوبية وكيفية إعدادها واستخدامها في التدريس.

- تيسير التعلم وفق برامج المحاكاة الحاسوبية مع توفير المواد التعليمية اللازمة والأجهزة الحاسوبية لما لهذه الإمكانات من ردود أفعال إيجابية عند استخدام هذه البرامج .
- استخدام برامج المحاكاة الحاسوبية لتدريب الطلاب لبعضهم البعض لاكتساب مهارات التعامل مع هذه البرامج.
- إعداد دليل لمعلم العلوم بجانب كتاب العلوم المقرر على طلاب الصف الثاني المتوسط كمرجع للتدريس وفق برامج المحاكاة الحاسوبية.

ثالثاً: المقترحات:

في ضوء نتائج الدراسة الحالية يقترح الباحث إجراء المزيد من البحوث والدراسات في المجالات التالية:

- أظهرت الدراسة إمكانية تعميم نتائجها على الموضوعات الأخرى، بمراحل تعليمية مختلفة على أساس المتغيرات التي تم تناولها، ويمكن أن تتناول الدراسات المستقبلية متغيرات أخرى غير التي تم معالجتها في هذه الدراسة حتى يتسنى تعميم النتائج بدرجة أكبر على المجتمع التعليمي.
- يمكن أن تتناول الدراسات المستقبلية مقارنة فاعلية برامج المحاكاة الحاسوبية باستراتيجيات تعليمية أخرى في مراحل تعليمية مختلفة .
- لم تتعرض الدراسة الحالية لشروط زيادة فاعلية برنامج المحاكاة الحاسوبية في إكساب الطلاب المفاهيم العلمية ومتغيرات تابعة أخرى، وعليه يمكن أن تتناول الدراسات المستقبلية تحديد الشروط التي تزداد في ظلها فاعلية برامج المحاكاة الحاسوبية كعوامل مستقلة أخرى، وهذا يتطلب استخدام تصميمات تجريبية عاملية لبيان تفاعل نوع برامج المحاكاة الحاسوبية مع أي من العوامل المتعلقة بدرجة صعوبة وتعقد المفاهيم العلمية المتناولة، أو مستويات التحصيل المختلفة، أو طبيعة أسلوب التدريس المستخدم.....الخ.
- لم تتناول الدراسة الحالية قياس التحصيل المرجأ كعامل تابع أو عمليات معرفية عليا، وعليه يمكن أن تتناول الدراسات المستقبلية بيان فاعلية برامج المحاكاة الحاسوبية في هذه المتغيرات.

- في ضوء نتائج الدراسة أيضاً يقترح الباحث إجراء دراسة للتعرف على أثر برامج المحاكاة الحاسوبية في تصويب التصورات البديلة لدى طلاب المراحل التعليمية المختلفة في نظام التعليم بالمملكة العربية السعودية وفي مقررات العلوم المختلفة.

المراجــع

أولا: المراجع العربية:

أبو جابر، ماجد والبداينة، ذياب، (1989). اتجاهات الطلبة نحو استخدام الحاسوب. **رسالة الخليج العربي**، 13(46)، 133-162.

أبو حرب، يحيى والموسوي، علي وأبو الجبين، عطا. (2004). **الجديد في التعلم التعاوني لمراحل التعليم والتعليم العالي**. الكويت: مكتبة الفلاح.

أبو سل، محمد، (2002). **قياس وتقويم تعلم الطلبة**.عمان: دار الفرقان.

أبو زينة، مجدي عبد الكريم. (2005). تصميم حقيبة تعليمية محوسبة ودراسة أثرها في تحصيل طلبة **المرحلة الثانوية في الفيزياء**. رسالة ماجستير غير منشورة، عمان، الأردن.

أبو عباس، أسامه محمود، (1999). **رحلة إلى عالم الإنترنت**. اربد: شركة النجار للكمبيوتر والإلكترونيات.

أبو لوم، خالد محمد، (2003). اتجاهات طلبة الصف التاسع الأساسي نحو استخدام الحاسوب في تدريس الرياضيات. **مؤتة للبحوث والدراسات: سلسلة العلوم الإنسانية والاجتماعية**، 18 (6)، 187-209.

إدارة المناهج والكتب المدرسية، (2003). **الإطار العام للمناهج والتقويم**. وزارة التربية والتعليم، الأردن.

استيتية، دلال وسرحان، عمر، (2007). **تكنولوجيا التعليم والتعليم الإلكتروني**، عمان: دار وائل للنشر.

الأمل، فتاة. (2007). **القيمة التي يضفيها التعليم المتنقل على عمليتي التعلم والتعليم**. متوفر على الموقع :

www.elearningedu.sa/forum/showthread.php?t=1157

تاريخ الدخول إلى الموقع : 2007/7/5.

الأنصاري، محمد إسماعيل. (1996). **استخدام الحاسوب كوسيلة تعليمية**. التربية.

الباز، جمال محمد، (2001). التعريف بالإنترنت والوسائل الإلكترونية المختلفة واستخداماتها في العملية التعليمية وتكنولوجيا التعليم. في: أسامه أباظة (محرر)، **أوراق عمل المؤتمر حول العملية التعليمية في عصر الإنترنت** (ص: 31 – 55)، نابلس: جامعة النجاح الوطنية.

باكارد، نيك وريس، فيل، (2003). **توظيف تكنولوجيا المعلومات في المدارس** (تيب توب لخدمات التعريب والترجمة، شعبة الدراسات التربوية). القاهرة: دار الفاروق للنشر والتوزيع.

بصبوص، محمد حسين، (2004). **مهارات الحاسوب والبرمجيات الجاهزة**، عمان: دار اليازوري العلمية.

البلوي، نائلة سلمان، (2001). دور المعلم في عصر الإنترنت والتعليم عن بعد. في: أسامه أباظة (محرر)، **أوراق عمل المؤتمر حول العملية التعليمية في عصر الإنترنت** (ص:1-16)، نابلس: جامعة النجاح الوطنية.

بني دومي، حسن والشناق، قسيم. (2007 ، أ). أثر تجربة التعلم الإلكتروني على التفكير العلمي لدى طلبة الصف الأول الثانوي العلمي في المدارس الثانوية الأردنية، مقدم للنشر في **المجلة التربوية**، قطر.

بني دومي، حسن والشناق، قسيم. (2007 ، ب). معوقات التعلم الإلكتروني في المدارس الثانوية الأردنية من وجهة نظر المعلمين والطلبة. مقبول للنشر في **مجلة العلوم التربوية والنفسية**، البحرين.

بني عواد، معن. (2006). أثر تدريس العلوم بحقيبة إلكترونية وفق برامج أنتل" التعليم للمستقبل" في اكتساب طلبة الصف الثامن الأساسي للمفاهيم العلمية. رسالة ماجستير غير منشورة، جامعة اليرموك، اربد.

تايلر، رالف، (1982). **أساسيات المنهج**. ترجمة احمد كاظم، القاهرة: دار النهضة.

التودري، عوض حسين، (2004). **المدرسة الإلكترونية وأدوار حديثة للمعلم**. الرياض: مكتب الرشد ناشرون.

توق، محيى الدين. (1993). **تصميم التعليم (مجمع تعليمي)**. معهد التربية، الأونروا/ اليونسكو، دائرة التربية والتعليم.

الجابري، محمد وعبدالله منتصر ومنيزل، عبد الحميد. (1995). **الحاسوب في التعليم**. منشورات جامعة القدس المفتوحة، عمان.

الجرايدة، نبيلة، (2003), **اثر التدريس بمساعدة الحاسوب في تحصيل طلبة الصف الأول ثانوي في قواعد اللغة العربية**. رسالة ماجستير غير منشورة، جامعة آل البيت، المفرق، الأردن.

جرجس، نادي كمال، (1999). الإنترنت وتعليم وتعلم الرياضيات والكمبيوتر. الكويت: مكتبة الفلاح.

الجودر، وداد محمد، (2002). **التكنولوجيا التربوية الحديثة والإنترنت في المرحلة الثانوية في منطقة الخليج العربي بشكل عام وفي دولة البحرين بشكل خاص: الوضع الراهن وإمكانيات تطويره**. رسالة ماجستير غير منشورة، جامعة القديس يوسف، لبنان.

الحجي، انس بن فيصل، (2002). عقبات تحول دون تطبيق التعليم الإلكتروني في الجامعات العربية. **المعرفة، 91، 45-65**.

حسن، اسماعيل، (2007). **الكفايات اللازمة للمعلم في مجال التعلم الإلكتروني**. متوافر على الموقع:

حسن، تحسين، (2003). تجربة قسم التربية الإسلامية في التعليم الإلكتروني. الندوة الدولية الأولى للتعلم الإلكتروني، مدارس الملك فيصل، الرياض،21-2003/4/23. متوفر على الموقع: http://www.kfs.sch.sa/ar/sim.htm، تاريخ الدخول إلى الموقع: 2004/4/22.

الحلفاوي، وليد. (2006). **مستحدثات تكنولوجيا التعليم في عصر ـ المعلوماتية**. عمان: دار الفكر للنشر ـ والتوزيع.

حمامي، محمد. (2006). التعليم النقال مرحلة جديدة في التعليم الإلكتروني. **مجلة المعلوماتية**، (6). الجمعية العلمية السورية للمعلوماتية.

حمدان، محمد زياد، (2001) **تكنولوجيا التعلم والتدريس والتربية الإلكترونية عن بعد**. دار التربية الحديثة.

حمدي، نرجس، (1989). أثر استخدام أسلوب التعلم عن طريق الحاسوب في تحصيل طلبة الدراسات العليا واتجاهاتهم نحو الحاسوب في التعليم، **مجلة دراسات**، الجامعة الأردنية، 16(6)، 81- 108.

الحياري, بزبز، (2004). **الاقتصاد المعرفي ودور كلية العلوم التربوية فيه**. محاضرة ألقيت في الأيام العلمية لكلية التربية، جامعة مؤتة. 2004/4/26.

الحيلة، محمد، (2000). **تكنولوجيا التعليم بين النظرية والتطبيق**, ط2. عمان، دار المسيرة للنشر ـ والتوزيع.

الحيلة، محمد، (2003). **تصميم التعليم: نظرية وممارسة**، ط2 ، عمان: دار المسيرة للنشر ـ والتوزيع والطباعة.

الحيلة، محمد، (2004). **تكنولوجيا التعليم بين النظرية والتطبيق**، ط4. عمان: دار المسيرة للنشر والتوزيع والطبع.

الحيلة، محمد. (2004). **حقيبة في الحقائب التعليمية**، ط1. عمان: دار المسيرة للنشر والتوزيع والطباعة.

الخان، بدر. (2005). استراتيجيات التعلم الإلكتروني. (ترجمة، علي بن شرف الموسوي وسالم بن جابر الوائلي ومنى التيجي). حلب: شعاع للنشر والعلوم.

الخبتي، علي، (2004). التقويم الشامل للمدرسة. **رسالة المعلم**، 43(1)، 26-30.

خطايبة، عبدالله، (2005). **تعليم العلوم للجميع**، عمان: دار المسيرة للنشر والتوزيع والطباعة.

الخطيب، أحمد والخطيب، رداح. (1986). اتجاهات حديثة في التدريس. مطابع الفرزدق، الرياض.

الخطيب، قاسم، (2003). **الورشة التدريبية لحوسبة الفيزياء والتعلم الذاتي الرقمي**، المنعقدة يومي الخميس والجمعة (22، 2003/5/23) .

الخطيب، لطفي. (1998). **المرشد في تصميم البرمجيات التعليمية الكمبيوترية للمعلمين**. اربد: دار الكندي للنشر والتوزيع.

خليف، زهير ناجي، (2001). استخدام الحاسوب وملحقاته في إعداد الوسائل التعليمية. في: أسامه أباظة (محرر)، **أوراق عمل المؤتمر حول العملية التعليمية في عصر الإنترنت** (ص: 90-99)، نابلس: جامعة النجاح الوطنية.

الخليفة، هند بنت سليمان، (2002). التعلم الإلكتروني: دراسة مقارنة بين النماذج الأربع للتعليم عن بعد. **ورقة عمل مقدمة لندوة مدرسة المستقبل**، جامعة الملك سعود. كلية التربية. 16-2002/8/17. متوفر على الموقع:

www.ksa.edu.sa/seminar/future-school/index2.htm، تاريخ الدخول إلى الموقع:2004/5/6.

الخليلي، خليل وحيدر، عبد اللطيف ويونس، محمد، (1996). تدريس العلوم في مراحل التعليم العام. دبي: دار القلم.

الدجاني، دعاء وهبه، نادر، (2001). الصعوبات التي تعيق استخدام الإنترنت كأداة تربوية في المدارس الفلسطينية. في: أسامه أباظة (محرر)، **أوراق عمل المؤتمر حول العملية التعليمية في عصر الإنترنت** (ص:71-89)، نابلس: جامعة النجاح الوطنية.

درة، عبد الباري وبلقيس، أحمد ومرعي، توفيق. (1988). **الحقائب التدريبية ط1**، منظمة الأقطار العربية المصدرة للنفط.

دروزة ، أفنان. (1995). **إجراءات في تصميم المناهج**. مركز التوثيق والأبحاث. جامعة النجاح الوطنية، نابلس.

الدوسري، إبراهيم، (2000). **الإطار المرجعي للتقويم التربوي**، ط2. الرياض: مكتب التربية العربي لدول الخليج.

الراشد، فارس، (2003). التعليم الإلكتروني واقع وطموح. **الندوة الدولية الأولى للتعلم الإلكتروني**، مدارس الملك فيصل، الرياض، 21-2003/4/23. متوفر على الموقع: http://www.kfs.sch.sa/ar/sim.htm، تاريخ الدخول إلى الموقع:2004/4/22.

رواشدة، ابراهيم والجراح، ضياء والطيطي، محمد والطعاني، وحيد والحسون، عدنان. (2003). **أساليب تدريس العلوم والرياضيات**. اربد: دار الأمل للنشر والتوزيع.

الريفي، محمد. (2006). **التعليم الإلكتروني في الجامعة الإسلامية بغزة**. ملتقى تكنولوجيا المعلومات، تكنولوجيا المعلومات: تطبيقات ومعوقات. الجامعة الإسلامية بغزة. متوافر على الموقع : www.elearning.edu.sa/forum/showthread.php?t=625 ، تاريخ الدخول إلى الموقع : 2007/1/25.

الزعبي، "محمد بلال" والشرايعة، احمد وقطيشات، منيب وفارس، سهير والزعبي، خالدة، (2002). **الحاسوب والبرمجيات الجاهزة**، ط5. عمان: دار وائل للطباعة والنشر والتوزيع.

زهران، مضر وزهران، عمر، (2002). **التعليم عن طريق الإنترنت**. عمان: دار زهران للنشر والتوزيع.

زيتون، عايش. (1986). **طبيعة العلم وبنيته: تطبيقات في التربية العملية**. عمان: دار عمار.

زيتون، عايش. (1989). السلوك التعليمي لمعلمي العلوم في المرحلة الإعدادية في جنوب الأردن. **المجلة التربوية**، 6(21)، 15-34.

زيتون، عايش، (1994). **أساليب تدريس العلوم**، ط2. عمان: دار الشروق للنشر والتوزيع.

زيتون، كمال، (2000). **تدريس العلوم من منظور البنائية**. الإسكندرية: المكتب العلمي للكمبيوتر والنشر والتوزيع.

زين الدين، محمد. (2005). **تطوير كفايات المعلم للتعليم عبر الشبكات**. في: محمد عبد الحميد (محرر)، منظومة التعليم عبر الشبكات. (ط1). عالم الكتب، القاهرة، 287-345.

سالم، احمد، (2004). **تكنولوجيا التعليم والتعليم الإلكتروني**. الرياض:مكتبة الرشد ناشرون.

السرطاوي، عادل فايز، (2001). **معوقات تعلم الحاسوب وتعليمه في المدارس الحكومية بمحافظات شمال فلسطين من وجهة نظر المعلمين والطلبة**، رسالة ماجستير غير منشورة، جامعة النجاح الوطنية، نابلس، فلسطين.

سعادة، جودت والسرطاوي، عادل، (2003). **استخدام الحاسوب والإنترنت في ميادين التربية والتعليم**. عمان: دار الشروق.

سلامة، حسن علي. (2005). **التعلم الخليط التطور الطبيعي للتعلم الإلكتروني**. منتديات التعليم الإلكتروني. متوافر على الموقع:

&d=118206521www.elearning.edu.sa/forum/attachment.php?attachmentid=635

سمارة، نواف. (2005). **الطرائق والأساليب ودور الوسائل التعليمية في تدريس العلوم**. مركز يزيد للنشر الكرك – الأردن.

سلامة، عبد الحافظ، (2000). **الوسائل التعليمية والمنهج**. عمان : دار الفكر

سلامة، عبدالحافظ وأبو ريا، محمد، (2002). **الحاسوب في التعليم**، عمان: الأهلية للنشر والتوزيع.

السلطي، مؤنس. (2003). التعلم الإلكتروني على الإنترنت. **العلوم والتقنية**، (65)، ص48-52.

سمرين، ايمن، (2003). التعلم الإلكتروني: رؤى من الميدان (الرؤية الرابعة). **الندوة الدولية الأولى للتعلم الإلكتروني**، مدارس الملك فيصل، الرياض. وزارة التربية والتعليم، الإدارة العامة للتربية والتعليم بمنطقة مكة المكرمة-جدة. متوفر على الموقع: http://www.jeddahadu.gov.sa/news/papers/p11.doc. تاريخ الدخول إلى الموقع: 2004/4/22.

السيد، محمد. (1988). نموذج منهاج لإعداد معلم المدرسة الابتدائية ليؤدي وظيفة مزدوجة في تعليم الصغار والكبار. **التربية الجديدة**. (44) 5-32.

السيد، مصطفى، (2000). **دليلك الشامل إلى شبكة الإنترنت ط (3)**. عمان: مكتبة الراتب العلمية.

الشبلي، إبراهيم مهدي، (1984). **تقويم المناهج باستخدام النماذج**. بغداد: مطبعة المعارف.

شتات، خالدة، (2004). **التعلم الإلكتروني**. محاضرة القيت في الأيام العلمية في كلية العلوم التربوية، جامعة مؤتة، في 2004/5/12.

شحاته، رضا، (2003). التعلم الإلكتروني: رؤى من الميدان. **الندوة الدولية الأولى للتعلم الإلكتروني**، مدارس الملك فيصل، الرياض.وزارة التربية والتعليم، الإدارة العامة للتربية والتعليم بمنطقة مكة المكرمة-جدة. متوفر على الموقع: http://www.jeddahadu.gov.sa/news/papers/p11.doc. تاريخ الدخول إلى الموقع:2004/4/22.

شركة المجموعة المتكاملة للتكنولوجيا (ITG)، (بدون تاريخ). منظومة Eduwave للتعلم الإلكتروني. موقع الشركة: www.itgsolutions.com.

شركة المجموعة المتكاملة للتكنولوجيا (ITG)، (2004). Eduwave **منظومة التعلم الإلكتروني المتكاملة للعالم العربي**. موقع الشركة: www.itgsolutions.com

الشرهان، جمال بن عبد العزيز، (2002). أثر استخدام الحاسوب في تحصيل طلاب الصف الأول الثانوي في مقرر الفيزياء. **مجلة العلوم التربوية والنفسية**، 3(3)، 69-87.

الشرهان، جمال. (2001). **الكتاب الإلكتروني، المدرسة الإلكترونية والمعلم الافتراضي**. الرياض: المؤلف.

الشريف، احمد، (2001) مشروع مقترح للكتاب الإلكتروني العربي. **الندوة الدولية الأولى للكتاب الإلكتروني**، مدارس الملك فيصل، الرياض. 21-2003/4/23. تاريخ الدخول إلى الموقع:2004/4/22، متوفر على الموقع: http://www.kfs.sch.sa/ar/sim.htm.

الشمري, زينب والدليمي، عصام، (2003). **فلسفة المنهج الدراسي**. عمان: دار المناهج للنشر والتوزيع.

الشناق، قسيم. (2007). واقع استخدام الوسائط التعليمية الإلكترونية في تعليم العلوم بدولة الإمارات العربية المتحدة من وجهة نظر المعلمين. ورقة قدمت في مؤتمر الاصلاح المدرسي: الواقع والمأمول, جامعة الامارات العربية المتحدة، دبي، دولة الامارات العربية المتحدة .

الشناق، قسيم وأبو هولا،امفضي والبواب،عبير والحوراني، محمد، (2003). **تأثير استخدام الحاسوب ذو الوسائل المتعددة والتجارب الحرة في تعلم طلبة العلوم في الجامعة الأردنية**. المجلس الأعلى للعلوم والتكنولوجيا ،عمان،الأردن.

الشناق، قسيم وبني دومي، حسن. (2006). أثر تجربة التعلم الإلكتروني في المدارس الثانوية الأردنية على تحصيل الطلبة المباشر والمؤجل في مادة الفيزياء. **المجلة الأردنية في العلوم التربوية**. 3(2). 129-142.

الشناق، قسيم وبني دومي، حسن. (2007، أ). اتجاهات المعلمين والطلبة نحو استخدام التعلم الإلكتروني في المدارس الثانوية الأردنية، مقبول للنشر في مجلة **جامعة دمشق للعلـوم التربويـة**، دمشـق، سوريا.

الشناق، قسيم وبني دومي، حسن. (2007، ب). **تقويم مواد التعلم الإلكتروني لمنهاج الفيزياء في المدارس الثانوية الأردنية من وجهة نظر المعلمين والطلبة**. مقدم للنشر.

الشهراني، عامر والسعيد، سعيد. (1997). **تدريس العلوم في التعليم العام**. الرياض: جامعة الملك سعود.

الشهري، فايز بن عبدالله، (2002). التعليم الإلكتروني في المدارس السعودية قبل أن تشـتري القطار... هـل وضعنا القضبان !. **المعرفة**، 36(91)، ص36-43.

شوملي، قسطندي. (2007). **الأنماط الحديثة في التعليم العـالي: التعليم الإلكتروني المتعدد الوسائط أو التعليم المتمازج**. المؤتمر السادس لعمـداء كليـات الآداب في الجامعـات الأعضـاء في اتحـاد الجامعات العربية، ندوة ضمان جودة التعليم والاعتماد الأكاديمي. جامعة الجنان.

الشيباني، خضر. (بدون تاريخ). خلفية وقضايا المفاهيم العامة **للثقافة العلمية والتقنية**. ورقة عمل مقدمة إلى المنظمة العربية للتربية والثقافة والعلوم، تونس. متوافر على الموقع.

صبحي، سالي وديع. (2005). **الاختبـارات الإلكترونيـة عـبر الشبكات** في: محمـد عبـد الحميـد (محـرر)، منظومة التعليم عبر الشبكات (ط1)، عالم الكتب، القاهرة، 217-285 .

الصفطي، إبراهيم. (2007). **وسائط نشر الثقافة العلمية والتقانية... العرب في الميزان العالمي**. متوافر على الموقع:

طهبوب، رضوان والعواوده، جهان والشريف، ديالا وحنيحن، روان، (2001). استخدام الوسائط المتعددة في تصميم المساقات المنهجية لطلبة المدارس والجامعات (بحث تطبيقي في جامعة بوليتكنيك فلسطين). في: أسامه أباظة (محرر)، **أوراق عمل المؤتمر حول العملية التعليمية في عصر الإنترنت (17-30)**، نابلس: جامعة النجاح الوطنية.

الطيطي، عبد الجواد، (1991). **تقنيات التعليم بين النظرية والتطبيق**. اربد: دار قدسية.

العابد، أنور. (1985). التقنيات التعليمية، تطورها، مفهومها، دورها في تحسين عملية التدريس. **مجلة تكنولوجيا التعليم**، العدد السادس عشر، السنة الثامنة، 43-51.

العبادي، محسن، (2002). التعليم الإلكتروني والتعليم التقليدي ما هو الاختلاف. **المعرفة**، 36(9)، ص18-23.

عبد الجواد، زياد وظاظا، مخلد والدويكات، محمد والخطيب، قاسم والأشقر، نجوى، (2003). **الورشة التدريبية لحوسبة الفيزياء والتعلم الذاتي الرقمي**، المنعقدة يومي الخميس والجمعة (22، 2003/5/23). عمان، وزارة التربية والتعليم.

عبد الحميد، محمد وحسن، عبد المنعم والسنهوري، نادر وتيراب، حسن، (2004). **تدريس العلوم في المدارس الثانوية: استراتيجيات تطوير الثقافة العلمية**. العين: دار الكتاب الجامعي. (مترجم).

عبد العاطي، حسن البائع. (2006). **تصميم مقرر عبر الإنترنت من منظورين مختلفين البنائي والموضوعي وقياس فاعليته في تنمية التحصيل والتفكير الناقد والاتجاه نحو التعلم القائم على الإنترنت لدى طلاب كلية التربية جامعة الإسكندرية**. رسالة دكتوراه غير منشورة، كلية التربية، جامعة الإسكندرية، مصر.

عبد العاطي، حسن البائع. (2007). **نموذج مقترح لتصميم المقررات عبر الإنترنت**. ورقة بحثية مقدمة للمؤتمر الدولي الأول لاستخدام تكنولوجيا المعلومات والاتصالات في تطوير التعليم قبل الجامعي في الفترة من 22-24 ابريل 2007 المنعقد في مدينة مبارك للتعليم بالسادس من اكتوبر.

عبد المنعم، إبراهيم محمد، (2003). التعلم الإلكتروني في الدول النامية: الآمال والتحديات. **الندوة الإقليمية حول توظيف تقنيات المعلومات والاتصالات في التعلم الإلكتروني**. مصر: مركز المعلومات، متوفر على الموقع: http://www.ituarabic.org/e-education/idsc.doc، تاريخ الدخول إلى الموقع:2004/5/6.

عبد الوهاب، احمد، (2001). الكتاب المرئي والكتاب الإلكتروني والمكتبات الإلكترونية، ثورة تكنولوجية في التعليم. **المؤتمر العلمي الثالث عشر للجمعية المصرية للمناهج وطرق التدريس: مناهج التعليم والثورة المعرفية والتكنولوجية المعاصرة**، 24-25 يوليو 2001، المجلد الأول.

عبد الله، عبد الرحيم صالح، (1985). الميكرو كمبيوتر وأدواره التربوية. **تكنولوجيا التعليم**. عدد (15)، 77-80.

العتيبي، ختام، (2002). استراتيجيات تطبيق التعلم الإلكتروني في وزارة التربية والتعليم. **رسالة المعلم**، 41(1)، 24-30.

العتيبي، ختام، (2003). التعلم الإلكتروني: مفاهيم ومعايير، **رسالة المعلم**، 41 (3، 4)، 156-159

العتيبي، نايف. (2006). **معيقات التعلم الإلكتروني في وزارة التربية والتعليم السعودية من وجهة نظر القادة التربويين**. رسالة ماجستير غير منشورة، جامعة مؤتة، الكرك، الأردن.

العريفي، يوسف، (2003). التعليم الإلكتروني تقنية واعدة وطريقة رائدة. **الندوة الدولية الأولى للتعلم الإلكتروني**، مدارس الملك فيصل، الرياض، 21-2003/4/23.

تاريخ الدخول إلى الموقع:2004/4/22، متوفر على الموقع: http://www.kfs.sch.sa/ar/sim.htm

عريقات، فاتن، (2003). **اتجاهات الطلبة نحو استخدام الإنترنت في التعليم (دراسة ميدانية على طلبة الدراسات العليا في الجامعة الأردنية)**. رسالة ماجستير غير منشورة، الجامعة الأردنية، عمان، الأردن.

عزمي، نبيل. (2006). **كفايات المعلم وفقاً لأدواره المستقبلية في نظام التعليم الإلكتروني عن بعد**. المؤتمر الدولي للتعلم عن بعد، جامعة السلطان قابوس 27-2006/3/29 مسقط، سلطنة عمُان.

عضابي، حمد إبراهيم، (2004). مميزات نظام التعلم الإلكتروني. جامعة الحديدة: شبكة التعلم الإلكتروني. متوفر على الموقع:

51http://www.odhabi.net/hodct/mod/forum/discuss.php=، تاريخ الدخول إلى الموقع: 2004/12/8.

العقيل، ابراهيم. (2003). الشامل في تدريب المعلمين. الرياض: دار الوراق للنشر والتوزيع.

علام، صلاح الدين، (2003). **التقويم التربوي المؤسسي: أسسه ومنهجياته وتطبيقاته في تقويم المدارس**. القاهرة: دار الفكر العربي.

العلي، احمد عبدالله، (2005). **التعليم عن بعد ومستقبل التربية في الوطن العربي**. القاهرة: دار الكتاب الحديث.

علي، محمد. (2006). **الاستعداد للجيل القادم التعلم عن بعد: مضامين التصميم والتقديم** (ترجمة ليلى بنت عبدالله الحضرمي) المؤتمر الدولي للتعلم عن بعد، جامعة السلطان قابوس، عمُان.

عمري، معتصم، (2000)، **تعرّف على الإنترنت**، دمشق: دار الرضا للنشر.

عيادات، يوسف احمد، (2004). **الحاسوب التعليمي وتطبيقاته التربوية**. عمان: دار المسيرة.

الغامدي، سعيد، (2004). التعليم عن بعد. **اللقاء الثاني لتقنية المعلومات والاتصال في التعليم**. جدة: مركز التقنيات التربوية. متوفر على الموقع:

http://www.jeddahadu.gov.sa/etc/2nd-etc/papers.htm

الغراب، أيمان محمد، (2003). **التعلم الإلكتروني مدخل إلى التدريب غير التقليدي**. القاهرة: المنظمة العربية للتنمية الإدارية.

غلوم، منصور، (2003). التعلم الإلكتروني في مدارس وزارة التربية دولة الكويت. **ورقة عمل مقدمة لندوة التعلم الإلكتروني**، مدارس الملك فيصل، الرياض. 21-2003/4/23. متوفر على الموقع:

www.jeddahadu gov.sa/news_e_learn.asp تاريخ الدخول إلى الموقع:2004/4/22.

غنايم، مهني محمد. (2006). **فلسفة التعليم الإلكتروني وجدواه الاجتماعية الاقتصادية في ضوء المسؤولية الأخلاقية والمساءلة القانونية**. ورقة بحثية مقدمة إلى مؤتمر التعليم الإلكتروني: حقيبة جديدة في التعلم والثقافة. مركز التعليم الإلكتروني – جامعة البحرين الفترة 17-19 ابريل 2006.

الفار، إبراهيم عبد الوكيل، (2002). **استخدام الحاسوب في التعليم**. عمان: دار الفكر.

الفرا، يحي، (2003). **التعلم الإلكتروني: رؤى من الميدان**. الندوة الدولية الأولى للتعلم الإلكتروني والمقامة بمدارس الملك فيصل بالرياض.وزارة التربية والتعليم، الإدارة العامة للتربية والتعليم بمنطقة مكة المكرمة-جدة. متوفر على الموقع: http://www.jeddahadu.gov.sa/news/papers/p11.doc، تاريخ الدخول إلى الموقع:2004/4/22.

فرج، عبد اللطيف بني حسين. (2005). **طرق التدريس في القرن الواحد والعشرين**. عمان: دار المسيرة.

الفليح، خالد بن عبد العزيز، (2004). التعليم الإلكتروني. **اللقاء الثاني لتقنية المعلومات والاتصال في التعليم**، جدة: مركز التقنيات التربوية. متوفر على الموقع:

http://www.jeddahadu.gov.sa/etc/2nd-etc/papers.htm

الفيومي، نبيل، (2003).التعلم الإلكتروني في الأردن: خيار استراتيجي لتحقيق الرؤية الوطنية، التحديات، الإنجازات، وأفاق المستقبل. **الندوة الإقليمية حول استخدام تكنولوجيا المعلومات والاتصالات في التعلم الإلكتروني- الاتحاد الدولي للاتصالات**، دمشق، تاريخ الدخول إلى الموقع:2004/3/7، متوفر على الموقع:http://www.moe.gov.jo/web/forum-16.pps

القاضي، زياد والقاضي، قصي۔ وطارق، علي واللحام، محمد وسالم، محمود ومجدلاوي، يوسف، (2000). **مقدمة إلى الإنترنت**. عمان: دار صفاء.

القبلان، ناصر بني علي. (بدون تاريخ). **الحقائب الإلكترونية: مفهومها، أهميتها، سلبياتها، وإيجابياتها.**

القرني، مسفر بن خفير.(2006). أثر استخدام المحاكاة الحاسوبية في تدريس العلوم على تحصيل المفاهيم العلمية لدى طلاب الصف الثاني المتوسط بمحافظة بيشة، رسالة ماجستير غير منشورة، كلية التربية، جامعة الملك خالد.

قطامي، يوسف. (2005). **علم النفس التربوي والتفكير**. عمان: دار حنين .

قطامي، يوسف وقطامي، نايفة وحمدي، نرجس، (1994). **تصميم التدريس**. عمان: منشورات جامعة القدس المفتوحة، عمان.

قندلجي، عامر، (2003). **المعجم الموسوعي لتكنولوجيا المعلومات والإنترنت**. عمان: دار المسيرة.

كانداو، ديبي ودوهرتي، جنيفر ويوست، جودي وكوني، بيج، (2002). **برنامج Intel التعليم للمستقبل**، وزارة التربية والتعليم، الأردن.

الكلية الإلكترونية للجودة الشاملة. (2006). **التعليم الإلكتروني والتعليم المدمج**. متوافر على الموقع: .http://arabic.etam.ae/elearning/blended.html

الكيلاني، تيسير، (2001). **نظام التعليم المفتوح والتعليم عن بعد وجودة النوعية**. بيروت: مكتبة لبنان ناشرون.

المبيريك، هيفاء، (2002). التعلم الإلكتروني: تطوير طريقة المحاضرة في التعليم الجامعي باستخدام التعليم الإلكتروني مع نموذج مقترح. **ورقة عمل مقدمة إلى ندوة مدرسة المستقبل**، في الفترة 16-1423/8/17هـ، جامعة الملك سعود. متوفر على الموقع:

http://www.ksu.edu.sa/seminars/futureschool/Abstracts/thana2Abstract.htm .

تاريخ الدخول إلى الموقع:2004/3/7.

المحيسن، إبراهيم، (2002). التعلم الإلكتروني... ترف أم ضرورة ...؟!. **ورقة عمل مقدمة إلى ندوة مدرسة المستقبل**، في الفترة 16-1423/8/17هـ،جامعة الملك سعود. متوفر على الموقع:

http://www.ituarabic.org/e-education/doc3-idsc.doc، تاريخ الدخول إلى الموقع:2004/3/7.

المجالي، محمد داود. (2005). **التعلم الإلكتروني في ظل مدارس المستقبل**. المؤتمر التربوي السنوي التاسع عشر: مدارس المستقبل: استجابة الحاضر لتحولات المستقبل. وزارة التربية والتعليم، البحرين.

المجالي، محمد والحلحولي، زيد والمحاميد، صفوان والرماضين، تحسين والعبادلة، أحمد والحباشنة، عباده. (بدون تاريخ). **الحاسوب التعليمي**. الكرك: مركز يزيد للنشر.

محمد، مصطفى ومحمود، حسين ويونس، إبراهيم وسويدان، أمل والجزار، منى، (2004). **تكنولوجيا التعليم مفاهيم وتطبيقات** .عمان: دار الفكر للنشر والتوزيع.

مرعي، توفيق والحيلة، محمد، (1998). **تفريد التعليم**. عمان: دار الفكر للطباعة والنشر والتوزيع.

مركز التعليم والتدريب الإلكتروني. (2006). **التعليم الإلكتروني**. الكلية التقنية في بريدة، المملكة العربية السعودية. متوفر على الموقع: www.elearning.edu.sa/

المعايطة، صالح. (2005). **الثقافة العلمية المتضمنة في كتاب العلوم للصف الثامن الأساسي في الأردن ومدى إلمام طلبة منطقة القصر لها**. رسالة ماجستير غير منشورة، جامعة مؤتة، الكرك، الأردن.

المغيرة، عبد الله بن عثمان، (1993). **الحاسوب والتعليم**. الرياض: النشر العلمي.

المقبل، عبدالله صالح. (2002). **التعليم التعاوني**. متوافر على الموقع:

www.almekbel.net/cooperativelearning.htm.

الملحم، حسام وخير بك، عمار، (2000). **شبكات الإنترنت بنيتها الأساسية وانعكاساتها على المؤسسات**، دمشق: دار الرضا للنشر.

المنشيء، أنيسة. (1985). دور التقنيات التربوية في تطوير مناهج إعداد المعلمين، **مجلة تكنولوجيا التعليم**، العدد السادس عشر، السنة الثامنة، 25-32.

المناعي، عبدالله، (1995). التعليم بمساعدة الحاسوب وبرمجياته التعليمية. **حولية كلية التربية-جامعة قطر**، (12)، 431-474.

مندورة، محمد ورحاب، أسامة، (1989). دراسة شاملة حول استخدام الحاسب الآلي في التعليم العام مع التركيز على تجارب ومشاريع الدول الأعضاء. **رسالة الخليج العربي**، 9(29)، 99-183.

مؤسسة عبدالله الاشمري للخدمات التعليمية التربوية، (2004). **حلول التعليم الإلكتروني: كيف يمكن تقويم تجربة التعليم الإلكتروني في مدرسة ما؟**. متوفر على الموقع

http://www.elearning-solutions.net/html/elearning-advantage.htm

تاريخ الدخول إلى الموقع:2005/3/26

الموسى، عبدالله بن عبد العزيز، (2000). **استخدام خدمات الاتصال في الإنترنت بفاعلية في التعليم**، محاضرة ألقيت في إدارة تعليم الرياض بتاريخ 1421/8/17هـ، السعودية. متوفر على الموقع

http://www.alrowad.edu.sa/Research/abc.doc، تاريخ الدخول إلى الموقع:2004/4/22.

الموسى، عبدالله بن عبد العزيز، (2002، أ). التعلم الإلكتروني: مفهومه خصائصه فوائده عوائقه. **ورقة عمل مقدمة إلى ندوة مدرسة المستقبل**، في الفترة 16-1423/8/17هـ، متوفر على الموقع:

http://www.ksu.edu.sa/seminars/futureschool/Abstracts/AlmosaAbstract.htm

تاريخ الدخول إلى الموقع: 2004/5/6.

الموسى، عبدالله بن عبد العزيز، (2002، ب). **استخدام الحاسب الآلي في التعليم (ط2)**. الرياض: مكتبة تربية الغد.

الموسى، عبدالله والمبارك، أحمد. (2005). **التعليم الإلكتروني، الأسس والتطبيقات**. الرياض: مؤسسة شبكة البيانات.

الموسوي، علي بن شرف، (2003). **التعلم الشبكي: مفهومة، برمجياته وتطبيقاته**. متوفر على الموقع:

http://www.al-musawi.com/docs/webctrab.files/frame.htm

تاريخ الدخول إلى الموقع: 2004/1/22.

المــومني، منــال. (2002). **الثقافــة العلميــة في كتــب العلــوم للمرحلــة الأساسية الــدنيا في الأردن.** رسالة ماجستير غير منشورة، جامعة اليرموك، اربد، الأردن.

الناشف، سلمى. (1999). **طرق تدريس العلوم.** عمان: دار الفرقان.

النجار، إياد والهرش، عايد والغزاوي، محمد والنجار، مصلح، (2002). **الحاسوب وتطبيقاته التربوية.** اربـد: مركز النجار الثقافي.

النجدي، أحمد وراشد، علـي والهـادي، منـى. (2003). **طـرق وأسـاليب واسـتراتيجيات حديثة في تـدريس العلوم.** القاهرة: دار الفكر العربي.

نشوان، يعقوب. (1989). **الجديد في تعليم العلوم.** الأردن: دار الفرقان.

نصير، بثينة. (1996). **مستوى الثقافة العلمية لدى معلمي علوم الصف العاشر الأساسي في محافظـة اربـد وعلاقته ببعض المتغيرات.** رسالة ماجستير غير منشورة، جامعة اليرموك، اربد، الأردن.

الهابس، عبد الله والكندري، عبدالله، (2000). الأسس العلمية لتصميم وحدة تعليمية عبر الإنترنت، **المجلة التربوية،**57(15). 167-197.

الهاشمي، عبد الرحمن والعزاوي، فائزة. (2007). **المنهج والاقتصاد المعرفي.** عمان: دار المسيرة.

الهرش، عايد وغزاوي، محمد ويامين، حاتم، (2003). **تصميم البرمجيـات التعليميـة وإنتاجهـا وتطبيقاتها التربوية.** عمان: دار المسيرة.

الهمشري، فهمي جبـر، (1993). **اثر اسـتخدام الحاسوب التعليمـي في تحصـيل طلاب الصف الثامن في الرياضيات،** رسالة ماجستير غير منشورة، جامعة اليرموك، اربد، الأردن.

إلهيتي، عبد الستار ابراهيم. (2006). التعليم التقليدي والتعليم الإلكتروني.

هيشور، حسين وكوب، جيفري. (2001). **الرحلات المعرفية على الويب: نموذج المتعلم الرحالة والمستكشف.** (on-line) متوافر على الموقع: http://www.ibtikar.ac.ma

وزارة التربية والتعليم. (2005). **المساعد العربي في تدريب أنتل التعليم نحو المستقبل** (دليل المدرب).

وزارة التربية والتعليم، (2002). **نحو رؤية مستقبلية للنظام التربوي في الأردن** . منتدى التعليم في أردن المستقبل، 15-2002/9/16. متوفر على الموقع:

http://www.moe.gov.jo/web/forum-16.pps

يوسف، عاطف، (2000). المكتبة الإلكترونية والتعليم العالي. **وقائع مؤتمر التعليم العالي في الأردن بين الواقع والطموح**. جامعة الزرقاء الأهلية، 16-18 أيار 2000. تحرير د.شادية التل. 353-371

يونس، بلال خليل، (2003). **تقييم برمجيات تعليم العلوم المتوفرة في فلسطين**. رسالة ماجستير غير منشورة، جامعة القدس، القدس، فلسطين.

ثانيا:المراجع الأجنبية :

AAAS (**American Association for the Advancement of Science** . (1990). Science for All Americans. National Academy. NY.

Al- Karam, A. M. & Al- Ali, N. M.(2001). **E- learning: the new breed of education**. In Billeh, V. & Ezzat, A.. (Eds.), *Education development thruogh utilization of technology*: UNESCO Regional Office for Education in the Arab States(pp. 49-63).

Bare, John & Meek, Anne. (1998). **Internet Access in Public Schools**. Issues Brief. (ERIC Document Reproduction Service No. Ed 471698).

Berenfeld, A,. (1996). Linking students to the infosphere. **T.H.E. Journal**, 23, 76-83.

Bosman, Kelli.(2002) .**simulation-based E-learning** .Syracuse university.

Caffarell, Edward. (1987). Evaluating the new generation of computer based instructional software, **Educational Technology**, 22(4), 19-24.

Codone, Susan (2001).An E-Learning Primer. Internet Recourse (website):

   http://faculty.mercer.edu/codone_s/elearningprimer.PDF

Dempster, Jay. (2004, Jan). Evaluating E- learning. center for academic practice, Unversity of Worwick. Retrieved March 7, 2005. from: http:// **www.warwick**.ac.uk/go/cap/ **recourses/eguides /**.

E- learning Basics. (2002). Definition e- learning. Retrieved, March 22, 2004. from: **www.e-learningsite.com/elearning/basics**.

E- learning System and Technology. (2002). E- learning glossary. Retrieved, March 22, 2004. from: **www.cai.au.edu/concept/glossary.html**.

Grove, Andy. (2003). E-Learning. Internet Recourse (website): **http://www.Cognitivedesignsolutions.com/ELearning/E-Learning1.htm**

Guckel , K. & Ziemer, Z.(2002). *E- learning. Seminar: the training of cross –cultural competence and skills.* Univeratiy hlidesheim. Internet Recourse (website): **http://www.uni-hildesheim.de/~beneke/WS01-02/meth/**

Hanbrecht, W. (2001). Benefits of e-Learning. Internet Recourse (website):

http://www.learnframe.com/aboutelearning/page7.asp

Hicks, Sabrina. (2000). Evaluating E- learning. **Training and Development**, 54 (12), p75, 1p.

khan, Badrul. H.(2002). Deimensions of E learning . **Educational Technology**, 1(42), 59-60.

Kulik,C; Kulik,A. & Coben,A.(1980). International technology and College Teaching. **Teaching of Psychology**, 7(4), 199-205.

Kurtus, Ron .(2004). what is E learning ? Retrieved, May 11, 2004. from: **www .school-for–chanpions.com/elearning/whatis.htm.**

Leung, Hareton, (2003), Evaluating the Effectiveness of e-Learning. **Computer Science Education**, 13 (2), pp123-136

NRC (**National Research Council**. (1996). National Science Education Standards. National Academy Press. NY.

Scriven, M. (1967). **The Methodology of Evaluation**. In Stake, R. E. (Ed). Curriculum Evaluation .AERA Monograph Series on Evaluation no.1.Chicago: Rand Mcually.

Stuffelbeam, D. (1983) **The Cipp Model For Program Evaluation**. In Madaus ,G., F., Scriven, M., and Stufflebeam, D. (Eds). Evaluation Models view points on Educational and human service Evaluation , 117-141.

Wentling, T. Waight, C., Gallaher, J., Fleur, T., wang, C. & Kaufer, A. (2000). E- learning -A Review of literature. University of Illinois at Urbana-champaign. Retrieved, March 22, 2004. from: **http://learning.ncsa.uiuc.edu/ papers/ elearnlit.pdf**

Worcester, Craig. (2003). considering e-learning? Glasstap Learning through Technology. **www.glasstap.com.**

Printed in the United States
By Bookmasters